玛丽·斯图亚特传

[奥] 斯蒂芬·茨威格 著

侯焕闳 译

北方联合出版传媒（集团）股份有限公司

万卷出版公司

2019年·沈阳

苏格兰女王玛丽·斯图亚特（1542—1587）

玛丽和她的第一任丈夫法兰西斯二世

玛丽和她的第二任丈夫亨利·达伦雷

身穿白色丧服的玛丽，也因此获得了"白色女王"
的绰号

玛丽·斯图亚特与她的儿子詹姆斯五世

序　言

　　如果说，显而易见、一目了然的事情用不着细细思量，那么，谜却能激发创造性的思想。正因为如此，扑朔迷离的历史人物和历史事件有待我们不断更新我们对历史的理解阐释。历史问题有时具有谜一般的无穷无尽的魅力，玛丽·斯图亚特一生的悲剧就是典型而出色的例子。在历史上，大概没有一个女人像她那样引出了如此之多的著述——戏剧、小说、传记和论文。三百多年来，她没完没了地拨动作家的心弦，吸引学者的兴趣。她的形象至今仍然以不减当年的力量揪住我们的心，时时要求着推陈出新的再现。因为，一切混沌理所当然地追求明晰，一切黑暗向往光明。

　　玛丽·斯图亚特生活中的谜，有许多人致力于表现及解释；但种种努力，纷繁而矛盾百出：有人说她是杀人凶手，有人说她是女中英烈，有人说她是笨拙的阴谋家，有人说她是圣洁的无辜者，似乎未必有另一个女人会在众人的笔下表现出如此的不同。但是，说来奇怪，她的各副面貌之所以如此大相径庭，并不是因为留传至今的材料贫乏，却是因为材料浩瀚得让人茫然失措。保存下来的文件、记录、证书、书信和笔记数以千计——可不是一年半载，而是三百多年了，一批又一批的审判官，洋溢着一浪又一浪的热情，宣判她有罪或无罪。

但，我们研究史料愈是认真，就愈加发愁：各种历史证据居然根本不足为凭（艺术创造当然也是如此）。任何一件文献，尽管它的悠久历史经过周密的考证，尽管它是货真价实的归档材料，却保证不了它的可靠性和叙事人的公允。同一件事，在同时几位史家的记载中，却有南辕北辙的出入。此种情形在玛丽·斯图亚特一例中似乎尤为显著。在这里，每有谴责，必有辩解；每有一个"是"，必有一个"不"同它颉颃，两者各有文件为证。真理和谎言共生，事实和虚构并存，难解难分，以致实际上每种观点都可以做到言之有据。如果你想证明玛丽·斯图亚特预闻了谋杀亲夫，有几十份证词可以供你使用。如果你想支持对立面，证词也不成问题。她的任何一幅肖像都有现成的颜料。流传至今的材料既是如此芜杂，倘若再掺入政治偏见或者民族主义，那就更成了彻底的蓄意歪曲。人处在争论生存还是毁灭的两个阵营、两种思想、两种世界观之间，都抗拒不了诱惑，非得参加这一边或者那一边，确认此是而彼非，或诋毁此而赞美彼。这是人的天性。倘若像这桩公案，列位著作家多半各有归属，分别属于交锋的各方、各派宗教信仰或各种世界观，那么，他们的片面性是势所必然。总之，新教的著述者把一切罪过都诿之于玛丽·斯图亚特，而天主教徒却归罪于伊丽莎白；英格兰人除了少数例外，都把玛丽描绘成杀人犯，而苏格兰人则把她说成是受害者，一身清白而横遭卑鄙的诽谤。关于"首饰箱信件"，争论更多。一些人赌咒发誓说它真，另一些人指天誓日说它假。一句话，在这件事上，连鸡虫得失的事情都带有派性的色彩。所以，一个既非英格兰人又非苏格兰人的作家，超然于这种血缘关系和利害关系，或许能够比较客观而无成见地评说一番；一个有热烈的兴趣而无派性偏见的艺术家，或许更能够理解这出悲剧。

即便这样一个人，如果他断言他所知道的玛丽·斯图亚特生平种种行状都是不容置疑的真情，那也是过于大胆，叫人不能原谅。其实，他唯一能把握的只是某种最大限度的可能性，甚而至于他以他的全部智力和良知认为客观的观点，也难免带着几分主观性。史料成了一本糊涂账，他只能从糊涂账中去探究真相。当时诸人的叙述如此抵牾扞格，故而他对于这桩公案，在每一细枝末节上都不得不在控方证人和辩方证人之间进行选择。不管他的选择是多么小心谨慎，在某些情况下，最最老实的做法莫如在他的裁断后面打上个问号，承认玛丽·斯图亚特这一或那一事迹至今茫无头绪，无可钩稽，大概永无大白于天下的一日。

因此，作者向诸位奉献这部试作时，抱定宗旨决不采信刑讯及其他威吓和暴力手段逼供而得的证词：实事求是的人决不会指望和依靠屈打成招的口供，把它当作可信的材料。间谍和使臣（这两者在当年几乎是同义词）的报告同样如此，经过极其过细的选择才偶见于本书。本书作者对每一份报告都采取存疑的态度。倘若本书作者认为那些十四行诗以及大部分的"首饰箱信件"真实可靠，那是他把种种情状再三斟酌后得出的结论，并且参照了内在性格方面的因素。凡是文献中有两种相反说法的，本书作者对每种说法都要追溯它的来源和政治动机；如果必须选择其中之一，总是酌量这种或那种行为在心理上是否符合玛丽·斯图亚特的性格。这是本书作者的根本准则。

因为玛丽·斯图亚特的性格本身并不是个谜，它的矛盾仅仅表现在表面的发展上，内在的本质却是完整的，从头至尾都是鲜明的。玛丽·斯图亚特属于那种给人印象极深、能迸发出强烈的喜怒哀乐而又为时极短的少数女性，属于那种光辉灿烂而昙花一现的女性，不是那种逐渐凋谢而是仿佛只在一种激情的熔炉中一次燃尽的女性。二十三岁以前，她的感情始终像水波不兴的溪流；而往后——从二十五岁开始，她的感情也并未汹涌澎湃。唯有那短短的两年，风暴骤起——原本平淡无奇的命运成了一出古典悲剧，一出伟大而又气势磅礴的悲剧，类似《奥瑞斯忒亚》[1]。唯有那两年，玛丽·斯图亚特作为一个真正的悲剧人物出现在我们面前。那两年的狂飙使她超越了自己，在不可遏制的冲动中破坏了自己的生活，同时又因此而永垂不朽。她的激情扼杀了她心中一切人性的东西，而她的名字之所以至今仍活在诗歌和争论中，却又只能归功于她的激情。

内心生活异常浓缩，全部都是绝无仅有的瞬间爆发，这决定了玛丽·斯图亚特各种传记的形式和节奏。艺术家的任务是再现这条大起大落的曲线，并且表现出它的独此一家的个性。所以，她一生的前二十三年以及被囚禁近二十年的漫长岁月，在本书中所占的篇幅，与她悲惨的激情喷薄而出的两年时间相等。作者如此剪裁，但愿诸位不以为恣肆。人的一生中，内心时间和外部时间在一定条件下才会吻合。对于心灵，唯有感受的充实方能作为计时的尺度：人的感受不像冷冰冰的日历，它以自己独有的方式从内心计算逝去的时光。在感情的陶醉中，怡然地挣脱了束缚，受到命运的福佑，人能够在一瞬间淋漓尽致地领略人生；尔后，弃绝了激情，又沦入一片空白，苦熬着永无尽头的岁月，伴着憧憧幻影，陷入荒漠般的空虚。正因为如此，在往日的生活中只有那些紧张激动的瞬间才留下了痕迹；正因为如此，生活唯有浓缩成瞬间，唯有通过瞬间，才能够真实地被描述出来。一个人，唯有焕发出精神力量，于己于人才算真正活着；他的心灵唯有燃烧至白热，才能成为看得见的形象。

1　古希腊悲剧诗人埃斯库罗斯的作品（凡未注明来源的注释均为译者所注）。

第一场地点　苏格兰，1542—1548年

第二场地点　法　国，1548—1561年

第三场地点　苏格兰，1561—1568年

第四场地点　英格兰，1568—1587年

人物表

苏格兰

詹姆斯五世（1512—1542）

玛丽·斯图亚特的父亲

洛林的玛丽·德·吉斯（1515—1560）

詹姆斯五世的妻子，玛丽·斯图亚特的母亲

玛丽·斯图亚特（1542—1587）

詹姆斯·斯图亚特，梅里伯爵（1533—1570）

詹姆斯五世与厄斯金勋爵之女玛格丽特·道格拉斯所生的儿子，玛丽·斯图亚特的异母兄，玛丽·斯图亚特临朝前以及后来的苏格兰摄政

亨利·达伦雷（斯图亚特）（1546—1567）

亨利七世的外曾孙，母亲是亨利八世的外甥女伦诺克斯夫人。玛丽·斯图亚特的第二任丈夫，由玛丽扶上苏格兰王位

詹姆斯六世（1566—1625）

玛丽·斯图亚特与亨利·达伦雷所生的儿子。玛丽·斯图亚特死后（1587年）成为名副其实的苏格兰王；伊丽莎白死后（1603）成为英国国王，称詹姆斯一世

詹姆斯·赫本，博斯韦尔伯爵（1536—1578）

后为奥克尼公爵，玛丽·斯图亚特的第三任丈夫

威廉·梅特兰德·列廷顿

玛丽·斯图亚特的宰相

詹姆斯·梅尔维尔

玛丽·斯图亚特的外交代表

詹姆斯·道格拉斯，莫顿伯爵

梅里被杀后出任苏格兰摄政，1581年被处死

马修·斯图亚特·伦诺克斯伯爵

亨利·达伦雷的父亲，指控玛丽·斯图亚特谋杀其子

亚盖尔、阿兰、莫顿·道格拉斯、厄斯金、戈登、哈里斯、韩特莱、寇柯尔迪·格林治、林赛、马尔、鲁瑟文

都是勋爵，忽而拥戴玛丽·斯图亚特，忽而反对；曾参与无数次的阴谋和内讧，几乎全都死在断头台上

玛丽·比顿、玛丽·弗莱明、玛丽·利文斯顿、玛丽·塞顿

号称"四玛丽"，都是玛丽·斯图亚特的朋友，年岁相若

约翰·诺克斯（1505—1572）

改革派教会布道师，玛丽·斯图亚特的主要政敌

大卫·李乔

音乐家，玛丽·斯图亚特的秘书，1566年被杀

彼耶尔·德·夏特利亚尔

玛丽·斯图亚特宫廷的法国诗人，1563年被处死

乔治·布坎南

人文主义者，詹姆斯六世的导师，写过一些谤书，攻讦玛丽·斯图亚特最为出力

法　国

亨利二世（1518—1559）

法国国王，1547年即位

喀德琳·美第奇（1519—1589）

亨利二世的妻子

法兰西斯二世（1544—1560）

亨利二世的长子，玛丽·斯图亚特的第一任丈夫

查理九世（1550—1574）

法兰西斯二世的弟弟，兄终弟及，继位为法国国王

洛林枢机主教、克洛德·德·吉斯、弗朗梭阿·德·吉斯、亨利·德·吉斯

吉斯家族成员

龙萨、杜倍雷、布朗当

文人墨客，曾在作品中歌颂玛丽·斯图亚特

3

英格兰

亨利七世（1457—1509）

英格兰国王，1485年即位，伊丽莎白的祖父，玛丽·斯图亚特的外曾祖父

亨利八世（1491—1547）

亨利七世的儿子，1509年即位

安妮·博林（1507—1536）

亨利八世的第二位妻子，被控不贞，被处死

玛丽一世（1516—1558）

亨利八世与阿拉贡的凯瑟琳结婚所生的女儿，爱德华六世死后（1553）为英格兰女王

伊丽莎白（1533—1603）

亨利八世与安妮·博林所生的女儿，父亲生前视为私生女；异母姐玛丽死后（1558）即英格兰王位

爱德华六世（1537—1553）

亨利八世第三次结婚后，与乔安娜·西摩所生的儿子，幼时即与玛丽·斯图亚特订婚，1547年为英格兰国王

詹姆斯一世

玛丽·斯图亚特的儿子，伊丽莎白的继承人

威廉·塞西尔，伯利勋爵（1520—1598）

伊丽莎白的炙手可热的宰相

弗朗西斯·沃尔辛厄姆爵士

国务大臣兼警务大臣

威廉·戴维逊

第二大臣

罗伯特·达德雷，莱斯特伯爵（1532—1588）

伊丽莎白的面首，伊丽莎白曾为他向玛丽·斯图亚特提亲

托马斯·霍华德，诺福克公爵

英国首屈一指的大贵族，觊觎娶玛丽·斯图亚特为妻

塔尔博特，施鲁斯贝里伯爵

奉伊丽莎白之命看管玛丽·斯图亚特，达十五年之久

埃米亚斯·波立特

玛丽·斯图亚特的最后一任看守

目　录

第一章 冲龄践祚

1542年—1548年

　　诞生不到一星期的玛丽·斯图亚特成了苏格兰的女王。她生命之初，便显露了她一生的本初规律——往往太早，还不会喜悦，她就接受了上天的慷慨的赐予。1542年12月的一个阴霾的日子，她生在林利豪堡。当时，她的父亲詹姆斯五世躺在邻近的福克兰德，正处在弥留之际。国王今年三十一岁，却已被生活压倒，在权势和斗争中心力交瘁。他是一位真正勇敢的人和骑士，生性热爱生活，极其崇尚艺术，十分喜欢女人，深受百姓拥戴。他不时微服出访，参加乡间的节庆，同农民一道跳舞、开玩笑；他写的歌谣长久流传在他的社稷之邦。但他出身于一个倒霉的家族，是一个倒霉的继承人，生活在一个难以驾驭的国家，又适逢一个混乱的时期。这就决定了他的命运。气势汹汹而厚颜无耻的邻居亨利八世怂恿他在国内实行宗教改革，詹姆斯五世却始终忠于天主教。苏格兰的贵族一贯要把这位乐天而平和的国王拖进战争和内乱。他们趁机利用了亨利八世和詹姆斯五世的不和。詹姆斯死前四年——在他向玛丽·德·吉斯求婚期间——就已经看得很清楚，面对那些穷凶极恶、一意孤行的氏族，如果迎合不了他们的心意，那么，当个国王是非常的窝囊。"夫人，"他以令人感动的真诚写道，"我才二十七岁，但是生活已经让我深感沉重，同我的王冠一样。……我幼失怙恃，落入野心勃勃的贵族手中。势力强盛的道格拉斯家族挟持着我，我对这个姓氏至今深恶痛绝，一想起就痛恨不已。恩加斯伯爵阿奇博尔德，他的弟弟乔治，和他们全体被放逐的族人无休无止地挑唆英国国王同我作对。那位国王在我的国家里无孔不入，到处搞见不得人的许愿或用黄金收买，没有一个贵族不曾受到他的勾引。我时时刻刻顾虑我的安全；同样，我时时刻刻顾虑我的旨意被人玩忽，公正的法律被人蹂躏。这一切，都叫我忧心忡忡。夫人，我期待着你的支持和忠告。我虽然没有任何经费，只有法国国王的帮助和我的腰缠万贯的僧侣们区区几文的施舍，却仍想翻新我的城堡，修葺要塞，建造舰船。但是我的男爵们把一个想真正当家做主的国王看成冤家对头。我担心，尽管有法国国王的友谊和他的军队的支援，尽管百姓对我忠心耿耿，我仍无法迫使男爵们就范。我不惜采取一切手段在我的国家匡扶正义与和平。我认为我会成功，只要我的贵族们没有强大的外援。英国国王不断在我们之间搬弄是非。他强加给我的国家的异教，毁了各个阶层直至僧侣和平民百姓。我和我的列祖列宗自古以来依靠的唯一力量是市民和教会。我暗自问：他们还会长久做我的支柱吗？"

这真是一封卡珊德拉[1]的信。不祥的预言一一应验。还有其他许多更加严重的灾难落到国王头上。玛丽·德·吉斯给他生的两个儿子

---

1 古希腊神话中的特洛亚公主，有预言才能。在现代语中，指这样一种人：他预见到未来的灾难，但自己既来手无策，又不能说服旁人采取预防措施。

都死于襁褓之中；詹姆斯五世正值盛年，却还没有后嗣能够继承那一年年叫他越来越吃不消的王冠。最后，桀骜不驯的男爵们把他拖进一场战争，同强大的英国开战，然后在节骨眼上又叛离了他。在索尔韦海湾，苏格兰不仅吃了苦头，并且尝到了失败的耻辱的滋味。被氏族首领们抛弃的军队几乎没有抵抗，怯懦地望风溃逃；而国王这位勇敢的骑士，在这痛心的时刻，并没有同异族的敌人交锋，而是在同他的死神搏斗。他在腻味的生活和无聊的斗争中耗尽了精力，在福克兰德卧床不起，挨受着热病的煎熬。

1542年12月9日是个阴沉沉的冬日，窗外弥漫着浓重的雾，一个使者在福克兰德堡的大门外敲门。他是来给垂死的、痛苦不堪的国王报信：他生了一个女儿，一个女继承人。但是，詹姆斯五世空荡荡的灵魂中已经容纳不了欢乐和希望。为什么不生个儿子，生个男继承人呢？……死在眼前，他处处见到不幸、破灭和无穷无尽的灾难。"我们的王位由女人而得，也由女人失去。"他无可奈何地说。这句抑郁的谶言是他的最后一句话。他翻身向里，再也没有应声。几天后他被安葬。于是，玛丽·斯图亚特还没有学会睁开眼睛看世界，便成了女王。

然而，出生在斯图亚特家族，并且又是苏格兰女王，这就意味着要遭受双重的诅咒。斯图亚特家族中没有一个人能够顺遂而长久地坐稳过王位。两位国王——詹姆斯一世和詹姆斯三世被弑，另外两位——詹姆斯二世和詹姆斯四世则战死在沙场；而他们的两个后裔——这个还不知世事的女婴和她的嫡孙下场则更惨，竟在断头台上引颈受戮。这个阿特柔斯家族[1]中，谁也没有活到耄耋之年，谁也

1　古希腊神话中一个命运悲惨的家族，现存三十三部古希腊悲剧中，有八部与这一家族的成员有关。

没有获得命运和吉星的青睐。他们永不停息地同外部和内部的敌人战斗，同自己战斗；他们无休无止地处在外界的骚乱之中，同时经受着内心的骚乱。他们的国家永无宁日，而他们自己也从来没有安宁的时候。在他们的臣子之中，最最靠不住的，是那些本来应该辅弼王室的人——勋爵们、男爵们，以及那些阴沉无情、粗野放肆、贪婪好战、固执任性的骑士贵族，正如漂泊到这个云雾之国的诗人龙萨的怨言：这是"野蛮的国家和残忍的民族"。勋爵们、男爵们，在自己的领地和城堡里都是土皇帝，仿佛把牲畜赶往屠宰场一般，驱使他们管辖的农夫和牧人没完了地为他们打仗和劫掠。这些专制的家族统治者，除战争之外别无其他娱乐。他们的嗜好是纷争，他们的动机是嫉恨，他们的心念所系是权力。"黄金和利益是唯一能以歌声打动苏格兰勋爵们的塞壬[1]，"法国使臣写道，"开导他们，指出什么是对国家的义务，什么是荣誉、公正和高尚的行为，只会引起他们的嘲笑。"他们好勇斗狠，贪婪成性，恰似意大利的佣兵队长，而且在表露贪欲时的粗野更胜一筹，这些历史悠久、势力强盛的家族——汉密尔顿、阿兰、梅特兰德、克罗福德、林赛、伦诺克斯和亚盖尔等家族，老是在为争夺凌驾众人之上的地位而咬来咬去。他们或者你攻击我，我攻击你，吵个不休；或者信誓旦旦，郑重其事地"结盟"，把他们短暂的同盟关系肯定下来，以反对别的什么人。他们一贯党同伐异，但内部并无信义；他们全都有亲缘关系或联姻关系，实际上却是心怀嫉恨、不共戴天的冤家。不管他们自称是新教徒还是天主教徒（全看哪方对他们有利），反正他们在内心深处仍然是异教徒和野蛮人，仍然是麦克白和麦克德夫[2]的子孙，是莎士比亚以生花妙笔刻画过的嗜血的邪

---

1 古希腊神话中的女海妖，常以歌声引诱航海者触礁。

2 莎士比亚名剧《麦克白》中的人物。

派人物。这帮贪婪而桀骜不驯的人只有在一件事上是一致的，那就是一致反对他们的君主、他们的国王，因为他们全都厌恶顺从，全都不知忠诚为何物。这是"一帮无赖"（"parcel of rascals"）——最最地道的苏格兰人彭斯曾这样说过。假若他们容忍什么权力之类的东西存在于他们的城堡和其他产业之上，那只是出于一个家族对另一个家族的嫉妒。戈登家族之所以让王冠落到斯图亚特家族手里，那是因为害怕王冠被汉密尔顿家族抢去；而汉密尔顿家族之所以拥戴斯图亚特家族，无非是因为嫉妒戈登家族。一个苏格兰国王，他如果由于少年气盛、自命不凡而想当个名副其实的国王，想认真治理国家，树立良好的风气，抵制勋爵们的贪心，那就算倒了霉！这帮子彼此敌对的人马上会统统团结起来，亲如手足，以便合力推翻他们的君主。倘若他们办不到以兵戎相见，刺客的万无一失的匕首便会来替他们出力。

这个被狂暴的贪欲搞得四分五裂、阴沉而充满罗曼蒂克情调的小国，这个地处欧洲极北、海水拍岸、孤悬绝域的蕞尔小邦祸不单行，连年的战乱造成了国力的枯竭，以致贫困不堪。几座城市（其实又算得了什么城市，只是几片挤在一起的破房子，无非有要塞保护罢了）富不起来，连丰衣足食都做不到。它们老是被洗劫，被纵火焚烧。至于贵族的那些易守难攻的城堡（其阴森而雄伟的废墟至今还耸立在那里）——丝毫不像那些以富丽堂皇和宫廷豪华气派标榜的真正的城堡——仅仅用于战争，而不是为了和平的目的用来接待宾客。在为数不多而又支派繁衍的贵族世家和他们的农奴之间，缺少一个精力充沛的中间阶层——而这样一个中间阶层却是国家少不了的，少不了它的功在社稷的力量。仅有的一片人烟稠密的地区是在特维德河和费尔德河之间，离英国国境太近，英国人的侵袭屡屡把它洗劫一空。在北部，围绕孤零零的湖泊或在荒漠般的牧场上或在莽莽的森林中踯躅，可以步行几小时而见不到一座村落、城堡或市镇。在欧洲人口稠密的地区，村庄一个挨着一个，这里可是迥然不同：这里没有促进本国贸易和振兴百业的宽阔的大道，也没有荷兰、西班牙和英国那样的码头——飘扬着五颜六色桅旗的船只从这里急匆匆地远涉重洋去猎取黄金和香料；这里的老百姓靠牧羊和渔猎生活，像他们的祖先一样，勉勉强强吃饱肚子。苏格兰当时的习俗和法律、生活水平和文化，落后于英国和欧洲不下一百年。各国的港口城市均已出现了银行和交易所，而这里还仿佛处在圣经时代，财富是用土地和羊的多寡来表示。玛丽·斯图亚特的父亲詹姆斯五世的全部财产是一万头羊。他既没有王室的珍宝，也没有军队，没有支持他行使权力的禁卫军，因为他养不起兵；完全由勋爵们当家做主的议会从来不让国王获得实际施政的手段。除了粗劣的膳食，国王的一切都是有钱的盟友法国和教皇送给他的：为他宫殿城堡里的每一条地毯、每一幅织品、每一座烛台，他都曾付出屈辱的代价。

难以消泯的贫困像脓疮一样消耗着美好而高尚的国家苏格兰的政治力量。国王、士兵和勋爵们的窘迫和渴求使苏格兰成为外国君主手中的玩具。谁反抗国王而拥护新教，谁就得到伦敦的资助；谁为天主教和斯图亚特家族打仗，巴黎、马德里和罗马就会给他钱；外国列强爽快地掏钱购买苏格兰人的鲜血。英法两大民族争霸的斗争胜负未决，所以，挨着英国的苏格兰成了法国少不得的伙伴。每当英军入侵诺曼底，法国便把苏格兰当作匕首刺向英国的背后，雄赳赳的苏格兰人立即跨过国界，威胁他们的宿敌。但是即使在平时，苏格兰人也一直对英国构成威胁。所以，加强苏格兰的军事力量是法国政治家们最最关心的事情。至于英国，则挑动苏格兰的勋爵们在自己国内掀起叛乱，竭力破坏苏格兰的军事力量。于是，这个多灾多难的国家成了百年战争的血流遍地的战场；只是靠了一个其时还混沌未凿的婴儿，靠了她日后悲惨的命运，才彻底决定了这场决斗的结局。

一个多么出色的戏剧性象征：当玛丽·斯图亚特还在摇篮里，斗争就开始了！这婴儿还不会说话，不会思想，浑浑噩噩，在襁褓里刚会动弹手脚，政治便已牢牢地缠住了她那苍白的身体和清白的心灵。玛丽·斯图亚特在劫难逃，一生被卷入这场赌博。此后，她从未能让自己的天性无忧无虑地尽情流露，干她爱干的事情；她总是被牵扯进政治阴谋，被人当作外交诡计的对象、外国利益的傀儡；她一辈子只是女王或王位的觊觎者，是盟友或是敌人。信使刚刚把两条消息送往伦敦，说詹姆斯五世晏驾，说他生了个女儿——苏格兰的公主和女王，英国国王亨利八世便决定为他年幼的儿子爱德华定亲，来日迎娶这位身价高贵的未婚妻；身体还没有长开，心灵还没有开窍，就已经被居为奇货。然而政治是不考虑感情的，它只着眼于王冠、国家和继承的权利。在它，具体的人是不存在的；同世界性赌博的虚幻目标和实际目标相比，具体的人无足轻重。话又说回来，具体到这件事上，亨利八世想让苏格兰的公主同英国的王太子订婚的企图倒是合理的，甚至是仁慈的。两个兄弟国家之间连年战争早就失去了任何意义。英格兰和苏格兰两国人民居住在同一个岛屿上，受到同一个海洋的保护和威胁，从族系和生活环境来说都有亲缘关系，无疑面对着共同的任务：联合起来。大自然这次明确地显示了自己的意志。只是都铎和斯图亚特两个王室的逐鹿阻碍了这个任务的完成。如果能够靠这门亲事化敌为友，斯图亚特和都铎共同的子孙将同时治理英格兰、苏格兰和爱尔兰，一个联合的大不列颠将能把自己的力量用于更加复杂的斗争——争夺海上霸权的斗争。

但命运总是捉弄人：政治中只要出现一线光明，难得有了一个明确而合乎理性的主意，人们便会拿愚蠢的实施去歪曲它。起初一切都颇为顺利：拿到大笔酬谢的、好说话的勋爵们，痛痛快快地投票同意缔结婚约。但是，从经验中学聪明了的亨利八世并不满足于一纸空文。对这些高贵的老爷们的虚伪和贪婪，他可是再清楚不过的了；他知道这些人靠不住，只要法国人出更大的价钱，就会把冲龄女王改卖给法国王太子。所以亨利八世要求苏格兰的经手人立即交出孩子，把这作为首要的条件。但是，都铎家族的人不相信斯图亚特家族，而斯图亚特家族的人对他们也同样如此；反对婚约特别强烈的是王太后。这位吉斯家族[1]的女儿是虔诚的天主教徒，她不愿意把自己的孩子交给那帮叛教分子和异端分子；再说，不需要特别敏锐的眼光也可以发现婚约中有个危险的圈套：专门有一项秘密条款规定：孩子一旦夭殇，经手人必须促成"全部权力及王国之施政"归于亨利八世。这可得好好斟酌一番！这个人已经把两个妻子送上断头台，他是什么都干得出来的：他一心想继承他眼红的遗产，一旦等得不耐烦了，没准会想方设法让那孩子早死，而且还不是自然死亡。所以，疑虑重重的母亲拒绝了把孩子交给伦敦的要求。求亲几乎引起了战争。亨利八世调遣军队，要把珍贵的人质抢过来；他向全军发布的命令生动地说明了那个时代的赤裸裸的残忍："陛下命令一路烧杀。爱丁堡在一切财物由你们运出、抢空后，即刻付之一炬，夷为平地。……霍利鲁德和爱丁堡周围的城镇乡村，大军所过，一律抢光；雷特及其他市镇均须洗城，如遇抵抗，不分男女及孩童，格杀无赦。"

　　亨利八世的武装匪徒像匈奴一般侵入苏格兰。但母后带着孩子及时躲进了设防的斯特林堡。亨利八世只好让步，缔结了一份新婚约：苏格兰须在玛丽·斯图亚特年满十岁之日把她交给英国（她一辈子被

　　1　法国大贵族世家，当时法国天主教集团的支柱。

人当作商品买来买去！）。

　　似乎一切就绪，人人满意。但是任何时代的政治都是一门怪诞的学问，它与简单的、合乎理性而顺应自然的决定无缘：制造困难是它的嗜好，播种怨仇是它的使命。不久，天主教党进行阴谋活动，暗地里打听把孩子（她还只会咿咿呀呀，只会微笑呢）卖给法国王太子是否更有利可图。亨利八世死后，更是谁也不再考虑履行婚约的事了。然而，英国的摄政萨默塞特以幼主爱德华的名义要求苏格兰交出稚龄的未婚妻；由于苏格兰抗命，他又发兵征讨，因为只有一种语言——武力的语言方能同苏格兰的勋爵们谈得通。1547年9月10日，在平卡附近的一场会战中（说得确切些，是一场屠杀），苏格兰军队被打得落花流水，在战场上遗尸逾万。玛丽·斯图亚特还不满五岁，就已经为了她血流成河。

　　苏格兰在英军面前门户洞开。但这个国家已经被洗劫一空，再也没有什么油水。至于都铎王室，感兴趣的是那独一无二的宝贝——象征着王冠和王位承袭的小女孩儿。然而，叫英国的间谍们大为烦恼的是玛丽·斯图亚特突然杳若黄鹤，斯特林堡再也见不到她的踪影；连最亲近的人都不知道母后把她藏匿在什么地方。新的可靠的密窟选得极好：忠心的臣仆在深夜极其秘密地把小女孩儿送往因奇梅霍姆修道院。幽邃的修道院僻处在门蒂思湖中的一个小岛上，无路可通，照法国使臣在报告中的说法，是在"绝塞草荒"。被视若拱璧的小女孩儿用小船送上岛，交给虔诚的、从来不离寺院一步的修士照料。天真无邪的孩子住在这保险的避难所，远离纷扰乖张的红尘，对世事一无所知。而外交活动其时正在海洋和各国上空撒网，拿她的命运做文章。法国已经出头，为了不让英国独占苏格兰而发出了威胁。法兰西斯一世的儿子亨利二世派遣一支强大的舰队驶往苏格兰；法国援军的副将代表他为年幼的王太子向玛丽·斯图亚特求婚。从海峡那边吹过来的强劲凌厉的政治罡风使这孩子的命运陡然大变：斯图亚特家族幼小的女儿不去当英国的王后，却突然准备日后母仪法国。新的、较为有利的协议一签订，这买卖的珍贵的对象、五岁八个月的小女孩儿玛丽·斯图亚特便于8月7日上船，被送往法国，预售给另一个同样陌生的丈夫。别人的意志又一次（可不是最后一次）决定并且改变了她的命运。

无知无识是童年的一大优点。三岁、四岁、五岁的稚童哪会知道什么战争与和平、会战与条约呢？她哪里懂得什么法国还是英国、爱德华还是法兰西斯呢？哪里懂得什么是支配着这世界的猛烈的疯狂？双腿修长的小姑娘，浅色的鬈发飘拂着，在城堡内阴森森的和亮堂堂的房间里跑来跑去，同四个和她一般年龄的小女孩儿嬉戏。当初，从苏格兰最高贵的家庭为她挑选了四名女伴、四个同龄人（在那么野蛮的时代算是个出色的主意）：玛丽·弗莱明、玛丽·比顿、玛丽·利文斯顿、玛丽·塞顿。她们都是同她一样的孩子。她们现在快快活活地同年幼的女王戏耍；日后在异邦慰藉她的孤独，好减轻她独在异乡的感觉；后来又成为她的御前女官，有一天，她们在披肝沥胆的时刻发誓决不在她们的女主选定丈夫之前出嫁。其中三人在患难中离开了女王，一人在放逐中仍追随她左右，忠心耿耿，至死不渝；欢乐的童年的余晖，给她的恐怖的最后时刻平添了几分光明。但那都是后话。眼下，这五个小姑娘天天在一起快快活活地嬉戏，不是在霍利鲁德堡，就是在斯特林堡，不考虑女王的身份以及同危险的高傲相通的威严等。然而，一天晚上，小玛丽被人从床上扶起来，在灰蒙蒙的夜色中，湖中有只小船等着，要把她送往宁静安谧的小岛因奇梅霍姆。这名字的意思是"安静的寺院"。有一些陌生人，穿着与众不同，身上是宽宽大大、飘飘拂拂的黑色长袍，在那里欢迎她。他们慈祥和气，在高高的、有花花绿绿窗子的大厅里唱歌，十分好听；这小姑娘很快就同他们处熟了。可是不久，也是在晚上（后来玛丽·斯图亚特不止一次利用夜色的掩护出奔以改变命运），她又被送走。最后上了一艘高高的、桅樯吱吱咯咯直响、张着白帆的海船。周围是外国的士兵和大胡子的水手。可是小玛丽不害怕。他们全都挺和气，对她很亲切。十七岁的异母哥哥詹姆斯——詹姆斯五世不计其数的孽种中的一个，是他结婚之前所生的私生子——抚摸着她柔软蓬松的浅色头发；她那相亲相爱的女伴四玛丽也在身边。五个小姑娘在新的环境中欢天喜地，因为孩子喜欢任何一种变动；她们在法国军舰的大炮和顶盔掼甲的海军官兵之间撒欢儿。一名水手在高高的桅楼上提心吊胆地注视着远方。他知道：英国舰队在海峡里来来回回游弋，希望截住英国国王的未婚妻，不让她去同法国王太子订婚。但是孩子的眼睛里只有身旁的东西和新奇的东西；她只看到海水湛蓝，大人和气，军舰像头巨兽似的呼哧呼哧破浪前进。

8月13日，这艘巨型帆船驶进了布雷斯特附近的港口小城罗斯科夫。几条小艇靠了岸，这个无忧无虑的、淘气的苏格兰六岁女王跳上了法国土地。她因为尝到奇妙的历险的滋味而天真地乐滋滋。从此，她的童年结束，开始了履行职责、经受考验的时期。

第二章　少小在法国

1548年—1559年

　　法国宫廷熟谙高尚的习俗，精通称作礼仪的神秘学问，备悉礼仪的种种规矩。特别是瓦卢阿王朝的亨利二世，清清楚楚地知道应该以什么样的礼节迎接王太子的未婚妻。在她抵法之前，亨利二世已下旨沿途城镇乡村一体恭迎苏格兰小女王 la reinette，一切仪制就像对待他自己的亲生女儿。玛丽·斯图亚特一到南特，就受到使人高兴的礼遇。所有的广场上都建造了拱形牌楼，装饰着古典浮雕图案和异教女神、仙女、塞壬的雕像。这还不算数。给御前扈从们大量供应美酒佳酿，让他们更加乐不可支。礼炮声不绝，焰火烛天。一支小小的军队行进在小女王前面——一百五十名男孩儿，身穿雪白的服装，吹号敲鼓，手持微型的枪矛斧钺，俨然一队别具一格的荣誉随銮仪仗。在接连不断的庆典中，玛丽·斯图亚特从一座城市到另一座城市，最后来到了圣日耳曼宫。在这里，六岁的小姑娘初次同她的未婚夫见面。那未婚夫还不满五岁，羸弱，苍白，患有佝偻病，命中注定病魔缠身，早年夭殇，因为他周身的血液都已经败坏。他腼腼腆腆、畏畏葸葸地迎接他的"新娘"。王室其他成员对她的接待较为热情，他们倾倒于她那可爱的天真烂漫。满心欢喜的亨利二世在信中说她是"我所见到过的最可爱的孩子"。

　　法国宫廷是当时世界上最辉煌最豪华的宫廷之一。黑暗的中世纪刚刚过去，垂死的骑士阶层最后一抹罗曼蒂克余晖还沐浴着过渡时期的一代人。诸如狩猎、游戏、比武、冒险、战争等英武豪迈的老式娱乐还用得着体力和勇气。但在上流社会中，心智已经开始占上风。继修道院和大学之后，国王们的宫堡也正在被人文主义思潮征服。罗马教皇们热衷的奢侈欲、文艺复兴时期特有的对精神感官享受的沉溺和对美术的迷恋，正高奏凯歌，由意大利传入法国。在这历史的瞬间，法国产生了一种新的理想，一种独特的力和美的结合、逍遥和豪气的结合，蔑视死亡同时又热爱生活的崇高的艺术。法国性格把热烈的气质和无忧无虑的轻松统一在一起，自然而洒脱，是哪个民族都望尘莫及的。高卢的骑士精神同文艺复兴的古典文化奇妙地混为一体。对于一个贵族，除了穿上沉重的甲胄在比武中猛攻猛打对手的本事而外，还要求他舞姿曼妙，做得出难度极大的动作。他应该既掌握严格的军事技能，又懂得高雅的宫廷礼节。同一只手，既要能挥舞沉重的刀剑，又要能满怀感情地弹奏诗琴，写十四行诗献给心上人。一身兼有截然相反的两极——力量和温柔，庄严和优雅，既能打仗又能智斗。这便是当时的理想。白天，国王和他的贵族骑着汗津津的骏马追逐麋鹿和野猪，在比武场上剑来枪去。晚上，骑士和名门闺秀们聚集在新装修的、奢华堪称空前的罗浮宫、圣日耳曼宫、布卢瓦宫、安布瓦斯宫，参加那里高雅的游艺。宫廷里，人们吟诗，唱情歌，玩乐器，在假面舞会上再现古希腊罗马的气氛。众多面目姣好、服饰华丽的仕女，龙萨、杜倍雷和克卢埃那些诗人和艺术家的创作，使宫廷呈现出一派前所未有的绚丽多彩和蓬勃的生机，在艺术和生活的各个领域都表现得空前的淋漓尽致。像处在灾难深重的宗教战争前夕的整个欧洲一样，在当时的法国，伟大的文化繁荣时期即将开始。

谁要生活在这样的宫廷里，特别是如果要在那里做主人，就必须适应这些新的文化要求。他应当努力掌握各门艺术和知识，锻炼自己的才智，同样也得锻炼自己的体魄。人文主义要求那些准备执政的人熟谙各种各样的艺术，这永远是人文主义的一大功劳。过去好像从来不曾这样重视过上层阶级的优良的教育，不仅是男子，女子也有份儿——从此开始了一个新时代。同英国的玛丽和伊丽莎白一样，玛丽·斯图亚特也学古典语言——希腊文和拉丁文，同时学意大利语、英语、西班牙语等现代语言。凭借聪敏和灵气，凭借遗传得来的对一切优美的东西都敏于感受的禀赋，这才华横溢的小姑娘学什么都不费力气。十三岁上，通过埃拉斯穆斯[1]的《对话集》学会了拉丁文之后，她在罗浮宫向宫廷全班人马发表了一篇由她自己起草的演说；她的舅舅洛林枢机主教得意地告诉她的母亲玛丽·德·吉斯："令爱的心胸、美貌和睿智均已成熟，且日见其发展，今已精通各门光荣高尚的学问。本王国中，不论贵族闺秀或平民之女，无一人能望其项背。我有幸向您报告，国王对令爱眷爱至深，有时与她单独相对，谈话长达一小时以上；令爱言辞聪明得体一如二十五岁的成人，深获圣心。"

确实，玛丽·斯图亚特的智力发育特早。她没有花很多时间便精通了法语，以致写诗也能崭露头角，极其漂亮地同龙萨和杜倍雷这些诗人的颂诗唱和。她不仅仅是在宫廷"即兴"表演中娱悦缪斯——不

1　埃拉斯穆斯（1466—1536），荷兰人文学者、文学家，或译作伊拉斯谟。

是的，爱上了诗歌并且被诗人们爱上了的少年女王在苦恼的时刻也以赋诗遣怀。同时，她的优雅的情趣还表现在其他艺术上：她歌声动人，且能用诗琴自弹自唱；舞姿叫人倾倒；她的刺绣不仅说明她手法娴熟，还显出她的才气；她的衣着打扮也异常雅致，不像身上的长袍老是肥肥大大的伊丽莎白那样炫耀刺目的奢华（玛丽·斯图亚特无论是盛装还是穿花花绿绿的苏格兰短裙，都是一样宜人，一样自然）。她的分寸感和美感是与生俱来的；她的威严而绝不做作的气派，产生了使她流芳后世的诗的魅力——斯图亚特家的女儿在最艰难的关头也保持了王家血统和帝王教育的珍贵的余绪。在体育运动中，也未必比这骑士宫廷里最老练的运动员逊色——她是不倦的骑手、起劲的猎人和出色的球员。这半大姑娘，亭亭玉立，体态袅娜而精力旺盛。她陶醉于罗曼蒂克的青春的各种甘泉，欢愉地、怡然地、无忧无虑地放怀畅饮，没有想到她这一辈子的幸福尽止于此，已经被她享尽。这位朝气蓬勃、热情洋溢的公主是法国文艺复兴时期骑士的罗曼蒂克理想女性，未必有人比她更完美的了。

她不仅受到缪斯的青睐，神灵也祝福了她的摇篮。玛丽·斯图亚特既有心灵美而形貌也异常富有魅力。她刚从孩子长成少女，长成女子，诗人们便交口称誉她的美貌。"芳龄十五，她的美宛若明媚的阳光一般灿烂夺目。"——布朗当喝彩不止；而杜倍雷的言辞更为热烈：

　　　女神的威严，心的热烈，智的光辉，
　　　还有那优雅，形状和线条的美，
　　　一切美质集于你一身，

上天把你展示给我们凡人。

大自然一心叫我们的眼睛愉悦，
一心要把别的造型超越，
新的作品精美绝伦，
为你献出了高超的技能。

上帝极力创造了你的光明的心灵，
艺术爱好和谐，
天生丽质越发可人。

缪斯赐给我歌手的天赋，
是叫我把你歌唱，
以赞美上天、自然和艺术。

洛佩·德·维加心悦诚服地为她写颂歌："星辰把最最美妙的光芒赠给她的眸子，把红晕赠给她的面颊，使她妩媚非凡。"法兰西斯死后，龙萨借他的弟弟查理九世之口，以这样的诗句倾吐了近乎贪婪的赞美：

谁曾经忘情地抚爱过她的酥胸，
便会不惜为之牺牲王冠。

杜倍雷仿佛是给许许多多描述和诗歌中对玛丽·斯图亚特的种种颂扬作了总结，热情地赞叹：

看着她吧，我的眼睛，

人间没有什么可以同她比美。

　　但是诗人们都是些明显的马屁精，而宫廷诗人在给他们的女主人捧场时更是如此。所以，我们对她当时的几帧画像更感兴趣，知道克卢埃高明的画笔保证了画像的逼真。我们观赏这些画像时虽然并不觉得失望，可也不同意那些过分的揄扬。呈现在我们面前的，与其说是璀璨的美，不如说是好看：一张讨人欢喜的姣好的鹅蛋脸，鼻子稍稍嫌尖而显得略微有些不匀称，却赋予这女性的脸庞一种特殊的魅力。柔和的、脉脉含情的深色眼睛神秘地闪烁着，恬静的嘴唇紧锁着尚不为人所知的秘密。上天在这位公主身上确实没有吝惜它最珍贵的材料，赐予她异常白净、带有淡淡光泽的肤色，精心编成珠串一般的、浓密的浅灰色头发，修长纤细、宛若凝脂的手指，袅娜轻盈的体态，

　　"……领口微微露出她那赛霜欺雪的酥胸，高高的立领衬托出双肩美妙的线条。"

　　这张脸上找不出瑕疵；但正是那冷冷的、无可挑剔的美，使它看来缺少任何特色。你看着这秀丽的少女的画像，看不出什么来，而且她对她自己也还不知道什么。她还不是一个成熟的女子，仅仅是一个姣好温顺的女学生亲切柔和地凝望着你。

　　她的不成熟，她心灵中的朦胧，也是被悠悠之口证实了的，尽管她受到过甚其词的赞美。尽管人们赞美她优雅的举止、出色的教养、堪为楷模的勤奋和待人接物的得体，他们却都是把她作为出类拔萃的学生来奖誉的。我们知道她学习努力，说话和气，对人恭敬，笃信天主，种种技艺都很精通而没有对某一项发生特殊的兴趣；她热心而顺

从地学习一个国王的儿媳应该掌握的五花八门的课业。不过，人们称赞的全是她的显不出个性的、社交场合的素质；至于她为人如何，性格如何，谁也没有提及。这说明她身上独特的、本质的东西还不曾被旁人察觉——这是因为她的心灵尚未洞开。公主的出色教养和社交场合的光辉，还将长久地掩盖一个女子所能迸发的激情的力量；许多年后，她才把整个身心充分表露出来，显示了可贵的深度。眼下，她的纯净的额头散发着寒气；小嘴亲切温柔地微笑着；深色的眼睛充满了憧憬，探索着，暂时还只是观看外部世界，还没有窥察自己的心灵；谁也不知道——玛丽·斯图亚特自己也不知道，她的血液里掺杂着遗传的噩运，蕴含着危险。唯有激情才能揭开女性心灵的帷幕；唯有通过爱和痛苦，女子才能彻底长成。

这姑娘看来大有希望，日后想必能母仪天下；于是朝廷急于操办喜事，决定提前举行婚礼。玛丽·斯图亚特的人生时针甚至在婚姻上也比她的同龄人走得快。未婚夫刚满十四岁，还是个苍白孱弱、体质极差的孩子。但在缔结婚姻这件事上，政治比自然更着急；它不想也不能再等待了。法国宫廷之所以如此焦急地操办婚事，不能不令人怀疑：正是因为宫廷得到忧心忡忡的医生们的报告，对王太子的羸弱和致命的多病知道得一清二楚。对于瓦卢阿王室，这桩婚姻中的主要目标是把苏格兰王位弄到手。因此匆匆忙忙把这两个孩子拽到圣坛前。根据法国同苏格兰议会的使臣一起草拟的婚约，法国王太子获得苏格兰"并肩王的王冠"。同时，玛丽·斯图亚特的亲戚——吉斯家族的人又悄悄地迫使迷迷糊糊的十五岁的玛丽同意另一份苏格兰议会一无所知的文件。这一文件规定，玛丽·斯图亚特一旦早夭或无继承人，她应把自己的国家（仿佛是她的私人财产）以及她对英格兰和爱尔兰王位的继承权遗赠给法国王室。

搞出这么一份文件当然是种不正当的手段（无怪乎它的签署是如此保密）——玛丽·斯图亚特没有权力任意改变继承条件，把她的祖国遗赠给外国的王室，仿佛它是一件斗篷或者其他什么私人财产。但舅舅们强迫这个无忧无虑的女孩儿签了字。这真是悲剧性的象征：玛丽·斯图亚特在她亲戚的压力下第一次在政治文件上签名，这是她的十分真挚的、单纯的、坦率的天性的第一次作**假**。要做女王并要一直当下去，她就没法信守**真**：人一旦沦为政治的奴隶，便再也不属于自己，只得违背良心的神圣法则，而去服从其他的法则。

这桩秘密勾当以隆重的婚礼遮掩世人的耳目。两百多年来，还不曾有过一个法国王太子在自己的祖国举行婚礼；瓦卢阿宫廷认为自己有责任拿空前豪华的盛典让它的没有多少乐趣的人民开开心。美第奇家族出身的喀德琳对意大利文艺复兴时期由著名艺术家设计的盛大赛会记忆犹新[1]。她一定要让自己子嗣的婚礼压倒色彩斑斓的童年回忆；这事有关她的荣誉。1558年4月20日那一天，洋溢着节日气氛的巴黎成了世界的首都。圣母院前建造了一座亭子，以遍绣金百合的塞浦路斯织锦缎为顶，前面铺了同样织满百合的地毯。銮驾前头是身穿红黄两色的乐师，吹打着各种乐器。在兴高采烈的人群欢呼声中，乐师引导銮驾款款而来。贵重的装饰光彩夺目。婚礼在大庭广众间进行。王太子——一个苍白的、病恹恹的孩子，被他自己的珠光宝气的服饰压得疲惫不堪。几千几万双眼睛盯着他的新娘。宫廷诗人这一次自然也不会错过机会歌颂新娘的美貌，赞不绝口。"她出现在我们眼前，"一般比较喜欢叙述本人风流韵事的布朗当神魂颠倒地说，"比

1　美第奇家族是佛罗伦萨世家，奖掖艺术甚力，先世据说是开药房的商人。

天仙更美一百倍。"也许，这酷爱虚荣的女子在幸福的巅峰确实辐射出一种特殊的魅力。豆蔻年华、含苞欲放的少女面露幸福的笑容向人群点头致意；她此时此刻的喜悦可能是她一生中最大的胜利。在盛装的侍从簇拥下，玛丽·斯图亚特同欧洲首屈一指的王子并辔而行，走过大街小巷，欢呼声响彻屋宇；服饰华丽、喜气洋洋、欢欣鼓舞的人群在她脚下攒动。如此热情激荡的场面真是可一而不可再。晚间，在司法宫举行露天宴会，欣喜万分的巴黎人挤在周围，目不转睛地望着这位给法国带来第二顶王冠的妙龄少女。喜日以舞会压轴。艺术家们为舞会全力以赴，精心设计。六艘镀金的船，张着银色锦缎的风帆，由藏在船腹里的机手牵引着，仿佛在汹涌的波涛上起伏，进入大厅。每一艘船上坐着一位王子，周身绣金的衣服，戴着有花饰的假面具，以优雅的姿势邀请一位王室的女子上船。这六位王室的女子是王后喀德琳·美第奇、王太子妃玛丽·斯图亚特、那瓦尔王后和三位公主——伊丽莎白、玛格丽特和克洛黛。这景象想必是象征在奢华而光辉灿烂的生活风浪中幸福地航行。但，命运不容凡人来掌握：这一天是玛丽·斯图亚特绝无仅有的无忧无虑的日子。过了这一天，玛丽·斯图亚特的生命之舟驶向迥然不同的、危险的河滩。

第一个危险是突然袭来的。玛丽·斯图亚特早就贵为苏格兰的君主，如今 le Roi Dauphin 法国王太子又把她纳为王妃，于是她的头上又加了一顶无形而灿烂的、更为珍贵的冠冕。然而此时此刻，命运又给她带来致命的诱惑——拿第三顶冠冕引诱她；而玛丽·斯图亚特没有及时得到明智的警告，她被这冠冕的叵测的光辉所迷惑，以她那童稚的率真，迷迷糊糊地向它伸出手去。就在她成为法国王太子妃的1558年，英国的玛丽女王晏驾。她的异母妹妹伊丽莎白登上了王位。可是，伊丽莎白果真是英国王位的合法继承人吗？好色的亨利八世（蓝胡子）有三个孩子：儿子爱德华和两个女儿——同阿拉贡的凯瑟琳结婚所生的玛丽、同安妮·博林结婚所生的伊丽莎白。爱德华暴死后，玛丽因为是长女，而且她父母的婚姻绝对合法，所以承袭了大统，但她身后无子女。如今伊丽莎白是否就成合法的继承人了呢？是的——英国王室的法学家们这样断言，因为亨利八世和安妮·博林的婚姻曾由一位主教证婚，并且得到了教皇的承认；不——法国王室的法学家们这样说，因为亨利八世曾宣布他同安妮·博林的婚姻无效，并且通过专门的议会命令宣布伊丽莎白为非婚生女。如果是后一种情况（整个天主教世界都坚持这样），那么，伊丽莎白作为私生子女，就不能登上英国王位，而有权继位的不是别人，正是亨利七世的外曾孙女玛丽·斯图亚特。

总之，该由这十六岁的缺乏经验的小姑娘做出具有世界历史意义的决定。玛丽·斯图亚特面前有两条路：她可以表现出谦让和政治手腕，承认她的表亲伊丽莎白是法定的英国女王，放弃自己的权利，因为她的权利要靠武器才能保住。另一条路是勇敢坚决地指控伊丽莎白篡夺了王位，出动苏格兰和法国的军队去推翻篡位者。不幸的是玛丽·斯图亚特和她的谋士们选择了第三条路——政治上最最致命的中间道路。法国宫廷不是给予伊丽莎白以猛烈的、坚决的打击，而只是虚张声势，摆出要揍她的架势：根据亨利二世的命令，王太子和太子妃把英国王冠加进了他们的纹章；玛丽·斯图亚特郑重其事地在官方文件里，冠以"法兰西、苏格兰、英格兰和爱尔兰女王"的尊号。

这样一来，等于是申明她的权利，可是又没有人去捍卫这种权利。他们没有同伊丽莎白开战，只是一味刺激她。他们不是拿起火和剑，采取坚决的措施，而只是作些有气无力的姿态：拿稻草人去吓唬伊丽莎白，张牙舞爪一番。结果形成十分古怪的局面：玛丽·斯图亚特又像是觊觎英国的王位，又像是没有这种野心。有关自己的权利，她有时一声不吭，有时却又重提。譬如说，伊丽莎白要求法国遵约把加莱地区还给她；亨利二世答复说："在此种情形下，加莱应交给法国王太子妃、苏格兰女王，因为我们全都把她奉为英国的合法女王。"然而，这个亨利二世却连指头都懒得动一下，根本不去费劲保卫他媳妇的权利，到了这种时候还把那个所谓篡位者当作平等的君主，继续同她进行谈判。

玛丽·斯图亚特的那种荒唐的、幼稚的姿态和她的那枚虚有其表、不伦不类的纹章，葬送了她的一切。每个人的一生中都有过永远无法挽救、根本没法挽救的错误。玛丽·斯图亚特此时此刻便是如此：这种政治上的失策——主要是由于少年时代的执拗和虚荣，而不是经过深思熟虑后的抉择——最终毁了她自己，因为她侮辱了欧洲最有权势的女人，同这个女人结下了仇，成了势不两立的仇敌。伊丽莎白作为真正的统治者，可以容忍和原宥许多事情，唯独不能宽恕别人怀疑她的统治权。不言而喻，从这一时刻起，伊丽莎白把玛丽·斯图亚特视为最危险的对手，是藏在她宝座后面的一个幽灵。从此以后，这两位女王彼此之间，不管嘴上说些什么，信上写些什么，统统都是虚情假意，统统都是谎话，是掩饰暗中的敌意；这个裂痕已经无法弥合。在政治上像在生活里一样，敷衍了事、优柔寡断比坚决的、断然的行动危害更大。英国王冠只是象征性地绘入玛丽·斯图亚特的纹章；但是为了这个象征，血流成河，比一场真正的战争中为了一顶真正的王冠而流的鲜血更多。一场公开的斗争能一劳永逸地廓清乾坤；而狡黠的暗中较量却会一而再、再而三地爆发，毒害这两个女子的生活和权力。

为了庆祝在卡托—康布累西签订的和约，举行了比武大会。那不祥的绘有英国王冠的纹章也出现在比武场上。1559年7月，在le Roi Dauphin和la Reine Dauphine王太子和王太子妃面前，这纹章被得意扬扬地抬了出来，让公众观赏。为了美人们的爱，洋溢着骑士精神的国王亨利二世不放过折断对手长矛的机会。人人都明白他属意的是哪一位淑女：是美人狄安娜·德·普瓦蒂埃。她正扬扬得意地坐在包厢里欣赏她的贵为帝王的情人。但，点到为止的比武突然出了极端严重的大事，命中注定这场比武决定了历史的命运。苏格兰近卫队[1]统领蒙哥马利的长矛已经折断，却笨拙地用矛杆戳中了他的对手——国王，伤了国王的眼睛。国王昏了过去，从马上摔倒在地。起先大家以为伤势并不危险，但国王却就此再也没有醒过来：他的家人惊恐万状地站在垂死者的床边。勇敢的瓦卢阿体质强健，同死神搏斗了几天。最后，7月10日，他的心脏终于停止跳动。

法国宫廷在悲恸欲绝的时刻也尊重习俗，把习俗奉为最高主宰。当王室离开城堡时，亨利二世的妻子喀德琳·美第奇突然放慢了脚步：从她成了遗孀的这一时刻起，宫中第一把交椅让给了登上法国王后宝座的那个女子。玛丽·斯图亚特迈着战战兢兢的步子，尴尬地、慌乱地跨过了门槛——法国新王的妻子越过了昨日的王后。就凭这一小步，十七岁的少女超越了她所有的同龄人，达到了权力的顶峰。

1　法国的一支外国雇佣军，由法王查理六世（1368—1422）创建。

第三章　孀居的王后和在位的女王

1560年7月—1561年8月

　　命运以叵测的轻率把玛丽·斯图亚特捧到了人间权力的顶峰，而她日后生活道路急转直下以致酿成悲剧，也以这叵测的轻率所起的作用最大。她的腾达，其疾速宛若火箭的升天：生后六天便是苏格兰女王；六岁成为欧洲最有权势的一位王子的未婚妻；十七岁当上了法国的王后。她的权势如日中天，而她的精神生活其实尚未开始。仿佛一切都是从天而降，一切都不是靠自己的本事挣来，没有费过自己的力气：既没有付出辛劳，也没有功劳，靠的是祖上的余荫、天赋和上天的恩赐。恍若身在梦中，一切都在色彩斑斓的轻烟中匆匆闪过，她看见自己忽而穿着婚礼的盛装，忽而身御王后的冠服。然而，还没有等到这过早的腾达能够被成熟的情感所接受，春天便已凋零，便已逝去，成为过眼烟云。王后醒来时，惊愕，茫然，失望，一无所有。在别人刚刚开始希冀、盼望、追求的年龄，她已经经历过胜利的种种喜悦，可是心灵还没有来得及品味。折磨她一生的烦恼，她的不满足，关键正在于这命运的早熟。谁要是过早地成为国内第一人、世上第一人，她便再也不能安于卑微的角色。只有软弱的天性才会屈服，才会忘却；而强有力的天性则不会安生，要向万能的命运挑战，作一番力量悬殊的搏斗。

　　她短暂的母仪法兰西的岁月果真像梦一般地逝去，那是一个迅速而又纷扰、难受、惊惶的梦。在雷姆斯大教堂，那苍白孱弱的孩子由大主教加冕，登上了王位；而美艳的小王后，在镶嵌王冠的奇珍异宝照耀下，一身珠光宝气，在朝臣命妇中间，像是一枝挺秀幽雅、含苞欲放的百合花。但是这仅仅是光华四照的一刹那。除此而外，史家没有记录下任何庆典和娱乐。命运没有给玛丽·斯图亚特充裕的时间，让她建立一个她梦寐以求的行吟诗人的宫廷，促进诗歌和各门艺术的欣欣向荣；没有给画家以充裕的时间，让他们把国王和他美丽的妻子身御帝后冠服的形象描绘到画布上；没有给史家以充裕的时间，让他们能够描绘她的性格；也没有给老百姓以充裕的时间，让他们认识他们的君主，更不必说爱戴了。仿佛两个来去匆匆的幽灵被厉风驱赶着，这两个孩童夹在一长串法国国王中间一掠而过。

　　法兰西斯二世体弱多病，一生下来就注定早夭，像一棵被森林管理员打上标记的树。惨白浮肿的脸上，厚厚的眼皮包着一对倦怠的眼睛，怯生生地望着人，仿佛才从梦中惊醒。这男孩儿突然开始的因而快得不正常的长个儿，更是戕害了他的体力。医生们老是围着他转，一个劲儿地劝他保重身体。但在这半大孩子的内心，有一种孩子气的好胜，要在各方面都赶上他那苗条而结实的、酷好狩猎和运动的伴侣。为了装出健康的、男子汉的样子，他强迫自己疯狂地驰马，从事力不从心的体力活动。但是老天爷是糊弄不了的。他的已经败坏了的、萎靡得无可救药的血液（祖先的该死的遗传）无精打采地在他血管里流动。他容易发寒热，所以每逢阴雨天气，只好在房间里受窝憋，被恐惧、焦躁和疲累折磨得痛苦不堪。他可怜巴巴，面容憔悴，老是被不计其数的医生照料着。这样窝囊的国王，叫他的朝臣怜悯而不是尊敬；至于在老百姓中间，倒反而恶名远扬，传说他有麻风病，为了治病，要杀婴取血来洗澡。农民阴沉地、横眉竖眼地看这赢弱的孩子半死不活地骑着高头大马从他们身旁过去。朝臣们赶在头里，抢先投靠王太后喀德琳·美第奇和王储查理。一双软弱的、有气无力的手是很难执掌权柄的。那孩子不时用他歪歪扭扭的笔迹在圣旨、敕令上签他的名字"François"。实际上却是玛丽·斯图亚特的亲戚吉斯家族在统治，法兰西斯只是在努力保护他日渐崩溃的健康和生命。

这被迫的独居，这永无尽头的担忧和惊惶，谈不上是幸福的夫妇生活——要是这也算夫妇生活的话。但也绝不是说这一对其实还是孩子的夫妻彼此不和。连那喜欢搬弄是非的宫廷（布朗当写作《风流娘儿们的生活》就是靠这宫廷提供素材的），也找不出理由指责或怀疑玛丽·斯图亚特有什么不成体统的事。虽然他们在圣坛前的结合是出于国家利益的考虑，但，结合前很久，法兰西斯和玛丽·斯图亚特便已青梅竹马。在这小两口的关系中，情欲未必有明显的作用。几年之后，玛丽·斯图亚特才迸发出忘我热恋的本能。这种矜持、自我封闭的天性，它的觉醒绝不是备受热病煎熬的法兰西斯的功劳。玛丽·斯图亚特心地善良，能够体恤别人，性格温和宽厚，自然是体贴入微地照料患病的丈夫。因为即使不是情感使然，理智也告诉她：她的荣华富贵和煊赫的权势取决于这可怜的、病病歪歪的孩子，取决于他的气息和脉搏，卫护他的生活等于是捍卫她自己的幸福。再说，他们为时短暂的临朝，也委实没有可能自在地享受安谧的幸福。国内的胡格诺教徒正在酝酿起义，威胁到国王和王后安全的昂布瓦西阴谋败露后，玛丽·斯图亚特不得不硬着头皮去履行君主的职责。她得亲临刑场，观看处决谋反分子——感受至深，铭心刻骨，日后，仿佛是魔镜的反照，这感受在她大限来临之际又涌上她的心头。观看活生生的人，绑着手，被按倒在砧板前，双膝下跪，斧子一闪，发出闷而低沉的咯吱声，砍进脖子根，鲜血淋漓的脑袋滚到黄沙上。这情景十分可怖，足以冲掉她脑海中在雷姆斯大教堂加冕的辉煌的景象。接着，噩耗纷至沓来：在苏格兰代她摄政的母亲玛丽·德·吉斯于1560年6月去世；苏格兰国内由于激烈的宗教纠纷而分崩离析；边陲战火纷飞，英军深入腹地。玛丽·斯图亚特，像小姑娘一样一心想着穿节日盛装的玛丽·斯图亚特，如今不得不穿上孝服。她十分喜爱的音乐不得不沉默，舞蹈不得不停止。不久，死神的瘦骨嶙峋的手又揪住了心，敲响了门：法兰西斯二世愈来愈衰弱，败坏了的血不肯安生，冲击他的太阳穴，在他的耳朵里嗡嗡直响。他已经没有力气走路骑马，只好躺在床上，让人家抬来抬去。最后，耳朵发炎流脓，医生们费尽心机，回天乏术。1560年12月6日，这不幸的孩子终于魂归西天。

悲剧性的象征在两个女人——喀德琳·美第奇和玛丽·斯图亚特之间重演。法兰西斯二世还没有彻底断气，失去了法兰西宝座的玛丽·斯图亚特在门口让喀德琳·美第奇先行——小太后给老太后让了路。她再也不是王国的第一夫人，而屈居第二，跟以前一样。仅仅一年，人去梦断，玛丽·斯图亚特再也不是法兰西王后，而只是苏格兰女王，那是她一生下来就有的名分，一直保持到生命的最后一刻。

按照法国宫廷的礼仪，丧夫的王后的首次重丧，服表四十天。这四十天内，严格地闭门谢客，片刻不得离开她的寝宫；头两个星期，除了新王及其亲人而外，谁都不准探望她，进入她那人为的墓穴——一间烛光如豆的房间。平民百姓家的妇女居丧穿一身黑，这是公认的丧服的颜色。唯独她应穿白色的丧服。一顶雪白的包发帽衬着一张苍白的脸，白缎长袍，白色的鞋袜，这仪态万方的幽灵外面再裹上一袭黑纱——那些日子里，玛丽·斯图亚特就是这般模样，就是这样出现在雅奈的著名的画面上；龙萨在诗里也是把她描绘成这个样子的。

> 从头到膝，
>
> 你披上透明的黑纱，
>
> 透出精心设计、一丝不苟的乱，
>
> 巧妙地打出褶，
>
> 像风暴中的帆，
>
> 哀伤的纱罩裹住你的身。
>
> 穿着这样的装束，
>
> 你离开你的宝座和王国，
>
> 眼泪湿了你的胸，
>
> 你踏上陌生的路，
>
> 悲伤的目光看着一切，
>
> 最后一次欣赏美丽的宫苑，
>
> 那王宫的别称，
>
> 得自宫外潺潺的绿水。

　　小王后的美貌和魅力确实在雅奈的肖像画中表现得淋漓尽致。静观的神情赋予她的目光以非凡的明澈，而单调的、纯白的衣衫更突出了皮肤的大理石般的白皙，这身丧服更显出她那种王者的高贵，远远胜过一味表现她的风华和尊荣、周身珠翠、佩戴着权力标志的早期画像。

　　她亲笔写了一首哀歌以悼念夭殇的丈夫。诗中洋溢着高雅的忧郁。诗的圆熟比起她的老师、诗坛泰斗龙萨来也毫不逊色。这首短短的哀歌即使不是出于王后的笔下，也能以它的毫不做作的真挚感动我们。因为这丧偶的女子并不是倾吐她的热烈的爱——玛丽·斯图亚特在诗歌中和她在政治生涯中不同，是从来不说假话的——而只是诉说她的不幸和孤独：

　　　　白昼黑夜，

　　　　无休无止的思念，

　　　　心头沉重！

　　　　有时抬头看天空，

　　　　云间，

　　　　他的眼睛向我闪烁着光芒，

　　　　低头看池水，

　　　　他的眼睛

　　　　在那里把我呼唤。

　　　　深夜独自相思，

　　　　突然感觉到

　　　　手的触摸和激动的吻，

　　　　不管是睡还是醒

　　　　他占据了我整个的心。

　　玛丽·斯图亚特对法兰西斯二世夭殇的哀痛，肯定不是诗歌里常见的陈词滥调，其中能使人感到真正的、发自肺腑的痛苦。她失去的不仅是一个善良的、随和的同伴，不仅是一个温情的朋友，她还失去了她在欧洲的地位、她的权势、她的安全。不久，年轻的寡妇便感觉到宫中第一人的王后和退居第二位当新王食客之间的区别。而她的婆婆、如今又成了法国宫廷第一夫人的喀德琳·美第奇对她心存敌意，使她的处境更加困难。玛丽·斯图亚特过去曾鄙夷不屑地谈到过这"商人女儿"的出身（同玛丽的天潢贵胄身份自是不可同日而语），因而深深地得罪了美第奇家族傲慢奸诈的女儿。在女人之间，诸如此类的冒渎（这个任性的、冒失的小姑娘后来对伊丽莎白也屡屡这样）比公开的侮辱更能引起恶感。喀德琳·美第奇，漫长的二十年来抑制着她的虚荣心，先是为了狄安娜·普瓦蒂埃的缘故，后来则是为了玛丽·斯图亚特，如今刚刚当家做主，便以咄咄逼人的威风让两位谪到人间的女神一尝她的憎恨的滋味。

但是，玛丽·斯图亚特这时候鲜明地表现出她性格中最突出的特点：倔强、刚烈、纯男性的高傲——决不待在她觉得屈居人后的地方；她的高傲的、炽烈的心决不满足于残羹冷饭和不上不下的名分。宁肯一无所有，宁肯死。一时间，她想到隐居，去修道院，放弃高贵的地位，既然在这个国家里最高的地位与她再也无缘。然而生活的诱惑毕竟太大了：永远弃绝人生的乐趣，对于这十八岁的女子来说，不啻是作践自己的天性。何况还有可能收之桑榆——获得另一顶同样珍贵的王冠。西班牙国王通过他的使臣为新旧两大陆未来的君主堂·卡洛斯向她求婚。奥地利宫廷派密使来见她。瑞典国王和丹麦国王也都愿意把心和宝座奉献给她。另外，她还有她自己家传的苏格兰王冠；同时，她对另一顶王冠即英国的王冠还抱着极大的希望。这年纪轻轻即已孀居的王后，这妙龄女子，面前仍然有着无限的机会。固然再也没有奇迹般的礼物自天而降，再也没有盛情厚意的命运把这样的礼物端给她，而需要用十分巧妙的本事和耐心从强大的对手那里夺过来。但是，有她那样的勇气，有她那样的美貌，有她那样的炽烈而生机旺盛的躯体和年轻的心灵，可以不怕下最大的赌注。玛丽·斯图亚特斗志昂扬，决心为她应得到的遗产作一番拼搏。

她对法国当然恋恋不舍。她在法国王宫里度过了十二个年头。对她来说，这美丽富饶的、充满了官能乐趣的国度，比起她失落的童年的苏格兰，更像是她的祖国。这里有她姥姥家的亲人保护着她；这里有她幸福地生活过的城堡；这里有歌颂她、理解她的诗人在吟唱；这里有合乎她心意的轻松明快的骑士式生活情趣。她回国的日期一个个月地拖下去，虽然故国的父老早在等着她回去。她到舒昂维尔和南锡去探望亲戚，到雷姆斯去参加她九岁的小叔子查理九世的加冕典礼；仿佛是怀着神秘的预感，她寻找各种各样的借口拖延归期。似乎她是在等待命运出现突然的转机，好让她不必回国。

因为这位十八岁的女王尽管对于处理政务还是少不更事，但心中很清楚，她在苏格兰会面临艰苦的考验。她的母亲本来以摄政的身份代她治理国家，但母亲去世后，她的死对头——新教的勋爵们占了上风。他们内心是不愿意把叛依可恶的弥撒的虔诚天主教徒请回国的；如今他们勉强把这种情绪掩饰起来。他们公开声称（英国的使臣兴高采烈地向伦敦报告）："最好把女王的归期再推迟几个月，再说，如果不是有服从的义务，他们倒是非常愿意永远见不到她。"他们暗中早已在搞阴谋诡计。譬如说，他们向英国女王推荐最有权利继承苏格兰王位的新教徒阿兰伯爵做她的丈夫，以便把应属玛丽·斯图亚特的王冠非法塞给伊丽莎白。玛丽·斯图亚特也不大能信任苏格兰议会派来接她的异母兄詹姆斯·斯图亚特即梅里伯爵：他同伊丽莎白的关系太好了。他是否已被她收买，领取津贴而替伊丽莎白做事呢？只有立刻回去，才能及时扑灭这些暗中进行的卑鄙的阴谋；只有依靠世代相传的勇气——斯图亚特历代国王的勇气，才能确立她的统治。于是，心情沉重的玛丽·斯图亚特决定接受苏格兰人的并不诚心诚意而她自己也半信半疑的迎銮。

玛丽·斯图亚特在回国前，人家就给她颜色看，叫她明白同苏格兰接壤的英国是另一位女王的国度而不是她的疆土。伊丽莎白看不出有什么理由也丝毫不觉得有什么愿望去迎合她的竞争对手和王位的继承人；同时，英国的国务大臣塞西尔以毫不掩饰地恬不知耻支持她的每一项敌对行动："苏格兰女王的事务乱糟糟的局面拖得越久，对陛下越有利。"这全怪玛丽·斯图亚特荒唐的、虚张声势的竞逐英国王位的野心（这正是她们之间纠纷的根源）至今没有收起。当初，苏格兰和英国双方代表倒是在爱丁堡缔结了一项条约，规定苏格兰代表以玛丽·斯图亚特的名义保证"for all times coming"永远承认伊丽莎白是拥有全权的英国女王。但是当这条约送到法国后，玛丽·斯图亚特和她的丈夫法兰西斯二世再三拖延，不肯签字。玛丽·斯图亚特是永远不会伸出手去签这样的字的；她既然公开打出旗号，要求得到英国的王位，她既然已经扛着这旗号招摇过市，就永远不会把它收起来。她出于政治上的考虑，或许会把这要求留待日后适当的时机再提出来，但决不会公开地、老老实实地放弃祖先的遗产。

但是伊丽莎白在这个问题上不能容忍两面游戏。苏格兰女王的代表既然以她的名义签订了爱丁堡条约，那么她就得签上自己的名字。伊丽莎白不满足于subrosa——默认；她作为一个新教徒（在她作为君主统治着的国家中足足有一半人口信奉天主教）不能不把一个窥伺神器的天主教徒视为威胁，这不仅会危及她的安全，而且会危及她的生命。除非对峙的那位女王干脆痛快地放弃自己的权利，否则伊丽莎白便不会觉得自己是名副其实的女王。

在这个有争议的问题上，伊丽莎白自然是正确的，但是她竭力用渺小的、低级的手段去解决重大的政治冲突，以致她的正确也成了问题。在政治斗争中，女人经常有一种危险的倾向，那就是用针刺去伤害对方，用个人意气去使纠纷越发激烈。高瞻远瞩的女王这一招也陷入了一切女性政治家不可避免的错误。玛丽·斯图亚特为了回到苏格兰，正式申请safe conduct，即我们现在所说的过境签证。从她这方面说，这样做主要是出于客气，是纯属形式的半官方礼节性的表示，因为她并不是不可以直接由海路回苏格兰，提出取道英国，仿佛是默默地给对手提供一个进行友好谈判的机会。然而，伊丽莎白马上抓住机会用针把对手刺一下。她对礼貌报之以粗鲁无礼，声称她决不给safe conduct，除非玛丽·斯图亚特在爱丁堡条约上签了字。她是想伤害一位女王，其实却侮辱了一位女性；她不是施用公开的军事威胁，却选择一种软弱无力而又恶毒的人身攻击。

于是，两位女士撕破了脸皮：眼睛闪烁着炽烈的愤怒，高傲与高傲针锋相对。玛丽·斯图亚特在火头上召见英国使臣，怒气冲冲地发泄了一通。"我恨我自己，"她对他说，"我怎么会这样忘乎所以，竟去求你们的君主帮忙，其实根本用不着。我的行动并不需要她的批准，正如她不需要我批准一样，她可以随心所欲地到任何地方去。没有她发的护照，没有她的恩准，我也照样可以回到我的王国去，什么也阻挡不了我。我当初到这里来、到这个王国来的时候，你们的先王曾想在半路中邀我去；但是，您，大使先生也知道，这并没有妨碍我顺利抵达法国。如今，我同样有办法有本事回去，只要我向朋友们求助。……您说，你们女王和我最好融洽亲善，对我们两国都有好处。不过，我有理由认为你们的女王并不持这样的看法，不然，她对我的请求就不会这样不友好。大概她更愿意同我的那些不听话的臣民交朋友，觉得他们的友谊比同我的友谊更称心一百倍，尽管我是他们的君主，尽管我同她位分相当，就算我不如她聪明，不如她老练，可总是她最近的亲戚和邻居呀。……我只寻求友谊，我不去扰乱她那个国家里的和平，不同她的臣民举行谈判，虽然我知道她的臣民中有不少人会高高兴兴地响应我的任何建议。"

有力的威胁——有力但不那么明智。玛丽·斯图亚特还没有踏上苏格兰的土地，便已暴露她的秘密意图：必要时把她同伊丽莎白的斗争转移到英国的土地上去。使臣闪烁其词，谦恭地避免正面回答，他说：这些误会全是由于玛丽·斯图亚特把英国的国徽绘进她的纹章而引起的。玛丽·斯图亚特立刻把这个责备顶了回去："大使先生，当时我处于我公公亨利国王以及我的君主和丈夫的影响之下，只能履行他们的愿望和命令。他们去世后，您也知道，我已不再使用英国女王的尊号和纹章。顺便说说，虽然我看不出我至尊的表亲有什么好委屈的——我同她一样是女王，使用英国的王徽也不致辱没了她，因为使用英国王徽的还有其他一些人，他们的权利可比我小得多。您总不会否认，我的祖母是她父王的姊妹，而且排行在他前面。"

友谊的外衣下又露出了不祥的征兆：玛丽·斯图亚特强调她是长房的后裔，以此再一次肯定她的继承权。使臣锲而不舍地请求她消除误会，在按照她的旨意缔结的爱丁堡条约上签字，而玛丽·斯图亚特则一如既往，一谈到这项微妙的条款，便找出成百条理由把问题搁起来：不行，她得同苏格兰议会商量，没有商量之前她毫无办法。使臣同样回避以伊丽莎白的名义做出任何承诺。只要谈判一涉及这一棘手的条款，只要两位女王中得有一人无条件地、义不容辞地放弃某些权利，双方就会开始支吾躲闪，就会出现连篇的谎话。大家都把王牌留在手里。于是，游戏没完没了地拖下去，走向悲剧性的结局。玛丽·斯图亚特很不客气地中断了关于护照的谈判——你简直能听到哧啦哧啦撕布的声音："我的准备工作如果不是已经做了那么多，你们君主不友好的行为或许会妨碍我回国。但是我现在决心已下，敢去做我想做的事情，不管结果如何。希望我们一路顺风，不必在英国靠岸。万一发生这样的事，你们的君主就可以把我抓住了，那时候随她把我怎么办。如果她残酷得要我的命，那就拿我做她的专横的牺牲品吧。也许，对我来说，这样的下场比在人间漂泊强。这件事上，也悉凭天主做主吧！"

她的话语里又冒出了那种危险的、自负的、斩钉截铁的音调。玛丽·斯图亚特天性很和善、冒失、大大咧咧，比较喜欢寻求生活的乐趣而不那么喜欢斗争，但事情一涉及她的荣誉、她的帝王权力，便变得比铁石还硬，顽强而勇敢，宁死不屈；宁可表现帝王的乖僻，不愿叫人看出怯懦软弱。使臣忧心忡忡地向伦敦报告他的不克完成使命；伊丽莎白作为比较聪明比较灵活的君主，立即让了步。护照马上发出，送到加莱，但晚了两天。玛丽·斯图亚特其时已经冒险上路，虽然在英吉利海峡有同英国私掠船遭遇的危险：她宁肯勇敢地、我行我素地选择一条危险的道路，而不愿意付出屈辱的代价去选择安全的路线。伊丽莎白错过了她绝无仅有的机会，再也不能和平解决争端，赢得她害怕对垒的那个女子的感激。但是政治和理性难得并立：或许正是这一类错过了的机会决定了历史的戏剧性发展。

仿佛转瞬即逝的晚霞把山山水水染得金碧辉煌，法国朝仪的盛大和壮观，在欢送玛丽·斯图亚特的场面中，在她面前发挥得淋漓尽致。因为一个当初以太子未婚妻的身份踏上这片土地的人，不能让她形单影只地离开她一度君临过的地方。得让众人知道，苏格兰女王回国时并不是一个可怜的、孑然一身的寡妇，不是一个孤苦无靠的弱女子；法兰西的宝剑和荣誉捍卫着她的命运。从圣日耳曼宫起程，一队光彩夺目的骑士把她一直送到加莱。炫耀着法国文艺复兴时期那种一掷千金毫无吝色的阔绰，胯下全是鞍辔鲜明的骏马，武器叮当作响，披挂着镶嵌富丽的镀金甲胄，法兰西民族的精英全体出动，为小太后送行。前面是一辆华丽的马车，里面坐着她的三位舅舅——德·吉斯公爵、洛林枢机主教和吉斯枢机主教。玛丽·斯图亚特由忠心耿耿的四玛丽、命妇、侍女、侍童、诗人和音乐家们簇拥着，在这五光十色的大队人马后面，是沉重的箱笼，装满了贵重的器物；在一只上了锁的小匣子里，是王冠上的珍宝。玛丽·斯图亚特和来时一样，仍然以女王的威仪，风光体面，在众人的尊敬和崇拜中离开她眷恋的国家。逝去的只是当初一个儿童眼睛里映现的欢乐。送行，向来只是无限好的夕阳，是黑夜来临前的最后一次回光返照。

护驾的大队人马，多半在加莱留步。贵族们回去了，明天他们要在罗浮宫侍候另一位太后；因为对于朝臣来说，重要的是名分而不是那个拥有名分的人。他们人人都会把玛丽·斯图亚特忘掉。别看这些人此时此刻抬起充满激情的眼睛，向她下跪，信誓旦旦地向她保证说，纵然远隔重洋也永生永世忠于她；一旦海风把这艘巨型帆船的帆篷吹动，他们便会变心。对于这些骑士，送行无非是一项盛大的仪式，类似加冕或者出殡。在玛丽·斯图亚特离去时，只有诗人感到真诚的悲伤并非伪装的痛苦；因为他们的比较敏感的心灵具有未卜先知、预见和预言的能力。他们知道，这位女子一心想把宫廷变成欢乐和美的庇护所；而随着她的离去，缪斯也将离开法国；不管是对他们还是对于其他法国人，即将开始一个黑暗时期——政治动乱、内讧和纷争的时期，胡格诺教徒暴动、巴托罗缪之夜[1]、狂热分子和暴徒的时期。一切骑士色彩和罗曼蒂克情调，一切明朗欢快的、安逸美好的东西都即将成为明日黄花——艺术的繁荣即将随着这个年轻的身影逝去而消失。"七星"这星座，这七星交相辉映的诗社，即将在被狼烟污染的天空中昏暗无光。诗人们黯然神伤：我们感到如此亲切的欢愉的心情同玛丽·斯图亚特一道消逝了：

> 那一天，海船把先前
> 在法国栖身的缪斯送走。

诗人龙萨每当青春和美呈现在他面前的时候，他的心便变得年轻；如今他又在他的悲歌《离别》里歌颂玛丽·斯图亚特的魅力，似乎是想把他那爱慕的目光永远失去了的东西留在他的诗中，他的发自肺腑的悲伤表现了真正绘声绘色的哀诉：

> 知道了你的离去和缪斯的沉寂，
> 满心忧伤的歌手怎么能歌唱？
> 天下无不散的筵席，
> 春天转瞬即逝，百合匆匆凋谢。
> 你的美在法国辉煌
> 仅仅十五年，从此不再。

1　1572 年 8 月 23 日夜（圣巴托罗缪节前夕），巴黎天主教会突然向胡格诺教派发动袭击，杀死 2000 多人。

宛若电光石火，

只给我们留下了遗憾，

留下难以泯灭的痕迹，

让我在余生永远忠于风华绝代的公主。

　　宫廷、功勋世家及高贵的骑士们会把那离去的女子忘怀，唯独诗人将始终忠于他们的王后。因为在诗人的眼里，不幸是一种真正的高尚。他们歌颂过那位女子的高傲的美，而她在不幸中，他们更是加倍地觉得亲切。作为忠实的送行者，他们讴歌她的生与死。一个心灵崇高的人如果能使自己的生活像一首诗、一出戏或一部叙事曲，在他生命终了时，总会有诗人们为了新的生活而一再描绘他的生活。

　　在加莱的港口，一艘装饰得富丽堂皇、周身雪白的巨型帆船等候着。在这艘飘扬着苏格兰和法国两国御旗的旗舰上，玛丽·斯图亚特由她尊贵的舅舅们、精心挑选的朝臣和她幼时嬉戏的忠实女伴四玛丽陪伴着，由另外两艘军舰护航。巨型帆船还没有驶出内港，还没有张帆，玛丽·斯图亚特凝望远方茫茫的洋面，第一眼瞥见的便是凶兆：一艘刚刚驶入港湾的小艇在海边岩崖脚下翻船，船上的乘员有葬身波涛的危险。总之，玛丽·斯图亚特离开法兰西回国亲政的时候第一眼看到的景象成了阴暗的象征：一只船控驭不善，沉到了海底。

　　不管这凶兆是否使她情不自禁地战栗，不管她是否因为怀念失去的家园或预感到往事一去不复返而苦闷，反正玛丽·斯图亚特的模糊的泪眼离不开这片土地：她在这里曾是那样年轻、那样天真因而那样幸福。布朗当深情地描叙这个离别场面的动人心弦的凄恻："船刚驶出港湾便起了风，水手们张开了帆。她在船尾的艄舵旁，叉着手，大声号啕，睇望着岸边我们起碇的地方，再三再四悲悲戚戚地喊道：

'别了，法兰西！'——一直到夜色笼罩了我们。人们请她下去进舱休息，她断然拒绝。后来在布篷上给她铺了床。去就寝时，她对舵师的助手下了一道严格的指示：天一亮，只要还能看得见法国海岸，就马上叫醒她，哪怕他得在她耳边大声呼喊。命运俯允了她的热切的愿望。风不久停了，不得不靠划桨行船，一夜的工夫船走出没有多远。日出时，法国海岸还遥遥在望。舵师刚刚执行了她的指示，她便从床上一跃而起，目不转睛地望着远方，不断重复：'别了，法兰西！法兰西，别了！我觉得我再也见不到你了！'"

第四章 回到苏格兰

1561年8月

1561年8月19日玛丽·斯图亚特在雷特下船的时候，适逢天昏地暗的浓雾——这一带北部海岸夏天难得是这样。抵达苏格兰的情景和离开亲爱的法兰西的场面迥然不同。离开法国时，在盛大的欢送仪式中，法国贵族的精英都来为她送行：公爵和伯爵们、诗人和音乐家们竞相表示他们的忠诚和谦卑的崇敬。这里可没有任何人等着她。船只靠岸时，围拢来的只是一群惊奇的人：几个衣着粗陋的渔夫、若干无事瞎晃荡的士兵、一些小贩和把牲口赶到城里来卖的农民。怯生生而不是兴高采烈，他们瞅着服饰华丽的命妇和骑士上岸。真是叫人不痛快的欢迎，阴沉而冷淡，就像这北国的心灵！双方都把对方看成是外人。一开头，玛丽·斯图亚特的压抑的心灵便领略到了祖国的可怕的贫穷：渡海五天，仿佛隔了整整一个世纪——从一个辽阔、富庶、安乐、浪费、陶醉于本国文化的国家，来到了一个蒙昧、狭小、悲惨的世界。在这个几十次被夷为平地，被英军和起义军劫掠一空的城市，不仅没有宫殿，连一幢配得上驻跸的巨宅都找不到；女王只得在一个普通商人的房子里下榻，才算有了个栖身的地方。

初始的印象有种特殊的威力，能使人铭心刻骨，永不磨灭。这个年轻女子在去国十三年之后像个外人似的踏上故土时，一股想必她自己也弄不清的莫名其妙的哀伤充溢她的心头。是怀念失去了的家园？是无意识地留恋她在法兰西土地上习惯了的、非常喜爱的温馨和甜蜜的生活？是这异域的灰蒙蒙的天空或者对未来灾难的预感使她感到压抑？谁知道呢——反正照布朗当的说法，女王屏退侍从之后，伤心得潸然泪下。不是像征服者威廉那样，不是以高傲、自信的帝王气度，坚定地、信心十足地登上不列颠海岸；不是的，她的头一阵感觉是惘然若失，是对于隐藏在迷茫冥冥中的事件的不祥的预感和恐惧。

第二天，听说她已抵达的摄政——她的异母兄詹姆斯·斯图亚特（通常叫作梅里伯爵）骑马赶到。他带着几个贵族赶来补救一番，好歹做出些尊敬的样子，把女王送到已经不远的爱丁堡。但是回銮的仪式没有能够搞得气气派派。英国人以一个十分拙劣的借口——说是为了搜捕海盗，扣下了运送她御厩马匹的船；而在这偏僻的雷特，只找到一匹像样的马，鞍辔多少还过得去，于是牵给了女王。至于随驾的妇女和贵族，只得骑乘从城郊各个马厩征发来的普通农村驽马。玛丽·斯图亚特眼泪汪汪地看着这景象，不禁又想到她丈夫的死使她丧失了多少东西，一旦当过法兰西的王后，仅仅做个苏格兰女王是多么没有意思。她的高傲不让她以如此寒酸的行色出现在她的臣民面前，所以她没有到爱丁堡的马路上趾高气扬地兜一圈，而是带着随从拐到城墙外的霍利鲁德堡。她父王建筑的宅邸在苍茫的夜色中连成黑黝黝的一片，只分辨得出圆形塔楼和城墙的齿形雉堞；大块石头砌成的正面，其凝重的轮廓乍看去几乎显得相当壮丽。

然而这些空荡荡、阴森森的房间是以多么凄凉的单调来迎接自己被法国的奢华惯坏了的女主人！没有挂毯，没有喜洋洋、亮堂堂的火光被一面面威尼斯镜子映照得四壁生辉，没有贵重的帷幔，也没有金和银的闪耀。这宅邸已经多年没有作为宫殿使用了。在人去楼空的房间里，早就听不见欢畅的笑声。自从她的父王晏驾以后，没有任何帝王的手触摸过这些建筑，没有修缮装饰过。满目疮痍——这是她的王国自古以来的灾殃。

不过，爱丁堡的老百姓一听说女王驾幸霍利鲁德，尽管天色已晚，仍然立刻纷纷从家里出来，赶到城外去向女王表示敬意。倒也别怪那些高雅而娇生惯养的法国内廷侍臣觉得这样的欢迎太草率和太不像样：这些爱丁堡的市民可没有自己的宫廷乐师向龙萨的女弟子献上甜蜜的颂歌和谱成曼妙乐曲的抒情诗。他们只能按照历史悠久的习俗颂扬他们的女王。找来大量这贫瘠地区唯一盛产的枯树枝，在各个广场升起篝火——他们心爱的美丽火焰，一直烧到深夜。他们一堆堆聚集在女王的窗下，用风笛、牧笛及其他简陋的乐器奏出他们的语言里称之为音乐的声音，而这声音在客人们灵敏的耳朵中却是可怕的喧闹。他们的粗嗓子唱起了赞美诗和宗教颂歌；他们只能用这些来向客人表示欢迎，因为加尔文教派的牧师严禁他们唱世俗歌曲。玛丽·斯图亚特对这样的发自肺腑的迎銮场面倒是感到挺高兴；不管怎么说，她笑了，亲切地向她的子民致意。总之，至少在回銮的最初时刻，女王和她的臣民之间的气氛是融洽的，是此处几十年来不曾有过的。

一个政治上经验不足的女王面临着多么巨大的困难，那是女王自己和她的谋臣们都知道的。苏格兰大贵人中最聪明的梅特兰德·列廷顿的一句话竟成了谶语。关于玛丽·斯图亚特的回銮，他这样写道："它将引起许多奇异的悲剧。"连一个精力旺盛、性格坚毅的男人用铁腕去治理这个国家，也做不到长治久安；何况是一个对治国之道一窍不通且在本国成了外人的十九岁女子呢！地方贫困；贵族腐化堕落，一有缘由就想挑起内讧和战争；不计其数的家族只等机会把它们之间的争执和纠纷变成内战；天主教和新教的僧侣恶狠狠地拼个你死我活；危险的、虎视眈眈的邻邦巧妙地煽风点火，把任何些许的不满鼓动成公开的叛乱；再加上世界列强的不怀好意的阴谋——它们无耻地想把苏格兰拖进它们的血腥的游戏。玛丽·斯图亚特回国时，面对的就是这样的局势。

她抵达苏格兰的这一刻，斗争正如火如荼。她从她母亲手里继承到的不是装满钱的银箱，而是一份要命的遗产（真是"祖传的祸害"）——在这个国家特别激烈的宗教怨仇。她这个命运的宠儿在法国逍遥自在的那几年，宗教改革运动高奏凯歌，进入了苏格兰。房屋和园地，城镇和村庄，本家和姻亲，全都出现了骇人听闻的裂隙。贵族有的是天主教徒，有的是新教徒；城镇信从了新教，而乡村仍奉行旧教；各家族各宗派斗来斗去；两个阵营之间的不和常常由于狂热的教士的煽动而爆发，外国的君主又施展种种阴谋诡计不让太平。对玛丽·斯图亚特尤为危险的是，她的贵族中最强大最炙手可热的一部分人啸聚于敌视她的加尔文教派阵营中。垂涎于富饶的教会辖地，那些贪求权势的叛乱分子全都昏了头。他们终于有了机会披着德行的外衣，作为"会众勋爵"和护教的信徒去反对他们的女王；况且，他们稳可以得到英国的援助。吝啬的伊丽莎白已经拿出两百多英镑，想通过混乱和武装征讨促使苏格兰摆脱天主教徒斯图亚特家族的统治。甚至到了这个时候，即使郑重其事地缔结了和约，新教的大部分臣民仍然秘密地为她效力。玛丽·斯图亚特只要改宗新教，就能一举恢复均势。她的一些谋臣也极力主张她这样做。但是玛丽·斯图亚特不愧是吉斯家族出身。由于她母亲的关系，她同天主教最热烈的拥护者有着血缘关系。就拿她本人来说，虽然没有那种法利赛人的虔诚，却也热烈而坚定地信仰其祖其父的宗教。她永远不会背弃她的信仰；即使在极端危险的时刻，出于勇敢的天性，宁肯不懈地斗争下去，也不愿违背自己的良心，玷辱自己的荣誉，做出一点点怯懦的表示。但是这样一来，她和她的贵族之间便有了不可逾越的鸿沟。一旦君主和臣民在宗教信仰上有了分歧，便不会有好结果。天平不可能总是晃悠，不是这一头便是那一头占上风。其实，玛丽·斯图亚特只有一种选择——挺身而出领导本国的宗教改革运动，否则就会作为这运动的牺牲品倒下去。路德、加尔文和罗马之间大势所趋的分裂，按照命运的不可思议的意旨，竟在她的身上得到一个戏剧性的结局；玛丽·斯图亚特和伊丽莎白的个人纠纷、英格兰和苏格兰的纠纷，连带着解决了（其意义的重大，也正在于此）英格兰和西班牙、改革和反改革的争端。

这样的局面本来就够棘手的了，由于宗教分裂深入到女王的家庭、她的城堡和她的咨议机构而变得更为严重。她不得不把军国重事都交付给异母兄詹姆斯·斯图亚特，他是苏格兰最有势力的权贵，而他却是一个坚定的新教徒。玛丽，这个虔诚的天主教徒把"礼拜堂"视为异端的会所；而詹姆斯则是"礼拜堂"的保护人。四年前，詹姆斯第一个在护教者即所谓"会众勋爵"的誓词上签名。"会众勋爵"以这誓词"摒弃了撒旦的教义，承担起公开抵抗其迷信和偶像崇拜的义务"。他们摒弃的撒旦的教义就是天主教的教义，亦即玛丽·斯图亚特信奉的教义。女王和摄政在他们最重要最基本的问题上从一开始就产生了无法消除的隔阂。这就不会带来安宁。因为女王的内心深处有一个隐秘的愿望——扑灭苏格兰的宗教改革运动；而她的摄政哥哥则抱定一个宗旨——宣布新教是苏格兰唯我独尊的国教。这样尖锐的思想分歧必然会导致公开的冲突。

这个詹姆斯·斯图亚特注定要在《玛丽·斯图亚特》这出戏中充当一个主角。命运为他在这出戏中安排了一个极其重要的角色，而他也出色地演了下来。她的这个异母兄长是父王和苏格兰名门望族出身的玛格丽特·厄斯金同居多年所生；由于他的血统和钢铁般的毅力，他仿佛生来就是最合适的王储。但是，父王詹姆斯五世当时由于政治上的依附关系，纵使热爱着厄斯金小姐，却不得不放弃把他和她的关系合法化的想法。为了巩固自己的政权，也为了改善财政状况，他娶了一位法国公主即后来的玛丽·斯图亚特的母亲。非婚生的灾殃压在野心勃勃的长子头上，永远阻塞了他登上宝座的道路。虽然教皇答应了詹姆斯五世的请求，承认这长子同他所有的非婚生子女一律享有王室出身的权利，但梅里仍然只是一个没有任何权利继承父王王位的野种。

历史和它的最伟大的摹写者莎士比亚给世人提供了不少私生子精神悲剧的例子。私生子既是儿子又不是儿子。国家、教会和人的律规都无情地剥夺了自然印记在他们的血液中和容貌上的权利。受到人类各种法庭中最可怖最死板的偏见法庭的审判，不是在王宫合欢床上受孕的非婚生子，其权利横遭蹂躏，以便维护其他继承人的利益。而那些继承人往往最为差劲，因为他们的出世不是爱情而是政治谋略的结果。私生子老是被迫害被放逐，注定要在他们本该占有和统治的地方仰人鼻息。但是，如果一个人被公开视为次品而加以屈辱，那么，老是缠着他的次品感会彻底把他葬送，或者，奇迹般地使他坚强。怯懦萎靡的心灵在屈辱的桎梏中会变得更加渺小更加无足轻重；乞丐和食客只会向那些在法律的庇荫下享福的人哀求施舍和慈悲。而对于一个生来意志刚强的人，这却会使他身上原来抑制着的朦胧的力量骤然勃发：如果不是好说好商量地让他获得权力，他就会竭力争取自己成为权力的化身。

梅里是个意志刚强的人。他的贵为帝王的斯图亚特家族列祖列宗的疯也似的敢作敢为，他们的骄傲和威严，在他的血液中猛烈地冲荡。作为人，作为个人，他的卓荦不凡的才智和坚强的意志要比其余那些土匪一般的伯爵和男爵高出一头。他野心颇大，他的计划在政治上是站得住脚的。这个追求权力的三十岁男子像他的妹妹一样聪明，但他的实际的机灵和活动经验远远超过他的妹妹。他居高临下地观察着她，仿佛俯视着一个玩耍的婴孩，不去妨碍她的游戏，除非她的游戏扰乱了他的计划。作为一个成熟的男子，他像她，没有那些热情的、神经质的、罗曼蒂克的冲动。作为执政者，他缺乏任何雄才大略，但善于耐心等待，也就是掌握了成功的真正的秘诀，可以确保成功，比突如其来的、热烈的冲动更靠得住。

一个明智的政治家总是具备一种出色的本事——事先放弃实现不了的幻想。对于一个私生子来说，继承王位便是实现不了的幻想。梅里永远成不了詹姆斯六世（他知道得清清楚楚）。他是个清醒的政治家，因此事先便放弃了登上苏格兰王位的野心，以便更有把握当上苏格兰的摄政。他既然已经失去了当国王的资格，他也就放弃了国王的种种象征性标志和外部的光辉，但他这样做，只是为了更牢固地控制政权。他年纪轻轻便开始拼命攫取财富，把财富视为权势的最具体的体现。他从父亲手里取得巨额的遗产，也不放弃外人的丰厚的馈赠，还利用战争和教会领地国有化为自己的利益服务——总之，每次捕鱼都是首先把自己的渔网装满。他老实不客气地接受伊丽莎白的重金津贴。玛丽·斯图亚特以女王身份回到苏格兰时，发现他是苏格兰最最有钱有势的权贵，已经没法把他摆脱掉。她寻求他的友谊主要是出于必要而不是出自内心的好感。考虑到自己的利害，她极力满足这异母兄对财富和权势的贪欲，百般迁就他那双贪婪的手，不管他要什么，她都悉如所请。算是玛丽·斯图亚特的运气，梅里的手也确实可靠，能够拉紧缰绳，也能够放松。他是天生的国务活动家，恪守中庸之道：是新教徒，却不是激烈的圣像破坏者；是苏格兰的爱国者，但同伊丽莎白关系极好；同列位勋爵是自己人，但必要时也能够吓唬他们。简单地说，这是个冷酷、工于心计、具有钢铁般神经的人，不追求权力的虚面子，因为只有真正的权力才能满足他的心愿。

　　这样一个魁奇之士，同玛丽·斯图亚特结盟时，便是她少不得的支柱，而一旦同她的敌人携手，那便成了最大的威胁。作为同她有血缘关系的弟兄，他并不反对支持她。因为任何一个戈登或汉密尔顿家族的人处在她的地位，都不会给他如此不受限制、不受监督的权力。他心甘情愿地由她出风头，光彩照人，没有一丝一毫妒意地旁观着她在权杖和王冠的导引下莅临各种典礼，但求谁也别来干预朝政。可是，只要她企图把权力拿到自己手里从而有损他的权威，斯图亚特家族的高傲便按捺不住，同另一个人身上的斯图亚特家族的高傲发生冲突。追求的目标相同而力量相等的同类一旦相残，其怨毒的酷烈，超过任何一种仇恨。

　　梅特兰德·列廷顿，朝中居第二位的权贵，玛丽·斯图亚特的国务大臣，也是新教徒。但他开始也是拥护她的。梅特兰德这个人才智出众，有文化，观点开明，伊丽莎白曾说他是"大才子"，但不像梅里那么高傲和虚荣。他作为权术家，在政治阴谋和谋略的氛围中如鱼得水。他操心的不是宗教和祖国、王权和国家这样一些固定的原则；他醉心于同时在所有的赌台上下注、醉心于随心所欲地发动或平息阴谋的高超艺术。他出奇地忠于玛丽·斯图亚特个人（四玛丽当中的玛丽·弗莱明成了他的妻子），但他的忠诚和不忠诚一样的不能贯彻始终。女王顺遂时，他为女王效力；女王在危难之际，他便弃她而去。他像风信旗，向女王显示此刻是顺风还是逆风。他是真正的政治家，效力的对象并不是她——君主兼朋友，而完全是她的运气。

总之，不管是在城里还是在她身边，玛丽·斯图亚特回国后都没有找到可靠的朋友。不过，总算能够得到梅里的帮助，得到梅特兰德的帮助，靠他们施政，好歹还能够同他们达成协议。至于那个出身寒微的强有力者约翰·诺克斯，从一开始就满怀残酷的、嗜血的仇恨同她势不两立，毫无妥协的余地。这个约翰·诺克斯是爱丁堡最得人心的牧师，是苏格兰"礼拜堂"的创始人和首领、宗教煽动的能手。他和玛丽·斯图亚特之间开始了一场殊死的决斗，一场你死我活的斗争。

因为约翰·诺克斯的加尔文主义不仅包括教会的革新，而且还体现陈旧的国教制度，在一定程度上是一种最高级的新教。他以主宰的姿态出现，狂热地要求人人乃至君王都盲目服从他的神权经诚。玛丽·斯图亚特纵然天性宽厚随和，也有可能同英格兰圣公会、路德宗或任何一种不那么严厉的新教发生冲突。而加尔文宗由于它的专横习气，却没有任何可能同一个真正的君主和解。连甘心找诺克斯帮忙竭力暗害玛丽·斯图亚特的伊丽莎白也受不了他那讨厌的妄自尊大。诺克斯的狂热劲头，叫富于人性的、人文主义的玛丽·斯图亚特更是吃不消。玛丽·斯图亚特是个乐观愉快的享乐主义者，缪斯的宠儿，看不惯也理解不了臭名昭著的日内瓦教义——它的冷酷严厉，它对一切生活乐趣的敌视，对艺术的深恶痛绝；看不惯也理解不了它那傲慢的顽固——居然要灭绝笑，把美斥为恶，一心要毁灭一切同美息息相通的事物，毁灭社会生活中一切欢愉的成分：音乐、诗歌、舞蹈，使本来已经够沉闷的生活方式更是加倍的沉闷。

约翰·诺克斯对于爱丁堡"礼拜堂"正是打上了这样阴森的、古板迂腐的印记。他是教会各创始人中最死硬最狂热最无情的;他的峻刻和偏执甚至超过他的老师加尔文。他过去是个不成器的天主教神父,以一个真正狂热的信徒的一往无前的劲头投身宗教改革的浪潮,追随那个作为异端遭到迫害并且被玛丽·斯图亚特的母亲活活烧死的乔治·威沙特。吞噬了老师的火焰,在学生的心灵中继续燃烧,永不熄灭。他是反抗摄政太后的起义领袖之一,曾被法国援军俘虏,在法国被罚到战船上服苦役。虽然上了镣铐,他的意志却日益刚强,不久便比他的铁枷更硬。释放后投奔加尔文。他在那里领略到加尔文布道的言辞的力量,感染上清教徒对幸福而亵渎上帝的生活原则的坚定的憎恨。回到苏格兰之后,他以他素来的绝顶的坚毅深入老百姓和贵族,仅仅用了区区几年,便在国内搞开了宗教改革。

约翰·诺克斯可能是历史上曾有过的宗教狂热分子中最完整的典型。路德有精神松弛的时刻,他可比路德更坚定;同时他也比萨沃纳罗拉[1]更严厉,因为他缺少萨沃纳罗拉的雄辩的才华和神秘的灵感。他直来直去,绝对正直,但他的狭隘束缚了思想,因而成了一个偏执峻刻的思想家——这样的思想家只承认自己这种型号的真理,自己这种型号的德行,自己这种型号的基督教,把别的一概认为不是真理,不是德行,不是基督教。任何抱有不同思想的人都被他看成是坏蛋,谁哪怕只有一丝一毫偏离他的要求,都是撒旦的奴仆。诺克斯身上有着狂躁病患者的那种盲目的天不怕地不怕,有着狂热者发作时的那种亢奋激昂和法利赛人的可憎的骄傲。他的残酷中流露出一种危险的自我欣赏——欣赏自己的铁石心肠;他的偏执透出一种阴森的陶醉——

---

1 佛罗伦萨僧侣,布道时抨击教皇和教会的腐败,因领导人民起义被处死。

陶醉于自己的绝对正确。这个胡子飘拂的苏格兰耶和华，每逢星期日在圣杰尔大教堂的讲道台上大发雷霆，攻击不来听道的人。他是"杀害欢乐（kill joy）的凶手"，无情地咒骂"撒旦的孽种"——那些不照着他的指点侍奉上帝的逍遥自在的轻浮之徒。这个狂热的老人除了他的信仰的胜利，别无其他欢乐；除了他的事业的成功，不承认其他的正义。每当他得知有哪个天主教徒或他的别的仇人遭到惩罚或者受辱，他总是以一种野蛮人的稚气兴高采烈；如果"礼拜堂"的某个敌人被刺客下了毒手，那行刺自然是天灾甚而是天意。当玛丽·斯图亚特的少年丈夫、可怜的法兰西斯二世"不愿听上帝的话"的耳朵发炎流脓时，他在讲道台上唱开了感恩赞美诗。当玛丽·斯图亚特的母亲玛丽·德·吉斯去世时，他兴奋地宣讲："求上帝赐给我们莫大的恩惠，让我们摆脱同一血统的其他后裔、瓦卢阿族的所有子孙！阿门！阿门！"他的布道好比大棒子，其中找不到温和以及合乎福音的善良。他的上帝是复仇的上帝，穷追猛打，铁面无情。他的"圣经"是嗜血的、惨无人道的《旧约》。他哓哓不休、翻来覆去地提及牧伯、亚玛力和以色列其他该斩尽杀绝的象征性敌人，以警告真正的宗教的敌人亦即他的宗教的敌人。当他激烈地咒骂《圣经》中的耶洗别女王时，听众不曾有过片刻的怀疑，都很清楚他指的是哪个女王。仿佛蔚为壮观的挟雷带电的乌云遮住天空，不息的雷声和金蛇般的闪电叫心灵战栗不已，加尔文主义遮住了苏格兰的天空，随时准备迸发摧毁一切的风暴。

这个不屈不挠、意志坚定的狂热者只知道发号施令，要求人们绝对服从。同这样一个人是没法打交道的。任何开导他或者哄骗他的企图都只会使他更加激烈，更加尖酸刻薄地讥嘲，更加傲慢。这样的自命不凡的顽固好比是一堵石墙，任何企图达成相互理解的努力都在这墙上碰得粉碎。这一类上帝的使者历来是世界上最难相处的人：他们的耳朵一意倾听神的言语，因而听不见人性的声音。

玛丽·斯图亚特回国不到一星期，便已感受到这狂热者的令人不安的存在。她在接过政柄之前，不仅把信仰自由赐给了她的臣民（以她的天性的宽容，这倒不是很大的牺牲），并且知悉有项法律禁止在苏格兰公开望弥撒（这是对约翰·诺克斯的信徒做出的痛苦的让步。照约翰·诺克斯的说法，"宁可听到一万敌军在苏格兰登陆的消息，也比知道哪个地方做那么一次弥撒好受些"）。但是虔诚的天主教徒、吉斯家族的外甥女自然要求取得相应的权利：在家庭小教堂做她的宗教所规定的种种礼仪和圣事。议会挺痛快地接受了这一正当的要求。然而，第一个星期日，她家里即霍利鲁德的小教堂正准备做圣事，激怒的人群几乎冲进王宫。圣器执事拿往祭坛的祝圣蜡烛被抢走，被砸得稀巴烂。人群的怒声越来越响，有人要求把"搞偶像崇拜"的神父撵走甚至处死；对"撒旦弥撒"的诅咒越来越清晰可闻。这样下去，再过片刻，宫廷小教堂就会变成一堆瓦砾。幸亏梅里勋爵及时赶到。他身为"礼拜堂"的信徒，却急忙拦住人群，把他们挡在大门口。在胆战心惊中进行的圣事结束后，他把吓破了胆的神父平平安安地领到他的房间，从而制止了一场灾难，总算好歹拯救了女王的权威。但是，庆祝女王回銮的节日的欢乐气氛——约翰·诺克斯嘲讽地称之为"joyousities"寻欢作乐的气氛——霎时间被破坏无遗，让他大为开心的是：罗曼蒂克的女王初次领略到本国现实的阻抗。

玛丽·斯图亚特极度震怒，又是流眼泪，又是狂喊乱叫，借以发泄她的怒气。通过这件事，她的仍然不甚分明的性格又一次得到比较明确的表现。这样年轻，从小被幸运惯坏了的她，其实天性温柔亲切，随和宽厚：她的左右，从朝廷上地位最高的权贵直至侍女和女仆，人人对她的单纯和诚挚赞不绝口。她平易近人，没有一丝傲态，以此赢得了众人的心，使人人都忘记了她那崇高的身份。但是，这诚挚亲切的后面潜藏着她的高傲：意识到本人的高人一等。她的高傲在没人得罪她的时候不易察觉；但是一旦有人胆敢违旨或者抗旨，这种高傲便会十分激烈地发作。这超群绝伦的女子有时能忘掉个人的气恼，但决不原谅别人对她的王权有丝毫的侵犯。

这种压倒一切的侮辱她片刻都不会容忍。诸如此类的大逆不道必须立刻制止，彻底杜绝。她知道该找谁，知道是那个异端教会的大胡子在挑唆民众反对她的宗教，是他把那一帮渎神者派到她家里来的。得好好教训他一顿，马上教训！玛丽·斯图亚特是由法国的绝对专制政体传统哺育起来的，从小看惯了绝对服从，在神恩不可剥夺的概念中长大，无法想象她的臣民中居然有人，居然有那么一个普通老百姓敢拂逆她的圣意。她万万料不到会有人胆敢公开甚至粗鲁地反抗她。而约翰·诺克斯正是要这样；他急煎煎地想斗一斗："那出身高贵的贵族女子，她的漂亮脸蛋能叫我害怕吗！我在许许多多愤怒的男子汉面前都不曾低下过头，不曾可耻地胆怯过！"他兴奋地赶往王宫，因为争论（他自以为是为了上帝）是狂热者最喜欢的事情。如果上帝把王冠赐给了帝王，那么，他赐给他的牧人和使者的则是火热的言辞。在约翰·诺克斯的眼里，"礼拜堂"的教士要高于国王，因为教士是上帝的权利的卫士。他的事业是捍卫上帝在人间的统治。他毫不犹豫地用他愤怒的重甸甸的大棒子敲打桀骜不驯者，就像远古时代的撒母耳和《圣经》中的法官。于是，出现了一幅与《旧约》一模一样的场面：国王的高傲和教士的骄矜发生正面的冲突。在这场冲突中，不是一个女子同一个男人比个高低。不是的，是两种古老的思想又一次（不知是多少回了！）激烈地交锋。谈话一开头，玛丽·斯图亚特十分温和。她寻求相互理解，强压怒火，因为她希望国家太平。她彬彬有礼地开始谈判。但是约翰·诺克斯压根儿不打算彬彬有礼，他要向这"异教徒"证明他决不向现世界的强者低头。阴沉而沉默，不像是被告而像是原告，他听女王责备他撰写的那本否定妇女有权继承王位的著作《反对骇人听闻的女人统治的第一声号角》，这个诺克斯日后为了这本书低三下四地向新教徒伊丽莎白乞求原谅；而此时此刻，在他的"教皇党"女王面前，却固执己见，含含混混地说了些道理。唇枪舌剑，两人争辩了起来。玛丽·斯图亚特直截了当地问诺克斯：臣民是否有义务服从自己的君主？玛丽·斯图亚特指望他回答：是的，有义务。然而这老滑头没有这么说，而是讲了一则寓言，通过寓言制约了服从的必要性：一个父亲发了疯，想杀死他的儿女，这时候他的儿女有权捆住他的手脚，夺走他的剑。如果王公们摧残上帝的儿女，上帝的儿女也有权反抗他们的迫害。女王马上感觉到这保留说法隐含着这个神权论者对她的统治权的抗议。

"这么说，"她追问，"我的臣民应该服从你而不是我？是你管我而不是我管你？"

约翰·诺克斯的观点其实正是这样，但他当着梅里的面有所顾忌，不愿意把他的观点说出来。

"不，"他支支吾吾地说，"王公和他们的臣民都应当服从上帝。国王们应该成为教会的赡养者，而女王或王后应该成为教会的乳母。"

"我可不想喂你们的教会，"女王被诺克斯的含糊其词的回答所激怒，驳了他一句，"我愿意关怀罗马天主教会；在我眼里，它是唯一的神的教会。"

总之，这两个对手短兵相接。争论闹僵了，因为虔诚的天主教徒和狂热的新教徒不可能达成理解。诺克斯的无礼越走越远，竟把罗马天主教会说成是不配做上帝未婚妻的淫妇。当女王禁止他使用这一类侮辱她的良知的字眼时，他悍然回答："良知需要认识。"——他可是害怕女王恰恰缺乏认识。这么一来，第一次谈话没有取得和解而是加深了彼此间的敌意。诺克斯如今体会到"撒旦是强大的"，年轻的女王绝不会屈从他。"这回解释，我遇到了在这等不成熟的年龄的人身上从来没有见过的果敢。从这一天开始，我同宫廷彻底决裂，宫廷也同我彻底决裂。"他怒气冲冲地写道。不过，那年轻的女子也是初次意识到她的王权的限度。诺克斯高傲地昂着头离开王宫，由于反抗了女王而扬扬得意。玛丽·斯图亚特茫然地瞧着他的背影，感觉到自己的无奈，淌下了痛苦的眼泪。这不是她最后一回流泪。她不久便懂得权力不是从娘胎里继承来的，而是要靠一次又一次的斗争和屈辱去不断赢得。

第五章　巨石滚动 [1]

1561年—1563年

　　玛丽·斯图亚特女王孀居后在苏格兰度过的最初三年，风平浪静，没有很大的动荡。她的全部重大事件，仿佛统统压缩在迸发出强烈感情力量的短短几个片段之内。这是她一生际遇的特色（难怪吸引了剧作家们的兴趣）。在这三年中，左右朝政的是梅里和梅特兰德；玛丽·斯图亚特只是代表政权而已。权力这样划分，整个国家都很受用。因为梅里和梅特兰德办事都很明智而谨慎，而玛丽·斯图亚特也出色地履行了代表的职责。天生丽质，光彩照人，对于骑士的种种玩乐都是行家里手，球打得很精，骑马大胆得不像女性，打猎十分起劲；仅仅以她的外在的才貌，她便可以叫人倾倒：爱丁堡人自豪地看着这位斯图亚特家族的女儿大清早率领一队装束华丽、色彩斑斓的人马出宫，纤纤素手握着拳头高高举起，架着猎鹰；每当有人致敬，她

　　1　典出古希腊神话：西西弗斯死后在地狱被罚把巨石推到山上。但他将要把巨石推到山顶时，巨石又滚下来，又得重新再推，如此循环不止。

便亲切而高兴地答礼。自从这位女王回国后，一种明朗欢快、令人感动的罗曼蒂克情调仿佛青春和美的太阳，照亮了这寒冷阴沉的国家，使它有了生气，因为执政者的青春和美总是神秘地赢得臣民的心。列位勋爵也尊敬她的敢作敢为。这位年轻女子能整日率领她的随从人马疯狂地驰骋，不歇一歇。正如她的心灵在迷人的亲切后面隐藏着尚未显露的刚强的骄傲，同样，她的娇嫩轻盈、具有女性的丰腴、柔软得像柳条的身体隐藏着非凡的力量。她那炽烈的勇气，不畏惧任何艰险。有一次，她陶醉于疾驰的快感，向骑伴流露，她愿意做个男人，尝尝通宵在野外驰马的滋味。摄政梅里出征讨伐造反的韩特莱家族时，她无所畏惧地同他并辔疾驰，胯旁挂着剑，腰带里插着手铳。大胆的冒险对于她有一种野性的、危险的神秘魅力，强烈地吸引着她，因为这精力旺盛的人物身上最隐秘的意向就是把自己整个身心的力量，把自己火热的爱，把自己一发便不可收的激情，全部奉献给某个对象。但是在这些驰骋和狩猎中像战士像猎人一样吃苦耐劳的她，在她的城堡里也能以迥然不同的面目出现，俨然是一位对艺术和文化造诣极深的君主，是她那个小天地里最快活最动人的女子；这短促的青春确实体现了时代的理想——骑士浪漫主义向我们显示的英勇与娇弱、刚与柔。在寒冷的、已经被宗教改革的阴影笼罩的北国的浓雾中，行吟诗人所歌唱的风雅的chevalerie（骑士）行将没落之际，这美的精灵闪射出chevalerie的最后一抹光辉。

这位已是妇人的少女，这位成了寡妇的姑娘，她的罗曼蒂克形象在她二十、二十一岁上最为辉煌。她在这方面，高峰也是来得过早，令人茫然而又枉然。因为她的内心生活还没有完全觉醒，她身上的女性还没有受到血气的激发，她的个性还没有发展，没有形成。后来到了激动和危险的关头，真正的玛丽·斯图亚特才现身在世人面前。而在回到苏格兰的最初几年中，她只是百无聊赖地等待着，在无所用心的玩乐中消遣时光，仿佛是在作长期的准备——但还不知道准备是迎接什么和为了什么。好像是决定性一搏之前的深呼吸，苍白乏味的间歇。半大孩子时便已成为整个法兰西王后的玛丽·斯图亚特，并不满足于可怜巴巴地统治苏格兰。她回国并不是为了治理这个贫困的、无足轻重的蕞尔小邦；从一开始起，她就把这王位仅仅看成是她在世界大赌博中的赌注，指望靠它赢得更为光辉的王冠。谁要是认为或者断言玛丽·斯图亚特没有什么奢望，只想做个孝顺女儿，作为苏格兰王位的继承人太太平平地管理她父亲的遗产——谁要是这样想或者这样说，那就大错特错了。谁要是把她说成只有区区不足道的野心，那便是贬低了她的伟大，因为这女子充满了不可遏止的、一往无前的决心——决心谋求巨大的权势。十五岁时在巴黎圣母院同法国王太子结婚，曾作为千百万人的君主在罗浮宫以盛大的排场接受过朝贺，她绝不会满足于今日的境地——管二十来个号称伯爵和男爵的不听话的粗胚，在区区二十来万牧人和渔夫中间称孤道寡。超越时代的局限而把她说成具有几百年后才发现的民族爱国心，不免虚假而牵强附会。十五、十六世纪的王公，包括她那伟大的对手伊丽莎白，一概不关心他们的人民，眼里只有他们个人的权力。帝国疆界的改变像改衣服那样便当；国家的诞生是靠战争和婚姻，而不靠民族意识的觉醒。我们不必去犯感情用事的错误：当时的玛丽·斯图亚特乐意拿苏格兰去换西班牙、法兰西、英格兰的王位；老实说，换哪个国家的王位都行。她离别故国的森林湖泊和罗曼蒂克的城堡时，大概不会流一滴眼泪。她的不智的野心，把这个小国家无非视作进一步升腾的跳板。她知道，以她的出身，她生来便该当权；她知道，以她的美貌和优良的教养，她配得上欧洲任何国家的王冠。她憧憬着无限的权力，一脑袋空泛的幻想，一如她的同龄人憧憬无限的爱情。

正因为如此，开始她把朝政全部委诸梅里和梅特兰德，毫不嫉妒，诸事不管不问；没有一丝妒意——在她这般早达的天之骄子，这个又小又穷的国家算得了什么呢！她让他们随心所欲地治理和统治。玛丽·斯图亚特从来不善于管理并且扩大自己的产业（这可是高级的政治艺术）。她只会保卫，却不会守成。当她的权利受到侵犯，当她的高傲遭到伤害，当别人的意志威胁到她的要求的时候，她身上会迸发出疯狂的火热的干劲；只有在决定性的瞬间，这女子才变得精力充沛和了不起；在平常的日子里她可也是平平常常，松松垮垮。

在这沉寂的时期，她那伟大的对手也收起了阴谋诡计；因为每当玛丽·斯图亚特那颗炽热的心宁静平和的时候，伊丽莎白也就放下心来。这位讲究实际的出众女子最杰出的政治优点之一便是善于审时度势，善于避免任性地反对必然发生的事情。她当初千方百计地阻挠玛丽·斯图亚特回苏格兰，后来又竭尽全力设法推迟其回国的日期；而今，当玛丽的回国已经成为确定不移的事实时，伊丽莎白便停止斗争，反过来努力同她排除不了的对手搞好关系。伊丽莎白像所有的聪明的女子一样不喜欢战争（这是她最值得肯定的特点之一），每当情势发展到快要采取重大的武力行动时，她便会手足无措，胆怯起来；天性工于心计，她宁肯从谈判和条约中捞好处，在巧妙的斗智中获取胜利。当初，梅里勋爵一经查实玛丽·斯图亚特即将回銮，当即写信给伊丽莎白规劝一番，要她同苏格兰女王建立宝贵的亲善关系，话说得挺诚恳："你们俩都是年轻有为的女王。你们身为女性，不愿意通过战争和流血来增添光辉。你们发生纠纷的原因何在，那是你们两人谁都知道的。上帝明鉴，我最希望的事，莫如我的女主从来没有提出过索取陛下的社稷和尊号的要求。反正你们应该成为朋友，始终是朋友。但是，既然她已经提出了这样的要求，恐怕这误会会横梗在你们之间，直至这误会的因由消泯为止。陛下在这问题上不能做出让步，但她也很难忍受英国人把她这个同英国有亲密血缘关系的人视若路人。这件事有没有什么中间道路？"伊丽莎白准备采纳他的意见。玛丽·斯图亚特仅仅作为苏格兰女王，并且在仰承英国鼻息的梅里控制之下，是不足为患的——她头戴两顶王冠、一身兼为法兰西和苏格兰君主的日子已经过去。那么，为什么不向她表示一番好感——哪怕是违心的好感呢？不久，伊丽莎白和玛丽·斯图亚特通起信来，两位亲爱的姐妹[1]把她们的脉脉温情在任人摆布的白纸上尽情宣泄。玛丽·斯图亚特给伊丽莎白送去一只钻戒以表示她的心意。伊丽莎白回赠了一只更加贵重的戒指。两个人为公众和自己表演了一出戏，成功地表现了亲戚的情谊，令人快慰之至。玛丽·斯图亚特口口声声说"她在这世界上最神圣的心愿便是会晤她亲爱的姊妹"，她愿意断绝苏格兰同法兰西的结盟关系，因为她重视伊丽莎白的好感"甚于世界上的一切舅舅"。至于伊丽莎白，她以她粗犷的、非常特别的字体（她遇到最最隆重的大事才亲笔写字），娓娓动听地大谈其忠诚和友谊。但是只要一涉及双方亲自会晤的具体事宜，这两个人便马上小心翼翼地支吾搪塞。她们旷日持久的谈判因而陷入了僵局：玛丽·斯图亚特答应签署承认伊丽莎白的爱丁堡条约，但伊丽莎白必须先确认她的继承权；而在伊丽莎白，这不啻是签署本人的死刑判决书。双方谁都是寸步不让，不肯放弃自己的要求。满嘴的漂亮话最终只是为了掩盖不可逾越的鸿沟。世界的征服者成吉思汗曾经说过："天无二日，

1　伊丽莎白是玛丽·斯图亚特的表姑，但年岁相差不大。按西俗，这种远亲可以姐妹相称。

国无二主。"在她们两人中总得有个人退让——不是伊丽莎白就是玛丽·斯图亚特。这在两个人心里都明白;两个人都等着这一天。但是趁着决定性时刻尚未来到之际,为什么不利用这短短的间歇呢?在猜疑根深蒂固的地方,总是能找到理由把暗中燃烧的火苗扇成吞噬一切的火焰。

在那几年中,年轻的女王往往为琐事烦恼,苦于烦人的朝政,越来越感到自己同那些好勇斗狠的贵族格格不入;气势汹汹的牧师们口出粗话,狂喊乱叫,耍心眼,搞诡计,也叫她很不痛快。在这样的时刻,她便神驰法兰西——她魂牵梦萦的故土。她自然离不开苏格兰,但她在她的霍利鲁德堡为自己营造了一个小法兰西,一个小天地,一个别具一格的特里亚农[1],能够让她自由自在地尽情沉溺于她最神圣的爱好。她在霍利鲁德堡的圆塔楼里建立了一个法国风格的罗曼蒂克宫廷。她从巴黎运来了壁毯和土耳其地毯、稀奇古怪的床、贵重的家具和绘画,运来了她心爱的埃拉斯穆斯、拉伯雷、阿里奥斯托和龙萨等人的装帧豪华的作品。在这里,人们说法国话,过法国式的生活;夜晚,在摇曳的烛光下演奏音乐,做社交游戏,吟诗唱情歌。这个微型宫廷在英吉利海峡这一边率先演出了后来在英国剧坛上蓬勃发展的"假面"喜剧,"即景"古典小戏。化了装的仕女翩翩起舞,跳到深夜。有一次跳这样的假面舞,表现"秘密意愿",女王甚至身着男装,穿黑色紧身缎绔;而她的舞伴、诗人夏特利亚尔却是男扮女装——这情景准会叫约翰·诺克斯说不出的惊骇。

但是清教徒们、法利赛人们以及诸如此类吹毛求疵的人被挡驾,不让入内参加这些娱乐。约翰·诺克斯枉自火冒三丈,揭露下流透顶

1　法国王宫。——原注

的"souparis"和"dansaris"，在圣嘉埃尔的讲道台上吹胡子瞪眼，胡子飘飘拂拂活像钟摆："王公们宁肯听音乐，迎合财神，而不想听或者看上帝的圣谕。他们喜欢戕害青春的乐师和马屁精，但不喜欢成熟明智的人士（这自命不凡的人士在说谁呢？），不愿意别人努力用治病救人的规劝促使他们多少去掉一些他们身上高傲的原罪。"可是，这伙快活的年轻人并不向这"杀害欢乐"（Kill-joy）的凶手寻求"治病救人的规劝"；四玛丽和两三位崇尚法国的骑士在这里——在这间舒适的、灯火辉煌的大厅里，在这个洋溢着友谊的场所，庆幸能够忘怀那愁云惨雾的国家的昏暗，而玛丽·斯图亚特首先庆幸的是能够把冷冰冰的尊严的假面具抛到一边，在年龄相仿而志趣相同的人中间单纯做一个快活的年轻女子。

　　这样的愿望合乎自然。但是，对于玛丽·斯图亚特来说，尽情逍遥从来都是危险的。装假作伪使她感到压抑，小心谨慎叫她腻味；然而，这恰恰是值得称赞的品质——不善于掩饰自己的情感（她给某个人的信中这样说过："Je ne sais point deguiser mes sentiments."），使她在政治上遭遇到的麻烦，要比最无人性的残酷和最恶毒的欺骗给别人造成的麻烦还要多。女王在年轻人中间相当洒脱，微笑着接受他们的倾慕，甚至时时有意无意地鼓励他们倾慕，这使疯疯癫癫的年轻人对她亲昵得有失体统；某些特别热情的小伙子，甚至被搞得神魂颠倒。这位女子，所有几幅直接照她本人描摹的肖像都未能传达出她的魅力。她身上燃烧着一种炽烈的情感。有的男人可能当时就已经根据某些隐隐约约的迹象，在这位少妇温和客气、似乎十分稳重的举止中捕捉到汹涌奔流的激情——恰似某些火山是隐藏在风光宜人的山山水水下面一样。也许在玛丽·斯图亚特本人发觉她自身的奥秘之前很久，这些人便以男性的敏感捉摸到她的热情奔放的气质，因为她有媚人的吸引力，一种能在男人身上诱发出肉欲甚于罗曼蒂克爱情的吸引力。尚未苏醒的本能还处在朦胧状态的她，完全有可能比一个在经验中学乖了的妇人更容易接受官能的放纵——亲昵的接触、接吻、含情脉脉的目光，因为成熟的妇女明白这些无害的调情包含着多少危险的诱惑。有时候，她竟让周围的年轻男子忘记：作为女王，她身上的女性是不容别人觊觎的。曾经出现过这样一件事：一名苏格兰青年赫本统领，竟放肆地对她干出了愚蠢荒唐的事情，于是只好出逃，这才躲过了严厉的惩罚。然而，玛丽·斯图亚特对于这次不愉快的事件似乎显得太无所谓，轻率地把肆无忌惮的轻薄视为可予原宥的戏谑，从而给她密友小圈子中的另一名贵族打了气。

这件韵事已经纯属罗曼蒂克性质；像苏格兰土地上所发生过的几乎一切，它也成了一首凄恻的史诗。玛丽·斯图亚特在法国宫廷时的第一位崇拜者丹维尔先生把自己年轻的旅伴和朋友——诗人夏特利亚尔视为知心人，曾向他吐露过自己的激情。但是时候一到，这位和其他法国贵族一道陪伴玛丽·斯图亚特回到苏格兰的丹维尔先生也该打道回府了，他得回到自己妻子的身边，回去履行自己的职责。行吟诗人夏特利亚尔却仍旧留在苏格兰，成了一个独特的代理人，代别人诉说衷肠。不过，一首接一首地写情诗也不是没有危险——很容易弄假成真。这位精通各门骑士技艺的年轻胡格诺教徒，他的那些流露真情的诗被玛丽·斯图亚特轻率地接受了；玛丽·斯图亚特甚至自己也写诗同他唱和。话说回来，但凡通晓艺术的年轻女子，落到了一个粗鄙落后的国家，有哪一个不喜欢听到这样一些赞美她的诗句呢：

> 向你，我的女神，
> 向你祈求，

你的意愿

从此是我的法律和命运。

相信我吧，年富力强的我

如果被死神攫走，

罪魁一定是你，

是你用你的美

杀死了诗人。

再说，她也不认为她有什么罪过。因为夏特利亚尔并不能够夸耀他的感情得到了回报——他的热恋始终只是单相思。他不得不惆怅地承认：

爱情的火焰

在我胸中

熊熊燃烧，

但它引燃不了

你的芳心。

玛丽·斯图亚特大概是把这类诗的赞美夹在宫廷内其他式样的奉承献媚中微笑着接受的——她本人也是诗人，知道这些漂亮的献殷勤者所写的热情洋溢的诗句，这些抒情的冲动，无非是些陈词滥调；这类在女性的罗曼蒂克宫廷中无伤大雅的多情的恭维话，她也只好容忍而已。她以素常的落落大方同夏特利亚尔开玩笑，寻开心，就像同四玛丽一样。她特别抬举他，给予纯真的关照；按照礼仪，这个人只能从远处看她，她却把他选为舞伴。有一次跳福金舞，一弯腰，过分贴近了他的肩。她默许他说话亲昵，然而在苏格兰这块离约翰·诺克斯的讲道台只隔三条街的地方，原本是不准这样随便的（约翰·诺克斯不断地揭露"这样的风气对淫妇比对良家妇女更相宜"），也许她同夏特利亚尔跳假面舞或者做游戏时还赐给他一个短暂的吻呢。但是尽管无伤大雅，这调情却走向致命的结局：像托克瓦多·塔索[1]一样，这年轻诗人决意跨过女王和臣仆、尊敬和亲昵、献殷勤和彬彬有礼、开玩笑和一本正经之间的界线，贸然沉浸于他的爱。孰料发生了这样一件麻烦事：一天晚上，侍奉玛丽·斯图亚特的年轻姑娘们在她的寝殿里发现诗人藏在重重帷幔里面。她们起初把这秽行看成是淘气的成分居多，训得不太厉害。装腔作势地责骂了调皮鬼几句，把他从寝殿里送了出来。玛丽·斯图亚特本人对这种行为的态度也是宽宏大量甚于出自内心的愤怒。这件事小心翼翼地瞒过了女王的哥哥。不久，谁也不再想起要严厉惩办如此骇人听闻地违犯任何礼法的举动。然而，姑息的做法没有给这个疯子带来好处。或是他以为那些年轻女子的宽大是对他的鼓励，或是他的激情战胜了理智的思虑，反正他不久又肆无忌惮地故伎重演。玛丽·斯图亚特巡幸法埃夫期间，他瞒过内廷人员悄悄跟踪着她。女王脱衣服睡觉的时候，发现他躲在卧室里。这位被他冒犯的女子吓得大叫，惊动了行宫内所有的人。她的异母兄梅里从隔壁房间冲了出来。于是，宽恕和隐瞒就无从谈起了。根据官方的说法，玛丽·斯图亚特甚至要求（虽然不大可信）梅里用刀子捅这胆大妄为之徒。但是，梅里的性格同妹妹截然相反，每走一步都要盘算一番，斟酌后果。他明白，如果把这个年轻人杀死在女王的卧室里，血渍不仅会弄脏地毯，同时也会玷污女王的名声。不行，这样的罪行必须公布于众，惩

1　托克瓦多·塔索（1544—1595），意大利诗人。

罚也必须在大庭广众前进行——在市中心广场上，唯有这样，才能向女王的臣民及全世界证明她的清白。

几天后，夏特利亚尔被送上断头台。他的鲁莽草率被法官们视为犯罪，他的轻狂浮嚣被视为包藏祸心。法官们一致判决处以极刑——由刽子手用斧子砍下他的头。玛丽·斯图亚特即使有心也已无力赦免这个疯子；各国使臣把这件事报告给各自的朝廷；伦敦和巴黎屏气敛息地注视着苏格兰女王的动静。替罪人稍微说几句好话，都等于是承认通同秽乱宫闱。于是，曾经陪她度过不少愉快欢乐时刻的近幸在最艰难的关头被她抛弃了，失去了任何希望和慰藉。

夏特利亚尔死得很漂亮；身为罗曼蒂克的女王的骑士理当如此。他拒绝了教士的送终祷告，只是在诗中，在这样一种念头中寻找安慰：

> 我卑微渺小，但
> 我的痛苦却能不朽。

这位勇敢的行吟诗人昂首步上断头台，没有唱赞美诗，也没有念祈祷文，而是大声朗诵他的朋友龙萨的名篇《致死神》：

> 死神呵，我等待你，好心的朋友
> 使我摆脱不堪忍受的痛苦。

在砧板前，他又抬起头，喊了一声（叹息多于哀怨）："忍心的女人啊！"然后，面不改色地把脖子伸出去挨刽子手的斧子。作为一个浪漫主义者，他的死也带着抒情史诗的韵味，浪漫主义诗歌的韵味。

不过，倒霉的夏特利亚尔仅仅是一长串幢幢鬼影中被偶然挑出来的形象，只是为玛丽·斯图亚特而死的第一人，比别人先走一步罢了。死神的鬼舞从他开始，开始了为这位女子走上断头台的众人轮舞——他们被卷进了她的命运的阴森森的深渊，同时也拽着她。他们从四面八方聚拢来，不死不活地拖着脚步，仿佛荷尔拜因[1]的版画，跟着黑色的骷髅骨制成的鼓，一步步，一年年，王公们、伯爵和男爵们、教士和士兵们、青年和老人，为她牺牲了自己，为她被送上了祭坛。而她，无辜地成了他们走向死亡的罪魁祸首；为了赎罪，自己也成了这支行列的最后一人。命运难得把如此强烈的死亡吸引力赋予一个女子：宛若神秘的磁石，她把自己周围的男子吸引到她的祸水一般的命运之内。不管是谁，不管是否得到她的恩宠，一旦出现在她的道路上，便注定不幸，注定要暴死。虽然谁都没有因为恨玛丽·斯图亚特而获得过幸福；但是，凡是斗胆爱上了她的人，却为自己的勇气而付出了更加痛苦的代价。

所以，乍一看，我们会觉得夏特利亚尔之死是一个说明不了任何问题的偶然事件。这件事第一次表现出她的命运的还不甚明显的规律：她永远不能尽情享受逍遥自在的乐趣，过轻松宁静的生活。她的生活命中注定是如此：从一开始就得显出她的威严，当她的女王，永远当女王；只能当女王，当世界大赌博中的代表人物和傀儡；起初以为这是上天恩赐的福祉——冲龄践祚，高贵的出身，但在实际上却嬗变为灾祸。每当她企图以本来面目出现，企图表露自己的感情、自己的情绪、自己的真正爱好时，命运便残酷地惩罚她的玩忽职守。夏特利亚尔事件只是第一次警告。在缺乏任何童年气息的童年之后，在她

1　荷尔拜因（1497—1543），德国版画家。

的身体和生命被一而再、再而三地交给陌生男子以换取一顶王冠之前，她利用短短的间歇，想做一名逍遥自在的年轻女子，只是呼吸着，生活着，无所用心地尽情享受生活，哪怕几个月也好。但是残酷的手立刻把她拉走，不让她玩无忧无虑的游戏。被这案子惊动了的摄政、议会和列位勋爵，急忙要替她缔结新的婚约。让玛丽·斯图亚特选一位丈夫吧，当然不是选情投意合的人，而是要选一位能够加强本国力量和安全的男子。这样的谈判早就进行过，如今旧事重提，干得更加起劲。舅舅们和监护人们提心吊胆，生怕这个轻佻女子又干出什么蠢事，断送了自己的贞操和名声。婚姻拍卖行里的交易又忙碌起来。玛丽·斯图亚特又被逼到该死的政治圈子之中；政治自始至终控制着她。每当她企图冲破这个冰冷的圈子去透一口气，每当她要让自己娇嫩温馨的身体舒散一会儿，她就必定会给他人也给自己带来噩运。

第六章 政治新娘拍卖行中的热闹

1563年—1565年

当年，两个年轻女子是全世界最理想的新娘：英国的伊丽莎白和苏格兰的玛丽·斯图亚特。在整个欧洲，未必能找出一位尚未婚配的王公不派人去向她们求婚的——不管是姓哈布斯堡还是姓波旁，不管是西班牙的腓力二世还是他的儿子堂·卡洛斯，不管是奥地利的大公，瑞典和丹麦的国王，德高望重的老人，还是黄口孺子，年轻的小伙子和成熟的男人。政治新娘拍卖行很久没有这样热闹了。同一国之主的女子结婚，仍旧是扩张君权的不可替代的手段。在专制政体时代，不是靠战争而是靠婚姻关系生发出广泛的继承权。统一的法国、西班牙的全球大帝国和哈布斯堡王室的权势都是这样形成的。如今，欧洲王冠上的最后两颗宝石又突然发出了耀眼的光芒——伊丽莎白或玛丽·斯图亚特，英国或苏格兰；谁要是通过结婚获得了这个或那个国家，便算赢得了世界霸权。但是这不仅是民族间的竞争，而且是一场宗教战争，是一场征服人心的战争。因为不列颠群岛和它的一个女主一旦归属信奉天主教的并肩王，那就意味着天主教和新教的斗争中天平的指针彻底倾向罗马的普世教会，它将重新在世界上占上风。因此，狂热地追逐新娘的意义远远超过一般的家庭事件，其中包含着具有世界重要性的决定。

具有世界重要性的决定……对于这两个女子、这两位女王来说，这也决定了她们一生的纠纷。她们的命运纠结在一起，牢不可分。倘若两个对手之中某一人通过婚姻进一步升腾，那么，另一人的宝座势必摇摇欲坠；倘若天平的一个秤盘上升，另一个秤盘必然下降。倘若伊丽莎白和玛丽·斯图亚特都不嫁人，一人只是英国女王，另一人只是苏格兰女王，那么，她们之间的虚情假意可能保持平衡。只要一个秤盘重了些，某一人就会强大些，就会胜利。然而，高傲毫无惧色地同高傲对峙，谁也不愿让步，也绝不让步。除非拼个你死我活，才能解决这个僵持的争端。

历史挑选了两位大腕女演员来演出姊妹决斗这场辉煌的戏。这两个人，玛丽·斯图亚特也好，伊丽莎白也好，都是资质卓尔不群，旷世少有。同她们的多姿多彩的形象相比，并世的其他君主们——像禁欲主义者一般顽固的西班牙国王腓力二世，像孩子一样胡闹的法国国王查理九世，无足轻重的奥地利的斐迪南，都仿佛成了二流戏子。他们任何人都远远没有达到与这两个女子互相对抗的那种精神水平。这两个女子都很聪明，尽管如此，却仍控制不住她们的纯女性的激情和乖僻；两个人都很虚荣；两个人都是从小下功夫准备扮演崇高的角色。两个人都具有同她们的名分相当的威仪；两个人都精通为人文主义时代增添光辉的高雅文化。两个人除了本族语之外都能流利地使用拉丁文、法语和意大利语，伊丽莎白还懂希腊文；两个人的书信都以其生动准确的文体高出于她们宰相的平平淡淡的文牍——伊丽莎白的书信同她睿智的国务大臣塞西尔的签呈相比较，要鲜明生动得多；而玛丽·斯图亚特精雕细刻的、独特的文体，一点儿也不像梅特兰德和梅里的淡而无味的外交函件。这两个女子的非凡的才智，她们对艺术的理解，她们的帝王气度，能够使最最挑剔的评论家满意。伊丽莎白敬重莎士比亚和本·琼森[1]，而玛丽·斯图亚特钦佩龙萨和杜倍雷。但是这两个女子的共同点也仅止于个人的高雅文化造诣；她们的内在的对立却被共同点反衬得更加鲜明，而这样的内在的对立自古以来便被作家们理解成典型的戏剧性冲突而不断予以描绘。

她们的对立十分彻底，连她们的生活道路也仿佛图解似的、形象地表现了一点。基本区别如下：伊丽莎白在道路开始时艰难竭蹶，而玛丽·斯图亚特则是在道路终结时困苦潦倒。玛丽·斯图亚特的幸福和权势来得容易，灿烂而短暂，好比晨星在天空中闪现。她生而为女王，少小时即已接受第二次涂油仪式[2]。但她的坠落也是同样的迅猛而突然。她的命运仿佛浓缩为三四次灾难，因而像是一出戏——难怪剧作家们那么喜欢把玛丽·斯图亚特选作悲剧的主角。至于伊丽莎白，她的上升缓慢而牢靠（因此适宜于四平八稳的叙事文）。她什么都不是捡便宜得来的，不是从天上掉下来的。她从小被宣布是私生女，被她的亲姊姊关在伦勃塔里等待处死，这个早熟的权术家起初不得不耍心眼以捍卫她的生存权利，靠恩典活下去。玛丽·斯图亚特作为国王们的嫡裔，她的不凡是命中注定的；而伊丽莎白则是靠自己的力量，靠自己的本事才出人头地。

两条如此不同的生活道路自然是各奔东西。即使有时相遇而交

1　本·琼森（1572？—1637），英国剧作家、诗人、评论家。

2　帝后的加冕仪式。

错，也不可能结合。每一次拐弯，性格的每一个特点，都必然反映出本初的区别所产生的深刻影响。这本初的区别便是一人生来就头戴王冠，好比有的孩子生来就头发浓密；而另一人则艰难地挣扎，靠耍心眼而取得自己的地位。一个人一开始便是合法的女王，而另一个人却是成问题的女王。这两个女子，谁都是因为本人的命运的特点而发展了她本人的、唯独她具有的品质。玛丽·斯图亚特无功而受禄，什么都轻轻巧巧地得到（唉，为时过早了啊！）由此生出了异乎寻常的轻松和自信，养成了她那最高的禀性——一往无前的勇猛，这既拔高了她，也毁了她。她的一切权力都得自神授，她也只向神负责。她只管发号施令，别人理应服从；即使全世界都怀疑称孤道寡是不是她的天职，她仍然在自己身上，在沸腾的热血中感受到自己的使命。她不大思考，很容易激动；她会在火头上仿佛拔剑一般匆促、轻率地做出决定。作为勇敢的骑手，她一拎缰绳，猛力一冲，便跳跃任何栏架任何树篱；她也希望在政治上指靠勇敢的翅膀飞越任何障碍险阻。如果说伊丽莎白把治国的艺术看成是下棋，需要殚精竭虑，那么，玛丽·斯图亚特则把它当作最够刺激的娱乐之一，是令人兴奋的人生乐趣，也是一种骑士的赛马。教皇有一次说过，她是"妇人身而丈夫心"，正是这轻率的勇敢，这强烈的利己主义，吸引了诗人骚客和悲剧作家，也促成了她的夭殇。

因为性格非常讲究实际、现实感达到完美程度的伊丽莎白，专门利用她的对手那种骑士般奋不顾身的失误和疯狂，从而赢得自己的胜利。锐利的、洞烛幽微的、鹰隼一般的目光（瞧瞧她的肖像吧），多疑地看着在她早年备尝艰辛的世界。她少小时就已经懂得命运女神的球会滴溜溜地转，忽前忽后：宝座离断头台只有一步之隔，而死神的前沿——伦敦塔离威斯敏斯特宫也是近在咫尺。所以她日后始终把权力视为某种变幻无常的东西，处处感受到威胁。伊丽莎白小心翼翼、提心吊胆地护持着王冠和权杖，仿佛它们是玻璃做的似的，而且随时会从手里滑出去。真的，她的一生充满了惊惶和波动。一帧帧肖像对她性格的刻画都令人信服地补充了我们看到过的文字描述：没有一帧肖像叫人感到她开朗、豪放和高傲，像个真正的君主。每幅画上，她的那种神经质的面容都显出戒备和怯生生的样子，仿佛在凝神倾听什么，仿佛在等待什么；她的嘴唇从来没有出现过自信的微笑。脸色苍白，身体笔直，神情间缺乏信心，同时又虚荣地昂起头；穿着富丽贵重、镶满宝石的长袍，好像被沉重的金光闪闪的衣服箍得身子僵硬。似乎只要她一人独处，只要从她那瘦骨嶙峋的肩上扒下那件富丽的衣服，只要从她那瘦削的脸颊上拭去胭脂，她的威仪便荡然无存，只剩下一个苍白的、茫然失措的、老得过早的女人，一个孤单的灵魂，连自己的困难都对付不了，哪能说得上治理天下呢！女王身上的这种畏葸胆怯，自然离英雄气概相去甚远；而她一贯慢吞吞、迟疑犹豫的作风，无助于叫人领略她的帝王威势。然而，伊丽莎白作为君主的伟大，立足在不那么罗曼蒂克的其他方面。她的力量不表现在大胆的计划和决定上，而是表现在锲而不舍地惦记着积累和贮藏、储蓄和聚敛，换句话说，表现在纯市民的、纯粹是治家理财的美德。她的缺点——胆小、谨慎，恰恰在国务活动的土壤上获得丰收。如果说玛丽·斯图亚特是为她自己活着，那么，伊丽莎白活着则是为了她的国家。作为责任心十分强烈的现实主义者，她把当权看成是天职；而玛丽·斯图亚特却把她的名位当作一个不附带任何义务的头衔。两个人各有各的长处和缺点。如果说玛丽·斯图亚特轻率的勇猛成了她的致命伤，那么，伊丽莎白的迟缓犹豫最终却对她有利。在政治上，按部就班的坚韧不拔历来胜似奔腾澎湃的力量，认真制订的计划压倒一时的冲动，现实主义战胜浪漫主义。

　　但在这场搏斗中，姐妹俩的差异要深刻得多。不仅是作为女王，并且作为女人，伊丽莎白和玛丽·斯图亚特代表了两个截然相反的对立面，大概是老天要以两个伟大的形象来体现具有世界历史意义的对立，以合乎对位法规律的序列把这种对立充分表现出来。

　　作为女人，玛丽·斯图亚特是完完全全的女人，地地道道的女人；她的最重大的决定往往是在冲动（出自她女性最深的本源）之下做出的。倒不是说她生就热情得不知餍足的气质，事事由着本能的驱使。不是的。相反，她的女性的矜持也曾维持了很久，这是她的一大特色。她的感情经历了许多年后才爆发。在很长时间内，我们看到的（她的画像上就是这副模样）是一个可爱的、亲切的、温柔的、对什么都漠不关心的妇人，眼神稍稍有些忧郁，嘴角带着几分稚气的微笑，一个优柔寡断、消极被动的人，一个柔弱得像婴儿的女子。同一切真正的女性一样，她容易受刺激，常常激动，什么事都可能引起她脸红或者面色苍白，时不时会泫然泪下。但是这种热血的瞬间、表面的兴奋，多年来并没有触动她心灵的深处；而这恰恰因为她是个正常的、真正的、地道的女人。她在热恋之中——一生绝无仅有的一次热恋中——表现出了她的强大个性。只有在热恋中，才让人感觉到她身上的女性是多么强烈，多么受到本能和激情的摆布，多么受到性的锁链的束缚。因为在伟大的心醉神迷的一刹那，她的文化修养的外衣仿佛被风暴卷走，这个至今一直很安分、很矜持的人，她的教养、道德、自尊的堤坝突然溃决。面临名誉和激情之间做出抉择的玛丽·斯图亚特像一个真正的女人，选择的不是帝业，而是女人的天性。王袍褪落到她的脚下；赤身裸体而激情满怀的她，觉得自己成了千千万万女人的姐妹，燃烧着给予和领受爱情的愿望。最叫我们钦佩的是，她为了区区几个充分享受人生的瞬间，竟把权力、尊严和名位弃之如敝屣。

相反，伊丽莎白则从来不能忘我地沉浸于爱——这可是有隐秘的特殊原因。据玛丽·斯图亚特在一封著名的揭露性的信中说，伊丽莎白在生理上"同所有的女人都不一样"。伊丽莎白不仅不能生儿育女，显而易见，连妇女委身于男子的那种爱的自然行为她都无能为力。她之终身始终是童贞女王，并不是像她所表现的那样出于自愿。虽然同时代人某些关于她生理缺陷的说法（例如据说是本·琼森的话）不尽可信，但人们反正知道有某种生理障碍或精神障碍破坏了她的隐秘的女性生活。这样的一种病态对妇女的身心必定有极大的影响；确实，这个秘密萌发出她心灵中的其他秘密。她性格中一切精神上的不稳定和起伏变化，闪烁的歇斯底里的明暗面，某些喜怒无常和下意识的举动，由冷突然变成热，由"是"突然变成"不"，一切装模作样、温文尔雅和内心的狡猾，都是心底里的自惭形秽使然；她不止一次玷辱了帝王尊严的卖弄风情也多半出于这个原因。这个女人，心灵上有一道深深的裂痕，没法单纯而自然地感受、思维和行动；任何人在任何事情上都不能把希望寄托在她身上，而最不能指望她的是她自己。但是，伊丽莎白即使在最隐秘的方面是个废人，即使受她自己的极度紧张的神经的摆布，即使是危险的阴谋家，却绝不残忍，绝不冷酷无情、灭绝人性。关于她有一种流行甚广的见解（席勒在他的悲剧里便采纳这见解），认为伊丽莎白是头阴险的猫，把温顺的、手无寸铁的玛丽·斯图亚特当作走投无路的老鼠来玩弄。没有比这样的论调更荒谬更肤浅更庸俗的了。谁往深里观察一番，便会发现真相——这个孤独的女子在她的权势的甲壳里面冻得发抖，只能养几个假面首来折磨自己，因为她没法委身于任何一个男人；然而她身上不乏潜在的狡黠的温暖，同时，她的乖僻粗鲁的举止后面也不乏令人起敬的愿望——想做个善良的、宽宏大量的人。她的胆小怕事的天性憎厌暴力，宁肯玩玩富有刺激性的、"小打小闹"的权术游戏，宁肯搞些不必承担责任的幕后勾当。每一次宣战她都会胆战心惊；每一次宣判死刑她都会良心不安，心情沉重。她千方百计在国内保持太平。她同玛丽·斯图亚特斗争只是由于感受到后者的威胁（事出有因）。即使这样，她也是更愿意避免公开的斗争，因为她天性好赌，是个赌徒，而不是打架的好手。她们两人，玛丽·斯图亚特是由于轻脱，而伊丽莎白则是由于胆小怕事的性格，都宁愿和睦相处，哪怕是勉勉强强的、表面上的和睦。但在那个历史关头，天上的星象不容许暧昧动摇。历史的强大之极的意志并不理睬个别人的神圣的愿望，常常唆使人们和他们所代表的力量参加散布死亡的游戏。

因为在历史人物对抗性行为的后面，是一个威风凛凛的、巨人般的身影，那便是时代的伟大的矛盾。玛丽·斯图亚特拥护旧教即天主教，伊丽莎白捍卫新教即改革派教会——这并非偶然。在互相抗衡的两派中，她们两人各支持一方，象征这样一个事实：两位女王体现了两种不同的世界观。玛丽·斯图亚特代表垂死的骑士中世纪世界；伊丽莎白代表成长中的新世界。转折时代仿佛通过这场斗争宣告结束。

玛丽·斯图亚特作为最后一位英勇的骑士，为一去不复返的事物，为必定失败的、毫无希望的事业而斗争、而死亡。她的形象因此而产生罗曼蒂克的魅力。她只是服从历史措置人事的意志，面向过去，在政治上同已经日薄西山的力量（西班牙和梵蒂冈）共命运；而伊丽莎白则有先见之明，把使节派往最遥远的国度俄罗斯和波斯，以准确无误的嗅觉把本国人民的精力引往海洋，似乎预见到未来的全球大帝国的支柱必将建造在新的大陆上。玛丽·斯图亚特固守传统，她对王权的理解超越不了纯粹家天下的概念。据她看来，国家属于君主而不是君主属于国家。她在位期间，玛丽·斯图亚特是苏格兰的女王而绝不是苏格兰人民的女王。她写过几百封信论及她个人权力的确定和扩大，却没有一封信谈到人民的福利，谈到发展贸易、航海业或军事力量。就像她的诗歌习作和日常生活都用法语一样，她的思想感情中没有任何民族的东西，没有任何苏格兰的东西。她活着并不是为了苏格兰，而引颈就戮也不是为了苏格兰，无非是为了当她的苏格兰女王。结果，玛丽·斯图亚特没有给予本国任何鼓舞创造的力量，只留下了她一生的传奇。

　　玛丽·斯图亚特把自己置于众人之上，便注定了本人的孤独。尽管她的英勇果敢远胜伊丽莎白，但伊丽莎白不是单枪匹马同她斗争的。自惭形秽的感觉早就促使她巩固自己的阵地，同时她善于团结一帮头脑清楚冷静而可靠的人做她的助手，在这场斗争中她依靠一大批谋士教给她策略和实施的办法，并且在关键时刻引导她避免冲动和神经质的毛病。伊丽莎白得以在她的左右建立一个优秀的班子，以致直到如今，几百年之后，她个人的功劳和整个伊丽莎白时代的集体功勋几乎分不清；使她的名字熠熠生辉的不朽的光荣，同样也环绕着她那些杰出的谋臣的业绩。玛丽·斯图亚特就是玛丽·斯图亚特，仅此而已。至于伊丽莎白，却总是伊丽莎白加上塞西尔，加上莱斯特，加上沃尔辛厄姆，加上全国人民的干劲。你搞不清楚究竟谁是那个莎士比亚时代的天才——是英国还是伊丽莎白；这两者结合成一个出色的整体。伊丽莎白之所以在她同时代的各国君主中出类拔萃，正是由于她不企求做英国的主人，而仅仅做英国人意志的执行者、民族使命的完成者。她捉摸到时代的潮流是由专制制度趋向立宪制度。她自愿承认阶级变动中产生的新生力量、世界空间由于时代的大发现而扩大的过程中产生的新生力量，她鼓励一切新事物——同业行会、富商巨贾甚至海盗，因为他们给英国——她的英国打通了称霸海上的道路。她成千上万次为了全民族的福利而放弃了自己个人的愿望（那是玛丽·斯图亚特绝不会干的）。摆脱精神困境最好的出路便是投身积极的生活。伊丽莎白作为女人受到了挫折，便在为本国人民谋福利中寻求幸福。这个无儿无女也没有丈夫的女子，把她的全部利己主义和全部权势欲转换成全民族的利益：靠英国的伟大而在子孙后代的心目中成为伟人；这是她种种虚荣心中最高尚的虚荣心。她只是为英国未来的伟大而生活着，任何一顶别的王冠都不能叫她动心（玛丽·斯图亚特却会兴高采烈地拿自己的王冠去换一顶更好的）。当玛丽·斯图亚特像炫目的流星一般火花一闪，燃尽了生命，那小气的、高瞻远瞩的伊丽莎白却把自己的全部力量都献给了本民族的未来。

所以，玛丽·斯图亚特和伊丽莎白的斗争必然以后者的胜利告终：后者体现了进步的、有生命力的因素，而前者却是眼睛向后看，盯着骑士的过去。历史匆匆地向前发展，在新的道路上创造性地考验自己，一切过时的形式都像瓜子皮一样被它抛弃。是历史的意志和伊丽莎白共同取得了胜利。伊丽莎白的生命表现出一个想跻身于世界之林的民族的毅力；而玛丽·斯图亚特的死亡则反映了骑士的过去的覆灭——英勇而扣人心弦的覆灭。这两个人在这场斗争中终究都完成了自己的使命：伊丽莎白作为清醒的现实主义者，在历史上取得了胜利；而浪漫主义的玛丽·斯图亚特则在诗歌和传说中得到成功。

这场斗争透过时空的棱镜呈现在我们面前，显得光辉灿烂；演员的表演也极其感人。只是斗争的手段卑鄙低级，未免令人遗憾。因为尽管人物卓荦不凡，这两个女人毕竟是女人，她们都无法超越女性特有的弱点——不是公开对阵，而是用奸诈的阴谋，用针刺的办法让对手吃些苦头。要是在玛丽·斯图亚特和伊丽莎白的位置上是两名男子，两位国王，就免不了一场流血的冲突，免不了打一仗。野心不可调和地对着野心干，以刚对刚。玛丽·斯图亚特和伊丽莎白的冲突缺乏男子汉的堂堂正正的旗帜鲜明。这是两只猫在打架，藏起了利爪，绕来绕去地兜圈子，互相戒备着对方——是一场笑里藏刀的、在各方面都不堂堂正正的游戏。四分之一个世纪内，这两个女人只知道你哄我，我骗你（同时自己绝不上对方的当）。她们从来不直视对方的眼睛，她们的仇恨从来不曾公开流露。她们讨好地假笑着互相致意，又是善颂善祷，又是曲意逢迎，又是互赠礼品，可是两人在背后都拿着锋利的刀子。伊丽莎白和玛丽·斯图亚特之间的斗争史上确实没有爆发过战争，不曾有过伊利亚特式的著名事件。它不是英雄史诗，倒像是马基雅维里作品中的章节，纵使吸引了心理学家的兴趣，却使道学家厌恶，因为它无非是旷日持久达二十年的阴谋，而不是公开的、铿锵有声的战斗。

不光彩的游戏始于玛丽·斯图亚特的婚事以及求婚的王公们的粉墨登场。玛丽·斯图亚特会接受其中的任何一个人：她身上的女性尚未觉醒，女性没有参与选择。她会痛痛快快地答应嫁给十五岁的堂·卡洛斯，虽然传闻他是个凶恶的孩子，动不动大发雷霆；同样，她也会轻易地同意下嫁年幼的查理九世。不管老幼妍媸——她的虚荣心使她对此一概无所谓，只要结婚后能让她比可恨的对手高出一头。她对择偶没有表现出很大的兴趣，而把一切谈判统统托付给她的异母兄梅里。梅里怀着私心而热忱地同各方磋商，因为他的妹妹一旦在巴黎、维也纳或马德里获得了王冠，他便可以甩掉她，重新成为苏格兰的无冕之王。伊丽莎白瞬即探悉（她的密探可没有打瞌睡）这些外国人的求亲，立刻严峻地予以否决。她直截了当地对苏格兰使臣宣称，如果玛丽·斯图亚特接受奥地利、法兰西或西班牙的下聘，她——伊丽莎白将把此事视为敌对行为，但这并不妨碍她在这个时候婉言规劝亲爱的表妹只信任她一个人，"不管别人应许给表妹多么了不起的富贵和人间的荣华"。当然，伊丽莎白一点儿也不反对信奉新教的王子，不反对丹麦国王或费拉拉[1]公爵（懂吗，就是那些身份不够因而没有危险的求婚者）。不过，她最最希望的，莫如玛丽·斯图亚特在"家里"找个丈夫——找个苏格兰或英格兰的贵族。这样的话，她将永远能保证得到伊丽莎白的姐妹之情和帮助。

伊丽莎白玩的自然是恬不知耻的绝非正大光明的游戏，她的用心是显而易见的：作为一个不得不终身不嫁的女王，她竭力想使自己对手的极大机会成为泡影。而玛丽·斯图亚特把她踢过来的皮球同样巧妙地踢了回去。不消说，玛丽·斯图亚特从来不曾想到要承认伊丽莎白在她的婚姻计划上有overlordship决定权。但是大买卖仍悬在空中，主要的对象堂·卡洛斯还迟疑着没有做出决定。于是玛丽·斯图亚特虚情假意地感谢伊丽莎白的慈母般的关怀。她决不会"为了世界上的一切舅舅"而拿英国女王的友谊来冒险，擅自作出决定以致开罪于后者（天主不容！）。她决意听从英国女王的任何意见，但请伊丽莎白开导她，哪些求婚者可以考虑（"allowed"），哪些不行。真正是令人感动的顺从，然而玛丽·斯图亚特字里行间仿佛提了一个无可非议的问题：对于她的顺从，伊丽莎白打算怎样奖励？她仿佛在说："好吧，亲爱的姐姐，你的愿望我照办，不嫁给地位和权势都超过你的人。但是也得请你给我一个保证，同时别拒绝说说清楚我的继承权问题怎么办？"

1　意大利的一个邦。

这么一来，争端照旧僵持在那里原地不动。一旦需要伊丽莎白就继承权问题说个丁一卯二，她便缩进硬壳，怎么也没法叫她开口说句准话。拐弯抹角，含含糊糊，她净在那里闪烁其词：她"真心维护"她妹妹的"利益"，打算像关心亲生女儿一样关心妹妹；情意绵绵的甜言蜜语连篇累牍，但没有一句说到人家心坎上的、算数的、负责的话。活脱像两个正在一手交钱一手交货的近东商人，谁也不敢先摊开手心。我叫你挑谁你就挑谁，伊丽莎白说，那我就立你为继承人。先立我为继承人，我再照你的意思挑选，玛丽·斯图亚特回答。谁也不相信谁，因为谁都想欺骗对方。

关于下嫁、新郎人选和继承权的谈判整整拖了两年。说来也怪，这两个骗子都违心地互相配合演出。伊丽莎白正需要糊弄玛丽·斯图亚特，而玛丽·斯图亚特打交道的偏偏是各国君主中脾气最肉的腓力二世，这真是她的不幸。只有等到同西班牙的谈判彻底绝望之后，才能考虑其他人的提亲。这时，玛丽·斯图亚特决心把暗示和哑谜抛到一边，开门见山地逼她亲爱的姐姐说个明白。她命令臣下明确地、毫不含糊地问伊丽莎白，看她认为哪个求婚者合适。

伊丽莎白很不习惯回答这样直截了当的问题，特别是这个问题。因为她早就影影绰绰地暗示过她替玛丽·斯图亚特找的是谁。她曾在一封信里暧昧而意味深长地说：她打算向她推荐的新郎，是任何人都想不到她会推荐的。然而苏格兰宫廷装作不懂她的暗示，要求她正面提出建议——把名字说出来！伊丽莎白被逼无奈，再也不能暗示了事。她好不容易嘴里吐出了候选新郎的名字：罗伯特·达德雷。

这时，外交喜剧有顿时变成闹剧的危险。伊丽莎白的建议可以理解成骇人听闻的侮辱，也可以理解成骇人听闻的诈唬。以为苏格兰的女王和法国前国王的遗孀会下嫁她女王姐姐的某个无足轻重的臣民，subject，没有一点儿王室血统的破落贵族——单单这样的设想，拿当时的观念来说，便已近于侮辱。而由于以下的特殊情况，这建议更加显得厚颜无耻：原来整个欧洲都知道罗伯特·达德雷多年来是伊丽莎白的假凤虚凰的情人之一，是她玩爱情游戏的一个搭档。所以，英国女王等于是送掉一件旧衣裳，把一个她自己不愿意下嫁的人送给了苏格兰女王。但是，仅仅几年以前，脑筋迟钝的伊丽莎白还玩过同他结婚的念头（对她来说，确实是玩，这事向来只是玩玩而已）。当达德雷的妻子艾梅·罗布萨特神秘地被人害死之后，她急忙放弃了这个计划，以免别人怀疑她是同谋。这个人两次声名狼藉（主要是因为那件不光彩的事——妻子被害死，同时也是因为他同伊丽莎白的暧昧关系），为这样一个人做媒，提出让他当玛丽·斯图亚特的丈夫，大概是伊丽莎白王朝中许许多多笨拙失当的举措中最最失当的一桩。

伊丽莎白通过这莫名其妙的做媒到底想达到什么目的，未必有真相大白的一天。谁会去把一个歇斯底里的人物古怪任性的想法翻译成逻辑的语言呢？是不是她作为忠贞的情妇，幻想褒赏她不敢下嫁的情夫，把她拥有的最珍贵的财产——她的王国连同继承权遗赠给他？兴许她只是想摆脱她腻味了的情夫？是不是她希望通过一个忠心耿耿的人更加牢靠地控制对手？抑或不过是她在考验达德雷的爱情？是不是她憧憬着一场三角恋爱——一个统一的爱情王国？也可能仅仅是一个花招儿，想叫玛丽·斯图亚特拒绝，从而说明她的不知好歹？这些揣测都是合乎情理的；但最可能的是这个古怪的女性自己都不知道自己到底要达到什么目的；可能这次又无非是在玩一场想象的游戏，她可是有把决定和人当作玩耍的脾气。假若玛丽·斯图亚特居然认真对待伊丽莎白劝她嫁给英国女王老情人的建议，难以逆料会发生什么事。

也许伊丽莎白会突然改变主意，禁止达德雷结这次婚；她先以侮辱性的做媒贬损对手，回过头来又用卑劣的拒绝叫对手出丑。

在玛丽·斯图亚特看来，劝她嫁给一个非王室血统的求婚者，几乎是一种放肆的亵渎神圣的行为。她乍听到这建议，在恼怒之下问伊丽莎白的使者：莫非他的女王真的以为她这个奉天承运的君主会看上一个"罗伯特勋爵"？但她强压她的不满，挤出亲切的微笑——像伊丽莎白这样危险的敌人，不必断然拒绝以致为时过早地惹她生气。先得嫁给西班牙或法国的王位继承人，然后再一五一十地为这次侮辱算账。这一回姐妹决斗，一方有个诡诈的举动，另一方必定有所回报——伊丽莎白居心叵测的建议招致玛丽·斯图亚特口是心非地保证她的友谊和感激。总之，爱丁堡没有否定达德雷的求婚资格；天主保佑，女王装作上了钩，让这出好戏接下去演第二幕。詹姆斯·梅尔维尔爵士奉官方之命前往伦敦，说起来是为了谈判达德雷的候选资格问题，其实是为了把这谎言和装假作伪的纠葛搞得更加错综复杂。

玛丽·斯图亚特的贵族中最最忠心的梅尔维尔，是个高明的外交家，但更高明的是他的笔，十分娴熟，简直是生花妙笔，我们因此而特别感谢他。他的访问英国宫廷之行，奉献给世界的是极其鲜明生动地描绘了私生活环境中的伊丽莎白；他的叙述是最最精彩的历史喜剧之一。伊丽莎白很清楚这位社交人物曾在法国和德国宫廷生活过多年；她使出浑身解数，想在他面前炫示一番她的女性的风韵，没有料到他的无情的记录使她那些卖弄风情的蠢事和忸怩作态永载史册。女性的虚荣心常常叫伊丽莎白难堪。眼下也是如此，这个无可救药、一贯搔首弄姿的女人不是用政治智慧的结论去说服苏格兰女王的使臣，却是竭力首先用她个人的美质去叫男人神魂颠倒。她向使臣充分显示了她的风韵。她从不计其数的服饰（死后留下三千袭衣衫）中挑选出最最贵重的服装，忽而英国打扮，忽而法国打扮，忽而意大利打扮，反正都是各国最时髦的款式，前胸后背袒露极多（日后人们纷纷仿效），炫耀她的拉丁语、法语和意大利语，一个劲儿地吮吸使臣的没完没了的赞美。不过，使臣的恭维话虽然用的都是最高级的形容词——她漂亮极了，聪明极了，学问也好极了，却仍不能叫她满足；就像有人非得问"墙上的镜子啊，你说说，全国倒是谁最美？"她也非得听苏格兰女王的使臣说，他倾慕她——作为一个女人，胜于倾慕自己的女王，让他说说，她或是容貌或是才智或是学问，是否超过玛丽·斯图亚特。她在他面前解开她异常浓密的稍稍发红的亚麻色波纹发，问使臣，玛丽·斯图亚特的头发是不是更美？这问题真叫女王的使者作难！但是梅尔维尔漂亮地脱了身，以所罗门式的机智答道，在英格兰没有一个女人比得上伊丽莎白，而在苏格兰，也没有人比玛丽·斯图亚特更加美貌。然而，这种"你好我好大家都好"的说法不能叫那个虚荣心重、卖弄风情的女子满意。她一再在他面前尽情施展她的魅力——坐下来弹竖琴，甚至由诗琴伴奏曼声长歌。梅尔维尔铭记着他的使命是哄伊丽莎白，有意无意地迁就她，承认她的脸蛋比玛丽·斯图亚特更白，竖琴弹得更出色，舞姿更优美。伊丽莎白兴致勃勃地自卖自夸，忘记了他们这次会晤的真正目的；而当梅尔维尔转到这个微妙的话题时，伊丽莎白又演起戏来：她首先从抽屉里取出玛丽·斯图亚特的小像，情意绵绵地吻它。声音里带着哭腔，她说她是多么向往亲身同她亲爱的小妹妹玛丽·斯图亚特见面（其实她一生想方设法破坏她们历次将要举行的会晤）。如果相信这演戏老手的话，那么，她最希望知道她邻国的女王万事如意。然而，梅尔维尔头脑清醒，目光锐利。背得烂熟的台词绝骗不了他。他把所见所闻总结后，报告爱丁堡说，伊丽莎白的全部言行只是为了掩盖真情，表现出极度的虚伪、慌乱和恐惧。当伊丽莎白鼓起勇气问玛丽·斯图亚特对于她同达德雷的婚事有何意见时，老练的外交家既没有说断然的"不"，也没有说明确的"是"。他含糊其词，声称玛丽·斯图亚特还没有好好考虑这个建议。但是他越是支吾搪塞，伊丽莎白便越是纠缠不休。"罗伯特勋爵是我最好的朋友，"她说，"我把他当作哥哥那样爱他；如果我决心嫁人，那绝不去找另外一个丈夫。但是因为我不想结婚，没法强迫自己，所以我希望至少我的妹妹选中他，——我不知道还有人比他更配得上和她一起继承我的遗产。我打算过几天封他为莱斯特伯爵兼邓比男爵，免得我的妹妹看不起他。"

果真，几天后——喜剧的第三幕——以盛大豪华的排场举行了封爵仪式。罗伯特·达德雷勋爵向他的女王兼情人下跪，站起来时已是莱斯特伯爵。但是即使在这肃穆的时刻，伊丽莎白身上的女性也免不了同女王开个恶作剧的玩笑，把伯爵的冠冕赐给忠心的臣仆时，情妇禁不住在情郎头上拍了一记；庄严的仪式于是变成了闹剧。梅尔维尔调皮地窃笑了：他已经预见到他将向爱丁堡的女王送去一个多么滑稽有趣的报告。

但是梅尔维尔到伦敦来不单是为了欣赏君王演出的喜剧并且把它记录下来，他在这场乱点鸳鸯谱中也有他的角色。他的外交公文皮包中另有夹袋，那是绝不向伊丽莎白公开的。他的那些为了奉承女王而谈论莱斯特伯爵的闲话仅仅是烟幕，用来掩盖他到伦敦来的真正任务。其实，他的目的首先是采取积极的措施，找上西班牙使臣的门，问清楚堂·卡洛斯的意图到底是什么，玛丽·斯图亚特不答应再等下去了。此外，他另有一项任务——小心谨慎地试探是否可能同一个二流候选人亨利·达伦雷谈判。

这个亨利·达伦雷暂时还只是备而不用。玛丽·斯图亚特把他储备着，她的那些大有希望的计划一旦破产，他便可以派上用场。亨利·达伦雷根本不是君王，连公侯都不是。他的父亲伦诺克斯伯爵是斯图亚特家族的死对头，被驱逐出苏格兰，所有的领地都被没收。从母系方面说，这十八岁的少年的血管里却流着都铎王室的真正帝王的血。作为亨利七世的外曾孙，他是英国宫廷中名列第一的王子，因而有资格做任何一位女王的配偶。此外，他还有一个优点，那便是他信奉天主教。达伦雷完全可以当第三、第四或第五位候选人，所以梅尔维尔同这候选人的野心勃勃的母亲玛格丽特·伦诺克斯作一些泛泛的、不承担任何义务的交谈，以备万一。

但是任何一出成功的喜剧都有一个条件：虽然剧中所有的人物都在骗来骗去，反正总有人碰巧瞥见了隔壁的牌。伊丽莎白并不那么天真，不会认为梅尔维尔来到伦敦只是为了对她的头发和演奏竖琴的精湛技艺恭维几句。她知道，她——伊丽莎白把老情人塞给玛丽·斯图亚特的做法不太会受到苏格兰女王的赞赏，她也很清楚伦诺克斯夫人的野心和行动的本事。她的密探想必也探悉了某些情形。一次在骑士赐封典礼上，亨利·达伦雷作为宫廷第一位王子，在女王前面捧着御剑，伊丽莎白突然一阵冲动，真情流露，没有一点儿不好意思地对梅尔维尔说："我清楚得很，你们更看得中这个年轻浪荡公子。"面对人家这般毫无礼貌地企图掏他的夹袋，梅尔维尔并没有失去平常的冷静。要是在为难的时刻不会脸不改色地撒谎，那就算不得一个好外交家。他那张聪明面孔做了个鄙夷不屑的鬼脸，轻蔑地瞅着达伦雷（他昨天晚上还为这个人忙乱了一通呢），若无其事地说："腰这样细，脸这样光滑，又没有胡子，像女人而不像个成熟的男子汉，哪个聪明的女子都不会挑选这样一个浪荡公子做丈夫。"

伊丽莎白是不是被这位经验丰富的外交家的高招儿哄了过去呢？她是不是相信他那装出来的蔑视呢？兴许她在这出喜剧中高深莫测，戏中有戏？反正有一点很让人诧异：先是达伦雷的父亲伦诺克斯伯爵被允许返回苏格兰；而到1565年1月，达伦雷自己也获准去那里。伊丽莎白或是出于怪脾气，或是出于诡谲，恰恰把最最危险的候选人派到了对手的宫廷。有意思的是，在这件事情上替达伦雷斡旋的不是别人而正是莱斯特伯爵。他也在玩两面游戏，想钻出他的女王布下的婚姻圈套。这出闹剧的第四幕因此而挪到了苏格兰；但到了那里，出乎全体剧中人的意料，精心缠绕的乱麻断了，求亲的喜剧突然结束。

　　因为在这个冬日，政治——这个尘世的人力，同混沌初开便已存在的原始力发生了碰撞：来觐见玛丽·斯图亚特的候选新郎突然在女王身上发现了女性。在多年耐心的、无动于衷的等待之后，女性终于觉醒。直到现在，她只是国王的女儿、国王的未婚妻、女王和国王的遗孀，是听命于别人的傀儡，是外交交易的顺从。如今，她的情感初次苏醒了。她猛一下扯掉她身上虚荣的疮痂，好比撕开一件把她裹得难受的衣裳，以便自由自在地支配自己的身体、自己的生活。她第一次没有听从别人的意见，而只服从天性的声音——自己的情感的要求和提示。她的内心生活史从此开始。

第七章 再 嫁

1565年

　　这突然发生的事其实是人世间最最平常的事情：一个青年女子爱上了一个青年男子。天性是没法长时间压抑的：玛丽·斯图亚特是个具有正常情感和热情气质的女人，在这转折关头正要迎接她一生的第二十三个春天。居丧四年来她守身甚严，没有发生过一次比较严重的艳史。但是情欲只能暂时控制：即使在女王身上，女性最终也会提出她的最最神圣的权利——爱并且被爱。

　　玛丽·斯图亚特第一次迷恋的对象是一个政治新娘的追求者（世界史上极为罕见的事例），即1565年奉母命来到苏格兰的达伦雷。玛丽·斯图亚特并不是第一次见到这个青年：四年前，他还是个十五岁的少年，曾来到法国向幽室中的穿白色丧服的国王遗孀转达他母亲的吊唁。这个宽肩细高个儿的小伙子长着一头草黄色的头发，光滑而没有胡子的脸，像姑娘一样俊俏，大而圆的稚气眼睛带着一种惶惑的神情看着世界；几年过去了，他的个儿长得更高了。"很难想象有比他更漂亮的王子"——莫维西耶[1]报告中如是说。以小女王的眼光来看,达伦雷也是"容貌极俊、身材极匀称的大高个儿"。玛丽·斯图亚特热烈而急躁的心灵往往被自己的幻想所迷惑。像她这种性格的浪漫主义者,难得看清人和生活的真实面目;浪漫主义者眼里的世界通常只是他们所希望见到的那样子。虽然屡屡由过分的迷恋一下子跳到绝望,但是这些不可救药的幻想家是绝不会彻底清醒的。他们一旦丢弃了一些幻想,马上会沉湎于另一些幻想,因为对于他们来说,真正的生活在于幻想而不在现实。玛丽·斯图亚特也是如此,她对这位英俊少年一见钟情,以致开始没有发觉他俊秀的外貌之下并不蕴含深刻的思想。结实的肌肉并不说明真正的力量,而宫廷气派并不意味着心灵优美。在清教徒氛围中同道甚少的她,只看到这个少年王子骑马功夫娴熟,舞姿优雅,喜欢音乐以及其他种种风雅的娱乐,必要时能够写几句漂亮的情诗。她向来把稍有艺术细胞的人看得很重;她发现这个少年王子在跳舞打猎以及宫廷风行的形形色色游戏和技艺中是个好搭档,为此感到由衷高兴。他的莅临给寂寞沉闷的宫廷生活带来了丰富多彩和充满青春活力的新鲜气息。达伦雷深深博得了女王的欢心;他遵从他精明母亲的教导,举止谦逊堪为楷模,一片苦心没有白费:不久,他在爱丁堡到处受到人们的欢迎,正如伊丽莎白的没有远见的耳目伦道尔夫给她的报告中所说,"由于他的个性而受到十分喜爱",他不仅以惊人的机灵征服了玛丽·斯图亚特,也征服了周围所有的人。

例如,他同女王新任机要秘书、反改革派的代理人大卫·李乔交了朋友:白天他们一道打球,夜间同榻而眠。但是他一方面讨好天主教派,同时又向新教徒表示亲热。每逢星期日,他陪同摄政梅里去改

1　当时法国驻英使臣。

革派的"礼拜堂"，装出一副十分激动的神情聆听约翰·诺克斯的讲道；午间，为了掩人耳目，同英国使臣一起用餐，赞颂伊丽莎白善良的心；晚上则同四位玛丽跳舞。简单地说，这个并不聪明然而训练有素的细高挑儿少年出色地完成了自己的任务；由于他是个十足的小人物，没有引起任何人过早的怀疑。

但是不久火星燃烧起来，变成了熊熊烈火——王公们一心要博取玛丽·斯图亚特的垂青，而她却去追求一个十九岁蠢孩子的爱。克制多年的急切的激情以火山般的力量爆发。凡是性格完整、没有在无聊的阴谋诡计和轻浮的寻欢作乐中浪费自己的感情的人大抵如此。由于达伦雷的缘故，玛丽·斯图亚特身上女人的本性第一次发作——她当初同法兰西斯二世的夫妇生活仅仅是没有结果的青梅竹马式的友谊；这些年来，女王身上的女性一直蛰伏在情感阑珊状态。如今，在她面前终于出现了一个人，一个男子，可以让她把蓄积已久的、解冻了的、过剩的情欲以奔腾决突的气势发泄出来。她不假思索，不动脑筋，像许多女人一样，一遇到个浪子就以为是上天赐给她的唯一爱人。诚然，最好等一等，把这个人考察一番，了解一下这个人真正的价值，这样做比较聪明。但是，要求一个热恋中的青年女子做事合乎道理，等于是在黑魆魆的午夜寻找太阳。真正的激情之所以不凡，正在于它不适用分析和理智的解剖刀。它既没法事先计算，也不能事后平衡。玛丽·斯图亚特做出的选择，无疑逸出了她往常如此清醒的心智。这个不成熟的、虚荣的、仅仅有个漂亮外表的孩子，身上没有任何东西值得她的情感如此漫溢泛滥。有许多男子，并没有什么长处，却得到精神上超越他们的女人的爱；像他们一样，达伦雷唯一的功劳，唯一的好处只是有幸在春情一触即发的关键时刻出现在这位爱的意念还朦朦胧胧的女子面前。

总之，斯图亚特家族高傲的女儿经历了许多年月才情窦初开，如今已是芳心大动，不能自已。而玛丽·斯图亚特一旦起了什么念头，那是不会长久因循延宕的。同这一时刻的幸福比较起来，英格兰、法兰西、西班牙对她又算得了什么呢！她的全部前途又算得了什么呢！同伊丽莎白无聊的装疯卖傻，她算是厌烦透了；她也厌烦了马德里的阴阳怪气的提亲，尽管马德里可能给她带来两个大陆的王冠。可是她身边有了他，一个青春洋溢、开朗、非常顺从而又懂得性爱的孩子，一张猩红的、性感的嘴，一双傻里傻气、稚气的眼睛，一腔刚刚萌动的柔情！快些把自己束缚起来，快些属于他——这是女王在官能感到心醉神迷的幸福时刻唯一支配自己的念头。起初，内廷侍臣中只有她的新任机要秘书大卫·李乔知道她的爱恋、她的甜蜜的烦恼。李乔想尽办法把两个恋人的帆船巧妙地引入库忒瑞亚[1]的港湾。这个罗马教皇的秘密代理人认为女王和一个天主教徒结婚是普世教会控制苏格兰的可靠保证，因此以拉皮条者的起劲奔走其间。他操心的主要是反改革派的政治利益而不是这一对年轻恋人的幸福。两位掌玺大臣——梅里和梅特兰德还没有揣摩出女王的心意，而李乔已经在和罗马教皇接头，请求教皇批准这门亲事，因为玛丽·斯图亚特同达伦雷有四等亲的血缘关系。预见到将来必然会发生麻烦，他向马德里试探，如果伊丽莎白想阻挠这婚姻，苏格兰女王能否指望腓力二世帮助。总之，这勤勉的特务忙个不停，希望事成后他自己声誉鹊起同时又能给天主教事业增添光彩。但，不管他多么辛苦，不管他挖山不止，为达到朝思暮想的目的扫清道路，女王还是急不可耐——她讨厌这样迟缓、这样小心、这样谨小慎微。得过好几个星期，函件才能以乌龟爬行的速度越过重洋到达那里，然后再从那里有回信来。她极有把握，深信教皇会批准，那又何必等那一小片纸来确认她现在就需要办成的事情

1　古希腊爱神阿佛洛狄忒的别名。

呢———一件立时三刻需要办成的事。在玛丽·斯图亚特历来做出的决定中，始终能感受到她的这种盲目轻率、这种莽撞而辉煌灿烂的热情。女王的这一意旨，同她的任何别的意旨一样，能干的李乔都会办到。他叫了一名天主教神父来，虽然我们没有证据说明曾经搞过先斩后奏的婚礼（在玛丽·斯图亚特的故事中是没法相信个别人的证词的），但确实举行过某种形式的证婚，一对恋人通过某种形式结合在一起。"赞美天主，"他们的气壮如牛的走卒——李乔激动地高声说道，"现在谁也没法再拆散这门婚事。"宫廷里还没有人猜到达伦雷的婚姻计划，而他却已经成了她的命运的主人，可能还主宰着她的肉体。

秘密婚姻必须严格保密；不算那个有义务缄默的神父，只有三个人参与其事。但是，像烟雾暴露了阴燃的火苗，温存暴露了内心的情感，不消许多时间，整个宫廷都死盯着这对恋人。这个可怜的少年出麻疹的时候（拿一个未婚夫来说，这听起来多滑稽），人人都发觉玛丽·斯图亚特是多么热心多么担心地侍候她的这个亲戚。她天天坐在病人床边；病人康复后，又同她寸步不离。对此，头一个皱眉头的是梅里。以前，他真心鼓励妹妹的各种婚姻计划（主要是为了他自己）；身为虔诚的新教徒，他竟没有反对同哈布斯堡王室的西班牙支派结亲。虽然哈布斯堡西班牙派是天主教会的护法和中流砥柱，但是梅里并不认为这有什么不妥——霍利鲁德离马德里远着呢。然而，达伦雷的入选对于他来说却是糟糕透顶。梅里目光敏锐，用不着别人明说，他也知道，那个虚荣而意志薄弱的小伙子一旦当上了女王的丈夫，马上就会要求由他自己一人独裁，好像他是真正的国王似的。同时，梅里是位相当精明的政治家，能够嗅到教皇的特务、那个意大利人秘书的阴谋抱着什么目的：目的是在苏格兰恢复天主教的无上权力，扑灭宗教改革运动。在梅里的坚强的心灵中，个人野心的抱负同宗教信仰羼杂在一起，权力欲掺和着对祖国命运的担忧。他清楚地看到，达伦雷得逞后，苏格兰将建立外国的政权，而他个人的权力便告结束。于是他觐见他的妹妹，陈说了一番规劝的话，要她拒绝这门亲事，因为它会在还没有安定下来的国家引起无穷无尽的冲突。当他确信他的警告没有被采纳之后，他愤然离开了王宫。

女王驾前第二位历练老成的谋臣梅特兰德也不是立刻就范的。他也明白，他的高位和苏格兰的宁静面临着威胁。他作为信奉新教的大臣，起来反对信奉天主教的女王丈夫。全体新教贵族逐渐聚集在这两位权贵周围。英国使臣伦道尔夫也睁开了眼睛。由于疏忽错过了时机而处于尴尬境地，他在报告中把一切都推到魔法上——这个英俊少年用魔法迷住了女王，使臣在报告中告急求援。但是与伊丽莎白得知对手做出的选择后雷霆万钧而又无可奈何的震怒相比，这些小人物的不满和牢骚又算得了什么呢！伊丽莎白为她的两面游戏付出了惨重的代价。在这出求亲的喜剧中，她简直被人家耍弄了一通，成了公众的笑柄。人家打着谈判莱斯特候选资格的幌子，把真正的求婚者从她手里拐走，偷偷送到了苏格兰。她居然会和自己的超级权术一起，一跤跌到水洼里，如今只好自怨自艾。震怒之下，她下旨把这门亲事的主谋、达伦雷的母亲伦诺克斯夫人关到伦敦塔里，同时严旨命令她的"臣民"达伦雷立即返回英国。她以没收全部领地威胁达伦雷的父亲。她召开了御前会议；会议在她的要求下，宣布这桩婚姻危及两国之间的友谊，换句话说，御前会议发出了开战的威胁。然而，上当受骗的女骗子内心却惶惶不安，十分害怕，于是又立刻低声下气地讲开了价钱。为了避免丧失面子，她急忙把一直藏在袖管里的最后一张王牌——也是宝贵的一张牌甩到桌子上。她第一次以公开的、负责的形式向玛丽·斯图亚特确认（既然反正已经赌输了）后者对英国王位的继承权。她甚至派专使（真是急不可耐）赴爱丁堡，带去庄严的诺言："苏格兰女王如果同意和莱斯特结婚，她将被承认并被宣布为英国王位的直接继承人，如同她——伊丽莎白的亲生女儿一样。"这件事可以作为一个范例，说明各种外交交易和诡计自古以来的荒谬：玛丽·斯图亚特多年来以她的全部才智，锲而不舍，使尽心眼，要让她的敌手承认她的继承权，但始终没有如愿，如今却因为她干了自己一生中最大的一桩蠢事而使这继承权主动掉到她手里。

然而任何政治让步的命运都一样：总是来得太迟。昨天，玛丽·斯图亚特还是个政治家；今天，她却仅仅是个女人，只是一个热恋中的女人。不久前，她还梦寐以求，要人家承认她是英国王位的继承人。今天，这野心已让位给一个女人的渺小得多但却更加热烈的愿望——快些占有这身材匀称的美少年，占有这个孩子。伊丽莎白的威胁和诱人的许诺都已为时太晚，正直的朋友们（例如她的舅舅洛林公爵）的规劝也晚了。洛林公爵劝她拒绝那个"漂亮的浪子"。理性的论据以及对于国家大事的考虑，都已经战胜不了她的急不可耐的激情。她对自作自受而火冒三丈的伊丽莎白的答复，字里行间带着嘲讽："我没有让我的好姐姐满意，实在感到奇怪：她责备我的选择，可是我的选择丝毫没有违背她的旨意。难道我不是已拒绝了所有的外国求婚者，认为他们不如一位血管里有我们两国王室的血液的英国人、英国的第一王子？"这话叫伊丽莎白很难驳倒，因为玛丽·斯图亚特几乎是不折不扣地照她的意思去办——只不过玛丽有玛丽的做法而已。她选择了一位伊丽莎白居心叵测地派到她身边的英国贵族。只不过后来由于对方失态，一再向她提出建议，发出威胁，所以玛丽·斯图亚特的言辞也变得这样直率而难听。长期以来，人家拿诺言来敷衍她，拿美好的希望来糊弄她，如今她腻味了，她得到全国的赞同，自己做出了选择。

英国不断来信，有的酸溜溜，有的甜言蜜语，爱丁堡不管那一套，全力筹办婚礼。达伦雷被匆匆授予罗斯克公爵的爵位。最后一刻，英国使臣带着一大包抗议和照会从英格兰赶来，还没有钻出马车便已听说亨利·达伦雷今后应该被尊称为（namit and stylith）国王。

7月29日，钟声齐鸣，宣告女王成婚。在霍利鲁德的家庭小教堂里，神父给两位新人祝福。玛丽·斯图亚特对于盛大典礼的设计极其富于创造性，这回更是出人意料。她出场时穿着丧服，就是她给她亡夫法兰西国王送葬时穿的那袭丧服——她似乎是用这样的形象强调她第二次走向婚礼的圣坛并不是出于水性杨花，并不是因为忘掉了第一位丈夫，而只是为了遵从本国人民的意志。听过弥撒、回到寝殿之后，她（整个场景都经过精心构思，华服盛装都已经准备好）才屈从了达伦雷的温柔的祈求，答应除孝，换上欢喜和愉悦的颜色。城堡墙根，处处都是欢腾的人群，大把大把的钱撒给他们；女王和她的人民无忧无虑、急急忙忙沉浸在喜庆的欢乐之中。此前不久，约翰·诺克斯也第二次结了婚，五十七岁的他娶了个十八岁的姑娘——但他只承认自己才有这种欢乐的权利；眼下他万般懊恼：四天四夜举国欢腾，酒宴接连不断，仿佛一切噩梦一切苦恼都一去不返，从此开始了青春的幸福时代。

未嫁的而且也不能出嫁的伊丽莎白听说玛丽·斯图亚特再次上了合欢床，她的忌恨无以复加。她玩弄心计，只是让自己在全世界面前出乖露丑：她替自己的心上人向苏格兰女王求亲，却被当众弄得下不来台；反对达伦雷入选，她的意见又被人不理不睬；派去专使提出最后警告，她的使者却吃了闭门羹，直到婚礼结束才放他进去。得想些什么办法来挽救自己的威信。断绝外交关系并且宣战吗？但用什么借口呢？玛丽·斯图亚特可是绝对地、肯定地没有错呀，她已经充分考虑了伊丽莎白的意思，没有答应外国人的求婚；再说，达伦雷这个配偶挑不出什么毛病：英国王位直接的候补者、亨利七世的外曾孙，这样一个丈夫哪一点不够资格呢？不行，任何一种企图抗议的举动由于本身完全站不住脚，它只能在全世界面前暴露伊丽莎白的愤恨。

　　然而，两面游戏从来都是、日后仍然是伊丽莎白一切举动的核心。虽然刚刚遭到惨败，但她的本性不改。她虽然按捺住自己，没有宣战，没有召回自己的使臣，但私下里却要千方百计地暗害那一对幸福的新人。由于她本性太犹豫，太小心，她不会公开反对她的死对头达伦雷和玛丽·斯图亚特，而只是搞阴谋，暗中收买。在苏格兰总是能找到一些不满的、向世袭政权造反的人。这一次，一个比其他小人物高出一头、精力过人、公开提出抗议的权贵参加了这些人的行列。梅里示威地不出席自己妹妹的婚礼；知情人都认为这是个凶兆，因为梅里具有预测政治气候突变的惊人本事（这对于造成这个人物的吸引力和神秘性有不小的帮助），但凡危险迫近，就有一种准确无误的本能向他发出警告；此时此刻，他作出了一位明智的政治家所能做出的最聪明的决定——一走了之。他交出政柄，叫人看不见逮不住。像自然界的河流干涸和泉水枯竭预示着自然灾害一样，梅里的出走始终预示着恶劣的政治天气——玛丽·斯图亚特的事便是明证。一开始，梅里的行动很消极。他在他的城堡里杜门不出，执拗地回避宫廷中的人，以此表明他作为摄政和新教的护法，坚决谴责达伦雷登上苏格兰王位。但是单单是抗议，伊丽莎白是不会满意的。她需要的是苏格兰国内的暴动；她在梅里以及同他一样不满的汉密尔顿家族中寻找盟友和助手。她下令（但绝不得损害她的名誉）通过最秘密的途径指示她的代理人用金钱和人手援助列位勋爵，但要做得好像是他们自己的主意，而她伊丽莎白根本不知道这回事。金钱落到列位勋爵贪婪的手里，像甘露落到枯萎的草地上。他们的心重新生出勇气，许诺的军事援助促成了英国焦急地巴望着的叛乱。

梅里这位聪明的、高瞻远瞩的政治家，他唯一的错误大概是当真把希望寄托在最不可靠的英国女王身上，他做了叛党的领袖。这个谨慎的阴谋家自然不急于出击，他只是秘密招兵买马；他想稍等片刻，让伊丽莎白公开表态支持叛乱的列位勋爵，届时他将不是作为叛乱分子而是作为宗教的保护人起来反对自己的妹妹。然而，玛丽·斯图亚特对于她哥哥的暧昧举动感到担心，理所当然地不愿忍受他的怀有敌意的袖手旁观，她郑重其事地召他来回话，要求他在议会里答辩。梅里的高傲不亚于他的妹妹，他不承认自己是被告，傲慢地拒绝服从。这么一来，他和他的追随者尽遭贬黜，由传令官在市场上公告周知。于是，又一次用武器来较量，而不是求助于理性。

在这关键时刻，如同历来做出重大决定的时刻一样，泾渭分明地显出了玛丽·斯图亚特和伊丽莎白两人的气质不同。玛丽·斯图亚特没有丝毫的犹豫迟疑，血气刚烈，气盛而动作迅速。至于伊丽莎白，她畏首畏尾，慢慢吞吞，迟迟不做出决定。伊丽莎白还在考虑是不是要公开干预，是不是要命令国库拨款装备一支军队去援助造反者，玛丽·斯图亚特却已经动手。她传旨全国，彻底揭露乱党："彼等极尽荣华富贵而犹未餍足，且欲图朕并谋夺朕之王国，以遂其恣意弄权而朕唯命是听之心愿；一言以蔽之，彼等实欲窃国，朕空余尊号而政柄悉归之于嚣张恣肆之宵小。"

勇敢的女骑手更不少待，翻身上马。腰间别着手铳，由金盔金甲的年轻丈夫和忠于誓言的贵族陪同，率领一支仓促成军的队伍匆匆赶去迎击乱党。兴高采烈的宾客还没有醒过来，婚礼的车队已经变成了出征的兵马。这破釜沉舟的决心自有它的效果。叛乱的男爵中有些人面对这初露锋芒的精力惊惶失措，又加上英国的援军杳无音信。伊丽莎白原来答应的援助，如今却尴尬地敷衍一番了事。男爵们一个个回来向合法的女王请罪，只有梅里不愿屈服。他众叛亲离，还没有来得及拼凑起一支多少管用的军队，就已经被打得落花流水，不得不逃跑。所向披靡的女王夫妇一路疯狂地疾驰，把他追到边境。梅里好不容易脱身，于十月中旬踏上英国领土，在那里避难。

完全彻底的胜利——她属下的男爵和勋爵们全都簇拥在玛丽·斯图亚特的周围。多年来第一次，苏格兰重新俯伏在君主夫妇的脚下。一时间，玛丽·斯图亚特对自己的力量满怀信心，以致考虑起她是否转入进攻，是否攻打英国。她知道，英国国内处于少数地位的天主教徒将欢欣鼓舞地迎接解放他们的女王。清醒的谋臣们好不容易按捺住她那发作的冲劲。不过，自从她把对手的牌包括伊丽莎白藏在袖管里的牌都吃掉之后，再也不用讲客气了。同自己选中的人结婚是玛丽·斯图亚特的第一个胜利，打垮叛党是第二个胜利；如今她终于可以公开地、有信心地直视国境线那边"好姐姐"的眼睛。

伊丽莎白的处境原来就不太妙，而在她豢养扶持的乱党被打垮之后，她更感到棘手。自然，统治者过去和现在都有一套惯用的伎俩——在邻国秘密招募的乱党一旦失败，便公开否认自己同他们有关系，让他们自己去听天由命。不过，谁要是倒了霉，往往是祸不单行。由于玛丽·斯图亚特攻势凌厉，伊丽莎白向列位勋爵提供的一笔钱落到了梅里的死对头博斯韦尔手里——真是铁证如山哪。另外，还有件麻烦事：梅里为了逃脱追击，自然跑到了明里暗里都对他很亲热的英国。不仅如此，这个败军之将居然斗胆到了伦敦。多尴尬——她的两面游戏一直玩得左右逢源，这一下可给逮住了！让被贬出国的梅里进宫觐见，不啻是事后为叛乱唱赞歌。反之，如果她不理睬这个秘密盟友从而公开得罪他，那么，遭到侮辱的梅里会中伤他的恩人，什么话都说得出来，而这些话是不能让外国宫廷知道的。伊丽莎白还从来不曾因为自己的两面游戏而如此左右为难。但是那个时代不愧是著名的喜剧时代，伊丽莎白不枉和莎士比亚、本·琼森呼吸着相同的芬芳醉人的气息。她是天生的演员，比哪个女王都精通戏剧和效果强烈的场景。当时的汉普顿宫和威斯敏斯特宫在演出效果强烈的戏剧时，可以大胆地同"环球"和"鸿运"[1]比个高低。宫里刚刚知道那个不知趣的盟友来到，当天晚上塞西尔就把他叫去，给他说戏，让他明天演出，好替伊丽莎白恢复名誉。

翌日晨演出了一出喜剧，人们很难想象有比这更加厚颜无耻的了。女王宫里，法国使臣在座，谈着政治问题——他可没有料到他是被请来欣赏一出快活的闹剧的。一名侍仆进来通报梅里伯爵到。女王高高扬起了眉毛。怎么回事？是不是她听错了？莫非真是梅里勋爵？这个骗了她"好妹妹"的卑鄙的逆贼，他怎么敢到伦敦来？她一心向着她亲爱的表亲，梅里竟敢出现在她的眼前，真是闻所未闻的厚脸皮。可怜的伊丽莎白哟！她又惊又怒，几乎都快气疯了。只是经过长时间的犹豫，才决定接见这个"无赖"，但绝不单独接见。绝不，上帝保佑！她不让法国使臣离开，好有个证人，将来可以证明她"真诚"的愤怒。

梅里出场。他认真地、一丝不苟地扮演了自己的角色。他的来到，本身就说明他是来请罪的。他穿一身黑色衣衫，规规矩矩，畏畏缩缩，完全不是平常那种傲慢大胆的步伐。他来到驾前，像是一个向她乞求恩典的人，单膝跪下，说起他本国的苏格兰语来。伊丽莎白打

1　当时伦敦的著名剧院。——原注

断了他的话，吩咐他说法语，好让法国使臣能够聆听他们的谈话——让谁也没法说女王同这个臭名昭著的乱臣贼子之间有什么秘密，梅里尴尬地嘟囔了几句，伊丽莎白马上发动攻势，她说：她不明白，他这个流亡者和背叛她好朋友的逆贼怎么敢不召自来。她同玛丽·斯图亚特固然有些分歧，却绝无重大矛盾。她一贯把苏格兰女王看作亲姐妹，希望今后仍然如此。如果梅里无法证明他反对他的女王仅仅是由于误会或者是为了保命，她就要下旨把他关进监狱，把他作为叛国犯审判。让梅里在她面前答辩吧。

经过塞西尔的一番指点，梅里心里非常清楚，他可以随便胡扯，说什么都行，只是不能说真话。他知道，他得把全部罪过独自揽下来，以便在法国使臣面前替伊丽莎白洗刷干净，证明她同那一场由她煽动的阴谋毫无关系。他得证实她没有牵连。他不去埋怨他的异母妹妹，反倒把她捧到天上。他妹妹对他忒煞抬举，赏土地，赐荣衔，王恩浩荡；而他也是凭良心为她出力效劳，只是担心有人害他，担心自己性命不保，他才昏了头。他来觐见伊丽莎白不过是为了请她开恩帮他说情，求他的君主苏格兰女王宽宥。

这些话叫那暗中的后台老板听着舒服，但伊丽莎白意犹未尽。她导演这场喜剧并不是为了叫梅里当着法国使臣把全部罪责揽下来，而是要让梅里作为主要证人证明伊丽莎白对阴谋一无所知。一个老奸巨猾的政治家，说谎是家常便饭；梅里指天誓日地向法国使臣申说伊丽莎白"对阴谋绝不知情，她从来不曾教唆他或他的朋友违反忠君的责任而去犯上作乱，反对女王陛下"。

伊丽莎白搞到了出脱嫌疑的证据，洗刷得清清白白。她以纯粹演员式的激昂斥责给她配戏的搭档："你总算讲了老实话！我或者其他任何人都不曾以我的名义挑唆你们反对你们的女王。这种背叛君主的行为对我也会产生恶劣的后果。因为坏榜样的流风所及，我的臣民也可能起来反对我呀。现在，你这个乱臣贼子快滚吧！"

梅里低下了头——莫非是为了掩饰嘴角漾起的微笑？他记得很清楚，他和别的勋爵们通过他们的妻子拿到过多少万英镑，那都是以女王的名义给的；他也记得伦道尔夫的函件和保证，记得英国政事厅的许愿。但他知道：如果他担当起替罪羊的角色，伊丽莎白是不会把他驱赶到沙漠去的。至于法国使臣，脸上带着恭恭敬敬的神情，保持着有礼貌的沉默；他是个风雅人士，很有教养，能够欣赏精彩的喜剧。只是回到使馆的书房，坐到写字台的后面，振笔疾书发往巴黎的报告时，他才会一任自己露出狡黠的笑容。此时此刻，兴许唯有伊丽莎白的心情不很轻松。大概她相信不了有人相信她。但至少没有一个人敢公开表示怀疑——面子保住了，至于真相，那谁管呢！豪华的裙子窸窸响着，她威灵显赫地、默默离开了大厅。

伊丽莎白不得不采取这种可怜巴巴的、躲躲闪闪的花招儿，以便在惨遭失败后能够完成道义上的退却——这事实本身便是一个铁证，说明了玛丽·斯图亚特如今的强大。她高傲地昂起头，一切都如愿以偿。她选中的人戴上了王冠。造反的列位男爵或是回到她的身边，或是遭到贬黜，在异乡漂泊。她吉星高照；如果这次婚姻能生下王储，便算实现了她神圣的、伟大的理想。斯图亚特家的人将成为苏格兰和英格兰共同的储君。

她吉星高照，国家终于获得了康乐的太平。玛丽·斯图亚特如今可以松口气，领略赢得的幸福。但是她那不安生的天性只配永远处在烦恼之中并且制造烦恼。谁要是有一颗任性的心，那是不会感受到来自外部的幸福和太平的。因为任性的心猛烈发作时不断引起灾难和不可避免的危险。

第八章　霍利鲁德的险恶之夜

1566年3月9日

情感炽盛的时候，它无所图报，慷慨大方，不动摇，也不怀疑——这是情感的特性；而如果这个人器宇恢宏，那更是一心忘我，牺牲自我。玛丽·斯图亚特新婚的头几个月，她一门心思把一腔情愫倾注在年轻丈夫的身上。天天都给达伦雷意外的新欢乐，或是送一匹马，或是一套富丽的服装。她已经给了他最丰厚的一笔礼——国王的尊号和她那颗充满活力的心，如今又加上了数以百计的柔情缱绻的礼物。"极尽女人揄扬男子的能事，"英国使臣向伦敦报告说，"他荣宠已极。……各种各样的美誉，各种各样的褒奖和荣衔，她罄其所有都奉献在他脚下。对每个人，她都以他的眼光来品评——那是不言而喻的，她连自己的意志都给了他呢。"玛丽·斯图亚特始终保持她那种激烈的性格，干什么都不会三心二意，总是无条件地、全心全意地浸沉在里面。当她献出她的爱时，绝不畏畏缩缩、犹犹豫豫，而是没头没脑地，以不可遏止的冲动不断地给予，没有止境也没有分寸。"她什么都听他的，"伦道尔夫接着写道，"他对她可以任意摆布。"爱得炽烈，她整个儿地消融在顺从和神魂颠倒的温顺中。只有无边的高傲，才会在一个热恋的女子心灵中转化为无边的温顺。

但是，伟大的奉献对那些受之无愧的人才有好处，对受之有愧的人却有危险。坚强的性格由于权力的增长而越发坚强（因为权力是他们天然的癖好），而软弱的性格却会在受之有愧的幸福的重负下毁灭。成功在后者身上激起的不是谦逊而是傲慢；所有从天上掉下来的礼物，他们都幼稚地看成是他们自己的功劳。不久便看得很清楚，玛丽·斯图亚特轻率而恣肆的慷慨注定要虚掷在一个庸碌、虚荣的毛头小伙子身上。这样一个人怎么配命令女王——有巨大的灵魂和巨大的心的女王呢？还不如找个家庭教师教导他。达伦雷一发现他获得了多大的力量，便变得厚颜无耻、傲慢自大。他把玛丽·斯图亚特的恩典当作她奉献给他的贡品；而她那王者之爱的伟大给予，也被他视为男人的理所当然的特权。他成了她的主人之后，便以为有权利看不起她。渺小的家伙，"蜡做的心"——玛丽·斯图亚特后来自己也鄙夷不屑地这样说他。被宠坏的孩子，在各方面都是得寸进尺，摆出了不起的派头，肆无忌惮地干预朝政。诗情和翩翩的风度都被抛到了一边，如今他再也不需要这些了。他企图在御前会议上发号施令，咋咋呼呼，满嘴粗话。他结交一帮酒鬼，纵饮无度。有一次，女王想叫他离开这帮狐朋狗友，他居然破口大骂。女王在大庭广众间受到侮辱，不禁掉下了眼泪。玛丽·斯图亚特赠给他国王的名号，仅仅是名号，他却当真，自以为真是国王，执意要求得到与名号相当的权力——the matrimonial crown；这个嘴上没毛的十九岁孩子觊觎把苏格兰当作他私人领地来统治。然而，人人都明白，他那咄咄逼人的粗鲁中并没有丝毫阳刚之气，他的吹牛中也没有一点儿坚强的意志。玛丽·斯图亚特摆脱不了羞辱的感觉：她白白糟蹋了她最美好的初恋，糟蹋在这个忘恩负义的二流子身上，她常常有这种感觉，但悔之已晚，她后悔没有采纳忠谏。

说实在的，对于一个女子来说，最大的屈辱莫过于感觉到自己过于匆匆委身于一个不值得她爱的人。一个真正的女人犯了这样的错误，绝不原谅自己，也绝不原谅那个罪人。但是把两个恋人结合在一起的伟大的激情不可能立刻让位给简单的冷淡和麻木的客气：情感一旦烧起来，就会阴燃下去，只是改变色彩而已。没有了爱和情欲的火焰，却会弥漫着恨和蔑视的毒烟。历来一冲动便无法遏制的玛丽·斯图亚特刚刚体味到这个二流子的渺小，立刻收回了她的恩典。兴许转得陡了些，猛了些。一个比较审慎比较有心计的女子大概不会这样干的。她从一个极端跳到另一个极端。她在最初浸沉于激情时送给达伦雷的特权，又一项项收了回去。她当初曾奉献给十六岁的法兰西斯二世真正的共同执政权matrimonial crown，如今却无从谈起。达伦雷不久便愤怒地发现人家再也不请他去出席国务会议；他的纹章也不得绘上王徽。跌落到女王的丈夫的地位之后，他在朝中已经不起他梦寐以求的首屈一指的作用，顶多是个一肚子委屈的说教者的角色。用不了多少时间，廷臣们也感染到对他的蔑视：他的朋友大卫·李乔再也不把国家重要文件拿给他看，不向他请示，便把函件用铁铃记封上，铃记上有女王的龙飞凤舞的签字。英国使臣已经不再尊称他为"陛下"；至迟在圣诞夜，也就是蜜月之后才半年，他向伦敦报告了苏格兰宫廷中的"奇怪的变化"。"不久前，这里还是满耳朵的'国王和女王'，可如今他只被称为'女王的丈夫'。达伦雷原先已习惯于在诏书中把自己的名字排在女王的前面，如今他不得不满足于排在女王的后面。前些时铸造了有双人肖像的货币'亨利和玛丽'，可是现在已不再流通，被新币取代。夫妇间似乎有些冷淡。但是，如果这仅仅是恋人的怄气，或者像老百姓的说法，一家人的吵吵闹闹，就不必太重视，除非事情有进一步的发展。"

然而，事情竟是进一步发展了！傀儡国王在他自己的宫里不得不忍受痛苦的屈辱；这且不说，他还得忍受秘密的、最敏感的屈辱——一个受气丈夫的屈辱。政治里不能不说谎，玛丽·斯图亚特多年来已经习惯了政治里的谎话；但在情感的范围内就不一样了：她的十分诚实的天性容不得虚假。自从她明白自己糟蹋了自己的感情、自己的激情之后，自从求婚时期那个臆想的达伦雷现出原形，又成了个愚鲁的、虚荣的、厚脸皮的、忘恩负义的小伙子之后，肉欲的沉溺便让位于厌恶。对这个人冷淡之后，她再也忍受不了他的亲近。

女王一发现自己已怀孕，便以种种理由规避夫妇间的绸缪。一会儿是生病，一会儿是累了，她老是有理由摆脱他。他们夫妇生活的头几个月（愤怒的达伦雷自己揭露了这些隐秘的细节），是她的情欲要求旺盛；而现在，她却屡屡拒绝，使他感到受了侮辱。所以，在他最初征服这个女人的最隐秘的领域，达伦雷也觉得（这是奇耻大辱，因为这侮辱最叫人痛苦）自己极其不幸，被人遗弃。

达伦雷缺乏精神上的自制力，未能掩饰自己的失败。他傻乎乎地、愚蠢地逢人便哭诉自己的贬抑。他诉苦，痛哭流涕，捶胸顿足，赌咒发誓要狠狠报复。但是，他越是大声嚷嚷自己的委屈，他的威胁叫人听起来便越加妄诞。过了几个月，别看他还有国王的名号，这个不久前的神明在廷臣的眼里已经威信扫地，成了一个乏味的、牢骚满腹的食客，人人都竭力避开他。谁也不再向他弯腰鞠躬——别提弯腰，当这个苏格兰王亨利有什么愿望，有什么请求或者有什么要求的时候，便会被众人讥笑。对于一个统治者来说，被人恨倒不那么可怕，可怕的是遭到人们的蔑视。

玛丽·斯图亚特对她第二次婚姻的极度失望，除了人性的一面以外，还有政治的一面。她原来指望依靠全心全意忠于她的年轻丈夫彻底摆脱梅里、梅特兰德和列位男爵的监护。但是，蜜月过去后，这幻想也随之而烟消云散。她当初为了达伦雷而疏远了梅里和梅特兰德，如今却比以往任何时候都感到孤独。玛丽·斯图亚特不管怎样失望，以她坦诚的心灵，必须找个人来让自己信任。她不断寻找一个诚心诚意替自己办事的助手，一个可以绝对信赖的心腹。最好任用一个出身微贱的人作为自己的亲信，哪怕他没有梅里或梅特兰德的气派，但求他具备苏格兰宫廷更加需要的长处、任何一个好仆人不可或缺的优点——绝对的忠实可靠。

命运使然，她身边有这样的一个人。萨伏依王国的使臣莫雷塔侯爵当初带了许许多多随员来到苏格兰。其中有个黝黑的皮埃蒙特青年大卫·李乔，二十八岁左右，黑眼睛，殷红的嘴唇，是位出色当行的歌手。大家知道，诗人和音乐家是玛丽·斯图亚特的罗曼蒂克宫廷里最受欢迎的客人。玛丽·斯图亚特继承了父母对美的艺术的热爱。年轻的女王在她的阴沉沉的环境中，最大的安慰和欢乐莫过于听一曲精彩的演唱，欣赏小提琴或诗琴的乐音。当时，富内教堂凑巧需要一个男低音。因为戴维[1]（这意大利人在朋友中间被叫作戴维先生）不但唱得好，而且还会拿诗谱曲，所以女王请使臣割爱，让他的"buon musico"在御前供奉。莫雷塔没有反对，而李乔也挺乐意接受那每年能有六十五镑收入的职位。他作为"歌手大卫"登记在册，列入宫内仆役编制，算是一名侍仆。这丝毫没有贬低他的身份——直到贝多芬时代，音乐家们，哪怕是那些不朽的大师，在王公的宫廷里都形同仆

1　英国人的名字"戴维"，相当于意大利人的"大卫"。

役。连沃尔夫冈·阿马代·莫扎特和白发苍苍的海顿，虽然饮誉全欧，却也不得同贵族和显宦一道在王公的餐桌上用餐，只能同马夫、使女在不铺桌布的木板上吃饭。

然而，李乔不单天生一副柔和悦耳的嗓子，还有极其管用的头脑、明晰活跃的心智和精细的审美力。他精通拉丁文（一点也不亚于英语和法语），同时具有文才——他一首传流至今的十四行诗证明他具有真正的诗才和形式感。不久李乔得到一个机会得以离开仆役的下房。女王的机要秘书罗勒对待苏格兰宫廷流行的传染病——英国的贿赂，缺乏应有的抗力，于是只得匆匆忙忙把他撤职。这样，机灵的李乔便爬上了女王御书房里空出来的位子。从这一时刻起，他在仕途上飞黄腾达。一个普普通通的司书成了女王的心腹。玛丽·斯图亚特再也用不着向这个来自皮埃蒙特的秘书口授信件，而是由他自己斟酌着起稿。过了几个星期，他的影响便已经在苏格兰事务中显露。女王和天主教徒达伦雷仓促成婚，在很大程度上是他的杰作。女王异乎寻常地坚决拒绝赦免梅里及其他反叛者，遭贬的贵人们把这归咎于李乔的阴谋并不是没有道理的。李乔这个人，很难说他到底是不是罗马教皇派在苏格兰宫廷的特务，可能仅仅是人们的猜疑。他虽然是天主教和教皇的狂热的信徒，对玛丽·斯图亚特却比苏格兰的任何人都更忠心。真正的忠心是能够得到玛丽·斯图亚特赏识的。谁要是让她觉得靠得住，便能得到她的恩宠。她公开地，过于公开地抬举李乔，赐给他贵重的衣服，把御玺交给他掌管，让他参与国家机密。弹指间，大卫·李乔已经成了最显贵的要人之一。他能大大咧咧地坐下来同女王和她的女伴们一道用餐。一如当日的夏特利亚尔（命运不幸的相似乃尔！），他自愿担任matre de plaisir吃喝玩乐大臣，协助在宫内举行音乐会及其他风雅的娱乐；臣仆渐渐变成了朋友。这个出身寒微的外国人常常在女王的内宫里坐到深夜，同女王单独谈话，令宫中的侍仆们万分嫉妒。衣着宛若公侯，傲慢得令人望而生畏，身居高位，而不久前还只是个微贱的江湖客，穿一身跟班的制服进宫执役——无非是会唱歌罢了！如今可了不得，苏格兰任何事情不向他报告请示都不行。不过，李乔尽管高踞众人之上，仍是女王最最忠心的臣仆。

女王亲政还有一位可靠的栋梁之臣。不仅仅是行政权力，她把军权也交给了稳妥的人。她在军事方面的股肱也是个新人——博斯韦尔勋爵。他是新教徒，却从青年时代便捍卫她的母亲玛丽·德·吉斯的利益，反对新教同盟，触怒了梅里而不得不逃离苏格兰。他在死对头倒台后回国，率领他的党羽投奔女王，是一股不可小觑的力量。刀山火海都敢闯的勇悍的刀客，铁铸的武士，爱和恨同样的炽烈，博斯韦尔统率着一支borderers边防军。再说，他自己本身就顶一支坚不可摧的军队。感激的玛丽·斯图亚特赐给他海陆军提督的官衔，知道他为了捍卫她和她坐朝的权利会同任何敌人打仗。

依靠着这两个忠实的骑士，二十三岁的玛丽·斯图亚特牢牢地控制着权力——军政大权。她终于冒险单枪匹马治理这国家，一个人对着大伙儿干。这个鲁莽灭裂的心灵，它可没有个敢冒的险！

但是，每当苏格兰的君主生出神明独运的念头，列位勋爵便会尥蹶子。这些桀骜不驯的人，女王居然不巴结他们，不在他们面前发抖，那是最最叫他们不痛快的。身在英国的梅里和其他被贬谪的贵人渴望回国。他们四处行贿，暗中捣鬼，不惜金银，但玛丽·斯图亚特表现出出人意料的坚定。贵族们一怒之下，幸臣李乔首当其冲：怨声和愤怒在各城堡悄悄流传。新教徒们愤懑地感觉到霍利鲁德正在编织最最微妙的马基雅维里式外交阴谋网。他们八成是猜测而不是明确知道苏格兰参加了大规模的反改革密谋。玛丽·斯图亚特在同天主教同盟勾结时，可能确实承担了某些义务。第一个对此要负责的，是女王十分赏识的外来人幸臣李乔；而这位李乔在朝中没有一个同情者。真奇怪，聪明人往往毁于自身的不智。李乔不懂得韬晦，反而（这是暴发户们永恒的错误）虚荣地炫示他的力量。高傲的贵人们眼见这个滑头跟班，这个没有家世也没有门第的外来的江湖乐师连续好几个钟头坐在同女王卧室毗连的内宫里，拿知心话来逗她开心——眼见这种情形，他们的自尊心受到的刺激或许最为强烈。他们越来越苦恼，怀疑这些秘密谈话的目的是要扑灭改革运动，在国内确立天主教的统治。为了及时挫败这卑鄙的计划，几位新教徒勋爵进行了秘密的串联。

苏格兰的贵族数百年来相沿成习，只用一种手段对付不合心意的对手，那便是凶杀。唯有把那编织无形蜘蛛网的蜘蛛捻死，唯有把那个机灵的、抓不住辫子的意大利冒险家干掉，他们才能重新攫取权力，玛丽·斯图亚特才会软下来。消灭李乔的计划在苏格兰贵族的脑子里孕育大概已经相当久了。在凶杀案发生前几个月，英国使臣向伦敦报告："或者是上帝提前把他召回去，或者是他们被打入人间的地狱。"但是阴谋分子们久久不敢公开发难。他们不久前的叛乱被玛丽·斯图亚特迅速坚决地平定，如今他们一想起来还不由得两腿直打哆嗦；他们绝不愿意也落个梅里及其他流亡者的下场。他们同样害怕博斯韦尔的铁腕，知道他镇压起来手脚麻利；也明白这傲慢的幸臣不会自贬身价，同他们秘密勾结。所以他们只是发发牢骚，偷偷在口袋里握紧拳头，直到有人想出了一个计划——真是魔鬼般阴险的点子——别把杀害李乔说成是造反的举动，恰恰相反，要把它形容成完全合法的、真正爱国的行为；为此，要利用达伦雷作为掩护，把他奉为阴谋的盟主。乍看起来，这主意挺荒唐！把王国的主公拉进反对他自己配偶的阴谋，让国王去反对女王！但从心理学上来说，这主意完全可行，因为达伦雷如同任何一个弱者一样，对于他来说，最强有力的动机是他未能满足的虚荣心。何况李乔爬得太高，失意的达伦雷不会不对往日的朋友满怀怨毒和仇恨。这外来的江湖客主持各种各样的外交谈判，而他——苏格兰王亨利却连知道都不知道。这个宠幸在女王房里坐到深夜一点、两点，夺走了丈夫的合法的时间；他的权力与日俱增，而他——达伦雷本人的权力却在整个宫廷的众目睽睽之下一天天削弱。玛丽·斯图亚特不愿意让他做并肩王，不愿意把matrimonial crown交给他，达伦雷把这归咎于李乔的影响。他的埋怨也许有道理。对于一个一肚子委屈、精神又不特别高尚的人，光这一条就足以煽起他的仇恨。况且列位勋爵还火上加油，给他虚荣的伤口撒上最恶毒的毒药，他们去刺激达伦雷最敏感的心病——一个男人的被伤害的荣誉感。他们激发他的妒忌心，千方百计向他暗示女王不仅和李乔同进膳，而且还共枕席。虽然他们拿不出证据，达伦雷却非常轻易地上了圈套，因为玛丽·斯图亚特近来屡屡回避履行为人妻者的责任。难道（真叫人受不了！）她觉得这臭乐师比他强？虚荣心受到伤害，又没有勇气公开地、明确地提出指责，便容易无端猜疑：一个人要是不相信自己，就会不相信别人。列位勋爵用不了多少时间便达到了挑拨达伦雷的目的，叫他怒火中烧，丧失理智。不久，达伦雷深信自己"身受奇耻大辱，以一个男人而论，莫此为甚"。于是，本来不可能办到的事情竟成了事实：国王答应领导这场反对女王即自己妻子的阴谋。

这臭乐师李乔究竟是不是女王的面首，始终是个无法破解的谜。玛丽·斯图亚特当着宫廷上上下下，毫不隐讳她对机要秘书的垂青，这反倒有力地驳斥了那种怀疑。即便男女之间意气相投同肉体的交欢只有隐隐约约的一线之隔；在激动的时刻，或者行为稍不检点，这界限很容易消失——即便假设如此，也很难认为已经怀孕的玛丽·斯图亚特是个不贞的妻子，认为她坦荡而无所顾忌地同李乔交朋友无非是她高明的伪装。如果她同自己的秘书在行为上有亏心事，那么她自然而然要避免任何会引起别人怀疑的事情：避免同他一道通宵达旦地欣赏音乐或打牌，避免同他在书房里关起门来起草外交公文。但是这一回同夏特利亚尔那一回一样，害了玛丽·斯图亚特的，恰恰是她的那些最使人产生好感的品质——对闲言碎语的蔑视，不愿意理睬流言蜚语和诽谤诋毁的真正王者气度，发自内心的率真。轻率和勇气往往共存于同一性格之中，就像美德和幼稚，是一件事情的两个方面；只有懦夫和对自己没有信心的人才连罪孽的影子都害怕，每有动作，都要左顾右盼，再三斟酌。

但是一个女人只要被人议论，哪怕这些议论是最最荒唐的无稽之谈，一旦开了头便再也无法收场。被好奇之风鼓动着，经过众口相传，这些议论会滋蔓膨胀。整整半个世纪之后，亨利四世还捡起这些诽谤；他奚落玛丽·斯图亚特当时怀在腹中的儿子詹姆斯六世，说："他不如叫所罗门更恰当，因为他也是'大卫之子'[1]。"总之，玛丽·斯图亚特的名声再次遭到严重的玷污，况且仍然不是因为她有错，而完全是由于她的轻率。

挑唆达伦雷的阴谋分子自己也不相信他们捏造的说法——一个鲜明的证据是两年后他们庄严地把那个所谓的"野种"立为国王。傲慢的列位勋爵未必会向一个江湖乐师的私生子宣誓效忠。满腔仇恨的欺骗者们当时就知道真相，只是为了激发达伦雷的怨毒才造谣中伤。而达伦雷本来就已经憋不住，本来就因为受到相形见绌的折磨而心乱如麻，如今勃发的怀疑更使他昏了头。他怒不可遏，像头公牛冲向人家

1　据《圣经·旧约》列王纪，以色列王所罗门是大卫王的儿子。

在它鼻子跟前挥舞的红布，挑起布，一头冲进人家布置好的陷阱。他不动脑筋，便被人家拉进了反对他妻子的阴谋。一两天之后，达伦雷比任何人都更加渴望杀死他的老朋友李乔；而在此前不久，他还同李乔在一起吃饭睡觉，连他赢得王冠也颇多得力于这个意大利江湖乐师。

苏格兰的贵族把这件政治凶杀当作盼望已久的盛典，认认真真地筹划准备，丝毫不仓促行事，不是那种五分钟的热度。这伙同党事先交换了保证书（在这种事情上不能相信人格和良心，因为他们彼此实在太了解了），他们一本正经地签字盖章，倒像是立什么公证文书，而不是骑士的誓约。所谓"covenant"或"bond"的盟约，就是采取这种不讲情面的办法，像做买卖似的，写在一张羊皮纸上。显贵的乱党们在盟约中指天誓日地保证彼此忠诚，至死不渝，因为他们唯有结成团伙，唯有结成会党或家族那样的关系，才敢起来反对他们的君主。在苏格兰历史上这是破天荒第一次，阴谋分子得到了空前的殊荣：一个国王在他们的"盟约"上签了字。达伦雷和列位勋爵签订了两份合乎规范、郑重其事的盟约。在这两份盟约中，失意的国王和失势的列位男爵签订了一项项条款，承担起向玛丽·斯图亚特夺权的义务。在第一份"盟约"中，达伦雷保证：不论结局如何，他负责阴谋分子完全不受惩罚（shaithless），答应亲自在女王面前为他们说情，替他们说话。其次，他答应，一旦他获得国王的权力，获得玛丽·斯图亚特至今坚决拒绝给他的matrimonial crown，他便让那些被驱逐出国的勋爵回来，并且赦免他们的罪愆，此外，他负责保护"礼拜堂"的绝对安全。至于阴谋分子，他们在第二份"盟约"（用生意人的说法，则是"契约"）中，保证承认达伦雷的全部权力，甚而即使女王去世（从后来发生的事情看来，他们并不是盲目预测这种可能性的），他的权力也不变。似乎明确的言辞蕴含着弦外之音，达伦雷听不出来，英国使臣却品出了条约字里行间包含的意思——设法彻底摆脱玛丽·斯图亚特，通过"事故"除掉女王和她的意大利人。

这张可耻的契约墨迹未干，他们便已派出使者去英国通知梅里，让他准备回国。在阴谋中出力不小的英国使臣也赶紧把邻邦女王面临血腥的横祸一事禀报伊丽莎白。"我确实知道，"他在2月13日——即在凶杀案发生前很久便在报告中这样说，"女王为她的下嫁感到遗憾并且憎恨他以及他们那一帮子人。我也知道，他怀疑有人在打他的主意，他和他的父亲在匆匆炮制一桩阴谋——他们企图违反她的意旨进行夺权。我知道，如果他们一切顺利，国王同意至迟不晚于下星期干掉大卫"。但是从种种情形看来，伊丽莎白的这个坐探还知悉阴谋分子更秘密的意图："我还听说了更可怕的事情，据说凶杀也将施之于女王本人。"这封信确凿地表明了阴谋的目的远远超出阴谋分子们告诉蠢材达伦雷的内容，原来伪称只对李乔一人使用的刀剑也指向玛丽·斯图亚特，她的生命也遭到威胁，危险大概不比她的秘书小。疯了似的达伦雷——一个懦夫一旦感觉到自己背后有某种力量支持他，其凶残会超过任何人——渴望狠狠地报复那个从他手里夺走了国玺和他妻子的信任的李乔。为了折辱不听话的妻子，他要求当着她的面杀人——一个懦夫的荒诞不经的念头，竟想用"杀鸡给猴看"的办法打掉倔强的妻子的傲气，用野蛮的暴力场面来叫蔑视他的女人服帖。按照国王本人的愿望，果真决定在怀孕的女王的内宫里动手，选定3月9日为最合适的日子。他们的意图固然卑鄙，但行动的凶恶更是有过之而无不及。

伊丽莎白和她的大臣知道这项阴谋的一切细节已经有好几个星期

了（不过忘了给"妹妹"打招呼）；梅里在边界上准备了若干鞍鞯现成的快马；约翰·诺克斯正在草拟布道词，把将要发生的凶杀吹成一项怎样颂扬都不为过的事业。然而，被众人背弃的玛丽·斯图亚特却丝毫没有料到人们正在策划这次凶杀。达伦雷近来是出奇的温顺（他的弄虚作假使他的背叛显得加倍卑劣）；没有任何征兆向她警告，预报那个恐怖之夜、那个决定她今后漫长岁月的劫运之夜——随着3月9日黄昏的消逝而到来的那个夜晚。李乔固然收到了一封笔迹陌生的警告信，但没有重视它，因为达伦雷想麻痹他，午饭后邀他打了一场球；意大利人高高兴兴、漫不经心地答应了老朋友的邀请。

黄昏来临。玛丽·斯图亚特像往常一样，吩咐晚饭安排在二层楼上她卧室旁边的小塔楼房间里。这是一间不大的屋子。在这里相聚的都是一些最亲近的人。当时，几个贵族和玛丽·斯图亚特的一位异母姐妹，照平常的样子，比肩促膝地围着一张沉甸甸的橡木餐桌坐着，银质枝形烛台上燃着蜡烛。大卫·李乔坐在女王对面，服饰华丽，宛若大贵人，戴一顶法国款式的帽子，穿一件毛皮镶边的花上衣；他妙语连珠，逗大家开心。晚饭后，他们欣赏了一会儿音乐，或许还有什么花样娱乐了一会儿。蓦地，遮掩女王卧室门的帷幕撩起，国王兼女王的丈夫达伦雷走了进来。起初谁也没有诧异。众人站起身，在拥挤的餐桌旁，挨着他妻子，给这位稀客让了个座位。他小心翼翼地搂着她，在她的嘴唇上亲了一个犹大的吻。喧闹的谈话并没有停止，众人欢声笑语，杯盘叮当响着。

正在这个时刻，帷幕再一次被撩起。这一次，大家都跳了起来，诧异、恼火，又感到恐惧：门口出现了一个全副武装、手执利刃的阴谋分子——帕特里克·鲁瑟文勋爵，像个黑色天使。这个人，大家都怕他，大家都认为他是个巫师，今天，他那苍白的脸更是煞白如纸。

他正有病，发着烧，但他从病榻上挣扎起来，不愿错过如此光荣的事业。他的充血的眼睛无情地扫视着众人。不祥的预感袭上女王的心头（因为除了她的丈夫，任何人都不准使用螺旋暗梯进入她的卧室）；她威严地问，是谁准许他不经禀报擅自入内的。鲁瑟文沉着镇静地说，不论是她还是其他任何人，都没有什么可害怕的。他到这里来只是为了"那个懦夫大卫"。

在那顶豪华的帽子下面，李乔面如死灰；他战战兢兢地抓住桌子。他明白自己会出什么事。只有他的主子，只有玛丽·斯图亚特能够救他；国王根本不打算让那个在御前咆哮的无赖出去，自管自坐着，漠然而尴尬，仿佛这件事同他没有关系。而玛丽·斯图亚特果真为李乔说话。她问，李乔的罪名是什么，他犯了什么罪？

鲁瑟文只是鄙夷地耸耸肩，说：

"问您的丈夫。"

玛丽·斯图亚特不由得向达伦雷转过身去。但是在这关键时刻，这个数星期来一心策划凶杀的人立刻缩成一团，他不敢公开地、干干脆脆地站到自己的同党一边。

"我什么也不知道。"他讪讪地嘟囔着，掉过了眼睛。

但是帷幕后又传来了嘈杂的脚步声和武器的铿锵声。阴谋分子们鱼贯登上狭窄的暗梯，他们的铠甲此时此刻已经像一面铜墙铁壁，挡住了李乔的出路。逃跑是不可能的了。于是玛丽·斯图亚特同他们谈判，以搭救她的忠臣。如果大卫犯了什么罪，她亲自把他送上法庭，让他在议会里向贵族们答辩；而眼下，她命令鲁瑟文等人离开她的内宫。但乱党们兀自不理不睬。鲁瑟文向半死不活的李乔走去，想抓住他，这时候，一个阴谋分子用绳圈套住意大利人，把他拖往门口。在混乱中，餐桌被打翻，蜡烛灭了。少气无力、手无寸铁的李乔绝不是英雄和武士，一把拽住女王的衣裳，在群殴中发出疯狂的凄厉的尖叫：

"圣母，我要死了，求你主持公道，公道！"

一个阴谋分子举起手铳，瞄准女王。他本来自然是会按照阴谋的计划扳动枪机的，但他旁边的人把他的手往上托了一下。达伦雷双手抱住孕妇的臃肿的身子，直到其他人把凄厉地尖叫着、拼命挣扎的牺牲品拖出房间后才松手。李乔被他们拖过女王卧室的时候，最后一次挣扎，抓住了床脚。有心无力的玛丽·斯图亚特听到他喊救命，但是李乔的手指被残忍地砍断了，他被拖到毗连的大殿里。阴谋分子兽性大发，向他扑去。原计划大概只是把这个秘书看管起来，第二天在市场上当众绞死。但是阴谋分子激动得昏了头，争先恐后地收拾这个毫无招架之功的意大利人，一再拿刀子捅他，淋漓的鲜血刺激了他们，狂暴得忘乎所以，直至鲜血流了一地，他们还不住手。一直到五十多处伤口淌血的抽搐的身体一动也不动、生命的最后一丝气息消散之后，他们才放过他们的牺牲品。他们把一团令人毛骨悚然的肉泥从窗口扔到院子里，那便是玛丽·斯图亚特忠实的朋友的尸体。

玛丽·斯图亚特听着她的忠实的仆人死前的声声哀号，几乎要发疯。但她那不灵便的身体挣不脱可恨的丈夫铁箍似的围抱，不过，她用自己倔强的心灵的全部力量，抗议她的臣下在她的宫中给予她的闻所未闻的侮辱。达伦雷能箍住她的胳膊，但堵不住她的嘴。她气喘吁吁，在丧失理智的狂怒中啐了他一脸，来发泄她极度的仇恨。她骂他是叛徒，是叛徒的儿子，并且责备自己不该把这样的小人捧上宝座。如果说，在今天以前，这女性的心里对丈夫只有模模糊糊的反感，那么，这反感如今变得更加强烈，凝聚为永恒的、历久不变的蔑视。达伦雷拼命向她剖白自己的无辜。他一个劲儿地责怪她：这几个月来，她多少回不让他亲近；她同李乔这个外人在一起的时间远远多于同他这个丈夫相处的时间。但达伦雷的辩解只是白费了口舌。鲁瑟文这时走进房间，由于干那桩血腥的活儿而疲累不堪，跌坐到椅子上。玛丽·斯图亚特对他也没有放过，威胁说要严办他！达伦雷倘若能从她的眼神看出她的感情，一定会害怕她眼睛中燃烧着的露骨的深仇大恨。说实在的，他只要稍微有些眼力，稍微聪明一些，便必定会充分察觉到她的誓言包含的危险——玛丽·斯图亚特赌咒发誓，说她从此再也不认他这个丈夫，这一刻叫她撕心裂肺的痛苦，如果不也让他尝尝滋味，她决不罢休。不过，达伦雷感受不到这危险，他只能体味渺小浅薄的情感和动机，而理解不了她的高傲受到致命伤害的那种心情。他根本没有想到她在这一刻已对他做出了判决。这个没出息的家伙，人人都能牵着他鼻子走的卑微的叛徒，他看到这个筋疲力尽的女人，这一刻不再吭声，听任别人把她送进卧室，仿佛软弱无力，以为她的傲气已经被彻底打掉，以为她会重新向他屈服。但他不久便知道，能够做到无声的仇恨，实在要比最激烈的言辞危险一百倍。谁要是狠狠地侮辱了这个烈性女子，谁就会遭到狠狠的报复，谁就注定要灭亡。

女王内宫中意大利人叫救命的喊声和刀剑的叮叮当当声，惊动了整个城堡的上上下下：女王的忠臣博斯韦尔和韩特莱手执利剑急急忙忙离开自己的卧室。不过，这是阴谋分子意料之中的事，所以他们的武装仆从团团围住霍利鲁德，守住城堡外的要道，不让任何人从爱丁堡城里赶到霍利鲁德城堡来救援女王。博斯韦尔和韩特莱只得跳窗——既是为了求援，也是为了逃命。他们一路疾驰，到城里报警，说女王有生命危险；城里的卫戍长官立刻命令敲响警钟，惊惶的市民匆匆出城，急于要见到自己的女王，要同女王说话。但是出面的不是女王而是达伦雷。他捏造了一番鬼话，声称什么事情也没有，无非是城堡里抓住了一个外国间谍，企图把西班牙军队引到苏格兰来，但已经把他收拾了。卫戍长官自然不敢怀疑国王的话，老实的市民们安静下来，各自回家。而此时此刻，徒劳地竭力想同她忠心的臣仆通个气的玛丽·斯图亚特正严严实实地被反锁在自己的卧室里。宫廷命妇也好，宫女和女仆也好，都到不了女王的跟前；霍利鲁德城堡大门和城堡内每一道门，都设着三人岗哨。这一夜，玛丽·斯图亚特生平第一次从女王变成了囚犯。阴谋得逞了，干得很漂亮。她最得力的臣仆的稀巴烂的尸体躺在内院的一摊鲜血里。苏格兰国王率领一帮她的敌人以实现他的夙愿，攫取原来应许给他的王冠，而她却没有走出卧室房门的权利。一眨眼，她便被别人从令人晕眩的高处扔了下来，一筹莫展，众叛亲离，没有助手和朋友，只被仇恨和讥讪所包围。在这恐怖之夜，她似乎一切都崩塌了。但在命运的打击下，一颗火热的心只会变得更加坚强，只会得到锻炼。历来一贯如此，每当她的自由、她的名誉和王冠孤注一掷的时候，玛丽·斯图亚特便会从自身内部汲取强大的力量，那是她全体助手和臣仆所能提供的力量加在一起都不能比拟的。

第九章　忠诚的叛徒

1566年3月—6月

危险始终有益于玛丽·斯图亚特的个性。只是在需要精神高度集中的最艰难的时刻，人们才看清楚这女子身上蕴蓄着何等卓尔不凡的天赋：当机立断的钢铁般的果决；敏捷活跃的心智，对任何事物领会极快；一往无前的、称得上英勇的胆气。但是要促使这些力量勃发，必须触动潜伏在这丰富的天性中的深层意识。唯有如此，被她以孩子般的漫不经心随手乱扔的天赋才会浓缩成不可摧毁的力量。谁想摧残这女子，恰恰只会帮助她傲然屹立。我们如果往深里看，可以发现命运的任何打击恰恰玉成了她，是她的意外的财富、珍贵的礼物。

这一夜，玛丽·斯图亚特初次受辱，但从根本上改变了自己的性格，永远地改变了自己的性格。她的丈夫、哥哥、朋友和臣下一齐辜负了她的过于轻率的信任。在激烈的考验的熔炉中，这温顺随和的天性获得了钢铁般的坚强，同时也获得了百炼成钢的强韧的柔性。然而，正如一柄好剑两刃利，她的心灵从这个肇始了她的苦难的夜晚开始，也带上了两面的色彩；一出血腥的大悲剧从此开场。

女王被反锁在她的卧室里。她成了背信弃义的臣下的囚徒，她一心要报复，在房间里急得团团转，反复琢磨着如何冲破她的敌人的包围，如何为她的忠臣的满腔鲜血复仇（这腔鲜血至今尚有热气，正一滴滴地从地板缝中渗下去）。那些大逆不道、竟敢对她这个奉天承运的君主行凶的人，她该如何叫他们就范呢，如何叫他们下跪或死在断头台上呢？作为骑士气质的女战士，在她痛切地尝到人间不公正的滋味之后，她以为旨在反抗她的敌人，她便什么手段都可以使用，怎么干都行。她变了：原来冒冒失失的她，如今变得小心谨慎、深藏不露；原来天性十分诚实，不愿说谎的她，如今学会了伪装，学会了耍滑，原来为人公道，对人一贯直率的她，如今处心积虑要把自己非凡的天赋用来惩罚敌人，将他们的阴谋诡计还治其身。有时候，一个人在一天之内能学会他几个月几年也学不会的东西。正是这样，玛丽·斯图亚特终于学会这严峻的一课；阴谋分子的匕首不仅是在她的面前杀死了忠臣李乔，而且也杀死了她内心的大大咧咧的轻信和率真。信任叛徒，同伪君子讲诚实，是多大的错误啊！向根本没有心肝的人披肝沥胆，又是多么不可原谅的愚蠢！不能这样了，该伪装的就该伪装，掩饰自己的情感，强压怒火，向终生仇恨的人表现自己的爱，把仇恨放在心里，等待时机，为死去的朋友报仇——等待复仇的时机！她极力掩饰自己的意图，麻痹仍在陶醉于胜利的敌人，打消他们的怀疑；宁可假装它一两天，假装顺从了坏蛋，然后再彻底把他们制伏！对于这样骇人听闻的背叛，只能报之以背叛，还得比他们更大胆，更勇猛，更无耻。

人遇到了致命的危险，即使是漫不经心和萎靡不振的灵魂，有时也会突然激发灵感。玛丽·斯图亚特的灵感突至，她制订了自己的计划。只要达伦雷支持阴谋分子，她就无计可施，这是她一目了然的。唯有一个办法解救她。那就是乘为时未晚，分化阴谋分子，打进他们那一伙。如果勒住她脖子的锁链不能一下子扯断，那就得想个妙计选择最薄弱的环节把它锯开：在叛徒中选择一个人，让他背叛其他的人。那么，在这些死硬的叛党中是谁最怯懦呢？这，她心中有数：自然是达伦雷喽，他是软蜡做的心，任何一只有力的手都能任意把他塑造。

玛丽·斯图亚特的第一步，构思很巧妙，从心理学的角度看也是正确的。她声称，她觉得她即将临盆。前一夜的激动，在妊娠四个多月的孕妇面前野蛮杀人——经历了这些之后，有充分的理由预言早产的可能。玛丽·斯图亚特装模作样，似乎她身体不适，躺倒在床上。谁也不敢担当骇人听闻的虐待女王的罪名，不敢禁止宫女和御医前来照料痛苦的女王。而她目前所需要的，其实也无非就是这个；她的被人严加看管的囚禁生活有了转机。她终于得到了机会，可以通过可靠的女仆向博斯韦尔和韩特莱传递消息，并且时时准备计划中的出逃。不但如此，早产的危险使阴谋分子尤其是达伦雷十分为难。她怀的孩子可是苏格兰的王储兼英国的王储。这个孩子的残忍父亲为了满足自己个人的报复心，竟下令在孕妇面前施暴；如果因而把婴儿害死在她的腹中，这父亲该负多大的责任！达伦雷吓蒙了，赶紧来到女王的卧室。

于是，演出了一场完全是莎士比亚气派的戏。它的别出心裁的辉煌构思，只有理查三世在被他杀死的爱德华灵柩前向未亡人求爱那场戏差可以拟，精彩之极。这里也有尚未落葬的尸体躺在地上，也有凶手兼凶手的同谋犯站在被他卑鄙地、丧心病狂地出卖了的受害者面前，也有用巧妙的伪装喷涌而出、滔滔不绝的魔鬼的雄辩。这场戏，没有他人在场，人们知道的只是它的开头和它的结局。达伦雷昨天还无情地凌辱了妻子，而妻子也在头一阵真心的愤怒中发誓要同样无情地报复他。此刻他急匆匆地来见女王。就像克林姬达在齐格菲的尸体旁，玛丽·斯图亚特昨天挥舞着拳头用镇压来威胁敌人；但一夜之间，也像克林姬达一样，学会了掩饰自己的愤怒。今天，达伦雷发现玛丽·斯图亚特变了样，不再是昨天那个昂首不屈的敌人和复仇者；他面前只是一个苍白的、柔顺的妇女，累得要死，病恹恹，怯生生而含情脉脉地瞅着他——叫她知道了厉害的铁石心肠的暴君丈夫。虚荣的蠢材已经自以为是胜利者，因为他原来胆敢觊觎的东西，现在已全部实现：玛丽·斯图亚特终于重新匍匐在他脚下。高傲骄矜的她尝到了他的铁腕的滋味后，便屈服了。他把这意大利无赖收拾掉后，她便再一次决心侍奉真正的夫君和主宰。

　　对于一个深明事理的聪明人，这样突然的变化想必会叫他警惕。仅仅在一天以前，这女子还骂他是叛徒，是叛徒的儿子，眼睛闪烁着夺命利剑的光芒。她的尖叫声想必还在他耳际回荡。他想必会记得斯图亚特家族高傲的女儿绝不会原谅侮辱，绝不忘记自己受的气。但是达伦雷同所有爱虚荣的人一样，一遇到阿谀奉承便飘飘然，便轻易地相信；而且，他同所有的蠢人一样，记性不大好。另外——真是命运的恶作剧啊！——所有曾经爱过玛丽·斯图亚特的男人中，就数他这个热情的毛头小伙子对她特别贪恋。这好色的少年以狗的忠心劲儿眷恋她的肉体。近一段时间来，她如此明显地回避他的亲近；这份蔑视最叫他生气，最叫他伤心。突然之间——空前未有的奇迹啊！——朝思暮想的情人又在他的掌握之中了。别走吧，今夜留下陪陪她吧——这个倔脾气的女子祈求他。他顿时软了下来，变得温柔而顺从，又成了她的仆人、她的忠实的奴隶。谁也不知道玛丽·斯图亚特用哪些甜蜜的谎话造成了这个奇异的变化。凶杀后不到二十四小时，同列位勋爵一道欺骗了她的达伦雷已经百依百顺，拼命想欺骗昨天的同党。当初，那些同党轻易地把他拉了过去；如今，女王更加轻易地把他重新变成了自己的奴隶。他把参加者的名字统统告诉了她；他愿意帮助她逃跑；他糊涂得答应做复仇的工具，而玛丽·斯图亚特复仇的结果，势必会搞掉他自己，搞掉他这个超级叛徒和阴谋魁首。当他走进这间卧室时仿佛是夫君，是主子，而离开时却已经是俯首帖耳的工具。玛丽·斯图亚特一使劲儿便扯断了折磨她的锁链，而这仅仅是在她受到无情的凌辱之后几小时：阴谋分子们不知道阴谋魁首已经成了他们的死对头，天才的装假作伪战胜了卑劣的装假作伪。

总之，玛丽·斯图亚特的恢复自由已经成功了一半。这时候，梅里和其他遭贬谪的勋爵们一路疾驰，到了爱丁堡。作为一个了不起的谋略家和权术家，梅里在凶杀案发生的当时并不在现场——你没法证明他同这案子有牵连；这个滑头总是能摆脱牵连，摆脱得一干二净。但是脏活一干完，他马上就赶到，不动声色，气派十足，扬扬得意，双手干净，准备摘取别人的果实。原先根据女王的意旨，凑巧选定那一天（3月11日）在议会里公开宣布他是叛徒，然而（真是奇迹啊）他的失去了自由的妹妹突然忘记了老账。她——天才的演员（并非出于自愿的演员）扑上来搂他的脖子，虚情假意地亲他，像昨天欢迎自己的丈夫一样。她温柔恳挚地向这位被贬的乱党征询为兄的忠告，求他帮忙。

梅里也是个洞察人的心理的行家里手，对局势有正确的估计。他肯定曾盼望并且赞成杀死李乔，以谋求拆散玛丽·斯图亚特同罗马教廷的秘密勾结。在他心目中，那个黑皮肤的阴谋家是新教利益、苏格兰利益的敌人，同时还是他个人实现野心的障碍。但现在，已经把李乔顺利地收拾掉之后，梅里准备把往事一笔勾销，愿意和解：让那些造反的勋爵立即撤走有损玛丽·斯图亚特女王尊严的看守人员，把帝王的至高无上的权力全部奉还给她。至于她，也得忘记已成为过去的委屈，爱国凶手们的罪孽一律赦免。

玛丽·斯图亚特在她的叛徒丈夫协助下详细地制订了逃跑的计划，连最琐碎的细节都考虑到了。她绝不会原谅凶手们。但是，为了麻痹乱党们的警惕性，她愿意做出宽宏大量的让步。凶杀之后四十八小时，整个事件，连同李乔的血肉模糊的尸体，好像都已掩盖完毕，准备忘怀；人人都装出若无其事的样子。干掉了一个臭乐师——有什么不得了的！用不了多久，谁也不会再记得那默默无闻的流浪汉，苏格兰从此天下太平。

有了口头协议，但是阴谋分子仍然不敢撤掉女王内宫门前的岗哨。一种隐隐约约的不安折磨着他们。他们之中悟性最高的人对玛丽·斯图亚特的高傲深有了解，不会相信那动听的说法：说什么玛丽·斯图亚特是真心愿意原谅，愿意忘记那些人卑劣地杀害了她的臣仆。他们觉得，不如把这倔强的女子锁起来更加保险，得让她没有任何报仇的机会；他们觉得，她一旦恢复了自由，将永远是他们的一个祸害。他们也不喜欢达伦雷不时跑到她那一边去，同假装身子不舒服的女王叽叽咕咕很长时间，不知他们两人说些什么。他们凭他们自己的经验，知道不费吹灰之力就可以随心所欲地摆布这个窝囊废。他们公开散布，说玛丽·斯图亚特企图把他拉过去。他们劝达伦雷千万别信她的话，央求他别出卖他们，否则（不幸而言中！）他和她都没有好下场。虽然这撒谎的女人指天誓日地说她什么都原谅了，什么都忘了，他们还是拒绝撤去警卫，非得让女王先做出书面保证，担保绝不

123

惩罚他们。这些法制的朋友为了凶杀，凶杀后为了得到赦免，两次都极力把一样东西搞到手，那就是白纸黑字的保证书——"盟约"。

很明显，仅仅是嘴上说说，那些经验丰富的背信弃义者是不会满足的——他们可知道口头上的承诺是多么的不牢靠、多么的虚飘！他们要求得到免罪文书！然而玛丽·斯图亚特不打算正式向凶手们保证，因为她太小心，太自爱，这样的事她做不出来。这帮恶棍谁也甭想拿到她签署的"保证书"！但是决定不给阴谋分子免罪文书之后，她在口头上却更加痛快地表示同意，因为：她唯一的目的是好歹拖到晚上。达伦雷又成了一块任她塑造的蜡——给了他一项有失身份的任务：用虚情假意和女王答应签字的许诺去安抚他昨天的那帮同党。他像个忠心的保姆，在叛党中间转悠，同他们一道草拟免罪文书；最后，万事齐备，只缺玛丽·斯图亚特的签字。真遗憾，时间晚了，达伦雷对他们说：女王累了，已经就寝。但他发誓（说谎成性的人又何必在乎多说一次谎呢！），第二天一早就把女王签字的免罪文书交给他们。既然国王作了这样的保证，不相信他就会得罪他。阴谋分子为了表示自己的善意，撤走了女王内宫门前的警卫。而这恰恰是玛丽·斯图亚特所需要的。她逃跑的道路畅通无阻了。

卫兵们一撤，玛丽·斯图亚特立刻从装病躺下的床上跳起来，精神抖擞地准备出走。博斯韦尔、韩特莱和其他在城堡墙外的朋友们早就得到了通知；午夜，几匹备鞍的马正等在墓园旁，由围墙的暗影掩护着。现在，主要是要骗过警惕的阴谋分子。这项不光彩的任务——用美酒和恩宠的表示把他们搞得晕晕乎乎，昏头昏脑——同别的不体面的勾当一样，落到了达伦雷头上。他听从女王的吩咐，把他昨日的同党请来欢天喜地地吃喝一番。客人们放怀畅饮，握手言欢。宴会闹到深夜才散。当酒友们喝醉之后去睡觉时，尽心竭力的达伦雷出于小心谨慎，甚至不敢回到女王的内宫。但列位勋爵对自己的胜利太有把握，想不起要戒备。女王答应赦免他们，国王亲自作了担保，李乔已经命赴黄泉，而梅里又回到了苏格兰——那还有什么好提心吊胆、逡巡踟蹰的呢？醺醺然于美酒和胜利的列位勋爵躺下休息，热闹了一天，该睡个好觉了。

半夜，城堡酣然入睡，走廊里寂静无声。蓦地，楼上某个地方悄悄开了门。玛丽·斯图亚特蹑手蹑脚地穿过仆役的房间，下了楼梯，来到地下室，那里有条地道，通到墓园下面的墓室。阴森森的地下，寒冷彻骨；拱顶和桁架散发出永恒的潮气。点燃的火炬把跳动的人影映照到黑黢黢的侧壁、朽腐的棺木和一堆堆白骨上。但很快就嗅到了清新纯净的气息。他们到达了出口处！现在，只要穿过墓园到达墙根，朋友们牵着备鞍的马就在墙外等待他们！但是正在这个时刻，达伦雷不知被什么东西绊了一下，差点跌倒。女王跑过来，定睛一看，他们前面原来是一个新堆起的土丘——大卫·李乔的新坟，两人不禁浑身发抖。

这是最后的一锤，更锻炼了这个受了侮辱的女子，使她那颗心的装甲更加坚强。她知道她如今有两项任务要完成——以出奔来恢复她的女王的荣誉；生个儿子，生个王位的继承人。然后再向所有这般作践她的人复仇，也得报复这个眼下由于愚蠢而拼命讨好她的傻瓜！这个怀孕四个多月的女子，毫不迟疑跳上了一匹备着男式鞍子的马，那是她忠心耿耿的御林军统领亚瑟·厄斯金的坐骑。由别人保护，她觉得比丈夫陪她更安全。再说她那个丈夫也没有等她，而是踢马刺一夹，催动了胯下的马，绝尘而去。于是，厄斯金从身后抱住他的玛丽·斯图亚特，两人一骑，疾驰了二十多英里，来到塞顿勋爵的城堡。她终于在这里得到了一匹马和两百名骑士的卫队。次日，出奔的女子又成了发号施令的君主。晌午，她到达了在她名下的丹巴尔堡，但她没有休息，没有贪图片刻的安逸，而是马上着手办事，因为仅仅有女王的名义是不行的。在这种时刻必须斗争，从而真正做个女王。她口授手写的函件，发往各地，因为她必须召集忠于誓言的贵族，必须召集军队去攻打盘踞在霍利鲁德的乱党。性命虽说保住了，但事关王冠和荣誉啊！每当复仇的时刻来临，每当激情在她血液中翻腾，这个女子便抛开了柔弱，忘掉了疲累，从来如此；只有在这样的伟大的、关键的瞬间，才发现这颗心蕴蓄着何等强大的力量。

霍利鲁德的阴谋分子们第二天早晨一觉醒来，才知道大事不好：人去楼空，女王跑了，他们的盟兄弟兼保护人同她一道失踪。但他们并不是立刻意识到他们已彻底失败：君无戏言，他们对达伦雷的话抱着太大的希望，希望头天晚上达伦雷参加起草的大赦文书仍然有效。说实在的，这样出尔反尔确实不可思议。他们始终不相信这是骗局，恭顺地派他们的使者森庇尔勋爵到丹巴尔去，求女王把原先应许的免罪文书赐给他们。玛丽·斯图亚特让这位和平使者在上锁的大门外受了三天罪，仿佛是卡诺萨[1]的好戏重演。不行，她绝不自贬身份去同乱党谈判，何况博斯韦尔已经把军队集结起来。

阴谋分子们到这会儿才吓得后心透凉气。树倒猢狲散，他们很快地一个个走后门去觐见女王，恳求开恩。为首分子（如第一个揪住意大利人的鲁瑟文，或者胆敢把手铳对准女王的福堂赛德这样一些人）自然明白恩典轮不到他们，于是急忙逃离苏格兰。这一回，约翰·诺

1　卡诺萨是意大利北部一城堡，1077年，被革出教门的日耳曼皇帝亨利四世身穿罪服，在此地城门外站立三天，求教皇格里戈雷七世延见。

克斯也同他们一路逃亡；因为他过早也过于大声地颂扬杀害意大利人的事件，把这事件吹成合乎神意的事业。

假若女王可以任意宣泄自己那种强烈的复仇欲，她会狠狠地惩办乱党，叫那一伙不安分的叛逆贵族明白，造她的反是不可能逍遥法外的。然而，这样做风险太大，将来她得用更多的心眼和手段。她的异母兄梅里对阴谋自然知情（所以他才这样及时赶回来），但他本人并未参加叛乱。玛丽·斯图亚特懂得，最好别去动这个强有力的人。她不想树敌过多，因此觉得对某些事情不如睁一眼闭一眼。倘若她想认真审讯叛党，她首先就得追究自己的丈夫达伦雷——是他把阴谋分子带进她的内宫的，是他在凶杀时抱住了她的胳膊。但是回忆起那件严重损害她名声的夏特利亚尔丑闻，她不能让她的丈夫充当一个戴了绿帽子因而要捉奸的本夫角色。总是有事碍手碍脚，最好把事情说成这样：他——这个教唆犯和首犯同凶杀案无关。别看他在两份"盟约"上亲笔签了名，别看他一本正经地立了保证书，担保阴谋分子绝不受惩办，别看他把自己的匕首递给了另一个凶手（后来在意大利人的遍体鳞伤的尸体上发现了这把刀子）。虽然凡此种种很难洗刷干净，但这个傀儡既无意志也无人格，只要玛丽·斯图亚特一管他，达伦雷便俯首帖耳地围着她转。传令官在爱丁堡大广场上郑重其事地宣讲了当代最恬不知耻的谎话，由"王子的言辞和荣誉证明"，他同"叛乱阴谋treasonable conspiracy没有干系"，阴谋分子的所作所为得到他的默许、建议、命令和同意的说法，纯属造谣诽谤。实际上，国王不仅"counseled, commanded, consented, assisted"，这是路人皆知的，而且还正式批准乱党叛乱。这个意志薄弱的家伙在凶杀时扮演的角色，其卑鄙残酷似乎已达到了极点，但是达伦雷这一次却超越了自己：他在爱丁堡广场上向全国和民众所做的伪证，给他自己做出了判决。

玛丽·斯图亚特发誓要向那一伙人报复，其中她惩罚最狠的是达伦雷——她把她内心十分瞧不起的丈夫推出来让全世界的人唾骂。

总之，凶杀盖上了谎言的雪白的尸衣。在号角声中，女王和国王以铺张的排场在重归于好的气氛中回到了爱丁堡。似乎万事顺遂，天下太平了。为了做做样子，表现一下司法的尊严，同时又不致吓着了什么人，绞死了一些凑巧碰上的倒霉蛋，几个一无所知的士兵和奴仆：当氏族的首领老爷们在楼上捅刀子的时候，隶卒们听他们的命令，在门口站岗放哨。显贵的老爷们倒是滑了过去。那个意大利人（对死者是个小小的安慰）被移葬至王家墓地，在那里给了他一个荣耀的位子让他安眠，死者的职位由他的胞弟接班；这悲惨的事件到此结束，旋即被人遗忘。

经历了这些刺激和激动之后，女王还有一件重要的事情要做，这件事比什么都更能巩固她的摇摇欲坠的地位。这就是平平安安地生个王位继承人。一旦她成了未来国王的母亲，她才会绝对安全；而作为那小人物——那个傀儡国王——的妻子是不可能安全的。她提心吊胆地等待着这一关的到来。奇异的怅惘和抑郁充溢了她的心，尤其是在最后几个星期。是不是对于李乔之死的回忆像挥之不去的鬼影追逐着她，使她苦恼？她是否强烈地预感到无法摆脱的灾难必将到来？不管怎么说，她反正写下了她的遗嘱。她遗赠给达伦雷一枚戒指——结婚之日他给她戴上的那只戒指。她也没有忘记朱瑟佩·李乔、博斯韦尔和四玛丽。这位无忧无虑、勇敢的女子生平第一次害怕死，或者是害怕不知什么的莫名的危险。自从那个悲惨之夜以后，她再也不觉得霍利鲁德安全，于是离开了它，移跸至起居极不方便，但地势高而工事坚固的爱丁堡内堡，以便在那里分娩，如果有必要的话，在那里以生命的代价创造一个小生命——苏格兰和英格兰的王储。

6月9日晨，爱丁堡内堡的隆隆炮声向全市民众报喜。王储、斯图亚特家族的王孙、苏格兰国王出世。为害甚烈的妇人当国从此结束。母亲的梦寐以求的心愿、举国一致企盼斯图亚特家族男性后裔诞降的愿望终于实现。玛丽·斯图亚特刚刚生下儿子，便觉得自己有责任确定他的地位。阴谋分子们曾把恶毒的流言蜚语悄悄传给达伦雷，说什么她失去了为人妻者的贞节，同李乔胡搞。这些闲话也飞越高墙在宫内流播，对此玛丽·斯图亚特想必也是了然于胸的。她知道，但凡能引起人们怀疑她的继承人的合法身份，从而可能怀疑其王位继承权的任何说法，伦敦都是万般欢迎，都会利用。所以她想预先在全世界面前一劳永逸地杜绝这种无耻谰言。她把达伦雷叫进卧室，当着大家的面让他看看婴儿，说道：

"天主赐给咱们一个儿子，这是你的种，这只可能是你的种。"

达伦雷很尴尬，因为他曾以一个嫉妒者的饶舌为这种可耻的诽谤推波助澜，作用之大超过任何人。对于玛丽·斯图亚特这样郑重的声明，他能说些什么回答她呢？他为了掩饰他的窘态，弯下腰去亲吻新生的婴儿。

但玛丽·斯图亚特抱起了婴儿，再一次大声说：

"我在天主面前作证，一如在末日审判中，证明他是你的儿子，他除了你没有别的父亲！我还请这里的男男女女作证，证明我担心将来他会因为是你的儿子而感到遗憾。"

重誓和十分奇异的担心：这伤心的母亲甚至在如此庄严的时刻也无法掩饰她对达伦雷的不信任。她甚至到了这一时刻都忘不了这个人曾如此无情地欺骗她、伤害她。她说完这几句意味颇为深长的话后，便把婴儿递给忠于她的一位勋爵威廉·斯丹东爵士。

"我希望这王子能成为第一个把苏格兰和英格兰两个王国结合起来的人。"

"不过，夫人，为什么呢？"斯丹东稍稍有些惶惑，问道，"他怎么能越过陛下和他的父亲呢？"

于是，玛丽·斯图亚特又以责怪的口气回答：

"因为他的父亲破坏了我们的结合。"

羞愧的达伦雷竭力提醒生气的妻子。

"这岂不是违背了你的诺言？——你可是答应过，忘记一切，原谅一切。"他难过地问道。

"原谅我是原谅，"女王答道，"可是忘记没法办到。倘使当时福堂赛德扳了枪机，那么这个孩子和我将会怎么样呢？他们将会怎样对待你呢？这只有天知道。"

"夫人，"达伦雷打断她的话，"咱们别去想过去的事情了。"

"好吧，"女王回答，"不去想了。"

这一场雷声隆隆、预示着山雨欲来的谈话到此结束。然而，玛丽·斯图亚特即使在她分娩的关键时刻也只是说了一半真话（她什么都没有忘记，但一切都愿意原谅）；因为在这座城堡里，在这个国度里，从此再也没有宁日，直至以血还血，以暴力回报暴力。

母亲刚分娩，婴儿刚出世，詹姆斯·梅尔维尔——这个老成可靠的使臣便在正午时分跨上马背，傍晚时他已到达边界，夜间在贝里克休息，次日早晨又全速疾驰。6月12日晚——辉煌的体育记录——他骑着一匹周身大汗淋漓的马到达伦敦。他到达后便听说，伊丽莎白正在她的格林威治宫举行舞会。这位使臣不顾疲劳，换了一匹马继续飞驰，想在当夜向伊丽莎白女王报信。

伊丽莎白在这次豪华盛大的舞会上格外赏脸，居然跳了一会儿舞——在长期重病之后康复如初，她十分高兴。她心情愉快，兴致勃勃，搽了浓浓的胭脂，抹了粉，穿一袭华丽的长袍，看上去像是一株奇异的郁金香。她同往常一样，被一群忠诚的骑士簇拥着。这时，她的国务大臣塞西尔穿过人群向她挤过去，后面跟着詹姆斯·梅尔维尔。塞西尔到了她身边，轻声报告女王，玛丽·斯图亚特的继承人出世了，是个儿子。

伊丽莎白身为君主，是个了不起的权术家，她能够出色地控制自己，对掩饰真实感情的艺术颇有功夫。但是这消息仍然刺痛了这个作为女人的她，像是利箭穿心。伊丽莎白作为女人，敏感得近乎病态，有时控制不住自己的感情。她惊愕万分，以致她的充满怒火的目光、她的紧闭的嘴唇忘记了撒谎。她铁板着脸，血色从两颊褪去，双手直颤。她命令乐师停止奏乐，跳舞突然停了下来；女王觉得她的神经快要崩溃，匆匆离开了大厅。当她回到寝宫，在一群诚惶诚恐围住她的侍女中间，她才尽情发泄。她经不住这痛苦的重负，呻吟着倒在椅子上，放声号啕大哭：

"苏格兰女王生了儿子，可是我，我是不结籽的枯枝！"

这个命中注定终身不嫁的女子，她一生七十年的深重悲剧，以这一片刻表现得最为淋漓尽致。这一声叫喊是从她最最女性、最最隐秘、最最澄净的生命源泉的深处迸发出来，像一股突然涌出的鲜血，十分明显地暴露了她努力保守的秘密——这位由于没有爱的能力，由于意识到自己的不育而变得憔悴的女子，竟是如此痛苦地背负着她的十字架。似乎她愿意牺牲人世间的任何王国，但求换得普通的、明确的、自然的幸福——单纯做个女子，单纯做个被人爱的恋人，单纯做个母亲。她纵然嫉妒心重，却可能会原谅玛丽·斯图亚特的其他任何优势、其他任何成功。但这件事激起她极度的嫉恨，因为受伤害的是她最神圣的感情和愿望——做母亲的愿望。

然而，第二天早晨伊丽莎白就又成了单纯的女王、单纯的政治家和外交家。她以冷漠的冠冕堂皇的词句掩饰气恼、不满乃至剧痛的本事已运用自如，达到完美的境界。她脸上堆起亲切的微笑，以应有的礼节接见梅尔维尔。她说（如果相信她说的话），她从来没有听到过比这更让她高兴的消息了。她吩咐使臣向玛丽·斯图亚特转达她最诚挚的祝愿，她重申答应做新生婴儿的教母，如果可能的话，她甚至准备出席洗礼仪式。老天作弄，给了她这样一个妹妹；正因为嫉妒妹妹的幸福，她这位老是装出一副伟大模样的女人，想在全世界面前扮演善良仙女的角色。

总之，那位刚毅的竞争对手又时来运转了，所有的危险都已过去，所有的难题似乎都已奇迹般地得到解决。玛丽·斯图亚特刚到人世便不时笼罩到她头上的乌云再一次消散。但是，对于胆气豪迈的人，那些已成为过眼云烟的磨难不会使他获得丝毫教训，而只能使他越发好斗。玛丽·斯图亚特生来不是过宁静幸福的日子，她内心有一种无法遏止的力量支配着她。一个人的命运，其真实内涵和形式绝不是外部生活的变故和偶然事件造就的。唯有先天的、与生俱来的规律性的东西方能形成生活，或者破坏生活。

第十章　难以穿越的密林

1566年7月—圣诞节

在玛丽·斯图亚特的悲剧中，婴儿的诞生标志着第一场序幕的结束。情势突兀地趋于戏剧性的激变；一切都颤动了，一切都充满了内在的无法解决的冲突。新的性格和人物上场；剧情展开的地点有所变更；政治悲剧逐渐变成个人悲剧。在这以前，玛丽·斯图亚特是同本国的叛党及外国的敌对势力斗争；而如今，一个新的敌人向她扑来，比她所有的勋爵和男爵都更加残酷，这就是她本人的感情起来兴风作浪了，玛丽·斯图亚特身上的女性向女王宣战了。权欲第一次让位于感情的力量。风魔于激情，苏醒的女性轻率地破坏了恪尽厥职的女王勉力维护的东西。她以真正了不起的破釜沉舟的勇气一头钻进空前的狂热的激情，仿佛纵身跳进了深渊，一切都置之度外，一切都随她的坠落而坠落——名誉、法律和道德，她的王冠，她的国家。这位先前勤奋而端庄的公主或者说这位无所用心、朦朦胧胧期待着什么似的、卖弄风情的寡居女王，想不到竟成了悲剧女主角中的新秀。仅此一年，便彻底改变了玛

133

丽·斯图亚特的生活，使生活的戏剧性增加了千百倍；一年的工夫，她便毁了自己的一生。

在这一幕（第二幕）的开头，达伦雷再度登场；他似乎也有变化，含有一种新的、悲剧性的色彩。他孤零零一人；一个谁也不愿意信任的叛徒，谁也不愿意对他说一句知心话。极度的愤怒、无可奈何的怨恨，叫这个虚荣的小伙子痛苦不堪。一个男子能替女人做的，他全做到了，而且有过之而无不及。他期待着一点儿感激、柔顺、嘉许，可能还盼望着爱情！可是，一旦失去了利用的价值，达伦雷从玛丽·斯图亚特那里得到的只是更加强烈的嫌恶。女王心如铁石。逃亡的列位勋爵为了清算这个叛徒，通过细作把达伦雷签字赦免他们杀害李乔的文书偷偷给了女王，让女王知道她的丈夫是同他们串通一气的。玛丽·斯图亚特并没有从偷偷送来的书信中获知什么新的材料；但是这位高傲的女子越是蔑视这个叛徒、这个窝囊废，就越是不能原谅自己当初爱上了这么一个小白脸。她讨厌达伦雷，除了达伦雷这方面的种种原因之外，还有她自己的感受造成的原因。作为男人，作为丈夫，他只能叫她恶心，像是什么滑腻的、黏黏糊糊的东西，像蛇或者鼻涕，连手指头碰一碰都怕得要死，更别提拿充满活力、温香软玉似的身体去挨着他了。他的在场，单单是他的存在，便叫她感到压抑，让她觉得是在做噩梦。她朝思暮想，一心要躲开他，甩掉他。

她的脑海里还不曾想到不久以后发生的谋杀，没有一丝一毫的影子，连影影绰绰的幻想都没有。玛丽·斯图亚特的遭遇并不罕见。像成千上万别的女人一样，出嫁不久便失望了，强烈地失望了，简直忍受不了那个几乎成了路人的丈夫的拥抱和亲近。在这种情形下，最明智最合乎情理的出路是离婚。于是玛丽·斯图亚特同梅里及梅特兰德讨论起这个可能性来。但是刚生下孩子便离异，会助长危险的谣传——妄测她同李乔关系暧昧，孩子会立即被加上私生子的恶名。詹姆斯六世只有作为合法婚姻所出的儿子才有权利继承王位，他的名声不容受到损害。所以女王只得（多大的牺牲呀！）放弃那合乎情理的决定。

似乎还有别的办法：夫妻私下达成协议，彼此维持婚姻生活的门面，实际上谁也不管谁，双方都有自由。这能使玛丽·斯图亚特摆脱丈夫的情爱的纠缠，同时又在世人面前保持婚姻的假象。玛丽·斯图亚特寻求这种可能性的努力，有她同达伦雷的谈话为证。谈话的内容流传至今。她暗示，他不妨搞个情妇；甚至指点他找谁——他的死对头梅里的妻子。总之，表面上是开玩笑，她叫他明白，如果他到别的地方去寻找安慰，她是绝不会苦恼的。但是真不走运：达伦雷的心目中没有别的女人。他要的是她，除她而外别无他人。不幸的小伙子以一种不可思议的忠诚和饥渴黏上了这位强有力的、高傲的女子。他根本没有想到要另搞一个情妇；他碰都不会去碰别的女人；他只要这个不愿意理睬他的女子。唯有这个肉体才能激起他的愿望，叫他发疯。他死乞白赖地要求她尊重他做丈夫的权利。但是他越是起劲地纠缠不休，她越发不耐烦地拒绝。而（命运就是这样嘲弄人！）她越是不耐烦地拒绝，他的愿望便越发诡诈凶猛，他越发恭顺地一次又一次地来哀求施舍。为了当初不幸的轻率，为了她把当丈夫的权利给了一个没有心肝也没有头脑的孩子，这可怜的女子付出了莫大的代价——可怕的绝望。因为，不管她如何一心抗拒，他们毕竟是无可奈何地连在一起。

玛丽·斯图亚特处在一筹莫展的精神状态之中，行事也就同一般走投无路的人如出一辙。她回避做出决定，回避作公开的斗争，一走了之。说来奇怪，传记作者们竟异口同声一致对玛丽·斯图亚特产后的行径感到困惑莫解，不知她为什么放弃情理之中的休息，跟谁也不打招呼，产后一个月便离开城堡和婴儿，到马尔伯爵的领地阿洛亚去旅行散心。其实，这是一次完全可以理解的逃亡：满月前，她不需要特别的借口便可以拒绝讨厌的丈夫亲近；一满月，她再也没有正当的理由推辞。如今，他又会情欲炽盛，日日夜夜向她求爱，可是她的肉体已不能再接受他，心灵上也忍受不了这个她已不再爱的爱人。因此，玛丽·斯图亚特必然要回避他，必然要在他和她之间设一道障碍，那便是离开他，走得远远的，至少争得一个自由之身，以臻内心的自由。于是，在以后的几个星期和几个月中，整个夏天直至深秋，她一路逃跑，从一座城堡到另一座城堡，从一处猎场到另一处猎场。她四处寻欢作乐。在阿洛亚，在别的地方，不满二十四岁的玛丽·斯图亚特甚至玩得几乎累倒。她心爱的假面剧、舞会和五彩缤纷的节日出游人马，再次帮助这个我行我素的风流女子打发时间，像夏特利亚尔和李乔生前一样——凡此种种，都只能说明这个无忧无虑的女人多么容易忘却过去的磨难。仅仅有一次，达伦雷怯生生地企图索取他这个做丈夫的权利。他骑马到了阿洛亚，但人家很快便把他送了出来，甚至都没有请他在城堡内过夜。玛丽·斯图亚特在心中已同他一刀两断。她的爱情火苗当初冒蹿是如此突兀，火光一闪，熄灭也是同样的迅速。当初，恋人的疯狂把亨利·达伦雷变成了苏格兰的君主和她身体的主宰，而今她却把这看成一个尽量别去回想的错误，一件已成遗恨、极力要驱出脑海的往事。

在她的心目中已经没有达伦雷；她对梅里，尽管两人和睦相处，但并不十分信任；她对梅特兰德，也是经过很长时间的考虑才宽宥的，而宽宥之后待他仍旧一直很冷淡。然而，她需要一个人，一个她能够绝对信赖的人；因为任何小心谨慎和半信半疑，任何优柔寡断和犹豫不决，都为她那热烈的天性所不容，都是她嫌恶的。她毫无保留地爱，毫无保留地恨，毫无保留地信任，毫无保留地不信任。作为女王和女人，玛丽·斯图亚特一生有意无意地在强有力而忠诚的、刚强坚定的男人身上寻找同她那不安生的心灵截然相反的个性。

李乔死后，她身边只剩下博斯韦尔，是她唯一可以信赖的臣僚。这无所畏惧的人曾遭到命运的无情摧残，青年时期因为不愿意迎合那帮勋爵而被他们逐出国门。他对玛丽·斯图亚特的母亲玛丽·德·吉斯忠贞不渝，拥戴她而反对"会众勋爵"，当斯图亚特家族支持的天主教事业在苏格兰彻底失败之后，他仍不放下武器。但是敌人的力量极其强大，博斯韦尔不得不出走。在法国，这个流亡者不久就当上了苏格兰近卫队统领。这个荣耀的宫廷职位对他的举止有良好的影响，使他的仪表显得相当优雅，但并没有冲淡他身上与生俱来的粗犷，也没有削弱他使不尽的力量。博斯韦尔是位地道的武士，不会满足于一个美差。所以，他的死对头梅里起来反对女王时，他立即横渡英吉利海峡去保卫斯图亚特家族的女儿。不管什么时候，但凡玛丽·斯图亚特需要别人帮助去对抗她的那些阴险的臣下时，他都乐意向她伸出刚劲的手。李乔被害的那一夜，他毫不畏惧地从二楼窗口跳下来救她。是他的先见，促成了女王勇敢的越狱；而他的英勇善战，叫阴谋分子们害怕得都不敢举兵倡乱。苏格兰过去未曾有过一个人像这位三十岁的奋不顾身的无畏武士如此忠心耿耿为玛丽·斯图亚特效劳。

博斯韦尔仿佛是用黑色大理石雕成。与他的同行——意大利佣兵队长科列奥尼[1]一模一样，威风凛凛地站着，姿态傲慢，大胆的目光注视着永恒——从崇高刚强而残酷的男子气这方面来说，他是男子汉中的男子汉。他本姓赫本。那是一个古老的苏格兰姓氏。但人们不由

1　意大利雕塑家、画家委罗基奥（1435—1488）的雕塑作品。

自主地揣想他的血管里流着古代维京人[1]和诺曼征服者的尚未驯化的血——刚强的武士和强盗的血。尽管凭借本人的努力而具备良好的教养（法语说得很漂亮，爱读书和藏书），博斯韦尔身上还保存着一个天生的叛逆者的粗野的激情，反对循规蹈矩的庸俗；内心还充溢着后来被拜伦极度赞美的浪漫主义海盗——不守法度的叛逆者对冒险的渴望。高高的身材，宽宽的肩膀，异乎寻常的强劲和坚毅，他使用阔刃长剑宛若一柄轻剑，敢冒着风暴和雷雨驾船漂洋过海。他对自身力量的信心，形成了他对道德的满不在乎（或者不如说，对不道德满不在乎），这个鲁莽汉子什么都干得出来；对他来说，只有强者的道德——毫不愧疚地攫取战利品，抓住不放；为此他将不惜血战到底。但是他的这种天生粗豪完全不同于其他男爵的卑劣贪婪和巧取豪夺的阴谋。这个勇敢非凡的人鄙视那些男爵，因为他们总是纠集在一起去抢掠，借夜色的掩护去干卑鄙的勾当。博斯韦尔从不结党营私，他对任何一种互相勾结都深恶痛绝；他性情傲慢，独来独往，神气活现地自行其是，把道德和法律视若敝屣。你只要挡了他的道，他就会用铁拳揍烂你的脸。他若无其事地想干什么就干什么，不管行或不行，他都明目张胆地去干，从不掩掩藏藏。博斯韦尔虽然是个强梁而残暴的歹徒，是顶盔披甲的犬儒，却由于性格直率而比他周围的人高出一筹。同那些口是心非、两面三刀的勋爵和男爵相比，他像是一头光明磊落的嗜血猛兽，像是在狡猾的豺狼和鬣狗群中的一头豹或者狮子——情操绝不高尚，缺乏人性的魅力，但他毕竟是个地地道道的男子汉，性格完整，是位有古风的武士。

正因为如此，博斯韦尔的同辈男人们十分怕他、恨他。然而，

1　古代北欧海盗。

他的赤裸裸的、显而易见的残酷力量却对女人有吸引力。我们不知道这位偷情老手是否英俊，因为没有一幅多少比较逼真的画像流传下来（人们不禁会想起弗朗士·哈尔斯[1]的那一张画——一名剽悍的武士，帽子威武地戴在脑门上，眼睛咄咄逼人地、大胆地注视着前方）。根据某些人的说法，他面目可憎。不过，要在女人身上取得成功，并非一定得是美男子，因为这种强有力的人物，单单他们散发出的富有刺激性的男人味、狂暴的刚愎、鲁莽灭裂的残忍，单单那种战争和胜利的气息，便足以使女人心醉神迷。恐惧和钦佩的激动，最能勾起女人的情欲——少许甜美的畏惧感和危险感只会增加乐趣，使乐趣平添几分不可言传的兴奋。如果这样一个强暴的人并不仅仅是个男性——一味纵欲的公牛般的男人，如果他像我们眼中的博斯韦尔那样，粗野的情欲全被个人教养和宫廷风度掩盖着，如果他同时又很聪明机灵，那么，他的魅力是没有人能够抗拒的。果然，这位冒险家的生涯自始至终点缀着轻易得到的艳史。在法国宫廷，关于他的情场胜利，曾议论纷纷，传为美谈。即使在玛丽·斯图亚特的圈子里，亦有几位宫廷命妇在他面前未能守住阵地。丹麦有位女人为了他而牺牲了自己的丈夫、金钱和全部产业。但是，纵然博斯韦尔拥有这样的名声，却不能把他说成是风流浪子、唐璜、好色之徒。对于他来说，女人历来是第二位的东西。以他那样好战的性格，这一类胜利太轻易太没有危险了。像古时的维京人海盗，博斯韦尔把女人仅仅看作偶然的战利品，顺手擒来，如同喝酒、赌牌、骑马一样，对于他来说，这也是一种显身手的机会，能够增强自己的生命力——这是男性娱乐中最富于男性的娱乐：他猎取女人而自身并不迷恋女人，并不因为女人而忘乎所以。他为猎取而猎取，特别喜欢用强制手段猎取——一种权欲

1　弗朗士·哈尔斯（1580—1666），荷兰画家，绘有一些军人的群像。

的自然流露。

玛丽·斯图亚特起初没有发现她的忠臣博斯韦尔身上具有的男性气质，博斯韦尔也没有把女王看作可心的年轻女子。他曾经以他惯常的轻率，放肆地信口雌黄："她同伊丽莎白加在一起，也顶不上一个真正的娘儿们。"他根本没有想到过女王会成为自己的情妇，她也没有对他流露过丝毫爱慕之情。她当初甚至打算禁止他回到苏格兰，因为他在法国谈到她时言辞不太客气。但是一旦她醒悟到他作为军人的价值，便再也离不开他。她不吝酬赏，褒奖接踵而至：博斯韦尔先后被任命为北方诸郡兵马都监、苏格兰海军大都督和战时或戡乱时期武装部队总司令。玛丽·斯图亚特把贬谪的列位男爵的领地赐给他，并且为了表示友好和关心，亲自为他择配（这是否能证明他们的关系起初纯真无邪？），为他从豪富的韩特莱家族里找了个年轻妻子。

一个天生的统治者，只要让他一沾上权力的边，他就会把权力全部攫取过去。博斯韦尔不久便成了女王在一切问题上的首席谋臣。说实在的，他处理朝政不啻是女王的全权代表。英国使臣气呼呼地报告说，"女王在众人中待他最为优厚"。这一次，玛丽·斯图亚特算是选对了人。她终于找到了一个称心如意的总管，一个有自尊心的人——他不会被伊丽莎白的礼物和贿赂所诱惑，不会因为蝇头小利而同列位勋爵勾结。依靠这位无所畏惧的军人，她第一次在本国占了上风。她的那些乱七八糟的勋爵很快便感觉到女王仰仗博斯韦尔的军事独裁获得了多么强大的力量。他们发牢骚说，"博斯韦尔妄自尊大，连李乔都没有像他那样遭人嫉恨"。他们一心要除掉他。可是，博斯韦尔不是李乔，他不会乖乖地任人宰割，也不会像达伦雷那样被人冷淡。他深知他的那些显贵的同僚们的德性，他不带众多的护卫是绝不出门的；他一声号令，他的边防军就会拿起武器。那些宫廷阴谋家是爱他还是恨他，他一概无所谓，但求他们畏惧他就行。只要他刀剑在握，这帮横行霸道的强盗们纵然咬牙切齿，也会向女王俯首称臣。由于玛丽·斯图亚特的坚持，他同他的死对头梅里达成了和解，从而形成了权力圈，各方力量严格地保持平衡。玛丽·斯图亚特在博斯韦尔的可靠保护下，百事不管，只起代表国家的作用。梅里同过去一样，掌管内政；梅特兰德办理外交；而忠心耿耿的博斯韦尔替她主持全局。靠他的铁腕，苏格兰恢复了太平和秩序。这个奇迹的出现，完全得力于一个人——一个真正的男子汉。

但是，博斯韦尔那双有力的手攫取的权力越多，理应有权的国王手中的权力便越少。而且这些少许权力也在逐渐失去，剩下的只是回忆，只是一个空名。一年以前，年轻的女王在热恋中选定了达伦雷，传令官在大庭广众间宣布立他为王。然后，他全身金甲，策马追击乱党。仅仅一年时间，这些情景都已像是遥远的往事！如今，自从婴儿呱呱坠地之后，自从他的这个直接使命完成之后，这个倒霉蛋越来越被人藐视。谁见到他都背过脸去。让他去自说自话吧——谁也不听他的；他爱往哪儿去就上哪儿去吧——谁也不想知道。再也无人去请达伦雷出席国务会议，再也无人请他去参加庆典和娱乐。他总是形单影只，独自徜徉，孤独和寂寞死缠着他。不管他到哪里，嘲弄和轻蔑像穿堂风一般从他背后向他袭来。他被人看成外人，看成敌人；他在自己的祖国，在自己的家里觉得自己置身在敌人之中。

这种彻底的轻蔑，这种突然由热变冷，明摆着是由于女性的心灵中滋生了厌恶。但是，不管她多么讨厌他，把她的轻蔑弄得沸沸扬扬毕竟是女王在国家政事中的失策。对一个虚荣心重的人是不能这样无情地把他抛出去让列位勋爵咒骂的。如果明智一些的话，至少得给他留点面子。侮辱往往会适得其反；在最窝囊的弱者身上也会激发出点滴的刚强；连没有性格的达伦雷也逐渐变得狠毒危险了。他把自己的狠毒劲儿发泄了出来。每当他带着大批武装护卫（李乔被杀，也给了他一个教训）整日泡在猎场的时候，他的同伴们屡次听到他恶狠狠地恫吓梅里和其他勋爵，他擅自写信给外国宫廷，指责玛丽·斯图亚特"对天主信仰不坚"，并且向腓力二世毛遂自荐，要求当天主教的"真正卫教者"。作为亨利七世的外曾孙，他觊觎政柄，染指发言权。这个孩子，尽管他的良知非常软弱，非常渺小，但心底始终保存着一丝荣誉感。人们可以说达伦雷意志薄弱，却无论如何不能说他不爱名誉。即使他的那些最最暧昧的行为，看来也是出自虚荣心，出自过于渴望自我肯定。这个受尽歧视的人终于下了豁出去的决心（敢情是对方做得过火了）。9月下旬，他去了格拉斯哥，而且毫不隐瞒他打算离开苏格兰到外国去的想法。我再也不同你玩了——达伦雷这样说。既然你拒绝给我国王的权力，那么，我要你这个空名干什么呢！既然你在这个王国，在这个家中不给我应有的位置，那么，我要你的宫殿干什么呢！要你的苏格兰干什么呢！遵奉他的命令，港口正有一艘装备齐全、准备起航的船等着他呢。

达伦雷这个突如其来的威胁要达到什么目的？是不是他及时得到了警告？是不是他听到了有人正在制造一场阴谋的传闻？是不是他知道自己没有能力对付那帮坏蛋，趁早逃之夭夭，叫任何毒药任何匕首都害不了他？是不是猜疑在折磨着他？是不是恐惧在作怪？或许，这姿态完全是无谓的虚张声势，纯粹是在耍手腕，想吓唬玛丽·斯图亚特？这些推测，哪一种都有道理；何况我们可以把这些推测全都考虑进去——因为一个决定总是糅合了多种感情；我们不能认定其中的一种或者忽略哪一种。在通往内心的昏暗的坟窟的羊肠小道上，历史的烛照像是阑珊的灯火；在这座迷宫里只能小心翼翼地摸索着走路。

然而，达伦雷打算出国却把玛丽·斯图亚特吓了一大跳。眼看马上要为婴儿举行隆重的洗礼，婴儿的父亲却在洗礼的前夕蓄意逃亡海外。这对她的名声是个多么沉重的打击呀！特别是眼前，李乔被害的事件大家记忆犹新。倘若这个愚鲁的孩子一气之下，在喀德琳·美第奇或伊丽莎白的宫廷上大肆宣扬她的那些不光彩的事情，那该怎么办呢！她的这两个冤家对头将会多么得意；全世界都会讪笑她，议论这个多情的丈夫这么快便从她的家里和她的床上逃走！玛丽·斯图亚特赶紧召开国务会议。为了抢在达伦雷的前头，列位勋爵匆匆忙忙地给喀德琳·美第奇写了一封洋洋洒洒的外交函件，把达伦雷当作替罪羊，一切违法行为统统推到他的身上。

不过，这样手忙脚乱未免为时过早。达伦雷哪儿也没有去。这个软弱的孩子身上的力量只够作出勇敢的姿态，却不够做出勇敢的行动。9月29日，列位勋爵刚把他们诋毁达伦雷的函件发往巴黎，达伦雷突然在爱丁堡露面了，出现在王宫的窗下。然而，他拒绝入宫，等到列位勋爵散去之后才进门。这又是一个奇异的、没法解释的举动！达伦雷是不是怀疑有人要让他落个李乔的下场？他是不是知道自己的敌人正盘踞在宫中，因而害怕进宫？或许，作为受辱的丈夫，他想叫玛丽·斯图亚特低头认错，祈求他回来？也可能他是来看看自己的威胁产生了怎样的效力？这又是一个谜；许许多多诸如此类的谜围绕着达伦雷的形象。

玛丽·斯图亚特没有多加考虑。她已经学会了如何对付自己的窝囊丈夫；每当他想扮演叛逆者抑或主宰，她对付起他来万无一失。她知道，她得赶快软化他残存的最后一点儿意志，就像她在李乔被害后的那一夜所做的那样，免得他以孩子气的执拗，干出更加糟糕的事。总之，同他没有什么可客气的！她再一次装出一副温顺的小绵羊相，采取了非常措施给他消气：亲身匆匆赶到王宫大门口，去迎接等在那里的执拗丈夫，恭恭敬敬地把他请进王宫，不仅是王宫，想必还把他请到了喀耳刻[1]之岛——她的卧室。这手段行之有效。一腔缱绻的情意全部倾注在她身上的小伙子就这样受她摆布。第二天早晨，他已经像婴儿一般的听话，一任玛丽·斯图亚特牵着自己的鼻子走。

但她并没有宽恕：这可怜虫当初因为自己在李乔被杀后的那一夜的所作所为而吃过苦头，如今他又重蹈覆辙。达伦雷再一次自以为自己是个发号施令的主子，却在朝觐大厅上猝然遇见了法国使臣和列位勋爵。像伊丽莎白同梅里演的那出喜剧一样，玛丽·斯图亚特也找来了一群证人。当着他们的面，她一个劲儿地大声追问达伦雷，要他"为了天主"说一说，为什么他想要离开苏格兰，他抓住了她什么把柄以致要出走。太失望了！达伦雷还以为自己是幸福的丈夫和爱人，却突然作为被告被推到使臣和列位勋爵面前。这孩子闷闷不乐地站在大厅中央，细高个儿，一张苍白的、不长胡子的、稚气的脸。假若他是一个真正的男子汉，是由比较坚硬的材料铸成，那么，这时刻倒是一个好机会，他可以坚定地、威严地提出自己的要求，不是作为被告，而是以法官的姿态面对这个女子和臣僚。然而，一颗软蜡做的心哪能反抗呢！达伦雷孤零零地站在大厅中央，仿佛一个被逮住的顽童，仿佛一个小学生，害怕流出愤怒而又无可奈何的眼泪，他咬紧牙关，只是不吭一声。他干脆不回答问题，不指责别人，可也不道歉。对他的沉默忐忑不安的列位勋爵恭恭敬敬地连问带劝：他怎么能动念头离开"如此美丽的女王和如此高尚的国家呢？"但他们白费了口舌，达伦雷兀自不理不睬。这固执而隐含威

---

1 古希腊神话中美丽的女仙，精通巫术，住在地中海上一个叫埃埃厄的小岛上。旅人路过该岛受她蛊惑，就会变成牲畜，并马上被送到畜栏。

胁的沉默，越来越叫在场的人着急。人人都感到这个可怜虫勉强克制着自己，眼看着要发生无法补救的事情。倘若达伦雷有足够的勇气，把要命的、意味深长的沉默保持下去，那便是玛丽·斯图亚特一次十分惨重的失败。然而，达伦雷投降了。使臣和列位勋爵一再恳切地逼他，他渐渐退让，终于不负众望，以微弱的声音承认：是的，他的妻子没有什么把柄促使他离开。玛丽·斯图亚特需要的正是这一句话，因为这个可怜虫说这些话等于是自我谴责。当着法国使臣的面，她由此恢复了好名声。她轻松地长吁了一口气，纤手最后一挥，暗示她对达伦雷的回答十分满意。

但她的丈夫不满意。达伦雷羞愧难当：他再一次向这个大利拉[1]屈服，又受她诓哄，打破了坚决的沉默。女王以威严的手势仿佛"原谅"了他，其实他原本应该以原告的身份在这里出现。这个受骗上当、被人愚弄的小伙子想必忍受着无可名状的痛苦。过了许久，他才把丧失殆尽的尊严捡起来：他没有向列位勋爵行礼，也没有拥抱他的妻子，冷冰冰地步出了大厅，像是一个来宣战的使者。临走前，他对女王说："夫人，您不会很快见到我。"但是，列位勋爵和玛丽·斯图亚特满意地相视一笑，心头一阵轻松：这个神气活现到这里来放肆提出要求的家伙，"that proud fool"，让他爬回自己的窝里去吧。他的威胁谁也不怕了。对于他，也对于大家，他滚得越远越好！

然而，这么一个毫无用处的窝囊废，马上又被派上用场！好像纯粹是件家庭琐事，突然又极力要他回来。经过长时间的拖延，小王子的隆重洗礼定于12月16日在斯特林堡举行。筹备工作千头万绪。婴儿

1　《圣经·旧约》中参孙的情妇。非利士人的首领求她诓哄参孙，以了解参孙为什么力大无比。参孙被她纠缠不过泄露了秘密。

的教母伊丽莎白自然没有亲自来（她一辈子回避同玛丽·斯图亚特见面），但她破例克服了自己出名的吝啬，派贝德福伯爵送来了珍贵的礼物——一具沉甸甸的、精工制作的纯金洗礼盘，边上镶满了宝石。法国、西班牙、萨伏依的使节都到场，显贵们全都得到邀请。凡是企求出名或禄位的人都出席盛典。这样隆重的典礼，不管心里多么不愿意，总不能把王储的父亲、在位的国王亨利·达伦雷排除在名单之外，虽说他本身是个渺小的人物。达伦雷明白这是她最后一次想起他，自己心里也有所提防。他将饱受公开的羞辱。达伦雷知道英国使臣奉命不得称呼他"陛下"；他希望到法国使臣的住处拜访，但法国使臣以肆无忌惮的骄横叫人转告达伦雷，只要达伦雷从一扇门走进他的屋子，他立即从另一扇门出去。受尽糟践的小伙子终于勃发了傲气——尽管他的傲气只配发发幼稚的怪脾气，只配搞些恶作剧。但是这一次恶作剧竟达到了目的。达伦雷虽然没有离开斯特林堡，可也不跟宾客照面。他用他的缺席来显示自己的威胁。他示威似的把自己锁在房间里，既不出席儿子的洗礼，也不参加舞会、庆典和假面舞会。代他接待客人的是博斯韦尔，仍然是这个遭人嫉恨的宠幸，他穿一身富丽的新装——一排排应邀而来的客人中间发出愤怒的嘟囔声。玛丽·斯图亚特扮演着一个快活而亲切的女主人，竭力不让宾客想起家里的那个活死人——那个国王、父亲和丈夫。玛丽·斯图亚特虽然竭力周旋，却也渐渐失去了自制力。那个丈夫关在楼上的卧室里，居然能够破坏他的妻子及其朋友们的喜庆节日。他再一次向他们证明他在这里，仍然在这里：达伦雷正是以他的缺席最后一次表明了他的存在。

不过，为了惩罚这个不听话的孩子，已经准备好了鞭子。几天以后，在圣诞节前夕，鞭子劈劈啪啪地抽下来。谁能料到：素来十分固执的玛丽·斯图亚特竟然采纳梅里和博斯韦尔的劝谏，决定恩赦杀害李乔的那帮凶手。这么一来，当初被达伦雷欺骗和出卖的死对头们又被召回祖国。达伦雷尽管头脑简单，却也立即明白他的处境是多么危险。这一伙人——梅里、梅特兰德、博斯韦尔、莫顿，只要凑到一起，马上就会围攻他，把他置于死地。他的妻子同他最最凶恶的敌人勾结在一起并不是没有道理的，这里自有深意，自有一番考虑，要叫他付出很大的代价。

达伦雷嗅到了危险。他知道，他的生命岌岌可危。他像被猎犬追踪的猎物，逃出了城堡，慌里慌张地躲到格拉斯哥自己父亲那里。李乔落葬不满一年，凶手们已经重新聚会，结成团伙。可怕的、神秘莫测的事件越来越迫近。死人们孤独地躺在黄土里，不胜寂寞，要求那些把他们推向死亡的人也来陪伴他们，派使者先来报个信，使者的名字便是恐惧和惊慌。

真的，霍利鲁德城堡笼罩着阴暗的、沉重的气氛，已经整整两个月了，像是风雨凄凄的日子里的乌云，弥漫着愁闷的、冷森森的空气。在王子举行洗礼的那个夜晚，斯特林堡灯火辉煌——得让宾客们领略宫廷的豪华，让朋友们领略情谊，玛丽·斯图亚特历来善于短时间地控制自己的情绪，这一回更是使出浑身解数。她的眼睛闪烁着装出来的幸福的光芒；她用无忧无虑的快活和讨人喜欢的亲切，叫宾客们神魂颠倒。但是，灯火甫灭，她的那种装腔作势的兴致也就熄灭，霍利鲁德堡一片死寂；可怕的、奇异的凄凉也袭上女王的心头，满腔莫名的哀怨、无可名状的惆怅、深沉的忧郁第一次给她的脸庞添上一抹阴影，说不清的烦恼折磨着她的心灵。她不再跳舞，不要乐师为她奏乐。而且，自从那次在杰特波罗著名的驰马中晕倒被人扶下马之后，连她的健康也似乎大不如前。她抱怨腰痛，整天躺在床上，回避娱乐。她在霍利鲁德堡坐不住，常常一连几个星期躲到遥远的庄园和偏僻的城堡去，然而哪儿也待不久；萦绕不去的烦恼使她流离转徙。看来有一种破坏性的力量在她身上作怪。玛丽·斯图亚特怀着苦涩的、心情紧张的好奇，心神专注于从内部折磨她的痛苦：她心里萌生了一种新的、陌生的东西；怨恨和恶毒充溢了她过去那么明净的心灵。有一次，法国使臣突然闯进她的房间，她正躺在床上号啕大哭。尴尬的女王含含糊糊地说她左侧腰痛，疼得她掉眼泪。可是这个老人久经人世间的沧桑，因而聪明练达，根本不信她的话。他立即察觉，痛苦的不是女王的肉体而是她的心灵，不幸的不是女王，而是她心中的女性。"女王病了，"他向巴黎报告，"但是，我看她真正的病因是她的无法排遣的深深忧伤。她翻来覆去地说：'我不如死去！'"

梅里、梅特兰德和众位勋爵也知道他们的女王心情沉重。然而，他们带兵打仗经验丰富而揣摩别人的心思则毫无经验。他们所了解的，只是大致的、浮在表面上的明显的原因，那就是她的不如意的婚姻。梅特兰德写道，"她一想到他是自己的丈夫，而她又没有一点办法摆脱他，于是郁郁寡欢。"不过，老成世故的杜·克洛克说到"那无法排遣的深深忧伤"的时候，他的理解则要比他们深刻。另一个隐蔽的、无形的创伤使这不幸的女子备受煎熬。那无法排遣的忧伤，使女王昏了头；巨大的激情像一头猛兽，突然从暗处扑向她，用利爪撕裂了她的肉体，抓烂了她的五脏六腑，那是以犯罪开始，并且不断要求新的犯罪的巨大、强烈而持久的情欲。现在，她自己害怕自己，自己为自己羞愧，于是奋力反抗；她竭力掩饰这可怕的秘密，同时又知道和感觉到这秘密是无法掩饰的，从而痛苦不堪。一种比她的理性的意志更强大的意志支配着她，她已经不属于她自己：面对这种轻佻而强大的情欲无能为力，她一筹莫展，只好听凭情欲的摆布。

第十一章 爱情的悲剧

1566年、1567年

　　玛丽·斯图亚特对博斯韦尔的爱，是历史上最有特色的爱情之一，力度和疯狂程度都未必亚于古今传颂的古希腊古罗马及其他时代和地域的著名恋人故事。这场爱情的火舌以惊心动魄的气势蔓延，直上极乐世界的霞光万道的高处，同时也进入了昏暗阴晦的罪恶地带。当感情如此炽烈的时候，用逻辑和理性的尺度去衡量它，自属幼稚之举。因为这样汹涌澎湃的爱情，它的流露方式也应该是非理性的。激情像疾病一样，既不能说它错，也不能说它对。我们只能怀着层出不穷的惊愕描述它，面对本能的永恒的威力情不自禁地战栗。这本能，不论在自然界还是在人的身上都会突然风暴大作。因为这一类最最强烈的激情并不听命于被它击中的人；它的一切表现和后果都越出这个人的自觉生活的范围，仿佛是挣脱了责任感，在这个人的头顶上呼啸激荡。拿道德的尺度去衡量这个风魔于激情的人是荒谬的，正如我们去追究火山的责任或者惩罚大雷雨一样。对玛丽·斯图亚特也应如此。她在心灵和感情沉溺时期的所作所为是不能归罪于她的——那些疯狂的举动同她平日很正常很矜持的举动格格不入；她的一举一动都似乎是在感情的昏迷状态中干出来的，甚至是违心的。在催眠力的作用下，她闭上眼睛，突然失去了听觉，仿佛梦游病患者，在命定的犯罪和毁灭的道路上蹒跚。不听劝告，不听呼唤，只是到了她血液中熊熊烈火要把她吞噬——只是到这时候，她才清醒。醒来时，已是蜡炬成灰，一无所有。谁一朝经历这样的熔炼，一切生机都会在烈火中化为灰烬。

因为如此过分强烈的激情，在一个人的一生中可一而不可再。就像爆炸后全部炸药化为乌有一样，激情如此喷薄而出，从来都是把全部感情一次燃尽，从来都是如此。玛丽·斯图亚特神魂颠倒的白热状态，前后不超过半年。但是在这短短的时间内，在不停的渴求和高度紧张中，她的心灵像穿越烈火的风暴，成了这万丈光芒的黑影。某些诗人（兰波[1]）、某些音乐家（玛斯卡尼[2]），在他们的一部天才作品中把全部才华用尽，然后萎靡不振，有气无力，昏头昏脑。与此相仿，某些女人在绝无仅有的一次情欲爆发中，把自己身上蕴含的爱的力量全部消耗殆尽，而不是像那些比较稳重的、庸人气质的女子，把爱的力量慢慢使用，能拖上许多年。前一种女人仿佛把整个一生的爱情提炼出精华，一次吮吸享用；她们（这些自我挥霍的天才）不顾一切地跳进没有退路、一去无归的深渊。这样的爱情委实称得上英勇的爱情，因为它把恐惧和死亡都置之度外。玛丽·斯图亚特可以作为这种爱情的真正典范；她一生只经历了一次这样的爱情，但充分彻底地享用了它，直至自我消失和自我毁灭。

1　兰波（1854—1891），法国诗人。

2　玛斯卡尼（1863—1945），意大利歌剧作曲家，以一部《乡村骑士》得享大名。

乍看起来，似乎很奇怪，玛丽·斯图亚特对博斯韦尔的猛烈的激情竟同她当初对亨利·达伦雷的迷恋差不多。其实，再也没有比这更自然和更合乎情理的了。像任何一门伟大的艺术一样，爱情也需要研究、检验和证实。我们在艺术中发现，第一次试验从来或者差不多从来离开完美甚远。关于心灵，有这样一条永恒的规律：巨大的激情之前，几乎总是先要有一场小的激情作为它的前奏。研究人性精细入微的天才莎士比亚，在他的创作中出色地揭示了这条规律。他的那部不朽的爱情悲剧中，一开头，罗密欧并不是突然爱上了朱丽叶（才气较差的艺术家和心理学家却会这样开头），而是不那么正儿八经地倾心于一个名叫罗瑟琳的少女。这或许是这出悲剧中最巧妙的构思。在这里，在激动人心的真诚的爱之前，故意安排一次心的迷惘，把它当作序曲，当作一次有意无意的学习，以求掌握高超的技巧。莎士比亚用这个出色的范例说明，有预想才会有认识，预先尝过激情的滋味才会有激情；要使自己的光华升腾至无垠，感情先得有过一次燃烧和爆发的记录。只是因为罗密欧的心灵中一切都紧张到极点，因为他那强有力的、热烈的天性已经感染到激情，他对爱的朦朦胧胧的向往才会（起初是软弱无力地、盲目地）抓住头一个碰到的对象，抓住了偶然邂逅的罗瑟琳；而最终，当他睁开了眼睛，心灵憬悟之后，真正的爱代替了半真半假的爱，朱丽叶代替了罗瑟琳。玛丽·斯图亚特也是如此。当初，她把还没有开窍的心灵之所以交给了达伦雷，是因为他年少英俊，在关键时刻出现在她面前。但是，他的萎靡的气息没有力量灼热她的血液。微弱的火花注定不能冲上极乐世界的天空，不能充分燃烧，甚至不能发出耀眼的光芒。它只能阴燃，渐渐地灰飞烟灭，徒然地刺激感情，欺骗心灵——是一种痛苦的没有明火只有阴燃的状态。一旦出现了真正的对象，能使她摆脱这酷刑，能添加空气和燃料，从而吹旺快要熄灭的火苗，于是，紫红的霞光便会升腾而起，天空立即炽热起来。罗密欧对罗瑟琳的爱恋无影无踪地消失在他对朱丽叶的真正的激情之中。同样，玛丽·斯图亚特对达伦雷的官能的迷恋也被她对博斯韦尔的火热的、摧毁一切的爱情所代替。因为，后来的爱情的意义和使命都在于它从前面的爱情中得到滋养和加强。一个人对于爱情所能预想的一切，在真正的激情中成为现实。

关于玛丽·斯图亚特对博斯韦尔的爱情，有两种资料向我们揭示了它的发展过程：第一种是同时代人的笔记，一些编年史作品和官方文献；第二种是一批留传至今的据说是女王本人写的书信和诗。这两者——外部世界的反响和灵魂的自白，完全是吻合一致的。但是仍然有人拒绝承认信和诗的真实性。他们以为，考虑到后世的道德要求，应当竭力维护玛丽·斯图亚特的形象，反对别人指责她有过那样的情欲——虽然她自己从来没有否认过。他们断然否定这些信和诗，说它们是赝品，没有任何历史价值。从诉讼法的角度看，他们这样说是有道理的。留传至今的玛丽·斯图亚特的书信和十四行诗只有译本，其中可能有种种舛误。原件已经失传，绝无希望有朝一日会重见天日，因为手迹（也就是能做出最后裁决的铁证）在当年就被销毁，我们甚至知道是谁干的事。詹姆斯一世（先前的苏格兰王詹姆斯六世）刚登上王位，便下旨把这些依世俗之见玷辱了自己母亲名节的手稿统统付之一炬。从此，关于所谓"首饰箱信件"的真实性展开了激烈的争论，十足反映了各派论断的偏颇；这些偏颇充斥于我们所知道的一切有关玛丽·斯图亚特的著作之中，部分是出于宗教信仰方面的动机，部分是出于民族主义的动机。所以，一个公正的传记作者更有必要仔细地斟酌在这场争论中正反双方的种种论据。但是他的结论必定是他个人主观的论断，因为他缺乏学术上和法律上唯一有效的证据，也就是说，他拿不出手稿，关于信件的真实性，只能依靠推理和心理分析来断定是或者否。

但是不管怎么样，谁要是想对玛丽·斯图亚特有个正确的认识，并且想探索她的内心世界，那就得拿定主意，到底他认为这些信是真还是假。他不能置之不理，无所谓地说"也许是，也许不是"，怯懦地说"可能是，可能不是"。因为这是主要症结，它决定了整个精神发展的道路。传记作者应当郑重其事地衡量一切"赞成"和"反对"的理由，一旦决定承认诗的真实性并且以这些诗作为证据，那就得明确地公开论证自己的看法。

这批信和十四行诗之所以叫作"首饰箱信件"，是因为博斯韦尔仓皇出奔之后，人们在一只上了锁的银质首饰箱中发现了这批手迹。首饰箱是玛丽·斯图亚特第一位丈夫法兰西斯二世给她的礼物，她后来连同其他许多东西一起给了博斯韦尔。这是确凿无疑的事实，博斯韦尔在这只扃锁严实的保险箱内存放了他的全部机密文件，其中首先自然是玛丽·斯图亚特的信。同样确凿的是，玛丽·斯图亚特给她情人的信很不谨慎，有玷她的名声。因为第一，玛丽·斯图亚特终其一生是个勇敢的女子，好干鲁莽轻率的事，而且从来不会隐瞒自己的感情；第二，假若这些信不是在一定程度上败坏和玷污了女王的名声，她的敌人们找到这批信后不会那样欣喜若狂。不过，认为这批信是赝品的人并不是对发现信件的事实提出认真的异议，他们只是说，在列位勋爵集体阅读这些信件之后和交给议会之前，在这一段短短时间内，原件被调包，代之以蓄意伪造的赝品，因此，公开发表的信件同那些在扃锁甚严的首饰箱中发现的信件绝不是一回事。

不过，这里发生一个问题：玛丽·斯图亚特的同时代人中间，有谁提出过这样的指责呢？回答不利于这一派的说法是：当年根本没有人提出过这样的指责。首饰箱一落入莫顿之手，第二天，列位勋爵便把它打开，并且宣誓证明信件真实无误，然后召开议会，议员们（包括玛丽·斯图亚特最亲密的朋友）又把信件审查一遍，同样没有发现疑点。第三次、第四次是在约克法庭和汉普顿法庭，把信件同玛丽·斯图亚特的其他手迹作了比较，仍认定是真迹。然而，最有分量的论据是，伊丽莎白曾把这批信件印发给各国宫廷——不管她为了达到目的如何不择手段，英国女王不会支持明显的、无耻的伪造，因为随便哪个参加了伪造勾当的人都很可能把它揭露。伊丽莎白是位十分谨慎的政治家，不会在细小的事情上行骗而被人戳穿。只有一个人为了维护自己的名誉，倒应该向全世界呼吁要求得到保护，以免遭到如此明目张胆的欺骗的伤害。这个人便是玛丽·斯图亚特自己。她同这件事情关系最大，而且是所谓无辜受害者。可是，她即使抗议过，那也是非常之胆怯，而且出奇地没有说服力。起初，她转弯抹角地谋求约克法庭不要出示这批信件，尽管好像没有理由这样做，伪造的物证岂不是只能使她更加理直气壮嘛。最后，她吩咐她的代表在法庭上对一切加在她身上的罪名一概否认。但这不足以说明信件是赝品，因为玛丽·斯图亚特在政治问题上并不实事求是；她要求人们把她的王者之言置于任何证据之上。布坎南的谤书把这批信件公之于众之后，在逗得各国宫廷十分开心的全世界一片辱骂声中，玛丽·斯图亚特的抗议仍然极其温和。她并没有抱怨说信是假的，只是极其空泛地斥责布坎南是"天理不容的无神论者"。她在致教皇、法国国王甚至最亲近的亲戚的信函中，一个字也没有提到伪造信件的事；而且，几乎从一开始就得到书信和诗篇印件的法国宫廷，关于这一轰动一时的事件，一次也没有替玛丽·斯图亚特说过好话。总之，在当时，任何人对信件的真实性都不曾有过丝毫的怀疑。女王在那个时期的朋友中，也没有任何人大声疾呼，反对明目张胆的伪造——如此令人发指的恶行。在原件被儿子销毁之后一二百年，才冒出了伪造说。这无非是因为人们想方设法要把一位勇敢的、倔强的女子说成是一场卑鄙的阴谋的清白无辜的受害者；伪造说就是这种愿望的结果。

总之，同时代人的态度（换句话说，即史学的论据）无疑说明了信件的真实性。依我看，语文学和心理学的论据也同样明确地说明了这个问题。我们先看看这些诗。在当时的苏格兰，有谁能够在这样短的时间内，用一门外语即法语，写出整整一组十四行诗？再说，要写出这样的诗，还得对玛丽·斯图亚特的纯粹私生活事件了解得十分透彻。固然，历史上有过不少伪造文件和书信的例子，文学中也不时出现神秘的伪作。但是像麦克菲森的《莪相作品集》或《古诗片断》[1]那样的情况，我们碰到的只是模拟远古的文辞。谁也不曾把整整一组诗伪托是某个健在的同时代人的作品。很难想象从来不知诗歌为何物的苏格兰乡村贵族为了诽谤他们的女王，会匆匆炮制出恶意中伤的十一首十四行诗，并且用的是法语。那么，谁是这个神秘的魔法师呢？——顺便说说，玛丽·斯图亚特的辩护士们谁也没有回答这个问题。是谁用一门外语，以毫无瑕疵的形式感，替女王写了一组十四行诗（其中每一个字每一种情感都契合她内心深处的秘密）？这是谁的手笔呢？任何一个龙萨，任何一个杜倍雷，都不可能这样快、以这样活生生的真实写出这样的诗。莫顿、亚盖尔、汉密尔顿和戈登他们更不在话下。莫顿这些人，使剑的本事不坏，但他们的法语水平未必够

---

[1]　苏格兰作家、翻译家麦克菲森（1736—1796），曾发表《古诗片断》及《莪相作品集》，伪托是古代的作品。

供他们在席间同客人谈天。

如果诗的真实性无可怀疑（今天已经没有人否认这一点），那么，信件的真实性也应该肯定。译成拉丁文和苏格兰文的时候（只有两封信以原件所用的语言传流至今），完全可能有个别的地方被歪曲，文字也可能后来有所增益。但是整个说来，这些论点倒是说明了信件的真实；而第三种论据（心理学的论据）尤其是这样。因为倘若有哪个奸佞出于报复之心而伪造了这些信件来诋毁她，那么，这个奸佞必然会炮制直截了当的自白来糟践玛丽·斯图亚特的形象，叫她看起来像个淫荡而奸诈凶恶的泼妇。那些传流至今的信件如果不是真的，而某些人抱着叵测的目的，硬把它们说成是玛丽·斯图亚特的手笔，那倒真是荒谬绝伦了——其实，这批信替她洗刷更甚于给她抹黑，因为信中以震撼人心的真挚诉说了衷肠，她感觉到自己扮演了罪行的同谋者和庇护者的角色因而是多么的痛苦！这批信件并不是渴求激情的抒怀，而是受尽煎熬的灵魂的呐喊，是一个在火刑台上活活被焚烧、渐渐死去的人半死不活的呻吟。文字不事修饰，思维和感情那么混乱，写得那么心急如焚的匆遽，握笔的手由于勉强按捺住的激动而颤抖着（你能感觉得到）——这些正好说明了她的精神痛苦，正是她那个时期种种行为共有的特色。唯有洞察人心的天才，方能够切合众所周知的情况及事实如此精彩地调出一层心理底色。然而，梅里、梅特兰德和布坎南（玛丽·斯图亚特的辩护士瞎说一气，把这些人都说成是信件的伪造者）既不是莎士比亚，也不是巴尔扎克、陀思妥耶夫斯基，只是几个渺小的人物，他们固然长于渺小的坑蒙拐骗，但自然是没有本事在办公室里炮制这些披肝沥胆的自白，而玛丽·斯图亚特的这批信件正是以十分真挚的自白，经受历代列国民族的检验。所谓炮制这批信件使之问世的天才，自己还不曾出世呢。因此，每一个

156

没有成见的法官，都可以问心无愧地把那个仅仅在无可奈何的烦恼和深沉的精神骚乱中才会搦管写诗的玛丽·斯图亚特，视为这批尽人皆知的书信和诗篇唯一可能的作者，以及她本人的一腔愁绪的最靠得住的证人。

玛丽·斯图亚特在一首诗中暴露了自己：唯有这首诗，使我们对这场不幸的激情的开始略窥端倪。唯有依靠这些火热的诗句，我们才知道这爱情不是逐渐滋长，在晶化的过程中逐渐成熟，而是猝然命中这个无忧无虑的女子，一下子永久地征服了她。直接的起因是最粗暴的生理行为，是博斯韦尔的突然袭击，横施强暴或者几乎是横施强暴。这几句诗像闪电一般，照亮了一团混沌。

> 我为他泪流满面，
> 他首次占有了我，但只是我的身，
> 心儿却不愿向他奉献。

整个情况立即昭然若揭。玛丽·斯图亚特近几个星期来，屡屡同博斯韦尔在一起：博斯韦尔作为她的首席顾问和军队总司令，在她从这个城堡到那个城堡的出游期间经常随侍在她的左右。这个人的春风得意全仗她的提携，他的那位上流社会出身的美貌妻子也是由她选定的，结婚时，她还在婚礼上跳过舞。女王根本没有料到这新郎官会打她的主意。由于这门亲事的成功，她觉得自己是加倍的安全，加倍的保险，绝不会受到这个忠心耿耿的骑士的任何侵犯。她同他一道旅行，在他的陪伴下消磨了不少时间，丝毫不感到担心。像往常一样，这种轻信和自信（其实是可贵的性格特点）成了她的劫难。想必（简直像是亲眼所见）她有时不免放诞，同他态度有些随便，有些卖弄风情的亲昵；而当初正是这亲昵毁了夏特利亚尔和李乔的一生。她可能长时间地同他单独待在房间里，谈话的亲热或许超过了谨慎的界限；她同他开玩笑，打趣逗乐。但，博斯韦尔不是用诗琴自弹自唱的浪漫诗人夏特利亚尔，也不是谄媚的新贵李乔。博斯韦尔是个男子汉，情感热烈粗犷，一身钢筋铁骨，天生好发号施令，行事突兀浮嚣，大胆得过了头。这样的人，不能轻率地撩拨他，不能让他太狎昵。这样的人会不假思索地转入行动，鲁莽灭裂地抓住那早已情绪波动兴奋的女子，那个感情被幼稚的初恋激发而没有得到满足的女子。"这可能是肉体占有者的行为"，他向她猛攻，打了她一个猝不及防或者竟是用强力占有了她。（其间的区别怎么说得清呢？那一刻，自卫的意图和心甘情愿的迎合混合在感情的陶醉之中。）从博斯韦尔来说，这次进攻大概不是预谋，不是抑制已久的激情的爆发，而是满足一时冲动的肉欲，其中丝毫没有精神上的因素，纯粹是暴力的肉体行为，纯粹是暴力的性行为。

但是对于玛丽·斯图亚特来说，这番进攻不啻是一阵惊天动地的闪电。一种不曾体验过的新东西，暴风雨一般侵入她的平静的生活：博斯韦尔不仅占有了她的身体，同时还征服了她的心。她在前两任丈夫——十五岁的少年法兰西斯二世和不长胡子的达伦雷——身上接触到的是尚未成熟的男性，那是两个柔弱的人，两个娇孩子。她那时以为只能是这样：永远得由她来赐予，慷慨地施舍幸福；甚至在最最隐秘的闺房，她也始终是主子和君王，从来不曾落在下风，成为被勾引，被抢劫，被暴力征服的较弱的一方。在博斯韦尔的强暴的拥抱中，她突然（她整个儿地被这意外打蒙了）遇见了一个真正的男人，终于遇见了一个男子汉，使她身上的女人的美德（羞耻、高傲、自信）丧失殆尽以致泯灭。这个人使她在她自己的内心发现了一个崭新的、过去不知道的、激情和享乐的火山世界。她还没有觉察到危险，还没有来得及反抗，便已被征服；纯洁的容器被打破了，吞噬一切的、炽热的旋风喷薄而出。她的最初的感觉想必只是气恼，只是愤怒，只是激烈地痛恨这伤害了她的女性自尊心的好色之徒。但，自然的规律是那样的不可思议：两种截然相反的感觉到了一个极限会变得差相仿佛。热到极点和冷到极点，皮肤是分辨不出其间的区别的——就像寒冷也会灼热人的脸颊，两种相反的感情会交织到一起。女人心灵中的恨，刹那间会突变为爱，受了伤害的高傲会突变为抑制不住的温顺；她的肉体会以疯狂的饥饿召唤一刹那前她以疯狂的嫌恶抗拒过的那个人。从这一时刻起，这个本来算得明白事理的女子便被烈火烧身，在无形的火焰上焚烧，渐渐燃尽。她的生活至今赖以支撑的一切支柱（名誉、尊严、品行、高傲、自信和理性）统统垮了：一旦乱了方寸，被人粗暴地扑倒在地，她就想一步步地沉沦，堕入深渊，陨灭在深渊里。新的、突然萌动的春情使她神魂颠倒，沉湎在其中，如痴似醉。她恭顺地亲吻那个人的手；他践踏了她的贞操，但教会了她新的乐趣——把自己溶化在另一个人之中的狂喜。

这种新的、极度强烈的激情是不能同她往日对达伦雷的钟情同日而语的。当年她是初次发现自身的忘我牺牲的感情，仅仅是小试一下身手，如今她却是全部身心沉浸其中。对达伦雷，她什么都愿意同他分享——王冠、权势、生命。而对博斯韦尔，她已经无法局限于馈赠个别的礼物——而是她在尘世间所拥有的一切，她都渴望奉献给他；她愿意自己变成乞丐，但求他富有；她乐滋滋地贬抑自己，但求他升腾。

在一种莫名其妙的迷离恍惚中，她丢弃了一切拘束自己、束缚自己的东西，而只求留住、保住他一个人。她知道：朋友们会离她而去，掉头不顾；全世界都会抛弃她、蔑视她。但，正是这种预感使然，她旧日的高傲刚遭到践踏便苗发了新的骄傲。她热情洋溢地宣告：

> 我为他忘掉了名誉
> ——那是我们生活中唯一的幸福，
> 我献给他权力和良知，
> 我为他抛弃了家庭，
> 在自己的国家遭人蔑视。
>
> 我为他疏远了一切朋友，
> 寻求敌方的支持，
> 我把良知牺牲
> 不顾名位的高贵，
> 我可以去死但求他高升。

从此，自己已一无所求，一切都是为了他，她第一次把自己整个儿地献给一个人。

> 我的宝座和王冠全给他，
> 兴许他终将明白，
> 我只是执着追求：
> 为他活为他做牛马。
> 只是为他我争福祉，

谋求健康长寿，

我为他满怀坚定的爱，

向德行的顶峰攀登。

她拥有的一切，她的全部——她的王冠，她的尊严，她的灵与肉，统统被自己扔进深渊；她在自己坠落的深处消受自己那过于热烈的激情。

各种各样的情感如此疯狂地集于一身，如此疯狂的情感超负荷，会使人的心灵发生根本的变化。这个无忧无虑的、以往那么善于自持的女子，她的那种无比猛烈的激情迸发出空前的、匪夷所思的力量。在这几个星期内，她的灵和肉爆发了十倍的活力；她的才能和天赋表露得如此淋漓尽致，是她过去和将来都不曾有过的。在这几个星期内，玛丽·斯图亚特能够连续十八个小时驰马，能够彻夜不眠，精神抖擞，面无倦容地写信。以前，她大概只写过几首短短的题诗和即兴小诗，如今诗兴勃发，文思泉涌，写了十一首十四行诗，以她空前绝后的表现力尽情倾吐自己的痛苦和激情。素来大大咧咧、不知谨慎的她，这一次伪装得极其高明，以致好几个月内竟没有人察觉她同博斯韦尔之间的关系发生了变化。这个人一触摸到她，她便会浑身打战。但在别人面前，她居然能够沉住气，威严而冷淡地同他谈话，像同其他臣下一样。或者，当她的神经紧张到极点，心灵由于流泪过多、由于绝望而备受煎熬的时候，装出一副快活的、无忧无虑的样子。在她身上仿佛有个恶魔般的"超我"突然苏醒。这个"超我"牵着她，让她超越了自己，突破了她的才能和力量的极限。

然而，强迫意志迸发出如此汹涌澎湃的激情是要付出代价的，那就是严重的周期性忧郁症。每逢病症发作，她一连好几天疲惫不堪地躺在床上，一连好几个钟头满房间盘旋踱躞，处于一种昏昏沉沉的麻木状态，有时痛哭流涕，在床上伸出双手大叫："我不如死了的好啊！"她要别人给她匕首——她想结束自己的生命。正像这种力量有时神秘地出现在她身上，这种力量有时又会消失得无影无踪。因为肉体不能长时间地承受本身各种潜力如此猛烈的过度紧张，如此疯狂地超越自己。肉体会造反，会暴动，每根神经都会烧得炽热，战栗不已。著名的杰德波罗逸事鲜明地表现了她的奔腾咆哮的激情已经斫丧了她的肌体。10月7日，博斯韦尔在同走私贩子战斗中身负重伤。消息传来，玛丽·斯图亚特正在杰德波罗参加法院的庭审。为了避免别人注意，她按捺住自己，没有立刻跳上马背星驰二十五英里，从杰德波罗赶往欧米泰治堡。但是她大概被噩耗惊呆了。在场的一个不相干的观察家、法国使臣杜·克洛克当时并没有想到她同博斯韦尔关系暧昧，他向巴黎报告说："对于她来说，失去他显然是个不小的损失。"女王的不同寻常的心不在焉和忧心忡忡，也没有躲过梅特兰德的眼睛。他不知道真正的原因所在，猜想"她所以情绪低落，思想消沉，是因为同国王不睦的缘故"。过了两三天，女王才由梅里和其他近臣陪同全速赶去探视博斯韦尔。她在博斯韦尔的病榻旁待了两个钟头，然后同样疯也似的疾驰回去，仿佛要用疯狂的驰马来把痛苦的不安压下去。但是，被炽热的情欲戕害的肌体突然垮了。她刚被扶下马鞍便昏倒在地，整整两个钟头人事不省。到傍晚，她谵妄症发作，是典型的神经性谵妄，辗转反侧，胡言乱语。忽然她四肢僵直，毫无知觉，不认得人。她的近侍们，以侍医为首，手足无措地围住这位得了怪病的女王。信使一路疾驰，分赴各地去找国王和主教，免得女王未做涂圣油礼便撒手西去。整整八天她生死难卜。敢情是她内心深处想一了百了的愿望像风暴一般袭来，使她的神经极端虚弱，把她的力量消耗殆尽。然而，当渐渐痊愈的博斯韦尔被亲随用农家的大车送来之后，女王立即活转来了——这像临床诊断一般的可靠，表明她的病主要在精神方面，是典型的癔症病例，并且（又是一个奇迹！）才过两个星期，刚刚离开病床的垂危病人又能够骑马了。因为危险是出在她自身，她用自身的力量克服了它。

但是虽说玛丽·斯图亚特身体康复，却怎么也恢复不了平静的心情，接下去好几个星期，她闷闷不乐，愁肠百结。连不相干的人都察觉女王"不像她平日的为人"。她的性格，她的整个身心仿佛失去了什么东西，往日的无忧无虑和自信简直荡然无存。她的一举手一投足，她的生活，都像是一个苦难深重的人。她关在自己的房间里，侍女们在门外听得见她的呻吟和痛哭。一向坦率而平易近人的她，把她的苦恼深藏在心里，跟谁都不说。她金人缄口，谁也没有猜到那日日夜夜折磨她、叫她撕心裂肝的骇人的秘密。

因为这激情中有一种令人害怕的东西，恐怖和伟大兼而有之，一种莫可名状的令人害怕的东西：女王一开始就知道她的爱情是罪恶的，命中注定没有好下场。第一次拥抱之后的醒悟（委实是特里斯坦[1]的瞬间），大概是极度痛苦的——痛饮了爱情之酒的女王清醒了过来，两个人都想起他们并不是遗世独立，孤零零地在茫无际涯的幸福的海洋中遨游，想起他们受到这个世界、责任和法律的制约。女王终于惊觉，此时不免毛骨悚然，念及他们的行为是多么的

1　中世纪凯尔特民族传说《特里斯坦和伊索尔德》中的人物，误饮一种饮料，和叔父的新娘发生爱情。

疯狂，不禁惊恐万状。因为委身于他的她，已经是有夫之妇；而奉献给她的他，也是有妇之夫。他们的疯狂的情感导致了通奸，而且是双重的通奸。况且前不久，两三个星期或一个月之前，玛丽·斯图亚特作为苏格兰女王，刚刚郑重其事地签署了一项敕令，宣布通奸同其他伤风败俗的罪行一样，得处以死刑。因此，她的激情从一开始便打上了罪恶的烙印，激情的持续和发展只能依靠一次又一次的不断犯罪。要达到永远结合在一起的目的，他们两人都先得强行离婚——她得摆脱丈夫，他得休弃妻子。这罪恶的激情只能结出这样的恶果。而玛丽·斯图亚特从最初的那一刻起，便以毫厘不爽的先见之明，意识到她从此再也不得安宁，再也不得超生。然而正是在这痛苦的时刻，玛丽·斯图亚特生发出孤注一掷的勇气，决心向命运挑战——决心挽救那无可挽救、必然失败的东西，虽然没有任何希望和意义。她不是懦怯地退却，躲躲藏藏，而是高傲地昂起头，在那通往深渊的道路上走到底。听凭一切都失去吧——在最严酷的考验中，她把为了他而承受一切牺牲看成是幸福。

> 我把我的儿子交给他，
>
> 还有我的名誉，我的良心，我的国家；
>
> 臣民，宝座，生命和心灵，
>
> 一切都捧到他脚下，
>
> 只求当他的妻子，他的牛马。
>
> 我对他忠实至死不渝，
>
> 愿时时刻刻长相厮守，
>
> 哪管妒恨的人将来把我们辱骂。

不管将来怎么样，她有勇气走上这绝望的道路。她对他的爱是难以用语言形容的；自从她为了他而牺牲了一切——她的灵与肉、她的全部生活，这个疯狂的情人在世上只怕一件事，只怕失去他。

但，这恐怖中最大的恐怖，这痛苦中最大的痛苦，还在后头呢。玛丽·斯图亚特尽管丧失了理智，却仍有相当敏锐的眼力。她不久便发现，她这一次仍然滥用了感情：她柔情萦绕的那个人其实并不爱她。博斯韦尔在动物性的情欲冲动中轻率而残酷地占有了她。这样的事他有过不止一次。只待他的感情一旦冷却，他会同样冷漠地离开她。在他，这仅仅是炽热的春风一度，是瞬间的艳事。那不幸的女子不久便得暗自思忖，她的满腔情愫的主宰对她并不那么尊重：

> 你相信恶意中伤的诽谤，
> 以为我空虚和虚伪。
> 你——多么不公正呵，
> 竟想把我的爱情当成逢场作戏。
> 你不尊重我的话，
> 觉得我爱的是别人，
> 我包藏着卑鄙的祸心，
> 我没有起码的道德。
> 但，你的反感
> 越发刺激了我的激情。

这陶醉于激情的女子，不是高傲地离开那不知好歹的家伙，不是自重自爱，而是跪倒在冷漠的情人脚下，竭力拉住他。她往日的傲气奇迹般地变成了发疯似的自我屈辱。她乞求，她央告，同时又自我标榜，向那个厌烦她的情人自卖自夸。她丧失了自尊心，甘愿忍受最大的屈辱。这位高傲的女王简直像市场上的小贩，向他历数自己为他做出的牺牲，并且一个劲儿地、几乎是死乞白赖地向他表白她的奴隶般的谦卑。

> 你的女友只有一个目的——
> 为你效劳，侍奉和依顺，
> 热爱你，膜拜你，
> 不顾未来的种种不幸，
> 把服从当作自己的最高责任，
> 把每一个瞬间都奉献给你，
> 是生是死都由你决定。

我们由于恐怖和同情而不禁战栗，怀着这样的心情注视着这位直率而勇敢的女子。这位面对过任何尘世的危险，面对过任何尘世的统治者而从不退却的女子，失去了昔日的尊严，她低三下四到如此程度，竟施展起醋意极浓、恶毒嫉妒的可耻手段。不知根据哪些蛛丝马迹，玛丽·斯图亚特大概察觉到博斯韦尔对他年轻的妻子比对她要忠诚得多。他绝不会为了新的情人而离开妻子。这妻子是女王亲自为他择配的，可是如今女王却拼命诽谤她（巨大的感情竟会使一个女子变得如此渺小，这是不是挺可怕？），诬蔑的下流卑劣和恶毒，无所不用其极。她挑动博斯韦尔的男子虚荣心，提醒他（显然是他在两情欢洽之际透露过），他的妻子不很起劲地回报他的抚爱，他的妻子不是报之以炽烈的激情，而是不情不愿地让步。女王在过去是矜持和高傲的化身，如今却以热烈的自我颂扬，历数自己——一个玷辱了为人妻者的名节的女子——为了爱情做出了哪些牺牲，做出了哪些自我奉献，而他的妻子却安享他的高位所带来的财富和尊荣。这可不行！他得同她在一起，他必须属于她一个人，别去管那个"伪妻"的花言巧语的信，别去管她的眼泪和信誓旦旦的保证！

> 她只明白（我敢保证！）
> 盲目而没有心肝，
> 才会漠视这样的爱人，
> 她想用假惺惺的祈求
> 哄你骗你，我的朋友。
> 虚伪的眼泪，装出来的苦恼，
> 精心构思的责备和请求，
> 她用这些把你迷惑，
> 没有生命的、不真实的纸片
> 你看了又看，小心保存，
> 而我这个活生生的人你却不愿相信。

她的号叫越来越凄厉。她是他唯一般配的伴侣，难道他可以拿个不般配的女人替代她？他得把那个女人撵走而同自己结合，她可是决心为了他去做殊死的斗争。不管他向她要什么，她都会跪在地上央求，他想要什么就要什么，任他索取任何证据以证明她的忠诚和始终不渝。为了他，她什么都可以抛弃：家园、家庭、王冠、她的全部财富、她的名誉和儿子。让他都拿去吧，只要别厌弃她——她可是已经把一切都给了他啊！给了她唯一的爱人！

这时候，人们才稍稍窥见这悲剧情势的深度。玛丽·斯图亚特喋喋不休的倾诉，像一道强烈的灯光投射到舞台上。原来博斯韦尔只是偶然地迷上了她，像对其他许多女人一样；对他来说，浅尝辄止，事情到此结束。然而，一心一意，把全部情感都给了他的玛丽·斯图亚特，却情火炽热，神魂颠倒，拼命拉住他，要把他永远留在身边。但是这个男人在自己的家庭生活中很幸福，并且又有野心，所以爱情关系本身是绝对吸引不了他的。至多是为了这个女人的爱情所能赐予他的特权和利益（这个女人可是掌握着苏格兰王位的全部尊荣和恩典），博斯韦尔才会再拖上一段时间，会容忍玛丽·斯图亚特，把她当作妻子以外的一个妾。不过，一位具有女王气度的女王，一位不愿意同别人分沾雨露的女子，是不会满足于这种地位的。她在汹涌澎湃的激情中只求完整无缺地独占他。可是，如何做到独占呢？怎样才能把这个任性的、恣意妄为的冒险家永远拴住呢？海枯石烂永不变心、永远恭顺之类的山盟海誓只能叫这样的男子腻味，这些话别的女人已经在他耳边不知说过多少了。得，只有一个诱饵能叫这贪得无厌的野心家上钩，唯一曾叫那么多人为之犯罪、为之误入歧途的奖品是王冠。不管博斯韦尔对于同这个女子保持关系是多么不热心，他对她其实并不感兴趣，但是一想到那女人是位女王而且她能够使他成为苏格兰的国王，便不由得感受到莫大的诱惑。

　　这念头乍看起来挺荒唐。玛丽·斯图亚特的合法丈夫亨利·达伦雷还健在，根本谈不上再立别的什么国王。虽然如此，这荒唐的念头（而且完全是这荒唐的念头）从此像一条扯不断的锁链，把博斯韦尔拴在玛丽·斯图亚特的身边，因为这不幸的女子没有别的办法能够羁縻这个桀骜不驯的人。除了王冠，再也没有别的东西能叫骄纵的、独立不羁的佣兵队长卖身给自己的女奴。为了得到他的爱，这个早就忘了名誉、清白、尊严和法律，忘乎所以的女子，愿意付出任何代价。如果需要以犯罪的代价来替博斯韦尔挣得王冠，那么，被情欲迷了心窍的她是不惜犯罪的。

因为博斯韦尔的情况同麦克白一样。麦克白就像巫师的魔鬼般的预言所说，除非以血的代价，除非把全体王族斩尽杀绝，才能当上国王。博斯韦尔也不能通过正当的、合法的途径登上苏格兰的王位。要登上王位，得踩过达伦雷的尸体。为了男女精血的交流，非得先流血。

博斯韦尔一旦使玛丽·斯图亚特摆脱达伦雷之后，便要向她求婚并且索取王冠。届时玛丽·斯图亚特绝不会认真推拒。对于这一点，博斯韦尔自然是须臾不曾怀疑过的。据说，在那大名鼎鼎的银首饰箱中发现了一份措辞明确的书面保证，玛丽·斯图亚特在这份书面保证中答应同他结婚，"不管她的亲属以及其他人会如何刁难她"。纵然这份书面保证纯属神话或者赝品，纵然没有她签字盖章的保证，博斯韦尔也深信她会顺从。她常常向他抱怨（也不仅仅是向他），她一想到达伦雷是她的丈夫便是何等苦恼。她在自己的那些十四行诗中（在两人独对的幽会时想必更是如此），情意绵绵地诉说她是多么热烈地向往同他博斯韦尔永远结合在一起！从这方面看，他确实没有什么危险，他可以放手去干，采取任何极端手段，采取任何莽撞的举动。

但是，博斯韦尔自然是谋求到了列位勋爵的赞同，起码是默认。他知道，列位勋爵一致憎恨那个出卖了他们的讨人嫌的孩子。谁要是能尽快把他撵出苏格兰，不管用什么手段，都算是给他们办了一件莫大的好事。博斯韦尔本人也出席了克雷格米勒堡那次著名的集会。

这次有玛丽·斯图亚特参加的集会是针对达伦雷的，虽然方式比较隐蔽。苏格兰地位最高的贵人梅里、梅特兰德、亚盖尔、韩特莱和博斯韦尔，一致说妥向女王建议批准一桩特别的交易：准许那几个因杀害李乔而被贬的显贵莫顿、林赛和鲁瑟文回国，而他们则负责使她摆脱达伦雷。在女王面前，起先谈的是合法的摆脱："to make her quit of him"[1]，是指正式离婚。玛丽·斯图亚特提出了一个条件：离婚必须合法，并且不得威胁到她儿子的权利。对此，梅特兰德的答复耐人寻味：关于这个问题嘛，总而言之，请女王依靠他们吧，他们会把事情办得不叫她的儿子吃一点亏；连梅里那个多会挑眼的人，对许多事情也会"闭上眼睛"——因为他是新教徒，把这类事情看得比较简单。

这话真奇怪。玛丽·斯图亚特确实觉得奇怪。她驳了梅特兰德一句，要他别去干任何"有损她的名誉和良知"的事情。这些暧昧的言辞透露出（起码瞒不过博斯韦尔）某种暧昧的意图。唯有一点是显而易见的，那就是他们全体——玛丽·斯图亚特、梅里、梅特兰德、博斯韦尔，这出悲剧的主角们，一致同意搬掉达伦雷，只是不清楚准备怎么办，是好说好商量呢，还是用阴谋诡计或用暴力。

贵人中间性子最急、最肆无忌惮的博斯韦尔赞成用暴力。他同别人不一样，不想也不能再等——对他来说，问题可不仅仅是要把那个可恨的孩子弄走，而是要继承他遗留下来的王冠和权力。当别人还在拖延等待的时候，他却已不得不行动，采取断然措施。看来，他事先摸过底，要在列位勋爵中间寻找帮手和同党。但在这件事情上，历史火光的烛照仍是一片朦胧，因为罪行历来都是在暗处或在影影绰绰的昏暗光线中筹划。博斯韦尔把他的计划告诉了哪位勋爵、哪几个人，是谁确实答应帮忙或者默许，我们永远无法知道。梅里想必知情，但

1　"摆脱他"（英语）。

他没有参加。梅特兰德似乎胆量大一些。靠得住的只是莫顿弥留之际的自白。对叛徒达伦雷恨得要死的莫顿，放逐后被赦回国；归途上博斯韦尔迎面疾驰而来，赤裸裸地、直截了当地邀莫顿同他合力杀死达伦雷。但是，莫顿从某个时候开始变得谨慎小心了，不久前的事情他记忆犹新，当时同党们洗刷得干干净净，只撇下他一个人。对博斯韦尔的建议，莫顿迟迟不作答复，要求博斯韦尔提出保证，问女王是否同意杀达伦雷。是的，她同意，博斯韦尔不假思索地回答他。对于博斯韦尔，能否得到莫顿的支持至关紧要。可是，在痛苦的切身经验中学乖了的莫顿知道，向来都是大事一了，口头协定很快便会被人忘记，所以要求先拿到女王白纸黑字的书面同意，然后才愿意拿诺言来束缚自己。遵照苏格兰的好习惯，他希望手头有一纸"盟约"，一旦出了麻烦，他可以有个推卸责任的由头。这一点博斯韦尔也答应了他。实际上，根本不可能有什么"盟约"；因为，非得让女王置身事外，到关键时刻把她弄个"猝不及防"，在这样的条件下，他们梦寐以求的婚事才能成功。

总之，博斯韦尔依靠不了任何人。他构想的事情落到他自己这个性子最急、一味蛮干的人的肩上。他，当然是有决心把这事情付诸实现的。莫顿、梅里和梅特兰德在听他的建议时，显得模棱两可、闪烁其词，这表明列位勋爵不会公开反对他。即使他们没有用密信表示赞同他的意图，也还是以同情的沉默和友好的不干预来支持他。而一朝摸清玛丽·斯图亚特和列位勋爵在这问题上想法一致，可以说达伦雷的死亡已是指日可待了。

其实一切都已准备就绪。博斯韦尔把他手下的那帮亡命之徒叫来帮忙。秘密会议上谈妥了在哪里杀害达伦雷，如何动手。但是，宰杀牺牲的大典缺少了主要的东西——牺牲品本身。不管达伦雷多么天真，他还是嗅到了危险。在此前几个星期，他知道在霍利鲁德集会的武装的列位勋爵还没有散去，他便拒绝跨进那城堡的大门。自从被他出卖的杀害李乔的凶手们获得女王意味深长的赦免而回到苏格兰之后，他在斯特林堡再也不觉得安全了。他坚定地、不为任何引诱和许愿所动，躲进了格拉斯哥。他的父亲伦诺克斯伯爵住在那里，他们家所有的朋友也都住在那里。那里有一座坚固牢靠的宅院，一旦敌人强行闯入，还有一艘船日夜停泊在港口，随时可以接他上船。在这关键时刻，仿佛是为了保佑他渡过危难关头，命运又在一月初让他得了天花——这是个好借口，又可以连着好几个星期足不出户地躲在格拉斯哥海边安全的避难所里。

达伦雷的病，打乱了博斯韦尔已经酝酿成熟的计划。博斯韦尔急不可耐地等着他的牺牲品回到爱丁堡。看来，他不想再拖延，原因我们只能猜测如下：或许是他心急火燎地想登上王位，或许他有充分的理由害怕危险的延宕，因为有太多靠不住的人知悉他的阴谋，或许是他同玛丽·斯图亚特的暧昧关系造成了后果——难说究竟是什么原因，反正他再也不打算等待了。但是，如何把一个生病的、疑心会发生不幸的小伙子骗出去杀了呢？如何把他从床上，从他父母固若金汤的邸宅中拖出去呢？正式的邀请会打草惊蛇。梅里也罢，梅特兰德也罢，宫廷里的任何人同这个人人憎恨、人人瞧不起的前国王都没有密切的关系，足以劝说他自愿回銮。只有一个人还有支配他的力量，她已经两次迫使这不幸的少年、这个对她忠心耿耿的奴隶屈服。唯有玛丽·斯图亚特，唯有她一个人，戴上爱他（他可是渴求她的爱啊！）的假面具，能够把这躲躲藏藏的牺牲品诱进设下的陷阱。这世界上所有的人当中，唯有她一个人能够实现这骇人听闻的欺骗。因为她自己再也当不了自己的家，而只是暴君手里驯服的玩偶，所以，一件不可思议的事情，或者不如说，一件我们的感情不愿意相信的事情，竟然发生了：1月22日，已经有好几个星期避而不见达伦雷的玛丽·斯图亚特骑马驰往格拉斯哥，说是去探望生病的丈夫，其实是去执行博斯韦尔的命令，把达伦雷骗回爱丁堡城，在那里，死神正磨刀霍霍，焦急地等待着他呢。

第十二章 走向谋杀

1567年1月22日—同年2月9日

　　玛丽·斯图亚特叙事曲中最阴森的一节开始了。她的格拉斯哥之行（她从那里把病中的丈夫径直带到了阴谋分子的老窝）是她最成问题的行为之一。人们不禁一次又一次地问：玛丽·斯图亚特是否真的同古代的阿特里得斯一样？——像那个克吕泰涅斯特拉，以虚情假意的殷勤替回家的阿伽门农准备热气腾腾的洗澡水，而她的姘夫、杀人凶手埃癸斯托斯其时却手持利斧躲在暗处。或者，她同麦克白夫人的情形大同小异——麦克白夫人送邓肯王去就寝的时候嘴上说得甜甜蜜蜜，再也柔顺不过，回头麦克白便把熟睡的邓肯王一刀杀死。玛丽·斯图亚特是否也是这样的一个魔鬼般的罪犯呢？最大胆的、热恋中的女子，受到伟大的激情的驱使，是会沦为这样的罪犯的。也许把她看成一个意志薄弱的女奴更恰当。她听命于残酷的、靠女人猎取利禄的博斯韦尔，在迷离恍惚中被驱使去执行他的说一不二的意志，成为天真的驯服的玩偶。她丝毫没有怀疑别人正在她背后进行骇人听闻

174

的策划。我们的感情不愿意相信她干得出伤天害理的事情，不愿意指控这个迄今为止富于人性的女子曾掩护了罪行，合谋参加了这罪行。人们一再谋求对她的格拉斯哥之行找出别的比较仁慈、比较善良的理由，一再把揭露玛丽·斯图亚特的记述和文件当作怀有偏见的材料扔到一边，诚心诚意地愿意相信和希望相信她的无辜，以这样的心情去检验她的辩护士们找到的或者炮制出来的为她辩白的论点。唉！尽管我们多么愿意相信，但是这些为她辩护的论点却是说服不了任何人：这个伤天害理的环节同整个事件丝丝入扣，而辩护士们的臆测一经仔细的研究便触手成为灰烬。

因为怎么能够推定玛丽·斯图亚特赶到达伦雷的病榻旁是出于情意绵绵的关切？怎么能够推定她把他带出安全的避难所是为了在家里更好地护理他呢？这对夫妻可是已经分居了好几个月，形同路人。她受不了达伦雷。不管他怎样恳求玛丽·斯图亚特同他再续夫妻之好，他的合法权利仍遭到践踏。西班牙、英格兰和法兰西的使臣们早就在他们各自的报告中谈到他们夫妻之间出现的冷淡，把它看成是肯定无疑的而且是势所必然的。列位勋爵正式开始为他们办理离婚事宜，同时又暗暗考虑不那么平和的解决办法。不久前的恋人，如今冷到极点——那忠诚的丈夫即使听到玛丽·斯图亚特在杰德波罗一病不起，气息奄奄，也绝不会赶去同准备接受神恩的妻子诀别。拿着高倍数的放大镜，也看不出这婚姻如今有丝毫的爱怜和一点一滴的温情。所以，有些人推测玛丽·斯图亚特此行是出于拳拳关切之情，那是没有根据的，不能成立。

然而（无论如何，这是她的辩护士们的最后一个论据），玛丽·斯图亚特去格拉斯哥也许是想结束那不幸的争吵？难道她探视病人不可能是为了寻求和解吗？遗憾的是，这最后一个为她辩护的论据也被她亲笔签名的文件所否定。她在动身去格拉斯哥前一天，给比顿大主教写了一封信。玛丽·斯图亚特（她素来不知谨慎，写信时从来想不到她的信会被人家用作反对她的物证）在信中尽情倾吐了她对达伦雷的恚恨和愤怒："至于朕的丈夫苏格兰国王，朕一向待他如何，那是只有天主才清楚的，但天主和全世界的人都知道他那些反对朕躬的阴谋诡计；朕的全体臣民都是见证，朕深信他们在心里是谴责他的。"这里可听得出和解的声音吗？这情绪像不像一个心急如焚、慌里慌张赶去伺候罹病的丈夫的忠贞的妻子？还有一个不容置疑的情节显然对她不利——玛丽·斯图亚特此行不单单是看看达伦雷然后打道回府，而是硬要马上把他带回爱丁堡，这又是关心过了头，似乎叫人没法相信。因为硬把一个正在发烧的、脸上还没有消肿的天花病人从床上拖起来运回去，时间又值冬季的一月份，天气奇冷，用的是敞篷马车，路上要整整走两天，这是不是有悖医学的一切常规和常识呢？这个玛丽·斯图亚特可是连大车都带来了，免得达伦雷节外生枝。她如此这般急煎煎地要把他匆匆带回爱丁堡——在那里，一场针对他的阴谋正搞得火爆非凡。

也许，玛丽·斯图亚特——最好再听听她的辩护士们的论据，因为冤枉一个人搞谋杀可不是闹着玩的！——知道别人正在策划谋害达伦雷？真是天意，一封由阿契巴尔德·道格拉斯写给玛丽·斯图亚特的信流传了下来，可以打消这样的怀疑。阿契巴尔德·道格拉斯是阴谋魁首之一。他在女王巡幸格拉斯哥期间，亲身觐见了她，想让她对杀手们正在策划的谋杀直言不讳地表示赞许。他倒是没有从她那里获得同意，也没有得到任何保证或许诺。虽然如此，但是作为妻子，听到人家正在搞阴谋犯上作乱，怎么能把这次谈话瞒住国王，不让他知道呢？怎么能不给达伦雷打个招呼呢？尤其是，既然确信人家正在对他搞什么名堂，那怎么还死乞白赖地要他回到那黑窝里去呢？在这种情况下，沉默比窝藏更严重，这是消极的、隐蔽的同谋。因为谁要是知道策划中的罪行而不去设法制止，他的冷淡本身就是一种罪孽。关于玛丽·斯图亚特，她起码是因为不想知道才不知人家正在策划罪行；她转过脸去，闭上了眼睛，以便事后能够宣誓声明：这事同我没有关系。

　　总之，一个公正的研究者不免有这样一种感觉：玛丽·斯图亚特对于她丈夫的被害，在一定程度上是有罪的。她绝不是毫不知情，而是她的意志被人征服。唯有这种解释才多少替她开脱了一些责任。因为这个奴隶不是心情轻松地执行她的任务，不是骄横地、清醒地、自觉地行事，而是服从了别人的意志、别人的命令。玛丽·斯图亚特并不是怀着冷酷的、阴险的、恬不知耻的鬼胎去格拉斯哥把达伦雷诱出他的避难所。"首饰箱"信件可以为证，她在关键时刻，面对着别人硬派给她的角色，不禁感到恐怖和嫌恶。她同博斯韦尔事先自然讨论过如何把达伦雷带回家；但是有一封信清清楚楚地说明玛丽·斯图亚特只要离开她主子一天的路程，好歹摆脱了他的近在身旁的魔力，这位伟大的犯罪者便会突然良心发现。历来如此：一个被神秘的力量推向犯罪的人和一个真正的罪犯（被自身内部动机驱使犯罪的人）迥然不同，蓄意预谋的犯罪和在感情冲动中犯下的罪迥然不同，叫人一望便知。玛丽·斯图亚特的所作所为，也许是最为彰明昭著的例证之一，足以说明这一类不是出于个人主动而是在别人的更加强大的意志压力下进行的犯罪。玛丽·斯图亚特必须执行一项讨论决定了的计划，她奉命把一个牺牲品诱往屠场。她在实施计划的时候，在面对牺牲品的时候，她的仇恨心和报复心突然消泯。在她内心，素来的仁爱之心同命令的残暴作了一番搏斗。那是一场为时过晚的、徒然的搏斗！玛丽·斯图亚特在这桩罪行中，不仅仅是鬼鬼祟祟扑过去的猎人，同时自己也是被人穷追不舍的猎物。她时时刻刻感到背后有人拿鞭子无情地驱赶她冲向前。她害怕残暴的情夫的愤怒，知道他不会原谅她——如果她不把预定中的牺牲品带给他的话；同时，她也害怕因为不听话而失去他的爱。懦弱的她，在内心深处为她的罪行痛苦；孤苦无告的弱者，挣扎着想反抗别人硬要她执行的任务——因为这个，仅仅是因为这个，我们才能够从人性的角度理解她，即使从正义的角度不能谅解她。

那封她从病魔缠身的达伦雷的家中写给情夫的著名的信，从这个比较能够原宥的角度展示了恐怖的罪行。玛丽·斯图亚特那些目光短浅的辩护士闭口不谈这封信是毫无道理的。因为唯有这封信才给她的恶劣的行为抹上几许使人心平气和的人性的回光。这封信像是墙上的一个洞，使我们得以窥见格拉斯哥悲剧的令人毛骨悚然的片断。半夜已过，玛丽·斯图亚特穿着睡袍坐在别人房间里的一张小几旁。炉火熊熊，高高的阴冷的墙壁上跳跃着奇形怪状的影子。但是炉火并没有使空旷的房间温暖如春，也没有给她发冷的灵魂一丝温暖。这衣衫不整的女子，脊梁一阵阵透过凉气：天这样冷，加上困惫不堪，最好是酣然入睡，她却无法成寐：她太亢奋太激动了。这几个星期，这几个钟头，经历了多少可怕的、难以忍受的事情，整个神经直至太敏感的末梢都灼痛了，颤抖了。面临她将要去执行的任务，不禁畏怖得战栗不已，但一无怨言地服从她命运的主宰，这博斯韦尔的精神女奴居心叵测地临幸此地，想把她的丈夫诱出百无一失的避难所去领受万无一失的死亡。她遇到了不少困难。她已经到了城门口，达伦雷的父亲伦诺克斯的使者拦住了她。老伦诺克斯疑虑重重：好几个月来，这个女人怀着强烈的憎恨躲避他的儿子，如今她怎么突然关心起来了呢，还匆匆赶来探视病人？老人预感到祸事即将临头。伦诺克斯也许想起，每当玛丽·斯图亚特想赢得他儿子的好感的时候，她心里总是隐藏着什么自私的打算。好容易招架住使者的咄咄逼人的盘问，她侥幸到了病人的床边，而在病榻旁，她再度遭到怀疑。这是两面游戏的必然的后果。她为什么带来大车？达伦雷首先追问。他的眼睛里闪现出几许惊惶。她不由得强自镇静，免得被他的一连串问题问出真情。不能有一点嗫嚅，不能脸红，也不能脸色煞白。对博斯韦尔的惧怕，使她学会了装佯。纤纤素手和甜言蜜语，把达伦雷的疑忌平抚了下去。渐渐地，一点一滴地，消融了他的最后的意志而灌入了更强大的她的意志。到第一天的傍晚，事情已经成功了一半。

这一刻，深更半夜，她独自坐在昏暗阴冷的空房里。鬼火一般的烛光，万籁无声的寂静；听得见她最隐秘的思想的低语和被蹂躏的良心的叹息。她既无睡意也没有安宁，苦恼之极，一心想把她那揪心的郁闷向别人倾诉，在这难以排遣的思念和痛苦的时刻说上几句知心话。因为他不在身边，而在这人世间，她唯有同他可以谈谈那难以启齿的心事，除了他谁也不应该知道这件事，这件她自己都害怕向自己承认的可怖的罪行——正因为他不在身边，而手头凑巧有几张纸，于是她坐下来写信。一发便不可收。当夜没有写完，第二天的日间也没有写完，到第二天的深夜才结束：在信中，一个正在犯罪的人同自己的良心交战。身心交瘁，在剧烈的骚乱中写下了这些文字，由于感觉有些迟钝和疲惫而语无伦次，混合着愚蠢和深刻、灵魂的呼号、无聊的废话和绝望的呻吟；邪恶的念头萦绕不去，像是蝙蝠疯狂地盘旋着。忽而是鸡毛蒜皮的私房话，忽而备受折磨的良心发出哀鸣，变成令人毛骨悚然的绝叫。仇恨不时迸发，但是怜悯之情也随时把仇恨压了下去。而贯串始终的，凌驾于一切之上的，是她对那唯一的亲人的爱。那个人的意志压迫着她，那个人的手把她推进了深渊，而她的汹涌澎湃的爱情却泛滥漫溢着，炽烈如火。突然，她发现纸已用完。于是她拿起一张已经写了几行的账单接着写，只求这样写下去，不断写下去，只求别被这恐怖憋死，别被这寂静闷死。紧紧抓住他，哪怕说上几句话也好；紧紧抓住他，这个人可是同她拴在一起，息息相关，血脉相通。但在这当口，在她哆哆嗦嗦的手中的笔仿佛自动地在纸上飞掠而过的时候，她察觉信中的缀文措辞全都不甚恰当妥切；她管不住自己的思想，理不出个头绪。她似乎是以脑子的另一半意识到了这一点，求博斯韦尔把她的信看上两遍。但，正因为这封长达三千字的信缺乏一条白日意识和理智的线索，思路含含糊糊，隐隐约约，缠夹不清，兜来绕去——正因为这样，这封信成了一份独特的、独一无二的人类心灵的文件。写信的不是一个理性的人；不是的，在疲乏和狂热的迷离恍惚中，一般不易为人们窥见的潜意识在这里冒了出来，赤裸裸的情感抛弃了端庄和廉耻的最后一件外衣。清晰的旋律和含混的伴音，清醒的思想和她在神智完全正常时说不出口的念头，在情感的骚乱中交替出现。忽而，她又成了她，忽而，她和她自己打架。在激情的沸腾和喷发中，一切都乱了套，波涛起伏，奔腾咆哮。绝无仅有，也许只有寥寥几次，我们听到过这样的自白——犯罪时心灵和精神的过度紧张在这自白中表露得如此淋漓尽致。布坎南也罢，梅特兰德也罢，这些超级聪明人谁也做不到这样圆熟老到、这样洞察幽微、这样准确得出神入化地臆造出一颗惶惑的心的谵妄的独白，臆造出一个女子的恐怖的心境——这女子正在进行一场痛苦的犯罪，不知道有什么别的办法可以摆脱良心的折磨，只得给自己的情人写信，一直写下去，借以排遣和忘忧，自我辩解和说明一切。她一头扎进信里，免得在周围的寂静中听见她的心在胸腔里疯狂地跳动。人们不禁再次想起麦克白夫人。麦克白夫人也是穿着飘拂的睡袍，踯躅在黑魆魆的城堡，被恐怖的念头折磨煎熬，像个梦游症患者，在惊心动魄的独白中吐露了她的罪行。唯有莎士比亚们，唯有陀思妥耶夫斯基们，以及他们的最伟大的导师——现实，才创造得出这样的形象。

单单那开场白就够出色的了，深深地感动了人们的心。瞧这开头的一段话："我累了，睡意袭来，但我不能不写，只要有纸。……请原谅我的字迹潦草，如果有什么字你辨认不清，就让你的心来提示你吧。……不管怎么说，我仍然觉得高兴，因为我能够趁周围的人都在梦乡的时候给你写信。我反正无法成寐，我的心肝，我的宝贝，我的全部身心如此热切地渴望着你，渴望投入你的怀里。"她以强烈的诚挚叙述可怜的达伦雷见她突然来到是何等的欣喜：你仿佛亲眼看到了这可怜的、因为高烧而两颊绯红、脸上的痘疤还没有褪尽的小伙子。这些天来，他白昼黑夜都是孤零零地一个人躺在床上，想到他的灵与肉都忠实于她，而她却是如此无情地把他推开，把他从身边赶走，——一念及此，他便不由得痛苦万分。可是这一回，她来了，他的年轻美丽的恋人，这亲切的女子又来到了他的床边。这可怜的傻瓜幸福得都不相信自己——"别突然发现是一场梦"，他见到她是那么高兴，以致"害怕幸福得死了"。固然，有那么几次，一刹那间，冒出了往日的不信任，不曾收口的创伤再度发痒。这一切来得太突兀，简直叫人不可思议，但，这渺小的心，尽管常常上当，却仍然没有能力怀疑偌大气魄的欺骗。软弱的人甘愿希望，甘愿相信；虚荣的人轻易地以为人家爱他。不费吹灰之力便能叫达伦雷感动，叫他心软：他再次成了她的奴隶，又像杀害李乔之后的那个夜晚，求她原谅他叫她受了委屈。"你的臣民中不少人犯了悖逆你的罪，你都原谅了，我可是那么年轻。你会说，你已经不止一次原谅过我，可我还是犯同样的错误。但是，我这样年纪的人，一旦听信了歪主意，不是往往一而再、再而三地犯同样的错误、说过话不算数吗？不过，到后来，在痛苦的教训中学了乖，也会大彻大悟的。如果你能原谅我，我发誓，我绝不让你后悔。我对你别无他求，只希望我们作为一对忠实的夫妇形影相随，同衾共枕。如果你不愿意原谅我，那我宁愿从此再也不起床。……我对你倾心相爱；除了你，什么都不在我心上。我为此受了多大的罪，那是天主才知道的。……"

玛丽·斯图亚特的信在这里又把我们带到了远方的昏暗的房间。她坐在病人的床头，倾听他突然爆发的自白和表示恭顺的誓言。她胜利的时刻到了，计划十分成功，她又把这笨孩子哄得服服帖帖。但是她为自己的欺骗羞愧难当，高兴不出来。她为了险恶的目的操碎了心；同时，又由于嫌恶自己干这样卑鄙的勾当而深感苦恼。坐在病榻边的她，脸色阴沉，目光不敢直视，心神不宁，连达伦雷都察觉到自己的爱人有什么叫人发愁的秘密，正在为此而伤脑筋。可怜的、上当受骗的傻瓜竭力（真是天才的细节描写，是不是？）安慰那个欺骗他，背叛他的女子。他想给她鼓励，给她欢乐和希望。他求她当天留在他身边过夜。这倒霉的蠢家伙又一次做开了爱和柔情的清秋大梦。从玛丽·斯图亚特的信里，感觉得到这个软弱的孩子又轻信地倒向了她，感觉得到他已经相信了她，真是可怕！不成，他可做不到不理睬她；他为破裂多时以后的破镜重圆而无比喜悦。他请她亲手给他切一块烤肉。他说呀说呀，天真地吐露了他的全部秘密，指名道姓地把自己的朋友和耳目都说了出来；而且，对她和博斯韦尔的关系一无所知，承认他对梅特兰德和博斯韦尔有刻骨的仇恨。他表现得越是轻信，越是忘乎所以，便（那是非常自然的）叫那女子越加难以出卖这个软弱天真的傻孩子。与自己的意愿相反，她被这牺牲品的轻信和孱弱所感动，难以为情。她以最大的意志力强打精神，才能够把这出卑鄙的喜剧演下去。"我从来没有从他的嘴里听到过比这更加通情达理，比这更加温顺的言辞。如果我不了解他的心是蜡做的，那么，我的心绝不会比金刚钻还坚硬，除非是你的吩咐，其他任何人的命令都强迫不了我抑制我的同情。"看来，她对这可怜虫的仇恨已经消泯。这可怜虫一张灼热的脸凑在她面前，一双贪婪的、含情脉脉的眼睛死盯着她。她把这个愚蠢的说假话的能手给予自己的气恼忘得一干二净。她真心想救他。她一阵愤懑，把全部罪责都推给了博斯韦尔："倘若是替我自己报仇，我是绝不会这样干的。"只是为了爱情，而不是为了别的什么，她才去干如此卑污的欺骗，辜负他那天真的信任。她不由自主发出了抗议的哀号，听起来是那么的辉煌："你逼迫我装假作伪，叫我好生惊惧厌恶。你硬要我扮演叛徒的角色。但你得记住，要不是我愿意一切都听从你，我是宁死也不会这样干的。我的心儿在流血。"

然而，奴隶是不能抗争的。在鞭子疯狂的驱赶下，奴隶只会痛苦地呻吟。她在她的主宰面前俯首帖耳，只是恭顺地哭诉："我痛苦极了！我从来没有骗过任何人，可现在事事都顺着你。你至少得说句话暗示一下，你到底要我干什么。不管我会出什么事，我都会依从。你也考虑考虑，是不是使用什么草药更牢靠些。他打算去克雷格米勒，到那里的温泉去洗澡。"明摆着，她想替那个不幸的人想出一个比较舒服的死法，避免粗暴的、肮脏的暴力。倘若她多少还能当得了自己的几分家，不是整个儿地委身于博斯韦尔，倘若她保留了一点一滴的精神力量，还有一丝一毫的精神独立，她一定会（这是可以感觉得到的）救达伦雷。但是，她不敢不服从，因为她怕失去博斯韦尔，同时她又害怕博斯韦尔因为她答应干这样卑鄙的勾当而从此看不起她（真是天才的心理刻画，哪个作家都想不出来的）。她伸出双手乞哀告怜，央求他不要因此而"消损对她的尊敬，因为根子全都在他"。她跪在地上呼号：拿爱情来酬报她今日的痛苦吧！"我牺牲了一切——名誉、良心、幸福和庄严。你别去听你那虚伪的内兄的谗言，他可是要你同你过去和将来最最忠诚的恋人作对。你也别去睬她（博斯韦尔的妻子）满面虚情假意的眼泪。你眼睛望着我，望着我此刻违心去干的事情：我这样干，完全是为了得到她作为妻子的位子，为此我甘愿践踏我的天性。求天主宽恕我；我亲爱的朋友，求天主满足你最忠心最坚贞的恋人的愿望，赐给你种种幸福和不可计数的恩典。你的恋人希望不久就能被你看重，作为对她的痛苦的酬报。"谁要是以一颗没有成见的心从这些话里听出了辛酸的、凄恻欲绝的心声，便绝不会把这不幸的女子说成是杀人犯，虽然她在这些日日夜夜的所作所为，事事都导致了谋杀。因为，人们能够感受得到：她的不情不愿，她的嫌恶和抗议，都比她的情愿要强烈千百倍。或许，在某些时刻，这个女子更容易自杀而不是去谋杀。但，一个人一旦委身事人，命运莫不如此：既然放弃了自己的意志，便再也没有自由选择自己的道路。他只能侍奉别人，只能听命于别人。就这样，她跟跟跄跄，磕磕绊绊，步履维艰地向前走下去，被自己的情欲所奴役，成了一个不自觉的、同时又自觉得令人惊骇的情感梦游症患者，被卷进了罪行的深渊。

第二天，玛丽·斯图亚特已经全部彻底地完成了她该做的一切；最微妙、最冒险的一部分任务，她已经侥幸办成。女王祛除了达伦雷的疑忌——这可怜的愚钝的小伙子变得叫人认不出来，喜气洋洋，情绪好转了，一副自信的甚至幸福的样子。他还没有痊愈，还挺虚弱，满面痘疤，竟想同她亲热一番。对他来说，拥抱亲吻即已足矣，但玛丽·斯图亚特费了老大的劲，好容易才克制住她的厌恶，按捺住他的急切。服从她的意愿——一如她服从博斯韦尔的意愿，这奴隶的奴隶宣布同意随她回到爱丁堡。

他还在病中，脸上蒙着细呢面罩，免得叫人看见他变得多丑；他轻信地让别人把他从父母的坚如磐石的城堡中抬到一辆等在外面的大车上。牺牲品终于动身去屠场了。流血的粗活将由博斯韦尔来干。这臭名昭著的无耻之徒干起这活儿来胜任愉快，远比玛丽·斯图亚特的背叛轻松得多。

大车由马队护送着，在天寒地冻的大道上驶去：女王夫妇经过好几个月僵持不下的敌对后重归于好，一同回到爱丁堡。到爱丁堡什么地方？你会说，自然是到霍利鲁德喽，那是王宫，是帝王的舒适的住处。没那回事。威灵显赫的博斯韦尔不是这样安排的。国王没有回到自己的城堡：说是因为传染的危险还不曾过去。那么说，是到斯特林或者爱丁堡内堡这座高贵的、固若金汤的要塞吧？万不得已，他可以随便到哪一座高院大宅客居若干时日，至少可以去主教府栖身。也不是！出于一些十分可疑的情势，选定的是一幢极不起眼的、孤零零的房屋，过去根本谈不上供国王驻跸——绝不是老爷们居住的邸宅，何况又是坐落在颇成问题的地段，是在城墙外，林苑和荒地中间，是幢破败的、多年没有住人的房子，很难守御保卫。真是奇怪而意味深长的选择！你不禁会问，是谁的馊主意，把国王安置在寇克·奥菲尔德这幢偏僻得叫人疑心的房子，紧挨着恶名远扬的盗贼区。是谁？又是博斯韦尔插了一手！他如今可是苏格兰的至高无上的主宰。我们在这神秘的迷宫中，处处可以发现同一根红线。信函、文件、调查材料、血迹，一概都引向他那里。

这幢简陋的、配不上国王驻跸的小房子，孤零零地坐落在荒地中间；只有一座庄园同它毗邻，那是博斯韦尔一个走卒的产业。小房子一共才四个房间和一间门厅。楼下给女王安排了一间临时卧室。女王突然愿意不时来探视生病的丈夫，虽然前不久听都不想听人家提起他。另一个房间拨给她的贴身侍女们。楼上较大的一个房间由国王占用；旁边的房间给他的几个仆役居住。虽然这幢叫人疑心的房子里房间矮小，却不乏华美的陈设。从霍利鲁德运来了地毯和富丽的壁衣。玛丽·德·吉斯当年从法国带来了几张精美绝伦的床。这回专门为国王搬来了一张；另一张放在楼下，由女王自用。玛丽·斯图亚特忙得不可开交——她千方百计地显示她对达伦雷的体贴入微。一日数次，她带了全体侍从来探视他，给他解闷。要知道（不妨再一次提醒读者），她已经躲了他好几个月，简直把他看成是鼠疫病人。三个夜晚（从2月4日到7日），她离开了她的舒适的宫殿，在这幢偏僻的小房子里过夜，让爱丁堡人人都相信国王和女王已经和好如初。她故意地，甚至可以说是胡搅蛮缠地在全城面前大肆宣扬他们的美满生活、他们的鸾凤和鸣。女王的态度发生如此突兀的变化，众人的惊讶不难想象；尤其是列位勋爵，玛丽·斯图亚特前不久还同他们讨论过如何摆脱她的丈夫，如今他们却蓦地眼见这突如其来的、热烈而过于显露的恩爱！勋爵中悟性最高的梅里，大概已经心中有数——他后来的举动堪为佐证：他不曾有过须臾的怀疑，确信这幢偏僻得叫人奇怪的房子里在玩一场暧昧的把戏。于是乎，作为一位真正的权术家，他采取了他的措施。

或许，全城乃至全国只有一个人诚心诚意地相信女王的态度真的已经转变。那便是达伦雷——这位倒霉的丈夫。她的关怀迎合了他的虚荣心：列位勋爵前不久还瞧不起他，对他不理不睬，如今他不胜得意地看到他们急煎煎地挤到他床前来鞠躬致意，摆出一副关心的样子。他满怀感激之情，在2月7日写信给他的父亲，报告说，女王这回确实表现出是一位真心相爱的妻子；在她的精心照料下，他的健康大有起色。医生们预言他即将康复；脸上几乎已全无瘢痕。已经答应他搬回王宫——定于星期一上午来几匹马。再过一天，他就要回霍利鲁德去了，去和女王共享"床和餐桌"，重新主宰他的国度和她的芳心。

但是，星期一（2月10日）之前还有个星期日呢。星期日晚上，霍利鲁德有喜庆活动。玛丽·斯图亚特两个最忠心的臣仆举行婚礼，要办个豪华的婚宴和舞会，女王也俯允驾临。但是，这一天的节目不仅仅是这一桩大家知道的喜事；另外有一件事，其意义日后才被人充分认识。9日上午，梅里突然向妹妹告个短假，要离开两三天，到他的一座城堡去探望自己生病的妻子。这可不是个好兆头。因为每当梅里抽身退出政治舞台的时候，他总是有重大的理由这样做的。不管这里出什么事，是政变还是什么悲剧，他将来一概可以推得干干净净。谁要是感受到了这山雨欲来的形势，那么，眼见这个工于心计的、有先见之明的人趁风暴还没有发作就赶紧溜走，谁必定会惴惴不安。当初，在李乔被害的次日上午，他一脸清白无辜的神色，策马进入爱丁堡。至今不足一年，他又行若无事地离开此地。时间还是在上午。这一天注定要发生的罪行更加骇人听闻。但他让别人去坐蜡，他可是要保全自己的名誉和利益。

还有一个耐人寻味的征象。大概在这个时候，女王已经吩咐把她的豪华的御床和裘皮衾被从寇克·奥菲尔德运回霍利鲁德。这道旨意，本身倒是适时的：当天夜晚，盼望已久的舞会之夜，她反正要在霍利鲁德度过，而不是在寇克·奥菲尔德过夜；回到霍利鲁德之后，夫妇分居的局面便告结束。但是，这个赶紧要把贵重的御床运回去的急切的愿望，在日后研讨的过程中，引出了许许多多正常的或者蓄意歪曲的议论。下午和傍晚倒是没有即将发生悲剧的预兆；玛丽·斯图亚特的举止和平常没有丝毫不同。日间，她在朋友们的簇拥下探视了正在康复的丈夫。晚上，她同博斯韦尔、韩特莱、亚盖尔在她臣仆的婚礼上开心地宴饮。主要的一件事是（多么令人感动啊！说真的，太感动人了！）：虽然达伦雷就要到霍利鲁德来，她却冒着冬夜的严寒赶回寇克·奥菲尔德那幢偏僻的小房子，断然中止了席间热烈的谈话，只为在丈夫的床头再坐上半个来钟头，同他聊聊天。玛丽·斯图亚特在寇克·奥菲尔德坐到晚上十一时（不妨把时间记得确切些），这时她才回到自己的霍利鲁德。虽然夜色浓重，但远远就能望见服饰华丽的一队人马，火炬辉煌，灯笼通明，人声鼎沸，不时爆发一阵阵哄笑。城门洞开，好让爱丁堡人人日后都能证明女王是温柔的妻子，在探视病中的丈夫之后，回到了一对对舞伴正在提琴和风笛的伴奏下疯狂地旋转的霍利鲁德。兴高采烈、谈笑风生的女王再度加入了婚礼贺客的人群，过了午夜才去内宫就寝。

凌晨2时，一声巨响，大地震动。猛烈的爆炸，"好像是二十五门大炮同时开火"使空气都为之激荡。立刻看见一些可疑的人影从寇克·奥菲尔德拼命跑出来：国王在那偏僻的小房子里想必遭了什么横祸。全城的人都被惊醒，恐惧和惶惶不安，披衣下床。城门大开，几骑使者向霍利鲁德疾驰而去，带去了可怕的消息：寇克·奥菲尔德那幢孤零零的小房子同国王和他的仆役一起飞上了天。才在婚礼上喝了酒的博斯韦尔（显然是为了证明自己在他的那帮喽啰搞爆炸的时候不在现场）被人从床上叫了起来，睡眼惺忪，说得贴切些，装成刚刚睡过一场好觉。他匆匆穿上衣服，带了武装警卫赶往出事地点。达伦雷和一个睡在他卧室里的仆役横尸花园，只穿着贴身的衬衫。房子被火药炸成平地。博斯韦尔的踏勘，仅止于确定这个似乎他觉得极其突兀而悲痛的事实。其实，事情的真相他比谁都清楚，所以不必费事去调查经过情形，只是命令收尸，过半个钟头便回城堡。在这里，他向毫不知情、同他一样被人打断了好梦的女王报告案情，仅仅把事实端给她：她的丈夫苏格兰王亨利，已被不知姓甚名谁同时不知逃往哪里的歹徒杀害。

第十三章　上帝要谁灭亡，必先叫他疯狂

1567年2月—4月

激情的法力极大。它能使人迸发出空前的、超人的精力。它能够以它毫不松动的劲头，从最最稳重的心灵榨出非凡的力量，而且，不惮摧毁一切法律化了的道德规范和形式，走向犯罪。但是，它同样还有一个特点：在猛烈的冲动之后，激情的爆发仿佛也把自己消耗殆尽，渐渐黯淡熄灭。在激动中行事的激情罪犯之不同于天生的、怙恶不悛的真正罪犯，区别其实也正在于此。偶一为之的罪犯，激情罪犯，他们的力量一般只够用于犯罪的本身，极少还能应付犯罪的后果。一起意便动手，盲目地直奔自己的意图，把自己的全部精神力量都集中于唯一的目的。但是，目的一旦达到，事情一旦办成，也就泄了气，利落劲没有了，神志不清了，脑子不灵了。而工于心计的、清醒的罪犯却在这个时候开始同侦探和法官们斗智。他把最大限度的精神力量保留着用于事后的自卫，而不是像我们在激情罪犯身上见到的那样用于犯罪本身。

玛丽·斯图亚特对于博斯韦尔的依附，使她陷入了犯罪的情势，而她的勇气又不足以抗拒（在后人眼里，这一点并没有贬抑了她，反倒拔高了她）；因为，纵使她变成了罪犯，那也只是鲁莽灭裂的激情使然，不是出于她自己的意志，而是别人的意旨。起初，她没有力量消弭灾祸于未然；而后来，当事情已经干出来之后，她是全然手足无措了。她只能从两条路中选择一条：或者是怀着厌恶，坚决同博斯韦尔决裂，因为他确实走得太远，超出了她内心所能允许的限度，从此同他的所作所为一刀两断；或者相反，帮助他消灭罪迹，从而弄虚作假，戴上痛苦的假面具，不让别人怀疑他，怀疑她自己。但是，玛丽·斯图亚特没有这样做，而是采取了以她的处境最最轻率最最荒唐的做法——那就是什么事情也不做。她一声不吭，一无举动，而这十足的失魂落魄恰恰暴露了她自己。好像一具上了发条的玩偶，机械地做几个事先设计好的动作，她在恭顺的迷离恍惚中服从了博斯韦尔的一切命令：去格拉斯哥，安抚了达伦雷，把他引诱回家。但是，发条转到了头，机关停止了。正是在她应当装出悲恸欲绝、以感人肺腑的表演震动全世界，让全世界绝对相信她的清白时——恰恰就在这个节骨眼上，她疲惫不堪地扔掉了假面具，陷入了一种感情的麻木，可怕的精神痴呆，一种无法解释的木然，以嫌疑之身处于岌岌可危的境地，她却丧失了意志，根本不想去自卫。

人在危急关头有时会突然精神痴呆，似乎成了泥塑木雕，在特别需要装假、自卫和专心致志的时候，一无作为，漠然置之。玛丽·斯图亚特的精神痴呆，本身并没有什么与众不同。这一类心灵麻木，只是对极度紧张状态的正常反应，是自然向那些逾越了自然界限的人所做的报复。拿破仑在滑铁卢前夕，他的惊人的意志力荡然无存，像个木头人似的坐着，默不作声，也不发号施令，虽然正是在这个时候，在大难临头的时候，特别需要他的命令。他的力量突然不知流失到哪里去了，就像葡萄酒从破酒桶里漏走一样。奥斯卡·王尔德[1]在被捕前也是如此这般的麻木。朋友们及时给他报了信，他有足够的时间和金钱，可以坐上火车，然后横渡英吉利海峡亡命国外。可他也顿时精神痴呆，他坐在旅馆的房间里等着——不知等什么，等奇迹的出现或者是等自己的毁灭。唯有这样的类比（而这样的例子在历史上有过成千上万个）才能帮助我们明白玛丽·斯图亚特的举动，明白那几个星期内她的荒唐、愚蠢的无所事事，以致坏了事的举动（老实说，正是她这种举动引起了别人对她的怀疑）。在惨剧发生之前，没有任何迹象说明她同博斯韦尔沆瀣一气；她的格拉斯哥之行确实也可以理解成她打算同达伦雷和解。但是，达伦雷死后，他的遗孀立刻处于众人视线的焦点。在这时候，要么毫不含糊地显示她的清白，要么就得以真正天才的演技装假作伪。但是，这不幸的女子看来是摆脱不了对装假和说谎的恶心。她没有去设法打消别人的合乎情理的怀疑，而是完完全全地无动于衷，因而在全世界的眼里更加重了她的罪过，叫人看来可能甚至比真实情形更加罪孽深重。像是跳入深渊的自杀者，她闭上了眼睛，以便什么也看不见，什么也感觉不到，仿佛渴望遁入虚无，因为虚无之中没有痛苦的思考和怀疑，只有了结和毁灭。这样一个在犯罪中消耗了全部力量而后灭亡的激情罪犯，在世界犯罪学史上未必找得出如此典型得几近不正常的第二例。上帝要谁灭亡，必先叫他疯狂。

一位清白的、贞洁的、热爱丈夫的女王，半夜三更听到信使禀报可怕的噩耗，说她的丈夫刚遭不知何许人的歹徒杀害，她会怎么样呢？她会火烧火燎地跳起来，好像头顶上的天花板着了火。她会大喊

1　奥斯卡·王尔德（1854—1900），英国诗人、作家。

大叫，发疯似的要臣属立刻把罪犯缉拿归案。凡是有一星半点嫌疑的，都会被她关进监狱。她会呼吁人民支持，吁请外国君主把那些从她的国家逃亡到他们境内的人统统扣押起来。就像法兰西斯二世驾崩后一样，她会关在内室，锁起门，白日黑夜足不出户，好几个星期、好几个月不去想人世间的任何欢乐，弃绝了在朋友中间寻欢作乐的念头，更主要的是她会食不甘味，寝不安枕，非得把参加犯罪的歹徒以及可恶的窝藏犯——抓获处死，才能安下心来。

　　一个规规矩矩的、真正热爱丈夫的妻子，突然听到这样的噩耗，她的表现想来应该如此。不管听起来多么荒谬，按照情理推断，一个参与了犯罪的女子也必定会佯装出大致相同的情感。因为，及时戴上清白无辜、毫不知情的假面具，最能保护罪犯免遭怀疑。然而，玛丽·斯图亚特在惨剧发生之后表现出这般骇人听闻的冷漠，连最最天真的人都会为之惊愕。没有一丝一毫李乔被害时的那种愤怒，那种怨毒的怒火；也没有法兰西斯二世死后的那种忧郁的幽居。为了哀悼她第一位丈夫的死，她写下充满感情的悲歌。但她没有写诗去悼念达伦雷，而是在获悉噩耗之后仅仅几个小时，便泰然自若地签署了闪烁其词的致各国宫廷的函件，以便好歹说明一下凶杀案的情况，主要是为了洗刷自己。这奇特之至的通报，把什么都颠倒了。事情被描述成这样：仿佛凶手们主要是要谋刺玛丽·斯图亚特而不是达伦雷。按照这个官方的说法，阴谋分子误会了，以为女王夫妇在寇克·奥菲尔德过夜；纯属偶然，女王回去继续参加喜宴，才使她免于和国王同归于尽。玛丽·斯图亚特毫不犹豫地签字认可了彰明昭著的谎言：女王刻下还不知道谁是这桩罪行真正的罪犯，但她信赖御前会议的热忱和努力，已指示它进行侦查；女王拟对歹徒严加惩办，以垂训后世，作为千秋万代的鉴戒。

　　这般歪曲事实，是过分的明目张胆，骗不了任何人。爱丁堡全城的人都看见女王在晚上十点多钟率领一队人马，浩浩荡荡，火炬远照，从偏僻的寇克·奥菲尔德庄园回到霍利鲁德。全城的人都知道她不在丈夫身边过夜。因此，在黑暗中窥伺的凶手们在三个小时之后把房屋炸毁时肯定不是要暗杀她。再说，爆炸也只是为了掩人耳目，达伦雷八成是被事前潜入屋内的歹徒扼死的。官方通报明显的漏洞百出，无非是叫人更感到这件事有蹊跷。

但是，说来也怪，苏格兰竟没有人吭气。在那一段时间里，不仅是玛丽·斯图亚特的冷漠叫全世界震惊，苏格兰举国上下的冷漠也震动了全世界。你想，出了这样一件难以置信的事情，连我们的血淋淋的历史上都是闻所未闻的。苏格兰国王在本国首都被害，而且是被炸毙命。可又怎么样呢？全城的人都又惊又怒而浑身打战吗？贵族和列位男爵都从各自的城堡赶来保护似乎有生命危险的女王吗？布道师们在讲台上呼吁复仇吗？当局采取必要的措施去揭露凶手吗？城门关上了吗？拘留了成百名嫌疑犯，将他们严刑拷打吗？封闭了国界吗？苏格兰全体显贵舁着死者的遗体在大街上隆重地出殡吗？在广场上搭了灵柩台，供着香烛和火炬吗？召集了议会以听取关于这桩空前的罪行的报告并做出判决吗？为王事尽力的列位男爵集会吻着十字架宣誓要追捕凶手吗？统统没有！雷轰电闪之后是奇怪的、不祥的寂静。女王并没有向民众发出号召，而是在宫里闭门不出。列位勋爵都保持沉默。梅里也好，梅特兰德也好，都毫无动静。所有曾经跪在国王面前的人都不露面。他们既不谴责凶杀也不赞扬凶杀，而是小心翼翼地躲在暗处等待事态的发展。看来他们暂时还不愿意把弑王罪行公开化，因为他们这样或那样都是完全知情的。连市民也只是锁起门来窃窃私语，交换一些猜测之词。他们知道，小人物最好别去管大人先生们的闲事，不然，弄不好就会代人受过。总而言之，一开头，凶手们得其所哉：出了一件事，纵使令人遗憾，但也没有什么了不得的。整个宫廷、全体贵族和民众竭力对弑王罪行装聋作哑，如此可耻的怯懦，在欧洲史上似乎还不曾见过。人人都奇怪，官方竟忘了采取起码的措施去查明案情。警察和司法机关都没有去察看犯罪现场，没有记录证词，没有一份多少比较详细的案情报告，没有发布说明这一神秘案件的告民众书。总之，当局千方百计把这件案子压下去。死者的尸体没有做医学和司法检验。直到今天都不知道达伦雷到底是被扼死还是被捅死还是被毒死（在花园里找到尸体时，死者的脸发黑），然后凶手们不惜大量炸药把房屋炸毁。为了避免不必要的议论，不让闲人看到尸体，博斯韦尔悍然把它匆匆埋掉。快些把亨利·达伦雷埋到地下吧！快些把这肮脏的事件忘掉吧！可别暴露了！

然而，人人都注意到，都感觉得到，是那些身居高位的贵人同谋杀案有牵连——因为当局竟懒得为苏格兰王亨利·达伦雷举行得体的葬礼。遗体不仅没有安置在灵柩台上供众人隆重地告别，不仅没有在全城举行以悲恸欲绝的未亡人和全体勋爵、男爵为先导的大出丧。没有任何人放炮，没有任何人打钟；偷偷地，趁着黑夜，把棺材抬到了小教堂。没有任何排场，没有任何仪式，在怯懦的匆忙中把苏格兰王亨利·达伦雷的遗体放入墓穴，仿佛他倒是凶手而不是别人的仇恨和难填的欲壑的牺牲品。然后……望了弥撒，便各自打道回府！别再让这不幸的灵魂扰乱苏格兰的宁静了吧！上帝要谁灭亡，必先叫他疯狂……

玛丽·斯图亚特、博斯韦尔和列位勋爵满心愿意棺材板一合上，便了结了这桩龌龊的公案。但是，为了避免发生不必要的问题，同时也免得伊丽莎白埋怨他们不出力揭露罪行，决定做做样子表示他们并非无所事事。博斯韦尔为了逃避真调查而搞了一场假调查：用这个小小的让步来应付舆论，希望人们以为当局正在努力追缉"神秘的凶手"。话说回来，全城的人都知道凶手的姓名：监视庄园，采购大量火药，并把火药一袋袋运往那幢房子，都得有许多同党。无怪乎有人被认出，城门口的卫兵也清清楚楚地记得夜里爆炸后不久哪些人被放进了城。但是，玛丽·斯图亚特的御前会议成员如今其实只有博斯韦尔和梅特兰德两个人（一个参与了谋杀，另一个是包庇犯）。他们只需照照镜子，就可以看到真正的罪魁祸首。因此，"神秘的歹徒"的说法仍然不变，甚至昭告全国：凡能指出罪犯姓名者，定赏两千苏格兰镑不误。对于贫穷的市民来说，两千苏格兰镑可是一笔叫人动心的数目。但是，人人都明白，谁只要多一句嘴，腰上就会被人捅一刀，那两千镑是到不了手的。博斯韦尔建立了军事独裁之类的秩序。他的喽啰们——边防军——威风凛凛地在全城大街小巷驰马，他们挥舞的武器足够镇住老百姓，叫他们谁都不敢胡说八道。

但是每当权势者企图用暴力压制真理的时候，真理会通过机变来捍卫自己。白天堵住真理的嘴，真理会在夜间说话。悬赏的第二天早晨，市场上就发现了揭帖，凶手们的名字赫然在目。有一张揭帖居然贴到了女王的城堡霍利鲁德的大门上。一份份揭帖都直截了当地点出了博斯韦尔和他的同党詹姆斯·巴尔福，以及女王的内侍巴斯蒂安·李乔和朱瑟佩·李乔。有的揭帖还提到别人。但是有两个人的名字是每张揭帖里都必定出现的，那便是博斯韦尔和巴尔福，巴尔福和博斯韦尔。

倘若玛丽·斯图亚特不是被魔鬼控制了她的情感，倘若她的理性和思考能力没有被强烈的激情所淹没，倘若她的意志不是如此听人摆布，那么，既然民众的声音这般清晰，她就只能有一个办法——放弃博斯韦尔。她的昏聩的心灵里只要还保留了一星半点理智，那么，她本来是应该坚决同他一刀两断的。她本来应该立即同他断绝一切来往，先用巧妙的手腕"正式"证明了他的无辜，然后再用冠冕堂皇的借口把他撵出朝廷。她最最不该做的，便是让这个几乎被全体男女老少明里暗里都说成是杀害她夫王的凶手在苏格兰王宫里当家做主，无论如何她不该让这个被舆论斥为匪帮头子的人负责侦缉"神秘的歹徒"。但是，更糟糕更荒唐的是，揭帖中除了博斯韦尔和巴尔福之外，还提到玛丽·斯图亚特的两名内侍——大卫·李乔的两个兄弟巴斯蒂安和朱瑟佩，说他们是博斯韦尔和巴尔福的同党。在这种情况下，玛丽·斯图亚特首先应该怎么办呢？不言而喻，应该把众矢之的的那些人交付法庭审判。可是玛丽·斯图亚特没有这样做（在这样的事情上，缺乏远见等于是愚蠢和自我暴露），她悄悄地把那两名内侍放出宫外，给了他们护照，帮他们匆匆地偷越了国境。总之，她的所作所为不符合法律和名誉的要求，恰恰相反：不是把嫌疑犯交给法庭，而是协助他们逃跑；作为包庇犯，她自己把自己送上了被告席。然而，她的自杀性的愚蠢还不仅仅限于这一些。只要提一桩就够了：那些日子里，没有一个人见她流过一滴眼泪；她没有静静地待在她的卧室里持服四十日，虽然这一回服丧的理由要比上一次多一百倍。她好不容易等过了一个星期，便离开霍利鲁德，到塞顿勋爵的城堡去做客。这个未亡人连宫廷礼仪的起码的虚面子都不顾，简直是冒天下之大不韪——这可不是向全世界挑战嘛！她在塞顿城堡接见了一位客人。接见了谁？还是那个詹姆斯·博斯韦尔，而他的图形（标着"弑君犯"的字样）那几天正流布在爱丁堡的街头。

然而，苏格兰不等于是全世界。倘若居心卑污的列位勋爵以及吓怕了的市民惴惴地保持着缄默，仿佛国王遗骸一落葬他们便对罪行失去了任何兴趣似的，那么，伦敦、巴黎和马德里的宫廷对这场骇人听闻的谋杀却不是冷冰冰的无动于衷。对苏格兰来说，达伦雷是个外人，他遭到众人的憎厌之后，便被人家用惯常的办法一脚踢开了。然而欧洲各国宫廷却不是这样看待达伦雷的。在他们看来，他是国王，是奉天承运的君主，是欧洲天潢贵胄中间的一员，身份同他们一样的神圣不可侵犯。因此，他的事同他们有切身的关系。自然，没有一个人相信那谎话连篇的通报：全欧洲一开始便认定博斯韦尔是这场凶杀案的主谋，而玛丽·斯图亚特则是他的代理人，甚至罗马教皇和他的使节都义愤填膺地谴责了这个丧失理智的女子。但是，外国君主们所关心的，他们为之激动的，并不是谋杀的本身。在那个世纪，人们并不太在乎道德，并不那么斤斤计较某个人的生命。自马基雅维里以降，在任何一个欧洲国家，对政治谋杀都是睁一眼闭一眼。这一类例子几乎在每一王朝都有过。亨利八世需要摆脱他的那些妻子时是不择手段的；腓力二世极不愿意回答有关他亲生儿子堂·卡洛斯被害的种种问题；博琪亚家族[1]所以臭名昭著，那出名的毒药功劳不小。他们和玛丽·斯图亚特的区别仅仅在于：每个君主，不管他是谁，都害怕沾上一丝一毫同谋的嫌疑，犯罪的事让别人去干，自己不能弄脏了手。他们唯一希望于玛丽·斯图亚特的，无非是好歹做做样子，替自己洗刷一番；他们最恼火的，是她那荒唐的冷漠。外国的君主惊奇地（后来又添了几分恼怒）注视着他们的缺心眼的、失去了理智的姐妹——她竟懒得动动指头去为自己辩白。通常的做法是绞死或碟死一两个小人物，而她却只是打球玩乐，仍然选那个超级罪犯博斯韦尔做她的玩伴。玛丽·斯图亚特忠心耿耿的驻巴黎使臣以真挚的惶惑不安的心情向她报告，国外对她的无所作为观感不佳："此处对您横加诋毁，污蔑您是罪魁祸首；有人甚至说罪犯是奉旨行事。"这位神职人员直率

1　罗马望族，代表人物契萨雷·博琪亚(1476—1507)是马基雅维里心目中的标准君主。

得足以使他流芳万世，向他的女王进谏，倘若她再不坚决彻底地赎罪补偿，"那么，您还不如死去，丧失您拥有的一切。"

这是一位朋友的直言。那失足的女子只要还保留着半点理性，只要还有一丝一毫的意志，她就会振作起来，控制住自己。伊丽莎白的唁函，口气更加坚决。因缘遇合这个东西真是奇怪：玛丽·斯图亚特经受着她一生最恐怖的磨难；在这个痛苦的时刻，世界上最能够理解她的女子、最能够理解她的人，恰恰正是那个老冤家对头。像是照镜子，伊丽莎白想必在这事件中看到了她自己。她可是也有过这样的经历。在当初热恋达德雷·莱斯特时期，她也蒙受过可怕的、似乎也是如此有的放矢的嫌疑。这回，横梗在恋人道路上的是丈夫；而那一头是妻子。唯有除去那妻子，有情人才能成眷属。伊丽莎白是知情还是不知情，世人是永远无法知道的。反正出了一件可怕的事——一天早晨，发现罗伯特·达德雷的妻子艾梅·罗布萨特惨遭杀害；同达伦雷案如出一辙，凶手也是"神秘的歹徒"。一时物议汹汹，纷纷指责伊丽莎白，恰似今日指责玛丽·斯图亚特一般。连当时还是法国王后的玛丽·斯图亚特本人，也轻率地挪揄她的表亲，说伊丽莎白打算"嫁给她的身兼杀妻官的御马官"。正像今天的看待博斯韦尔，全世界都把莱斯特看成凶手，而把女王看成是他的同党。想起当日经历的风波，伊丽莎白不禁同情这个前世宿缘的骨肉，成了后者最好的、确实真诚的军师。当初，伊丽莎白聪明地毅然决然下令调查，调查自然是一无结果，但总算是调查了。主要的是，她堵住了众人悠悠之口，放弃了她梦寐以求的愿望——同莱斯特结婚，因为人人都很清楚莱斯特同谋杀案有牵连。这一来，她便撇清了干系。伊丽莎白建议玛丽·斯图亚特也采取这样的策略。

1567年2月24日的信所以引人瞩目，还因为这封信确实是**伊丽莎白**的信，一个**女人**的信，一个人的信。"夫人，"伊丽莎白在这封动情的信中激动地说，"您的亡夫亦即我的夭殇的表亲被害，令人痛心疾首。噩耗传来，我是如此的惶惑，如此的沮丧，如此的震惊，以至至今无法搦管提及此事。不管我的感情是如何地催我为我的至亲一掬哀悼的热泪，然而平心而论，您比他更叫我悲伤。夫人啊，倘若我不挺身而出保护您的名誉而是竭力说些中听的话，那便是没有尽到责任，不配做您的忠实的表亲和诚挚的朋友。因此，我不愿隐瞒到处不胫而走的关于您的谣言。人们传说您对侦查工作打算不了了之，避免拘捕那些理该关押的人犯，以致人们以为凶手的行动曾获得您的准许。请您相信我，人世间任何财富都引诱不了我，使我生发出如此荒谬绝伦的猜度。我绝不会在我的心中容留如此恶毒的念头，绝不敢对一位女王有如此恶劣的想法，特别是对您，但望您万事亨通，一如我的心愿或者顺遂您的心意。正因为这样，我向您吁请，向您央告，向您祈求：听我的劝告吧，别害怕触动您最亲近的人，既然他有罪，别听从任何游说以致妨碍您向全世界表明您既是高贵的君主又是贤淑的女子。"

这个假仁假义的女王，她一生所写的信札中，大概没有比这封信更诚恳更有人情味的了。它应该像枪声一样振聋发聩，促使那昏头昏脑的女子回到现实中来。别人再一次向她指控了博斯韦尔，再一次义正词严地说服她：她如果稍有宽纵，本身也会暴露，会被人认为是同谋犯。但是玛丽·斯图亚特在那几个星期里的状态（得一再强调这一点），是俯首帖耳、唯命是听的状态。她不知怎么"可耻地爱上了"博斯韦尔，以致伊丽莎白的一个耳目向伦敦报告，"据她说，她愿意抛弃一切，只穿一件衬衣跟他去天涯海角"。她对人们的劝告不理不睬，她的理智已经控制不了热血的沸腾。因为她忘掉了自己，她以为世界也会忘记她，忘记她的行为。

玛丽·斯图亚特的无所作为，一度（三月份整整一个月）好像颇有道理。苏格兰举国上下都保持着沉默；司法当局似乎又聋又瞎；博斯韦尔全力以赴（真是空前绝后），却抓不住那个"神秘的歹徒"，虽然家家户户、街头巷尾都在小声传布那些歹徒的姓名。人人都知道，都点出了他们的名字，可谁也不敢为了赏格拿自己的生命冒险。但是到底有人说话了。死者的父亲伦诺克斯伯爵，是国内最有势力的贵人之一。他理直气壮地抱怨，那么些天过去了，当局没有采取任何认真的措施去缉捕惩办杀害他儿子的凶手。他的抱怨，是没法拒绝给予答复的。同凶手双宿双飞而对包庇犯梅特兰德言听计从的玛丽·斯图亚特，她的答复自然是躲躲闪闪。她说，她将尽力而为，责成议会进行调查。但是这种答复有多大价值，伦诺克斯十分清楚，于是重申了他的要求。他声称，贴满爱丁堡大街小巷的揭帖都点了名，先把那些人抓起来。要求表述得如此明确，比较难以答复。玛丽·斯图亚特又搪塞了一番：她倒是很愿意这样办，不过，揭帖中提到的名字太多，而且言人人殊，被点名的人彼此没有什么关系，只得请伦诺克斯自己说说，他怀疑的是谁。明摆着，她希望伦诺克斯畏惧那个在全国实行恐怖统治的威灵显赫的独裁者，从而不敢说出博斯韦尔这危险的名字。但是伦诺克斯这当口已经获得了支持，勇气陡增：他同伊丽莎白接上了头，托庇于后者。他明确地，毫不含糊地，开门见山地，叫大家十分尴尬，开了张名单，把他要求立案调查的人囊括以尽。名列榜首的是博斯韦尔，然后是巴尔福、戴维·查默斯以及玛丽·斯图亚特和博斯韦尔手下其他几个比较次要的角色——两位主子早就多方设法把他们送到了国外，免得他们在拷打之下多嘴多舌。沮丧的玛丽·斯图亚特终于明白她再也演不成喜剧，再也不能把侦查一事敷衍过去。她猜到，伦诺克斯的坚持是伊丽莎白在作怪，是伊丽莎白的力量和威信在起作用。这时候，喀德琳·美第奇也以极其尖刻的口气通知玛丽·斯图亚特：她将从此名誉扫地，苏格兰今后不必再指靠法国的友谊，除非她进行认真而公正的法庭侦查以弥补谋杀的罪行。玛丽·斯图亚特没有其他办法，只有急转弯，停演"乌有"调查的喜剧而推出另一出公开审理的喜剧。她不得不同意让詹姆斯·博斯韦尔到贵族法庭接受审判（小角色可以先放一放，回头再说）。3月28日，伦诺克斯伯爵得到正式邀请，请他去爱丁堡，以便在4月12日向博斯韦尔提出控告。

然而，博斯韦尔并不是那种甘心服罪、乖乖地、怯生生地赶去见法官的人。他没有拒绝应战，那只是因为他打算动用一切手段谋求宣告无罪而不是被判刑。他劲头十足地着手准备。首先，他怂恿女王把全国各地的要塞都交给他指挥。一切现有的武器弹药都由他直接掌握。他知道，强权即公理。同时，他把他那一帮边防军统统召集到爱丁堡，把他们装备起来，仿佛要打一场大仗。这无恶不作的家伙不知羞耻为何物，以他特有的肆无忌惮和厚颜无耻，在爱丁堡建立了名副其实的恐怖体制。他公然宣称："我一旦搞清楚是谁的人在全城张贴无头榜文，就要拿他们的血来洗我的手。"这是对伦诺克斯最严重的警告。博斯韦尔来来去去都是一手按着腰间的匕首。他的部下也同他一模一样，挥舞着匕首满城乱窜，干脆爽利地宣布他们绝不允许别人把他们的头头当作罪犯揪到法庭上去。瞧伦诺克斯敢到这里来诬赖他！瞧哪个法官敢把这位苏格兰的独裁者定罪！

这些备战活动被大事张扬，使伦诺克斯对自己的下场再也没有怀疑。谁也没有禁止他到爱丁堡来控告博斯韦尔，但是控告后，博斯韦尔绝不会放他活着出城。伦诺克斯再度向他的靠山伊丽莎白求援。伊丽莎白毫不犹豫地给玛丽·斯图亚特写了一封十分强硬的信，警告她，要她趁早别纵容如此明目张胆、无法无天的行径，免得人家怀疑她同他们狼狈为奸。

"夫人，我本不该写这封信来烦扰您，"伊丽莎白在极度愤怒中这样写道，"可是，要我们仁爱待人的圣训叫我不得不这样做，不幸的人的哀求叫我不得不这样做。夫人，我知道，您已经下旨审理谋杀尊夫亦即先表亲的嫌疑犯案件；开庭定于本月12日。完全可能有人会耍阴谋诡计，玩弄各种各样奸恶的花样，您千万别让他们干扰了审理。死者的父亲和友人恭顺地求我向您呼吁，请您延期开庭——据他们所知，某些无耻之徒正在设法用武力获取他们用正当手段得不到的东西。因此，我不得不进行干预，这，一方面是为了安抚在如此骇人听闻的罪行中无辜受害的人，另一方面也是出于对您的爱，而您同这件事关系最大。因为即使您不觉得自己有罪，仅仅如此放任姑息便足以使您失去王位，被交给庶民，由他们凌辱。与其这样身败名裂，我倒宁愿您清清白白地死去。"

这样再次贴近直射那污浊的良心，本该唤醒麻木的、冷酷的感情。但是我们没有任何把握说，这在最后关头发出的警告及时传递到了玛丽·斯图亚特手中。那个胆大妄为、桀骜不驯的家伙天不怕地不怕，英国女王根本不放在他眼里。他的鹰犬叫伊丽莎白的送信专使吃了闭门羹，不让进宫，说是女王正在休息，不能接见。替一位女王给另一位女王送信的使者困惑莫解，在爱丁堡的街头踯躅徘徊，不知道该怎么办。最后他得见博斯韦尔，把信交给了后者。那幸臣立刻放肆地拆开了信，当着专使的面浏览一遍，满不在乎地塞到兜里。天晓得他到底把信给了玛丽·斯图亚特没有。反正这也无关宏旨，那俯首帖耳的女子早就对她的主人百依百顺。后来人们传说，当博斯韦尔由他的歹徒马队护卫着去托尔布特的时候，玛丽·斯图亚特竟在窗口向他挥手，仿佛祝愿这彰明昭著的杀人犯在即将开场的审判喜剧中获胜。

但是，即使伊丽莎白的最后警告未能到达玛丽·斯图亚特的手中，也不能因此而说，其他任何人都没有提醒过她。开庭前三日，她的异母兄梅里谒见过她。梅里要做一次长途旅行，特来告别。他突然想去法国和意大利，看看威尼斯和米兰。根据以往屡次的经验，玛丽·斯图亚特本该知道梅里如此匆匆地从政治舞台上隐退预示着气候的变化，他想以他令人瞩目的缺席预先抗议丢人现眼的审判滑稽剧。其实，梅里也不曾隐瞒他出走的真实原因。他毫不顾忌地说他曾经打算把詹姆斯·巴尔福作为谋杀案主犯之一拘捕，但遭到百般袒护同党的博斯韦尔的阻挠。一个星期之后，梅里在伦敦公开向西班牙使臣德·席尔瓦宣称，继续留在国内会玷辱他的名誉，"因为在那里，如此令人发指的罪行没有受到制裁"。他这般到处宣扬，大概对他妹妹也不会说不出口。确实，当玛丽·斯图亚特同他道别时，许多人看见她潸然泪下。然而，她没有力量把梅里留下来。自从她把自己的灵和肉都给了博斯韦尔之后，她再也没有力量做任何事情。她只能俯仰由人，成为他手中懦弱的玩偶，因为在她身上，女王已经降服于炽烈而被征服的女性。

审判闹剧在4月12日以肆无忌惮的挑衅开始，以同样肆无忌惮的挑衅结束。博斯韦尔前往托尔布特的法庭大厦时，模样活像是去冲锋陷阵——胯旁佩剑，腰带里还插了一柄匕首，由他的喽啰簇拥着，人数的估计显然是夸大了的，说是有四千人左右。至于伦诺克斯，按照早已过时的敕令，允许他带进城的随从不得超过六人。仅此一端，便显出了女王的偏心。伦诺克斯不敢上法庭，不敢马上去碰森严的刀戟。他知道伊丽莎白已致函玛丽·斯图亚特，要求延期开审。他觉得自己有了这样的后台，便派了一名家臣去托尔布特宣读他的抗议。法官们一半是吓破了胆，一半是被土地、黄金和荣华所贿买，看到原告缺席，不禁松了一口气，因为这倒是一个妥当的借口，可以避免做出不妥当的审判。经过号称慎重认真的商议（其实事先一切都已决定好了），可耻地利用了"原告缺席"的条款，一致判决博斯韦尔无罪，——说他"与该弑王案"丝毫无关。这样一种站不住脚的判决是任何一个正派人都不能满意的，博斯韦尔却把它当作自己的胜利来对待。他骑马巡行全城，炫耀武力，不时拔剑挥舞，大声吆喝，向任何一个现在还胆敢指控他是谋杀国王的凶手或至少是帮凶的人挑战。

轮子以令人眼花缭乱的速度滑下坡——滚向深渊。惶恐的市民小声地嘟哝，嗟叹法律遭到史无前例的践踏，而玛丽·斯图亚特的朋友们只是痛心地面面相觑，无可奈何地摆摆手。这个发了疯的女子，任何警告，她都不放在心上。她最好的朋友梅尔维尔写道："这位善良的女王冒冒失失地奔向自己的灭亡，谁都没法警告她避开危险，也没法拉住她。眼见这种情形，令人十分痛心。"是的，玛丽·斯图亚特谁的话都不想听，她不需要任何警告。她被神秘的诱惑所左右，什么傻事都干得出来。这沉浸在爱河中的女子一个劲儿地朝前冲，从不左顾右盼，不闻不问，一路飞奔，直至毁灭。博斯韦尔向爱丁堡全城的人挑战的日子叫人没齿难忘。不久，她又得罪了全国的子民，把苏格兰的最高荣誉给了那个怙恶不悛的歹徒。女王在议会开幕的那一天车驾临幸时，叫博斯韦尔在她前面捧着国宝——王冠和玉笏。这么一来，再也没有人怀疑：博斯韦尔今天双手捧着王冠，明天就会把它戴到自己的头上。确实，博斯韦尔不是那种长时间藏藏掖掖的人（这骁悍的佣兵队长身上，正是这一点每每叫我们特别欣赏）。他放肆地、坚决地、公开地追逐他朝思暮想的至宝。他不顾羞耻和良心，强迫议会把全国最最坚固的要塞丹巴尔送给他，以奖励他的"丰功伟绩"。况且，既然列位勋爵全体到会，又都听他的，博斯韦尔便逼迫他们走出最后一步——同意他同玛丽·斯图亚特结婚。议会活动结束后的晚上，博斯韦尔作为大贵人和军事独裁者，邀请那伙人在艾因斯雷酒家吃晚饭。席间放怀畅饮，大多数人喝多了——叫人不禁想起《华伦斯坦》[1]中出名的那场戏，之后，他提出要列位勋爵在盟约上签字。这盟约规定，列位勋爵不仅有责任在博斯韦尔遭到诽谤者攻讦时保卫他，还应该推荐这位"高贵而强大的爵爷"做女王的丈夫。在这臭名昭著的文契中写着，既然博斯韦尔被本国全体世卿一致认为无罪，而女王陛下又嫠居未嫁，那么，"体念大众的福祉，她理应下嫁她的一位臣子，亦即我们提及的爵爷"。他们"在上帝面前起誓"，支持该爵爷，并保卫他以反对任何企图干扰或阻挠这一婚事的人，为此不惜自己的鲜血和产业。

在场的勋爵中只有一人利用宣读盟约之后众人不知所措的机会，悄悄离开了酒家。至于其他人，或许是因为房屋已被博斯韦尔的武装喽啰包围，或许是因为暗自打定了主意，一到合适的时机便背弃博斯韦尔强加给他们的盟约，于是草草地在盟约上签了字。他们知道，白纸上的黑字可以用殷红的鲜血洗得干干净净。因此，谁也没有多加考虑：对这一帮子人来说，大笔这么一挥又算得了什么！人人都签了名，继续觥筹交错，纵酒作乐。其中最最兴高采烈的是博斯韦尔。觊觎已久的至宝终于到手，他终于达到了目的。过不了几个星期，我们在《哈姆莱特》中视为诗的夸张，视为向壁虚构的故事，在这里即将成为现实：女王"在送葬的时候所穿的那双鞋子还没有破旧"[2]，就同杀害她丈夫的凶手走向婚礼的圣堂。上帝要谁灭亡，必先叫他疯狂。

1　席勒的戏剧。

2　语出《哈姆莱特》。

第十四章 走投无路

1567年4月—6月

随着"博斯韦尔"这出悲剧的逐步展开而趋向高潮，我们内心仿佛有一种感受，迫使我们情不自禁地一再想起莎士比亚。这出悲剧的外部情节同《哈姆莱特》相似是无可争辩的事实。在两出悲剧里，都是一位国王被他妻子的情夫伤天害理地干掉。在两出悲剧里，都有一个寡妇不顾廉耻，急急忙忙地要同杀害自己丈夫的凶手结婚。在两出悲剧里，都有谋杀所产生的力量在不间断地起作用；两桩谋杀都是干起来容易而掩饰起来困难，脱身也困难。这些相似之处，足够让人惊讶的了。然而，莎士比亚笔下的苏格兰悲剧[1]有许多场面和历史上真实有过的苏格兰悲剧更是相像得出奇，给人的感受更加强烈更加深切。莎士比亚的《麦克白》，有意无意地脱胎自"玛丽·斯图亚特"一剧的氛围。诗人安排在邓西嫩城堡的事，其实是前不久发生在霍利

1　即后文中的《麦克白》。

鲁德。在此在彼，都是那种事成之后的孤独感、沉重的内心压抑；都有使人害怕的酒宴，宾客们不敢在酒宴上畅饮，一个个悄悄地逃席而去，其时，灾祸的黑乌鸦哑哑地报凶，在房子上空盘旋。有时都叫人说不清：是玛丽·斯图亚特整夜整夜地不能成寐，被良心百般折磨，神志不清，在宫内徘徊呢？还是麦克白夫人在企图洗掉沾满鲜血的手上无形的血迹呢？说不清我们的面前是博斯韦尔呢还是麦克白？他越来越坚决、越来越执拗、越来越嚣张狂暴地对抗举国上下的仇恨，同时又明知自己空有偌大的权势，终有一死的凡人毕竟斗不过不灭的鬼魂。在此在彼，原动力都是女人的欲念，而男人则是执行者。不过，这两出悲剧中特别相像的是那种气氛，是痛入人物心髓的忧悒——误入歧途、受尽煎熬的心灵，男人和女人，被同一桩罪行拴在一起，彼此拉扯着坠入灭亡的深渊。这两出苏格兰悲剧，一出是撰著而另一出是实有其事，它们把犯罪心理以及被害者对凶手的神秘的影响力表现得如此淋漓尽致，在世界史及世界文学中堪称空前。

这种相像，这种惊人的类似仅仅是偶然吗？也许，应该承认莎士比亚的创作对实有其事的玛丽·斯图亚特悲剧作了诗的、哲学的阐释？童年的印象长留诗人胸臆，这位天才把早年的印象神奇地化为永世的、不变的现实。有一点可以肯定：霍利鲁德城堡发生的事情，莎士比亚是知道的。他在英格兰偏远地区度过的童年，听够了那位罗曼蒂克女王的故事和传奇。疯狂的情欲使她失去了江山和宝座。如今为了惩罚她，不断地把她从一座城堡解往另一座城堡。毫无疑问，这个小伙子（不曾成熟的男子但却是十分成熟的诗人）刚到伦敦不久，便听到满城响起钟声，欢呼伊丽莎白的伟大的敌手终于在断头台上就戮，达伦雷终于把自己不贞的妻子拖进了坟墓。后来他在贺林希德编年史[1]中读到关于苦命的苏格兰女王的记述时，大概突然冒出对于玛丽·斯图亚特惨死的回忆，然后把这两个题材在诗人的创作实验室里神奇地化合在一起。果真是这样吗？谁也没法斩钉截铁地肯定，但谁也没法否定，莎士比亚的悲剧是被现实中发生过的悲剧所引起的。唯有读过《麦克白》，并且深有感受，才能充分理解玛丽·斯图亚特在那时日、在霍利鲁德时期的心情，才能充分理解这刚强的心灵的无以名状的痛苦——她的最大胆的行为超出了她的力量。

但是，这两出悲剧虚构的以及实有其事的——最叫我们惊讶的，是两位女主人公——玛丽·斯图亚特和麦克白夫人——在她们所作所为的影响之下发生的变化竟然毫无二致。麦克白夫人起先是个忠诚、热情、精力充沛的人物，意志坚强，野心勃勃。她憧憬丈夫的伟大。我们熟知的玛丽·斯图亚特的一首十四行诗，其中那句："我的宝座和王冠全给他……"麦克白夫人倒也是写得出来的。

犯罪的主要动机是她的野心。当事态仅仅是她有少许愿望、仅仅局限于意图和计划的时候，当殷红的鲜血还没有弄脏她的手、弄脏她的灵魂的时候，她的行事巧妙而坚决。像玛丽·斯图亚特把达伦雷诱往寇克·奥菲尔德一样，她用甜言蜜语把邓肯请进内室，而在那里，等待着他的是磨得飞快的匕首。但是，事情一旦干出来之后，她立时成了另外一个人。她的力量耗竭了，她的勇气垮了。良心烧灼着她的血肉之躯，目光呆滞，疯疯癫癫。她在城堡里到处游荡，叫朋友们恐惧而叫自己厌恶。强烈的渴望破坏了疲惫的脑子——渴望忘记一切，什么也不想，什么也不知道；渴望不存在。在达伦雷被害之后，玛丽·斯图亚特也是如此。她变了样，发生了突兀的变化，连她的面容

1　指拉菲尔·贺林希德的《英格兰、苏格兰和爱尔兰编年史》。

也和过去大不相同，以致伊丽莎白的密探德鲁理向伦敦报告说："从来不曾见过一个没有患病的女子，在这么短的时间里，外貌变得像女王那样快。"仅仅在几个星期前，人人都认为她是乐天、明理、平易、自信的女子；如今，这样的印象已荡然无存。她离群索居，不在人前露面，十分孤僻。或许，如同麦克白和麦克白夫人，她还在那里希望世人会沉默，只要她自己沉默；希望滔滔的黑浪会大发善心，会从她的头上越过。但是，渐渐地，人言籍籍，越来越坚决地要求当局答复。夜间，在爱丁堡街头，在她的窗子底下，人们越来越响亮地喊出凶手的姓名。死者的父亲伦诺克斯、她的对头伊丽莎白、她的朋友比顿，全世界的人都反对她，要求举行审判，要求正义。这时，她的神志渐渐不清了。她知道，需要做些什么来掩饰她的所作所为，为自己辩白洗刷。但是，没法做出肯定的答复，没法找到巧妙的骗人的话。仿佛是在被人催眠的熟睡中，她听到了来自伦敦、巴黎、马德里、罗马的声音——他们都冲着她来，劝她，警告她；她却动弹不了。她听见这些呼唤就像一个被活埋的人听见行人在地面上的脚步声——无可奈何，一筹莫展，万念俱灰。她知道，应该装扮成一个悲恸欲绝的寡妇，一个心如槁木的女子，应该疯也似的痛哭号叫，让全世界都相信她的清白。但她口干舌燥，说不出话，伪装不成。一个星期接着一个星期，最后，她终于感觉到自己再也忍受不住了。像是一头被追赶得精疲力竭的鹿，以豁出去的勇气转过身来扑向追猎者；像是麦克白急于保护自己，一再作案，背上累累血债，玛丽·斯图亚特终于也摆脱了使她动弹不得的麻木。她已经不在乎世人的看法，不在乎她的行动是明智还是轻率，她只求抛弃那麻木，她只求干点什么，只求一个劲儿地向前冲，快上加快，离开那些劝说的、威胁的声音。她只求不断向前，别停下来，别去想；否则，她会不得不暗自承认，什么点子都已经救不了她。我们心灵的形形色色奥秘之中有这样一种奥秘：快速的运动能暂时压住我们心中的恐惧。仿佛一个马车夫听见车下的桥梁被压得咯吱直响，于是他猛鞭辕马，因为他知道，只有疯也似的奔驰才能救他的命；同样，玛丽·斯图亚特也拼命鞭打她的命运的黑马，想把最后一丝疑惑压下去，把任何异议踩得粉碎。她什么也不想，什么也不想知道，什么也不看——一头钻进疯狂的密林里！她宁可落个恐怖的一了百了，却不愿没完没了地恐怖！有这样一条铁定不移的规律：滚下深渊的石头，坠落越深，速度越大；堕落的心灵也是这样失魂落魄地冲向前，因为它知道除此而外，已走投无路。

　　玛丽·斯图亚特在谋杀案发生以后几个星期内的种种行为全都无法理喻，唯有解释成万般恐惧之下产生的精神谵妄。她即使是发狂，也不可能不明白她已经名誉扫地，再也挽回不了；她不可能不明白自己在谋杀之后仅仅几个星期便匆匆结婚，并且嫁给杀害她丈夫的凶手，会被苏格兰全国及全欧洲看成是对法律和美德的嘲弄。这对情人只要隐蔽一阵，等它一两年，种种情形或许都会被人忘却。外交上作一番巧妙的安排，到时候可以想出一千条理由来解释为什么要选博斯韦尔做她的丈夫。只是一种情况有危险，会把玛丽·斯图亚特推进毁灭的深渊——即，如果她胆敢心存轻慢，违反制度和习俗不居丧，向全世界挑战，以罪恶的匆忙把被害者的王冠戴到凶手的头上。然而，玛丽·斯图亚特偏偏要这样做，急切得不顾廉耻。

　　一个向来明理而有分寸的女子，如今干出这样莫名其妙的事，这只可能有一个理由：玛丽·斯图亚特没有别的办法了。大概是她不能再等了，大概是有件什么事情不容许她等下去，因为任何等待任何延宕都会在全世界面前暴露出至今尚未被人怀疑的丑事。她这样不顾一切地钻进同博斯韦尔的婚姻，是因为（后来的事件——证实了这猜测）这不幸的女子已经知道自己有了身孕，除此而外没有别的解释。她腹中不是亨利·达伦雷的儿子，不是王室血胤，而是罪恶的私情的果实。然而，苏格兰女王实在不该生一个婚外的孩子，何况又是在这种情况下，这等于在普天下的墙上用红字宣告她犯下了罪行或者是参与合谋。因为这么一来，毫不含糊、明明白白地泄漏了春光：她在服丧期间居然同恋人寻欢作乐。每个人都能算得出玛丽·斯图亚特在达伦雷被杀之前或被杀之后立即（或此或彼都是同样的可耻）同博斯韦尔有过苟合。她只得匆匆地使婴儿的诞生取得合法的依据，这样才能挽救孩子的名誉，也多多少少挽救自己的名誉。因为，如果婴儿出世时她已经是博斯韦尔的妻子，那么，早产不致太引起人们的注意，而且身边有个人可以把他的姓氏给孩子，可以捍卫孩子的权利。所以，每拖延一个月一个星期，都无非是白白浪费时间。兴许她以为（真是可怕的非此即彼的抉择！），宁愿做出荒谬的决定，把杀害她丈夫的凶手选为丈夫，也比生个私生子从而公开承认自己的罪孽强，总比生个私生子少丢些人。我们只能这样设想：自然的本能曾经无情地介入，自然的基本规律曾经无情地介入；唯有设定这样的可能性，才能多少理解玛丽·斯图亚特在这几个星期内违反自然的行为——至于其他的种种推测都是牵强附会的，只能把她的精神面貌弄得模糊不清。唯有考虑到她的恐惧——痛苦万状地唯恐意外的怀孕暴露了自己的秘密，古往今来，千百万妇女亲身体验过这恐惧，最正经最勇敢的女子也每每被它逼得做出错误的、罪恶的决定。唯有考虑到她的这种恐惧，才能理解这惊骇的女子不得不如此匆匆行事的原因。唯有这个理由，这个唯一的理由，才能使毫无意义的匆遽多少有些意义，同时也揭示了这个不幸的女子是多么的苦难深重。

可怕的绝境！连魔鬼都想不出比这更叫人毛骨悚然的了。时间不等人；女王知道自己有了身孕，为时间所迫，只得草草成婚。另一方面，正是她的匆遽，使她招致了怀疑。作为苏格兰女王，作为寡妇，作为女人，如果自重自爱，并且知道全国全欧洲都盯着她，玛丽·斯图亚特根本不该考虑选择博斯韦尔这样声名狼藉的人做她的丈夫。但是，这位走投无路、束手无策的女子认定他一人是她的救星。她不该嫁给他，可又必须嫁给他。为了不让世人猜到她这样做的真实原因，必须另外想出一个不是由她做得了主的原因，以解释这疯狂的匆忙。必须想出一个借口，替这个从道德和法律的角度无法想象的行为想象出一定的意义——必须想出一个借口，以便把玛丽·斯图亚特的婚姻变成一件悲惨然而势在必行的事情。

然而，这桩亲事门不当户不对，是什么迫使女王下嫁位分如此悬殊的臣子呢？当时的荣誉规范只容许人们在一种情况下做出这样的让步：如果女子被强奸失身，强奸者必须同她结婚，以此来恢复她的清白。只有作为被玷污的女子，玛丽·斯图亚特才能有一定的权利敢于缔结这样的婚姻；只有这样，才能够叫民众相信，她是为情势所迫，不得不尔。

唯有走投无路的绝望才会生发出如此荒诞不经的计划。唯有脑袋里十分混乱，才会做出这样荒唐的决定。玛丽·斯图亚特在关键时刻一向大胆果敢，可是当博斯韦尔让她表演这出悲惨的闹剧时，连她自己也吓得退缩了。"我不如去死，我感觉到结局会非常可怕。"——这苦命的女子写道。但是，不管道学家们对博斯韦尔有什么说法，这个不顾死活的莽夫，他那过人的勇气倒是始终如一的。他根本不怕在全欧洲的面前扮演一个不可救药的坏蛋、玷污他女王名节的强奸犯、目无法纪和操行的劫路响马。赌注是王冠，胜负在此一举，纵使地狱之门为他而敞开，他这个人也不会半途而废。没有什么危险能叫他后退——你会情不自禁地想起莫扎特的唐璜，想起他那大胆的狂妄，居然邀请司令官石像同他一起吃饭。在博斯韦尔的旁边，列波莱罗[1]瑟瑟发抖。那就是他的内兄韩特莱。韩特莱本来答应接受几块教会领地作为给他的贿赂，同意博斯韦尔同他的妹妹离婚。想到这出喜剧如此冒险，怯懦的骑士吓得魂不附体，急忙晋见女王，极力劝阻。但是，博斯韦尔自从向全世界挑战之后，多一个少一个盟友已经不放在他心上。劫持女王的计划大概已经被人泄露——在预定的日期前夕，伊丽莎白的密探向伦敦报告了这一计划；但是博斯韦尔也并不害怕。他不在乎人家是否对劫持信以为真，只要这劫持能使他达到目的——当上国王就行。他想怎么样便怎么样，天不怕地不怕，而且他还有足够的力量可以把他的仍在抗拒的牺牲品带走。

"首饰箱"信件又一次说明，玛丽·斯图亚特的内心感觉曾经战战兢兢地反对过她主人的钢铁般的意志。她的预感明明白白地告诉她，这一次欺骗也终将枉费心机，他们除了骗自己之外，骗不了任何人。但是，身为俯首帖耳的奴隶，她这一遭也毫无怨言地服从了博斯韦尔。像不久前她帮他把达伦雷从格拉斯哥弄回来那样的顺从，如今她又心情沉重地帮他把她自己"弄走"，一出两相情愿的"劫持"闹剧就此开场。

4月21日，是博斯韦尔被迫在贵族法庭上申辩以及议会"褒奖"他以后的几日，4月21日，是博斯韦尔在艾因斯雷酒家骗得列位勋爵同意他和女王结婚之后不到两昼夜，是当初的黄毛丫头同法国王太子成婚之后的整整九年。这一天，至今不大关心自己孩子的玛丽·斯图亚特忽然表现出热切的愿望，要去斯特林堡看她的儿子。王储的官方监

1　《唐璜》中的人物。

护人马尔伯爵接驾时满腹狐疑——大概他已经听到一些风言风语。必须有其他妇女在场，才让玛丽·斯图亚特同儿子见面——想必是列位勋爵害怕她把孩子抢去交给博斯韦尔：人人都明白，这女人甘愿执行她的暴君的任何命令，甚至是罪恶的命令。由几位骑士陪同，其中包括肯定备悉一切的梅特兰德和韩特莱，女王回銮爱丁堡。但是，离城六英里，博斯韦尔率领大队骑兵驰出埋伏地点，"袭击"女王御驾。最后自然是和平解决，玛丽·斯图亚特禁止随驾人员抵抗，"以免流血"。博斯韦尔刚抓住她坐骑的缰绳，女王便自愿"就俘"——让他们把她带到丹巴尔堡去过她的甜甜蜜蜜的囚禁生活。一位起劲过了头的统领，集合起一支援军，飞速赶来救驾，但被暗示，人家并不需要他出力。成了俘虏的梅特兰德和韩特莱被客客气气地释放回家。谁也没有遭殃。大家平平安安地打道回府，只有女王留在"强奸犯"心上人那里，当他的俘虏。一个多星期，"受害者"和劫持者同床共衾。同时，有关人员在爱丁堡迫不及待地、不惜费用地办理博斯韦尔同他合法配偶离婚的手续——起初在新教法庭，离婚理由极不像话，说是博斯韦尔不忠于妻子，同一个女仆通奸；后来又到天主教法庭——法官们很晚才忽然想起博斯韦尔同他的妻子简·戈登沾点远亲。最后这桩肮脏的交易终于办妥。终于可以向全世界宣布：博斯韦尔是个无法无天的拦路行凶的强盗，袭击了可怜的女王，并且淫欲勃发，玷污了她，如今她只得同这个对她横施强暴的人结婚，才能挽救苏格兰女王的被糟蹋的名节。

然而，这"劫持"干得过于笨拙：谁也不当真相信苏格兰女王"横遭强暴"；甚至最最善意的西班牙公使也向马德里报告，说这件事纯属阴谋。

但是，说来也怪，正是那些对这骗局最摸底的人装得好像他们对强奸一事深信不疑。列位勋爵此时已订立新的"盟约"，以彻底推翻博斯韦尔。他们竟敢要了个颇为巧妙的把戏：他们把女王被劫持的说法一本正经地当成真的来对待。忽然之间变得忠心耿耿，令人感动，他们义愤填膺地声称，他们的国君"被人以暴力囚禁，诚系苏格兰之莫大国耻"。他们异乎寻常地同仇敌忾，商量要从恶狼博斯韦尔的嘴里救出孤苦无告的羔羊。列位勋爵终于有了合意的口实，可以打着超级爱国主义的旗号算计那苛酷的独裁者。他们急急忙忙地磋商从博斯韦尔的手里"救出"玛丽·斯图亚特，以此阻挠他们一个星期以前曾经赞成过的婚事。

　　列位勋爵突如其来的、胡搅蛮缠的关心，企图把玛丽·斯图亚特从"横施强暴者"的魔掌中救出来，对于她来说，没有比这更糟糕的帮倒忙了。列位勋爵的行动，吃掉了玛丽·斯图亚特精心洗好的一手牌。她绝不愿意被人从博斯韦尔手里"救"出来；恰恰相反，她希望永远同他在一起，所以她不得不出尔反尔，尽量否定他玷污了她名节的说法。昨日她还拼命给博斯韦尔抹黑，今天却不知道如何替他洗刷才好。整个闹剧因此而失去了任何意义。为了保护她的情郎，免得他受到审判和惩办，她以一个老练的律师的种种花招替他解围。说什么他起初对她的态度"确实有点儿奇怪"，不过后来待她"再好不过"，她"没有任何理由埋怨"。因为当时身边没有一个人可以帮助她，所以她"不得不克制最初的不满，对他的求婚好好考虑了一番"。这个在情欲的密林中迷途忘返的女子，处境越来越丢人现眼。她的最后一块遮羞布已经被彻底撕破，钻出密林之后，赤裸裸地面对着全世界的嘲笑。

　　5月初，玛丽·斯图亚特返回爱丁堡；她的朋友们在欢迎她时十分尴尬。博斯韦尔牵着马笼头，而他的士兵为了表示女王是自愿随他而来，把他们的枪矛扔到地上。对玛丽·斯图亚特及苏格兰怀有善意的人曾警告了这位昏头昏脑的女子，但一无成效。法国使臣杜·克洛克对她说，她同博斯韦尔结婚，意味着同法国断交。她的一个忠心的臣子——赫里斯勋爵，跪在她脚下劝谏。忠贞不渝的梅尔维尔在最后一刻还竭力阻挠这场婚姻，却不得不逃亡以躲避愤怒的博斯韦尔的迫害。他们痛心地注视着这勇敢的、独立不羁的女子如今听命于一个狂妄的冒险家，忧心如焚地预见到她这样乖戾地、匆匆地同杀害她丈夫的凶手结合，必然会使她丧失王位和名誉。然而，她的敌人们却是欢天喜地。约翰·诺克斯的不祥预言可怕地应验了。他的后任约翰·克莱格拒绝在礼拜堂里张贴罪恶的结婚启事，不客气地称这场婚姻是"可耻的，在全世界面前丢人现眼"，只是在博斯韦尔威胁要把他绞死的时候，他才开始谈判。玛丽·斯图亚特越来越垂头丧气。如今，人人都知道她心急火燎地要结婚，每个无耻的敲诈者都拼命敲她一票。韩特莱因为替博斯韦尔办理离婚出了力，得到了几块分给王室的教会土地。天主教会的主教捞到的好处是几项崇高的封号和差使。但是，向她勒索最凶的，是新教的神职人员。牧师不像臣下倒像是严厉的法官，在女王和博斯韦尔面前发言，要求女王当众自我羞辱一番：让她这个信奉天主教的君主，吉斯家族的外甥女，按异端的改革教派仪式再举行一次婚礼。一旦决心做出这一可耻的让步，玛丽·斯图亚特便失去了最后的奥援，失去了她手中仅剩的一张王牌：丧失信奉天主教的欧洲对她的支持，失去教皇的祝福、西班牙和法兰西的同情。如今她单枪匹马同众人作战。她的一首十四行诗竟成谶言：

为了他我忘记了我的名誉——

我们生活中唯一的幸福。

我把权力和良心交给了他，

为了他我抛弃了家，

在自己的祖国遭众人的唾骂。

自作孽，不可活，谁也帮不上忙：神不接受无谓的牺牲。

　　像1567年5月15日那样悲惨的婚礼，是千百年来史无前例的，凄凉的情景像镜子一样反映了玛丽·斯图亚特的屈辱。她同法国王太子的第一次结婚，是在大白天成礼的。那是个光辉灿烂、喜气洋洋的日子。几万观众夹道欢迎小女王，全体贵族从各地城乡赶来观礼；各国使臣都到场一睹王太子妃在王室成员和骑士精英簇拥下庄严莅临巴黎圣母院的风采。她由花团锦簇的大队人马前呼后拥着，经过欢声雷动的看台，经过激动地挥手致敬的窗口；众百姓崇敬而兴高采烈地看着她。第二次婚礼可要逊色得多。不是在大白天，而是在鱼肚白的黎明，在清晨 6 时，神父把她和亨利七世的外曾孙结为夫妇。不过，毕竟还有全体贵族来参加婚礼，外国使臣也都到场。一连几天，酒席从早摆到晚，爱丁堡尽情欢乐。至于这一次也就是第三次婚礼，同博斯韦尔（匆匆把他封为奥克尼公爵）的婚礼，是偷偷摸摸举行的，仿佛在为非作歹。清晨 4 时，全城的人还在梦中，夜色笼罩着万家屋顶，几个蹑手蹑脚的身影悄悄潜入城堡内的小教堂。不到三个月之前，那里曾为女王的亡夫做过安魂弥撒（她还没有除孝呢）。这一回，小教堂里空空荡荡。邀请了许多宾客，但是，来的人却是少得可怜，令人沮丧。谁也不想眼见苏格兰女王把戒指戴到丧心病狂地杀害了亨利·达伦雷的那只手上，不想做这场丑剧的见证人。王国的列位勋爵，几乎没有人觉得有必要到场，连道个歉都抽不出时间。梅里和伦诺克斯出了国；梅特兰德和韩特莱这两个半心半意的忠臣也竟然敬而远之。玛丽·斯图亚特作为虔诚的天主教徒，一向唯有她的忏悔师能聆听她的内心秘密，而这位忏悔师如今也永远地离她而去：她的良心的捍卫者伤心地宣告，他从此认为她是他失去的羔羊。没有一个看重名誉的人愿意看到杀害达伦雷的凶手娶死者的遗孀为妻；天主的仆人更不能祝福这亵渎神明的结合。玛丽·斯图亚特恳求法国使臣出席婚礼，好让这婚礼多少有些风光体面的样子；但她的恳求只是白费了口舌，这位历来非常热心效劳的朋友这回斩钉截铁地拒绝到场，因为他的到场会被人理解成法国的认可。他在表示不同意到场时辩白说，"人们还会以为我的国王同这件事有什么牵连呢"；此外，他不愿意承认博斯韦尔是玛丽·斯图亚特的丈夫。神父不做弥撒，风琴不出声音，仪式非常匆忙。晚上，仆役没有点燃蜡烛照亮厅堂，没有为舞会作准备，没有大摆酒筵。没有任何人喊着"大方啊大方"，像上回婚礼那样，向群众大把撒钱。冷森森、空落落、黑洞洞的教堂像口棺材；这奇异的婚礼的见证人们列队观礼，阴沉着脸，活似吊孝。没有送亲队伍走遍满城喜气洋洋的大街小巷。新婚夫妇在空荡荡的教堂里冷得打战，然后躲进内室，插上了结结实实的门闩。

正是在这当口，在她摆脱拘勒、慌不择路直奔目标而终于如愿以偿的时候，她却有些心灰意懒。她曾经渴望占有博斯韦尔并且保住他，这个狂风暴雨般的愿望实现了；她曾经热切地、一门心思等待这结合的甜蜜的时刻到来，满怀着虚妄的希望——希望他的亲热、他的抚爱会战胜恐惧。但是现在，当她狂热的目光不再死盯着一个目标的时候，她的眼睛明亮了。她左顾右盼，发现周围只是荒漠，一无所有。甚至在她同她疯狂地热恋着的人之间也是如此。他们婚后不久便有了疙瘩：历来，当两个人彼此拉扯着走向毁灭的时候，往往会互相指摘，互相责备。在举行婚礼的那个悲惨的日子，法国使臣便发现她呆愣愣的，痛苦得要命。夜幕还没有降临，夫妇间已经有了冷淡的征兆。杜·克洛克向巴黎报告说，"开始乐极生悲了。女王陛下星期四派人来召我进宫。我立刻感到他们之间有点不大对劲。她哄我说，如果我觉得她神情悲伤，那只是因为她对生活已经没有什么盼头，只求一死。昨天，她同博斯韦尔伯爵两个人锁起了门。突然，门里传出她的叫喊声，叫人给她拿把刀来，她要自杀。隔壁房间里的人听见了她的号叫，担心她干出什么事情来摧残自己——唯有天主才能佑助她"。人们关于他们夫妇间的龃龉议论纷纷。博斯韦尔显然把他同自己年轻貌美的妻子离异看成是无足轻重的形式，天天同她过夜，而不是同玛丽·斯图亚特在一起。过了一段，法国使臣向巴黎报告说，"从倒霉的婚礼那一天开始，玛丽·斯图亚特就没有停过呻吟流泪"。总之，这瞎了眼的女子刚刚得到她热烈追求的东西，便知道她已丧失了一切，对于她自找的苦难，即便是死，也算是超升。

这痛苦的蜜月持续了三个星期——这是难以消泯的恐惧和挣扎的三个星期。新婚夫妇拼命挺住、争取解脱的种种努力都付诸东流。博斯韦尔在众人前对女王十分恭敬而温存，不啻是忠诚和尊敬的化身。但是，任何言语和姿态都已经无能为力，全城的人在缄默中冷眼看着这一对罪犯。这个独裁者徒然地想竭力赢得民众的欢心。他把自己装扮成憨厚、善良、虔诚的统治者。他出席改革派牧师的布道会，然而新教界人士同天主教会一样对他满怀敌意。他给伊丽莎白写了几封和解的信，她拒不接受。他向巴黎致意，巴黎不理不睬。玛丽·斯图亚特召见列位勋爵，他们却一步也不离开斯特林堡。她要求监护人把儿子还给她，监护人压根儿不给回音。这对在劫难逃的夫妻周围的人，个个都缄口不语，人人都不祥地沉默着。博斯韦尔最后强打精神，举办了一个假面舞会和水上游戏。他亲身参加，女王在看台上有气无力地向他微笑。看热闹的人向来不会缺少，这回也是如此，但听不见兴高采烈的欢呼。一种恐惧的麻木，一种死一般的木然弥漫全国；然而，举动稍一不慎，便会激起愤怒的风暴。

不过，博斯韦尔不是一味沉溺于多愁善感的幻想的那种人。他作为老练的海员，从这不祥的寂静中感觉到风暴的将至。他像以往一样果断，立即着手准备。他知道自己是拿着脑袋孤注一掷；他知道在即将来临的斗争中，决定一切的将是武力。他狂热地招兵买马，以便迎头痛击敌人的进攻。玛丽·斯图亚特为了他的雇佣兵，心甘情愿地献出了她能够牺牲的一切：变卖珠宝，到处告贷，甚至把伊丽莎白不久前送给教子的金质洗礼盘拿去改铸（真是苏格兰女王的耻辱，而且是对英国女王的侮辱），只为多弄到十来个金币，以便苟延残喘。但是，列位勋爵的沉默越来越散发出暴风雨的气息；女王的城堡上空彤云密布，眼看即将电闪雷鸣。博斯韦尔十分熟悉他的那伙同道兄弟的诡诈，绝不会把这种平静当真。他知道别人正在策划对自己实施背信弃义的攻击。他不愿意在不设防的霍利鲁德坐等别人攻城；6月7日，结婚不满三个星期，他出奔到易守难攻的鲍特威克要塞，向忠心耿耿的部属靠拢。玛丽·斯图亚特显然是最后一次企图向民众求助，呼吁她的"臣民、贵族、骑士、乡绅、绅士和自耕农"为王事效力，召他们在6月12日来鲍特威克，要他们全副武装，随带六天的给养。博斯韦尔大概是打算趁他的敌人还没有集中兵力，便以闪电式的出击打垮他们。

但是，他从霍利鲁德出奔，恰恰使列位勋爵勇气陡增。他们赶紧挥军直趋爱丁堡，未遇任何抵抗。博斯韦尔的帮手、杀人犯詹姆斯·巴尔福，急于脱离自己的同党，把这座固若金汤的城市拱手交给了敌人。敌人因此而无后顾之忧，两三千名骑兵可以放心大胆地攻击博斯韦尔，在他的部队完成战斗准备之前便把他擒获。不过博斯韦尔是不会轻易束手就擒的。他稍一思量便纵身跳出窗口，绝尘而去，把女王独自留在鲍特威克堡。列位勋爵毕竟不敢对他们的女王兵刃相向，只是劝她同她的灾星博斯韦尔决裂。但这不幸的女子的灵和肉依旧忠于她的暴君。深夜，她女扮男装，勇敢地跨上了马，独自一人，不带一名随从，抛弃了一切，任它听天由命，策马驰向丹巴尔，以便跟他同生共死。

本来，有一个意味深长的信号应该叫女王想到她已经全盘皆输。他们出奔鲍特威克堡的那一天，她最后一位谋臣梅特兰德·列廷顿突然失踪，"不辞而别"。在玛丽·斯图亚特失去理智的日子里，梅特兰德是唯一对她存有几分善意的人。他追随他的女王走过相当长的一段通向毁灭的道路；当初杀害达伦雷，他曾经出过力，大概没有人比他更起劲的了。但如今连他也感觉到大事不好。一个真正的权术家，总是扬起风帆驶向更强的一方而不是抱住弱者不放，他不想再为一败涂地的事业卖命。梅特兰德利用女王出狩鲍特威克时的忙乱，悄悄地落在车驾的后面，然后掉转马头，驰向列位勋爵的营垒。沉船上的最后一只老鼠跑了。

然而，已经没有任何事情足以叫不可救药的玛丽·斯图亚特害怕或者警惕。一如既往，危险只能在这奇异的女子身上激发起一往无前的勇气，使她最最荒唐的行径平添几分罗曼蒂克的魅力。她穿一身男装驰至丹巴尔后，不是寻找女王的服饰，不是寻找盔甲和武器。这些都不要紧！风度和宫廷礼仪如今对她又算得了什么呢！打仗就是打仗嘛！玛丽·斯图亚特毫不踌躇，向一个穷家女子借了一套老百姓穿的衣服：一条格子布短裙，一件红色的短衫，一顶丝绒帽子。她穿这套衣服虽然不很得体，没有女王的气派，那也不去管它了，只求能够同他并辔驰马——自从她失去一切之后，他就是她的整个世界。博斯韦尔仓促地组建杂牌军队。骑士、贵族和勋爵谁也不奉诏效力王事，国家已经不再服从女王；只有两百名雇佣的火枪手作为突击队向爱丁堡挺进，后面跟着一大队武器窳劣的边境地区农民和山民——总计人数一千有零。博斯韦尔一心想赶在列位勋爵的前面，他的不屈不挠的意志驱赶着队伍前进。博斯韦尔知道，在理智看来绝对走投无路的情势下，有时只有靠丧失理智的勇敢才能挽救。

在离爱丁堡六英里的卡贝里山下，两支队伍（兵力小得没法叫作军队）相遇了。人数是王军占优势。但是，威风凛凛的金狮王徽旗下没有一个勋爵；那些装备精良、出身高贵的骑士没有一个人站到御纛底下。除了雇佣的火枪手，博斯韦尔的麾下只有他的族人，武器固然不怎么样，士气也不太高涨。而对面，相距极近，不超过半英里，玛丽·斯图亚特都能看清她敌人的熟稔的面孔，气势汹汹的列位勋爵排列成阵，盔甲鲜明，骑在矫若游龙的骏马上，为即将到来的厮杀而喜形于色。他们打出一面稀奇古怪的旗帜，正好竖在御纛的对面。旗帜是白底上一个死人，摊手摊脚地躺在树下，身旁是一个孩子，哭着，伸出双手向上天号叫："上帝，求你审判和报仇！"利用这样的旗帜，不久前还挑唆博斯韦尔收拾达伦雷的列位勋爵想把自己打扮成崇高的复仇者，同时还暗示他们武装出动只是为了反对杀害达伦雷的凶手，而绝不是反抗他们的女王。

两面色彩斑斓的旗帜迎风招展。但是，双方都没有流露出高昂的士气。两支队伍谁也不打算渡过他们之间的小溪攻击敌人。双方都似乎在等待着什么，只是远远地观察对手。博斯韦尔仓促征召的庄稼汉不大愿意为了一桩同他们不相干的、他们不理解的勾当效死疆场。列位勋爵依然迟疑不决。拿起刀枪明目张胆地攻打合法的君主到底不是那么轻而易举，这可不比搞个巧妙的阴谋干掉不合心意的君主。在后一种情况，总可以找到两三个可怜虫，事后可以把他们绞死而自己则堂而皇之地把手洗干净。这一类卑鄙的伎俩从来没有叫列位勋爵良心不安过。但是，青天白日明火执仗地向自己的女王冲杀，那是太出格了，大大地违背至今深入人心的封建忠君思想。

法国使臣杜·克洛克以中立观察者的身份在战场上出现；他一眼看透双方的心情，不失时机地劝双方举行谈判。列位勋爵的营盘里挂出了停战旗。当天是个明媚的夏日，人心欢畅，两支队伍就地野营，在小溪两岸各占一边。骑兵下了马，军士们脱下了沉重的甲胄，人人都美美地吃了一顿。这时，杜·克洛克由一小队骑兵保护着，渡过了小溪，登上一座山丘，进了女王的大本营。

这样的朝觐场面从来不曾有过。女王历来是身御贵重的长袍在华盖下接见法国使臣，这回却是坐在石头上，穿着花花绿绿的苏格兰短裙，短裙遮不住她的膝盖。但是，尊严和浑身的傲气还是和穿着宫装一样。激动万分、睡眠不足、脸色苍白的她，尽情发泄了愤怒。似乎自以为仍是一国之主，仍能左右局势。她要求勋爵们无条件投降。当初是他们自己判决博斯韦尔无罪，怎么现在又指控他犯下了谋杀罪呢？是他们自己硬要女王同博斯韦尔结婚，可是今天又宣布这桩婚姻是罪恶的结合！玛丽·斯图亚特的愤怒合理合法，但战争的烽火一起，死抠法律就不合时宜了。法国使臣正在谈判，博斯韦尔驰马过来。使臣向他敬礼，但没有伸出手。博斯韦尔说话了。话说得明确，没有游移犹豫。他的大胆坦率的目光中没有一丝恐惧。这亡命之徒的十足的镇静沉着，连杜·克洛克都不得不表示赞赏。他在报告中说："说实话，我觉得他是个真正的统帅，因为他同我说话时充满了自尊心，像个善于率领大军作战的老练而勇敢的将领。他看到他的敌人决心一战，而他的部下未必有半数人靠得住，可他仍然是一硬到底，为此我不能不佩服他。"博斯韦尔建议由他同任何一个位分相当的勋爵一对一地单独决斗，用这样的办法来解决纠纷。他的事业是正义的，上帝当然不会抛弃他。面对这样的危局，他像平常一样起劲，请杜·克洛克登上一个小山丘观战：那决斗的场面一定非常值得一看！但是，一提起决斗，女王连听都不想听。她还在那里希望勋爵们会到她驾前认罪。她这个不可救药的浪漫主义者时至今日仍然本性难移，丧失了现实感。杜·克洛克立即明白自己的使命只是一场徒劳。这位年老的贵人眼见玛丽·斯图亚特噙着眼泪，他倒是很乐意帮她的忙。但是，只要她摆脱不了博斯韦尔，她就没有生路，而她又不愿意放弃他。那只好再见了！他彬彬有礼地鞠了一躬，不慌不忙地回到列位勋爵的营盘。

动嘴的时刻已过去，该动手了。但是，士兵们却比将帅明智。他们看见老爷们在那里一本正经地谈话，那么，他们这些可怜的苦命人又为什么要在这晴朗的夏日互相残杀呢？于是部队七零八落，士兵四散。玛丽·斯图亚特下令冲锋，以为唯有冲锋才能起死回生。然而，士兵再也不听她的话。这支东拼西凑的队伍已有六七个小时无所事事，如今逐渐土崩瓦解了。列位勋爵一发现这一情况，立刻派出两百名骑兵切断博斯韦尔和女王的退路。到这时刻，玛丽·斯图亚特才明白他们已大难临头。作为一个真心相爱的女子，她考虑的不是她自己，而是一心惦着她的心上人博斯韦尔。她知道，她的臣下谁也不敢加害于自己，可是他们这些为达伦雷被害而大张挞伐的姗姗来迟的复仇使者却饶不了博斯韦尔，为了灭口也得干掉他，免得他多嘴多舌，说出一些可能不合他们心意的话。这些年来，她第一次放下了架子。玛丽·斯图亚特派了一名军使，打着白旗来到列位勋爵的营盘，请骑兵队长寇柯尔迪·格林治勋爵不带随从独自一人来见她。

女王陛下的圣旨仍具有神奇的魔力。寇柯尔迪·格林治命令他率领的骑兵停止前进，他单骑渡过了河，未曾开言便先跪下，倒像个忠心耿耿的臣子。他提出了最后的条件：请女王屏退博斯韦尔，随他们回到爱丁堡。这样，他们答应不追击博斯韦尔，让他走他的阳关大道去！

博斯韦尔（真是了不起的场面，了不起的演员！）默默地站着。他一句话也没有同寇柯尔迪说，也没有同女王说话，免得影响她的决定。看得出，他情愿单枪匹马迎击两百名骑兵。那两百名骑兵正立马山岗脚下，手不离缰，一俟寇柯尔迪举剑发出信号，便会冲向敌阵。听见女王同意了寇柯尔迪的建议，博斯韦尔走过来，拥抱了她（他们还不知道这是他们最后一次拥抱）。然后，博斯韦尔翻身上马，绝尘而去，只有两名仆人伴随着他。梦魇终于结束。最后终于一觉醒来，面对残酷的现实。

那现实真是可怕，真是无情！列位勋爵答应以得体的礼仪送她回爱丁堡。他们的初衷大概确实是这样。但是，这备受屈辱的女子穿着寒碜的、风尘仆仆的衣服，刚走近一群雇佣兵，迎面便是一阵哄笑，像火辣辣的鞭子。当初，有博斯韦尔的铁拳保护着她，民众的怒火不敢波及她。但如今她无依无靠，仇恨便大胆放肆地冒了出来。投降归来的女王，得不到造反作乱的士兵们的尊敬。人群挤得越来越厉害，开始是出于好奇，后来变成了愤怒。"烧死这婊子！""把谋杀亲夫的淫妇扔进火里去！"……四面八方响起了狂怒的喊声。寇柯尔迪用剑脊抽打，却是劳而无功：激愤的人群刚被驱散，便又重新聚拢，来势更猛。最后，仿佛是举行凯旋式，他们走在女俘的前头，高举着绘有被杀害的丈夫和祈求上帝复仇的婴孩的旗帜。从6时到晚上10时，从朗赛德到爱丁堡，他们押着她穿过夹道围观的人群。每一幢楼，附近的村子，都想看看这空前的热闹，走来的人络绎不绝，都想看看这个被俘的女王。有时候，好奇的人群挤得突破了警卫线；士兵们不得不在人群中推推搡搡，冲出一条路。玛丽·斯图亚特在这难忘的日子所受的侮辱，是她生平不曾有过的。

然而，这个心气高傲的女子，人们可以侮辱她，却不能叫她屈服。伤口在污染后才会灼痛；同样，玛丽·斯图亚特在被人嘲笑后才感觉到自己的屈辱。她的热烈的血（斯图亚特家族的血，吉斯家族的血）沸腾了。她不是明智地装出若无其事的样子，却把她的火气发到列位勋爵的头上，要他们为民众的辱骂负责。宛若狂怒的母狮，她怒斥列位勋爵，威胁着要下旨把他们绞死，把他们钉死在十字架上。林赛勋爵同她并辔而行，她抓住他的手，威胁他："我拿这只手起誓，你绝没有好下场！"她在危急关头爆发的勇气，往往变成丧失理智的疯狂；这回也是如此。她向勋爵们公开发泄她的仇恨、她的鄙视，而不是明智地不吭气，或者怯懦地奉承他们。

兴许，正是她的怒火激起了勋爵们还施其身的怒火；兴许，原先他们的意图并不是要做得这样绝。现在，他们看到已经没法指望得到她的宽恕，于是想尽办法让这个犟女人感觉到自己无能为力。他们不是把女王送到霍利鲁德堡，送进内城，而是领她经过那值得纪念的犯罪现场寇克·奥菲尔德，沿着挤满围观者的市中心大街兜了一圈。然后到哈埃街，把她送进了狱吏的房子，仿佛要把她戴枷示众。那里禁止闲人入内。她的侍从女官和使女谁也到不了她的身边。漫漫长夜，伴随她的是无穷无休的绝望悲苦。女王已经好几天没有解衣休息，从一清早便不曾吃喝。这女子从日出到日落的遭遇，简直无法用笔墨形容；她在一天内失去了社稷和心上人。卑污的市井无赖聚集在她窗前，仿佛是观赏槛中的野兽。人群中，下流的喊声和詈骂声此起彼伏。到这时候，列位勋爵觉得已经把她折辱够了，他们才开始同她谈判。其实，他们对她所望不奢：列位勋爵要求玛丽·斯图亚特同博斯韦尔彻底决裂。但是，这个任性的女子抗争的劲头，在身陷绝境时比前景光明时更为激烈。她鄙夷不屑地拒绝了勋爵们的要求。她的一个敌人后来不得不承认："我从来没有见过一个女人比女王那一刻更刚强更勇敢的了。"

威胁不成，最聪明的一位勋爵企图用计智取。老成练达的梅特兰德（前不久还忠于她的顾问）采取比较巧妙的办法。他利用女人的妒忌心和高傲，告诉玛丽·斯图亚特（谁知道哪些是真话哪些是谎话，权术家的话你搞得清楚吗！），说博斯韦尔骗了她，他在他们结婚的大喜日子同他休弃的妻子卿卿我我，还向她起誓，承认她是他真正的妻子，而女王只是个小老婆。可是，玛丽·斯图亚特早就不相信所有这些骗子。梅特兰德的造谣中伤只能使她的怒火更旺。于是爱丁堡的居民目睹了一场惨酷的奇观：女王被关在铁窗里，破衣烂衫，敞着胸，一头乱发披到肩上，像个疯子，跳到窗台上，歇斯底里地号叫着，要民众来救她，因为贵人们把她下了狱。民众尽管恨她，仍为她的苦难所震撼。

情况越来越棘手。列位勋爵准备打退堂鼓。但他们明白他们走得太远，已经没有退路。他们觉得没法再把玛丽·斯图亚特当作女王送回霍利鲁德。但是，把她留在狱吏的房子里，留在激动的人群中间，

228

那是要冒很大风险的：会招惹伊丽莎白和其他外国君主生气。唯一有勇气和威信能够做出决定的人是梅里。然而他不在国内。他不回来，勋爵们什么也不敢做。所以他们决定先把女王送到安全的地方。为此，选中了洛赫利文堡。洛赫利文堡孤悬在湖中，四面不靠陆地。堡主是玛格丽特·道格拉斯，即梅里的母亲。玛丽·德·吉斯当年把詹姆斯五世从她的怀抱里夺了过去，她未必会宽纵那女人的女儿。出于小心，列位勋爵在他们出具的文书中避免使用"拘禁"这个危险的字眼。文书中说，让女王幽居，是为了不让她同博斯韦尔伯爵联系或者同那些一心保护她逃脱正义复仇的人勾结。勋爵们的做法无非是缓兵之计、权宜之计，是恐惧和邪心的产物：这次起事，还没有拿定主意是否要宣布是造反，列位勋爵便已把责任全部推到出亡的博斯韦尔头上，并且用空泛的议论和含糊的词句多方掩饰他们秘密的意图——废黜玛丽·斯图亚特。民众急不可耐地等待着审判并处决那个"婊子"；为了欺骗他们，列位勋爵于6月17日晚把玛丽·斯图亚特送往霍利鲁德，由三百名警卫保护着。但是，一等市民上床睡觉，便有一小队人马在城堡内院列队，任务是把女王送到洛赫利文堡。于是星夜奔驰，一路悲苦落寞。天蒙蒙亮，玛丽·斯图亚特看见了一片碧波粼粼、水平如镜的湖泊，湖中心是一座孤零零的、工事坚固、万夫莫入的城堡。这便是她的囚禁地——谁知道要囚禁几多漫长的岁月！小船把她送上小岛。包铁的大门嘎嘎吱吱地关上。吟唱达伦雷和博斯韦尔的激情澎湃而阴森森的叙事曲到此终了，悲悼终身囚禁的凄凉的哀歌从此开始。

第十五章 废 黜

1567年夏

6月17日，列位勋爵把他们的女王监禁在洛赫利文堡重重坚固的门闩后面。这是她一生遭际中的转折点。从这一天开始，玛丽·斯图亚特在欧洲引发了频仍的纷争和骚乱。通过她的命运，一个新的、可以说是带有革命性的、意义无比深远的问题出现在时代的面前：一国之主同他的人民发生了不可调和的冲突，并且不配头戴王冠，对这样一个君主应该怎么办。在本例，责任无疑是在君主：沉湎于轻狂的情欲，玛丽·斯图亚特把国家搞得一团糟，令人不堪忍受。她不顾本国贵族、平民和僧侣的意愿，竟选中了一个有妇之夫；这有妇之夫还被舆论一致斥责为谋弑苏格兰王的凶手。然而她却挑选这样一个人做她的配偶。她无视法律和美德，至今拒绝承认这一疯狂的婚姻无效。连她的最最忠心的朋友私下也都认为，她同那凶手结合，在苏格兰是统治不下去的。

但是，有什么办法能使女王就范呢？要么同博斯韦尔分手，要么逊位给她的儿子。答案令人吃惊：毫无办法。在当时，对付君主的国家权能等于零，民众不得怀疑或者指摘君主的举措；一切审判权服从于王权。民法不适用于王者；王者超然于民法、高于民法。他同神父一样，受命于上帝，无权把自己的位分转移给或者转赠给任何人。天命所归的君主，任何人无权褫夺其崇高的尊号。从君主专制制度的观点来看，一个国王或可夺去他的生命，却不能夺去他的王位。可以杀死一个王者，却不能倾覆其神器。因为使用任何强制手段逼他下台，都意味着否定整个社会等级制度。玛丽·斯图亚特的罪恶婚姻，使全世界面临一个全新的课题。通过决定她的命运，不仅解决本例中的具体冲突，并且也将决定整个世界观的抽象原则和基础。

因此，列位勋爵如此焦急地（当然在他们能够做到的礼仪范围之内）寻找和和气气平息事端的办法。即使到今日，已经过了几百年之久，他们为他们的行动感到后怕而颤抖的声音仍然历历可闻——把自己的君主关在城堡里，那可不是开玩笑！刚一开始，只要玛丽·斯图亚特宣布自己同博斯韦尔的婚姻不合法，从而认了错，她并不是不可能复出的。虽然她的声誉和威信颇受损害，但总还能以比较体面的条件回到霍利鲁德，将来还可以挑选一个般配的丈夫。但是，玛丽·斯图亚特仍没有开窍。她仍然盲目地相信自己绝对正确。她不想明白，这一连串的胡闹——夏特利亚尔、李乔、达伦雷、博斯韦尔，已招致轻佻误国的罪状。连最微小的让步她都觉得不光彩，都不能接受。她要和全国作对，和全世界作对，要全力保护博斯韦尔，声称不能抛弃他，否则她腹中的胎儿生下来就成了野种。她还在那里想入非非，真是不可救药的浪漫主义者，不愿尊重现实。但是，这种一意孤行（可以说荒唐，也可以说了不起，悉听尊便），必然会导致使用暴力手段，事实上也的确对她使用了暴力，直至动用极刑，其意义的深远延及后世：不仅仅是她，连她的嫡孙查理一世也因为贪求无限制的专横恣肆而掉了脑袋。

但在刚开始，不管怎么说，她还是有可能得到一些帮助的。这种君主和民众之间的冲突，旁观者清。她的那一帮子人，她的侪辈，欧洲各国的君主，对这种冲突并不是无动于衷的；尤其是伊丽莎白，更是坚决站在老对头这一边。伊丽莎白突然如此起劲地帮她对头的忙，许多人认为她是前后矛盾，没有诚心。其实，伊丽莎白的举动是情理之中、合乎逻辑、一清二楚的。她站到玛丽·斯图亚特一边，绝不是袒护玛丽·斯图亚特本人（其间的区别得竭力强调），不是袒护一个女人，不是袒护她的不成体统、十分暧昧的行为。她是作为一个女王，卫护另一个女王，卫护王权不容侵犯的纯抽象观念，从而捍卫她本人的事业。伊丽莎白很不相信本国贵族的忠君之心，所以见不得邻邦的乱臣贼子对合法君主动刀动枪，把她抓起来关在城堡里，开了犯上作乱的先例而逍遥法外。塞西尔倒是乐意帮助新教的列位勋爵，而伊丽莎白则与他异趣，一心要让这些侵犯王权的叛臣重新俯首听命。通过玛丽·斯图亚特的事例，她捍卫她本人的立场。她声称她对被囚的苏格兰女王深表关心。我们例外地倾向于相信她的这番话。她毫不迟疑地，答应向被推翻的女王提供亲如一家的支持，虽然她也极愿意刻薄地把这个失足女子的罪孽训斥几句。她颇为明确地把她个人的观点同国家的观点分开。她写道："夫人，关于友谊历来有这样一种说法：幸福带来朋友，患难考验朋友。如今，以实际行动证明我们之间友谊的时刻到了。因此，我从本身的利益出发，同时出于对您的关切，认为必须简短地向您表示友情。……夫人，我不客气地说，您给我添的烦恼不少，您的婚事表现出如此令人痛心的不够稳重。我当时深信，您在世界各国的朋友中没有一个人会赞成您的所作所为。隐瞒这一点不啻是对您说谎。您选择了这样一个人，不仅人们尽知其恶，而且舆论一致指责他谋杀了您的丈夫。您如此匆匆地嫁给了他；您的败坏名誉，莫此为甚。无怪乎人们指控您参与同谋，虽然我竭力去相信此话并不属实。他的妻子在世，而您偏要同他结合，您这是冒了多大的风险——因为，不管是按照上天的律条还是人间的法律，您都不能算做他的真正妻子，您的子女不能算做合法的子女。这段话已经把我对您的婚事的看法清清楚楚地告诉了您；很遗憾，我不可能有其他的看法，尽管您的使臣列举了种种有力的理由，想使我倾向于您。我以为，您在丈夫死后最应该操心的事情便是逮捕凶手，把他处死。如果当初您这样做了——情况一清二楚，这样做没有任何困难，那么，我对您的婚事的许多方面可以眼开眼闭。但您没有这样做，所以我只得为了我对您的友情，为了我和您以及我和您亡夫的血缘，向您保证，我将竭尽全力对谋杀给予应有的惩罚，不管这场谋杀出自您的哪一个臣民之手，不管这个人同您多么亲近。"

伊丽莎白把话说得十分明确、尖锐，犀利得像剃刀。用不着我们自作聪明、推测猜度，这些话表明，伊丽莎白通过她的密探以及梅里的面奏，比几百年后玛丽·斯图亚特的起劲的辩护士们更了解寇克·奥菲尔德事件的真相，对玛丽·斯图亚特是否同谋不抱任何幻想。她直指博斯韦尔是凶手。有一处很能说明问题：她在她的外交信函中使用了这样一个微妙的说法——她"竭力去相信"，而不是"深信"玛丽·斯图亚特与谋杀无关。事关如此可怕的罪行，"竭力去相信"这样的措辞是过于小心谨慎了。如果你的听觉足够敏锐的话，你会听出，伊丽莎白绝不担保玛丽·斯图亚特清白无辜，她只是出于义气才希望尽快把这丑闻按捺下去。然而，她越是强烈地谴责玛丽·斯图亚特的所作所为，也越是执拗地（为了自己的利益）保护玛丽·斯图亚特作为王者的尊严。她在这封意味深长的信中继续说，"但是，饱闻您的不幸，为了安慰您，我赶紧向您保证，我一定尽力而为，采取一切我认为必要的措施，以保护您的荣誉和安全"。

伊丽莎白说话算数。她吩咐她的公使就叛臣们对付玛丽·斯图亚特的种种措置提出强烈的抗议。她向列位勋爵点明，如果他们使用暴力，她不惜宣战。她在语气峻刻之极的信中警告他们莫要审判奉天承运的君主："你们给我指出，《圣经》中哪一处允许臣民推翻君主？哪个国度、哪个基督教君主国制订有允许臣民侵犯君主、剥夺其自由或审判他的成文法？……我至尊至贵的表亲的被害，我的谴责之力，并不亚于诸勋爵；而对我姐妹的下嫁博斯韦尔，我的痛心，远比你们任何人都强烈。但你们后来对待苏格兰女王的态度我既不能赞同也不能容忍。由于上帝的意志，你们身为臣民，而她是你们的主人，你们没有权力强迫她答复你们的指控，因为手脚向头脑发号施令是违反自然法则的。"

不过，伊丽莎白也破天荒头一回遭到列位勋爵的公开反抗。多年来，这些人一大半暗中向她领取津贴；很难料到他们竟会反抗。他们从李乔一案中吸取了教训，知道一旦玛丽·斯图亚特重新执政，他们将会落个什么下场：到目前为止，任何威胁利诱都还没有能叫她抛弃博斯韦尔；她驰回爱丁堡时备受凌辱，当时她曾威吓他们，要对他们严加惩处，她那疯狂的咒骂至今还萦绕在他们的耳际。他们把李乔、达伦雷和博斯韦尔一一搞掉，并不是为了重新乞求一个疯女人的恩典；对他们来说，把她的儿子扶上王位要称心得多。那儿子是个甫满周岁的婴孩，婴孩是管不了他们的。二十年后，幼王才能成年。这二十年内，他们将是国家的无可争议的主人。

但是，要不是天赐良机，列位勋爵得到了一件真正厉害的、能把玛丽·斯图亚特置于死地的武器，他们未必有勇气敢公开反抗他们的财神爷——伊丽莎白。卡贝里山之战后六天，一桩卑劣的叛卖行为急忙给他们送来了特大喜讯。博斯韦尔杀害达伦雷时的左右手詹姆斯·巴尔福，一见势头不对，顿时浑身不自在，觉得只有一计能救他的命，那便是再干一次卑鄙勾当。他竭力讨好炙手可热的列位勋爵，出卖了落难的朋友。他暗中给列位勋爵捎来一个好消息，说是出亡的博斯韦尔派了一名仆人潜入爱丁堡，任务是悄悄把他留在城堡里的收藏重要文件的首饰箱偷走。于是，这个名叫达尔格立什的仆人马上被抓了起来。这个倒霉蛋被上了刑具，严刑拷打之下，怕得要死，供出了秘密藏物处。根据他的口供，在城堡里的一张床底下找到了贵重的银质首饰箱——是法兰西斯二世在蜜月中把它送给妻子玛丽·斯图亚特的，而玛丽·斯图亚特毫无保留地把一切奉献给了自己的情人博斯韦尔，连同这只珍贵的首饰箱。这位宠臣在机关巧妙、扃锁严实的首饰箱中保藏着自己的私人文档，内中显然有女王答应嫁给他的文字和她的信函，还有其他文件，包括对列位勋爵不利的文件。明摆着（再自然也没有了），博斯韦尔奔赴鲍特威克，同列位勋爵打仗时，害怕把这样重要的文档带在身边。他宁愿把这文档藏在保险的地方，打算等待合适的时机派个可靠的仆人来取走。他同列位勋爵交换的"盟约"，玛丽·斯图亚特答应嫁给他的文字以及她的那些推心置腹的信函，在他大难临头时可是非常有用的，既可用于讹诈，也可用于自卫：手头有了书面证据，他可以牢牢地控制住女王，以防这水性杨花的女子想从他身边溜走，还可以对付列位勋爵，以备他们将来动念头指控他搞谋杀。这逃亡者一觉得自己安全无虞，必须首先考虑如何取回这些弥足珍贵的物证。于是乎，列位勋爵踏破铁鞋无觅处的宝物给他们带来了双重的好处：如今他们可以神不知鬼不觉地销毁那些能够揭露他们罪行的书面证据；同时，又可以毫不客气地利用那些不利于女王的文件。

那一帮人的头子莫顿伯爵把宝贵的首饰箱只保管了一夜，第二天便邀集别的勋爵，其中（这事实值得特别提一提）也有天主教徒和玛丽·斯图亚特的朋友，当着大家的面打开了箱子。玛丽·斯图亚特的那些出名的亲笔信和十四行诗便是这样发现的。当时发现的原件和后来印行的文本有多大的出入，这问题我们姑且不论。我们可以深信不疑地说，信的内容对玛丽·斯图亚特极为不利。从这一刻开始，列位勋爵的态度改变了。他们变得更自信，更大胆，更执拗。他们在欢欣鼓舞的头一阵冲动中，竟等不及抄几份副本，更别提伪造了，急急忙忙把这喜讯大肆宣扬——派专使到法国去见梅里，先把一封对玛丽·斯图亚特的名声最有关系的信概略地告诉了他。他们同法国使臣接头，对拿获的几名博斯韦尔的仆人进行逼供，录下了他们的供词。假若他们发现的文档中没有充分确凿的罪证足以揭露玛丽·斯图亚特参与同谋杀害的罪行，他们是不可能这样起劲，这样锲而不舍的。女王的处境顿时急转直下。

因为发现的信函在如此关键的时刻极为有力地稳住了叛臣的阵脚。他们终于为自己的桀骜不驯找到了道义上十分需要的理由。在此刻以前，他们把弑王罪推到博斯韦尔一个人身上，同时又避免把那逃亡者逼得太狠，担心他以牙还牙，揭发他们是同谋犯。他们指责玛丽·斯图亚特的，仅仅是她嫁给了杀人凶手。而现在，由于找到了信，这些温顺的羊羔突然"发现"女王本人也和谋杀案有牵连：她的不谨慎的书面自白落到了这些恬不知耻的敲诈老手手里，给了他们一个极有把握的机会，可以叫她俯首帖耳。他们终于有了武器，能迫使她"自愿"逊位给她儿子，如果她拒绝——那么，好吧，那时可以公开指控她通奸并参与谋杀。

指控当然要由别人出面，而不是公开同那人一起行动。因为列位勋爵心中有数，知道伊丽莎白是不会允许他们审判他们的女王的。于是他们明智地退到幕后，让第三者去要求公开起诉。约翰·诺克斯一肚子残酷无情的幸灾乐祸，甘心情愿承担起这个任务——挑动舆论去反对玛丽·斯图亚特。当初李乔被害后，这个狂热的传教士出于谨慎，离开了苏格兰。而如今，他的那些关于"血腥耶洗别"[1]以及她的轻佻将会祸国殃民的阴森森的预言不仅应验了，甚至超过了预想，他俨然以先知的姿态回到了爱丁堡。他一来便在讲坛上大声疾呼，明确号召起诉那罪孽深重的天主教徒。《圣经》宣讲师要求审判通奸的女王。一个星期日接着一个星期日，新教教士们的口吻越来越嚣张。他们向兴高采烈的人群吼叫：不贞并且蓄意杀人的女王和最卑微的庶民妇女同罪。明确地，毫不含糊地，他们谋求处死玛丽·斯图亚特。他们一个劲儿地鼓动，颇见成效。教堂讲坛上喷发的仇恨，不久漫溢了大街。满心希望看到他们一向战战兢兢仰望的女王穿着囚服被架到断头台上，那些从来不曾有过发言权和表决权的苏格兰平民要求举行公审。特别起劲的是妇女。她们对女王满腔怨恨。"妇女特别厉害特别狂，不过男人也够坏的。"苏格兰每个丐妇都知道，如果她如此胆大妄为地沉溺于罪恶的淫欲，那么，耻辱柱和火刑架便是她的归宿。这女子难道因为她是女王，就可以淫荡，就可以杀人而逍遥法外，逃脱火刑吗？！举国上下，"烧死这婊子"的呼声越来越喧嚣。英国公使着实害了怕。他向伦敦报告说："这悲剧以意大利人大卫和女王丈夫的死亡开始，可别以女王的死亡告终。"

1　见《圣经·旧约》列王纪。

但是，列位勋爵需要的正是这样的结局。重炮已经架了起来，准备把玛丽·斯图亚特继续抗拒"自愿逊位"的任何行动打个落花流水。按照约翰·诺克斯的要求，已经拟就公开审理的起诉书：玛丽·斯图亚特被控"违法"，以及（这一条小心地斟酌了用词）"对待博斯韦尔及其他人举止不成体统"。如果女王到现在还不愿逊位，那就在法庭上宣读那些在首饰箱中找到的、确凿说明她包庇谋杀的信件，从而使她的耻辱登峰造极并且充分证明造反有理。被自己的亲笔信揭露了的谋杀同谋犯和淫妇，绝不会得到伊丽莎白及其他君主的支持。

　　梅尔维尔和林赛准备以公开审判相恫吓，他们于7月25日去洛赫利文，随身带了三份羊皮纸文书。玛丽·斯图亚特如果想避免公开起诉的耻辱，必须在这三份文书上签字。第一份文书中说，她不堪政事的繁剧，"乐于"摆脱她既无兴趣亦无力量承揽的治国重任。第二份文书表示她同意她儿子加冕登基。第三份文书不反对她的异母兄梅里或其他适当的人出任摄政。

　　列位勋爵中，从人情方面说，以梅尔维尔同玛丽·斯图亚特最为接近。这次谈判就是由他主持。以前他来过两次，希冀说服她同博斯韦尔分手，和和气气把事情了结，但是她拒不采纳，借口是她腹中的胎儿不能生下来就是野种。然而现在找到了信件，到了你死我活的关头。她痛哭流涕，誓死不退位，并且声称这一决心至死不变。但是，梅尔维尔也绝不让步。他把她的前途描绘得一团漆黑：披露信件，同被捕的博斯韦尔的仆人对质，最后是公开审判——审讯和判决。玛丽·斯图亚特眼见自己的孟浪使她陷入了耻辱的泥潭，不由得浑身哆嗦。由于害怕在大庭广众间丧尽颜面，她的勇气逐渐消失。愤怒和绝望一阵阵猛烈发作过后，经过长时间的犹豫，她终于投降，签署了三

238

份文件。

至此，算是全部谈妥。但是，苏格兰的种种"盟约"历来如此：任何一方都不把诺言和誓言当回事。尽管作了保证，列位勋爵必定会在议会宣读玛丽·斯图亚特的信件，会向全世界大肆宣扬她同谋杀案有牵连，以便彻底切断她的退路。另一方面，玛丽·斯图亚特也绝不会认为她在一小片没有生命的白纸上划拉两个字就算退位了。一切使人生具有意义和价值的东西——尊严、忠信、责任，在她的眼里，是绝不能同她的统治权相提并论的。对于她，统治权像生命一样，像她脉管里激荡的热血一样不可或缺。

几天后，幼王加冕即位。民众看不成市中心广场的热热闹闹的火刑，只得满足于不那么火爆刺激的场面。加冕典礼在斯特林堡举行。艾托尔勋爵捧王冠，莫顿持权杖，格伦寇恩擎御剑。他们后面是马尔，手里抱着一个婴孩儿。这婴孩儿从今日始，将称为苏格兰王詹姆斯六世。涂油登基仪式由约翰·诺克斯主持，从而向全世界说明这婴孩儿、这新王永远摆脱了罗马邪教的罗网。民众在城堡大门外欢呼，喜洋洋的钟声响彻大地，全国到处升起了焰火。在一瞬间（唉，从来只是一瞬间！）苏格兰又是一个歌舞升平的国度。

如今，麻烦而叫人头痛的事已经干完，梅里这位专演赢家角色的演员可以顺顺当当地胜利归来。他的狡黠的策略——在转折关头销声匿迹——又大获成功。李乔被害时他不在场，达伦雷被害时他也不在场。他没有卷进反抗他妹妹的叛乱。他的忠心没有污点，他的双手没有沾血。这位明智地退出舞台的角色，一切都由时间替他干了。因为他能够胸有成竹地等待，如今他不费吹灰之力，堂堂正正地得到了他暗中觊觎的东西。他作为勋爵中最为聪明练达的人，被一致提名出任摄政。

但是，天生控驭众人的梅里，善于控驭自己的感情，绝不急于攫取人家给他的荣誉。他太聪明，不会从那些理应奉他号令的人的手里接受恩典。再说，可别让人以为他这个仁爱恭顺的兄长贪图他的妹妹生生被剥夺的权利。不，还是让她自己求他出任摄政（从心理学上讲，是一着高招儿）：他一心获取全权，一心希冀造反的列位勋爵和被废的女王双方都吁请他出山。

他来到洛赫利文堡的情景，值得戏剧大师形诸笔墨。我们那位正在受苦受难的女子一见她的异母哥哥，一头扑进他的怀里。安慰、支持和友谊终于在望，而主要的是她将能听到她十分需要的好主意。但是，对于她的激动，梅里的反应却颇为冷淡。他把她引入卧室，对她的所作所为狠狠训斥了一顿，没有一句话可以叫她指望从轻发落。梅里的冷淡叫女王大为吃惊。她不禁泪如泉涌，解释申辩。然而，检察官似的梅里只是阴沉着脸，默不作声，一个劲儿地不吭气。为了吓唬这绝望的女子，他装得似乎他的沉默包含着莫测的威胁。

一通宵，梅里把妹妹扔在这惊惧的炼狱里。他一滴滴灌给她的恐怖的鸩酒，必须深入到她的心灵。这身怀六甲、与全世界隔绝（外国使臣不得入见）的女子不知道她会落个什么下场：是公开指控还是审判，是名誉扫地还是死亡。她一夜没有合眼，到早晨她的力量彻底崩溃。这时，梅里开始稍稍假以辞色。他小心翼翼地暗示，她得放弃逃跑和同外国宫廷联系的念头，主要是要和博斯韦尔决裂。如果做到这一点，那么，她也许还能够（他的语气很没有把握）在全世界面前挽救自己的名声。这渺茫的希望竟叫不幸的、绝望的女子精神一振。她扑到哥哥怀里，央求他，请他挑起摄政的重担。这样，她的儿子才能平安无事，国家才能掌握在英明的统治者手里，而她自己也能得到安全。她一个劲儿地求呀求，而梅里当着众人见证，叫女王求了很久，才慨然惠允从她手里接过他其实正是为此而来的东西。他走时如愿以偿，而玛丽·斯图亚特吃了定心丸。她知道大权如今已在自己哥哥手里，放下了心，以为那些见不得人的信件的秘密和她的名誉都能够保全。

但是，人一旦失去了力量，就别指望得到恩典。大权一落入梅里的铁腕，他立刻竭力阻止妹妹回銮。当上了摄政，他要在道义上整垮不合自己心意的竞争对手。她的释放问题从此不再提起。相反，千方百计地把那女犯羁留在囚所。尽管梅里答应过伊丽莎白，也答应过妹妹，说是要保护她的名誉，然而在他的认可和纵容下，12月15日，在苏格兰议会打开了银质首饰箱，取出那些叫玛丽·斯图亚特丢人现眼的信件和十四行诗，当众宣读，同其他文件作了比较，确认是真迹。四位主教，十四位修道院院长，二十位伯爵，十五位勋爵和三十几位小地产贵族，其中有不少是女王的密友，以人格保证并宣誓证明信件及十四行诗确系原件无误，没有一个人——包括那些朋友（这事实颇为重要）——表示丝毫的怀疑。于是议会变成了法庭，女王的臣民对女王进行了缺席审判。信件一读毕，前几个月的种种无法无天（叛乱、拘禁女王）顿时成了合法。明确宣布女王是罪有应得，因为她的丈夫被杀，她是知情并且认可的，"女王在谋杀案前后给主要凶犯——御马官博斯韦尔的亲笔信已证明了这一点，谋杀案后不久，女王立即下嫁博斯韦尔这一件可耻的婚事同样可以证明"。为了让全世界都了解玛丽·斯图亚特的罪行，让人人都知道列位既规矩又正派的勋爵反对女王纯系出于道义上的原因，于是他们向各国宫廷分送了信件的抄本。这么一来，玛丽·斯图亚特在全世界面前抬不起头来，脑门上打了耻辱的烙印。而前额一旦有了耻辱的红字，她再也不敢索取王冠——梅里及列位勋爵都这么想。

　　但是，玛丽·斯图亚特的帝王尊严感是根深蒂固的，羞辱凌虐不足以使她屈服。她觉得，任何烙印都毁坏不了王冠的箍束和涂过圣油的前额。她决不会服从任何人的判决或命令。人家越是硬要叫她落个苟且偷生的不光彩的下场，她越是执意反抗。这种强烈的意志，任何人都禁锢不住。它会炸毁最最坚固的城墙，会冲决堤坝。如果用铁链把它锁起来，它会猛烈抖动铁链，连顽石和心魄都会因之而发颤。

第十六章　失去自由

1567年夏—1568年夏

　　如果说，同博斯韦尔两情缱绻的凄凉的悲剧场面需要莎士比亚的天才来渲染，那么，在洛赫利文堡收场的较为温和而富于罗曼蒂克激扬色彩的尾声，却由一位远不如莎士比亚辉煌的作家来摹写，——那人便是沃尔特·司各特[1]。尽管他不如莎士比亚，但是，谁要是在小时候，在少年时代看过司各特的书，他从中领略到的，远远多于他对任何史实的感受——要知道，在某些偶见的、特定的事例中，美妙动人的传奇会压倒现实。我们年轻时，身为热情澎湃的少年，人人都喜欢那些感人肺腑、叫人刻骨铭心的情景。素材本身便包含了动人的浪漫主义情趣诸要素。有严厉的狱吏，看管着无辜的公主；有血口喷人、蓄意破坏公主名誉的小人。那公主正值妙龄，真挚善良，风华绝代，神奇地把敌人的严酷点化为仁慈，在男人的心中激发起骑士精

1　沃尔特·司各特（1771—1832），英国小说家，诗人。

神。不仅是情节，舞台也极为罗曼蒂克——景色如画的湖中屹立着一座阴森森的城堡。

公主的模糊的泪眼可以从塔楼上眺望她的美丽的苏格兰，欣赏这方神奇的土地和它的森林山丘的万种风情。那一边，远方的北海在奔腾咆哮。苏格兰人衷心倾慕他们的女王。他们心中蕴蓄的一切诗的想象力似乎都凝聚在她的罗曼蒂克生活故事上；而这样的传奇一旦形成了完美的表现形式，便会深深地渗入、融入民众的血液。每一代人都要重复传诵、重新认可这传奇。宛若那永不枯萎的神树，几乎年年发出新枝。一方面是这崇高的真实，另一方面是对史实故纸堆的藐忽。因为，任何东西一旦形成了美的表现形式，作为一种美，便会获得永生，传流千古。天长日久，怀疑伴随成熟而至，我们试图在这动人的传奇背后探究真相，会发现那真相清醒得近乎亵渎神明，好比用冷冰冰、干巴巴的散文复述一首诗。

但是，传奇的危险在于它为了动人而隐瞒那真正悲剧性的东西。吟唱玛丽·斯图亚特身陷洛赫利文囹圄的浪漫叙事曲，也正是这样闭口不谈她的由衷的、内心深处的、真正合乎人性的痛苦。沃尔特·司各特执意忘记叙述他的罗曼蒂克公主当时正有身孕，腹中怀的正是谋杀她亲夫的凶手的孽种。其实，这恰好是她这几个月可怕的屈辱生活中最大的精神悲剧。如果不幸而料中，她腹中的胎儿提前分娩，那么，任何一个心怀恶意之徒都能按照大自然的铁定不移的历法，无情地算出她是在什么时候委身给博斯韦尔的。就算我们不知道具体日期和时辰，但肯定是发生在法律和道德都不允许的时间内，发生在情爱等于是失节或堕落的当口——或许是在塞顿堡为亡夫服丧的日子里，或许是在纵情遍游各城堡期间，也可能，甚至更可能，是在这以前，在丈夫生前——或此或彼，都是同样的可耻。我们得记住，她的未来

244

的分娩将使全世界以日历般的精确推算出她的罪恶的情欲的萌动。记得这一点，我们才能彻底理解这绝望的女子的精神痛苦。

然而，这秘密到最后却没有暴露。我们不知道玛丽·斯图亚特在洛赫利文堡出现时已怀孕几多时日，不知道她是何时消解了折磨她的恐惧，不知道婴儿生下来是死还是活，也不知道这违禁的爱情的产儿从她身边抱走时是几个星期还是几个月。一片朦胧迷茫，种种证据彼此矛盾，唯有一点是清清楚楚的，那便是玛丽·斯图亚特有充分的理由要掩盖她分娩的日期，她没有一封信提及博斯韦尔的孩子，不曾向任何人透露过一个字，这事实本身就很可疑。她的秘书璐奥在她亲身参与下起草的正式通告中说，她早产了一个死婴——是早产：只能推测这早产绝非偶然，她不是平白无故带上她的御医来尝铁窗风味的。另一种同样不足信的说法是：婴儿（女婴）生下来是活的，秘密送到了法国，后来死在法国的一座修道院里，至死不知道自己是天潢贵胄。然而，在这个无从探究的问题上，一切猜想和推测都不可能得到证实；真相躲藏在神秘的迷雾里，永远不得而知。玛丽·斯图亚特最后一个秘密的钥匙被扔到了洛赫利文湖的湖底。

看管玛丽·斯图亚特的人帮她隐瞒分娩（或早产）私生子的危险的秘密，仅此一端便足以证明他们绝不是浪漫传奇里极力描绘的那种恶魔。洛赫利文堡的主人——道格拉斯夫人受列位勋爵的信托，监管玛丽·斯图亚特。这位夫人在三十年前曾是女王父亲的情妇，给詹姆斯五世生了六个孩子（其中最大的是梅里伯爵）；后来嫁给洛赫利文的道格拉斯，又给他生了七个。十三次尝过生育的痛苦，曾因头几个孩子是野种而备受折磨，这女人比谁都更理解玛丽·斯图亚特的心事。人们责备她残酷无情，看来毫无根据，纯属诽谤。洛赫利文堡敢情是把那个阶下囚当作座上客来接待的。这"女囚"占用了长长一排套间，有她从霍利鲁德带来的一名厨师和一名御医，有四五个贴身侍女。她在堡内完全有自由，甚至好像还出堡打过猎。如果不带罗曼蒂克的偏见，实事求是地说，她得到的待遇简直称得上宽厚。其实，一个女人在丈夫被谋杀之后三个月决意嫁给谋杀她丈夫的凶手，至少是轻率，形同犯罪（浪漫主义要我们忘掉这一点）；即使在现代，法庭也不会宽免参与同谋的女子，除非考虑到一时精神错乱或受制于他人等可以减罪的情形。总之，一位女王的秽行扰乱了国内的安宁，招致了全欧洲的反对，那么，强迫她休息一段时间，不仅有利于国家，对她自己也有好处。这几个星期的幽居，她终于有机会放松骚乱的、紧张的神经，恢复被破坏的心理平衡，调养被博斯韦尔戕害的意志。洛赫利文的牢狱之灾，实际上反倒使这个丧失理性的女子至少在几个月内免除了最大的危险——折磨她的烦恼和焦虑。

干出了这么些疯狂的事情，这浪漫的幽禁应该算是十分宽大的处罚，与她的同谋犯兼情人的下场大相径庭。博斯韦尔的遭遇可没有那么舒服！尽管有过保证，咆哮的鹰犬仍在海洋和陆地追踪着这个流亡者；他的首级悬赏一千苏格兰克朗。博斯韦尔知道，在苏格兰最最靠得住的朋友也会为了这样一笔赏钱泄露他的行踪，把他出卖给当局。但是，这亡命之徒不是那么轻易束手就擒的。他纠集忠心的部属作最后一次抵抗，然后逃到奥克尼群岛，在那里同列位勋爵开战。梅里率领一支由四艘舰船组成的舰队在奥克尼群岛登陆。那个逃犯竟敢登上一条小破船进入公海，好不容易逃脱了追兵，却遇上了风暴。这条本来用于沿岸航行的小船张着千疮百孔的帆篷驶到了挪威海岸，被一艘丹麦军舰房获。博斯韦尔害怕引渡，想叫人辨认不出自己，便向一个水手要了套衣裳——宁可被人当作海盗，也不愿被人认出是正在搜捕的苏格兰王。但不久便会被调查清楚。博斯韦尔流离转徙，最后在丹麦竟被开释。他正在庆幸他的幸免，涅墨西斯[1]却追上了这位剽悍的风流武士。他的处境急转直下，全怨他当初曾向一位丹麦女子献过殷勤，答应娶她。此时，这位丹麦女子控告了他。同时，哥本哈根也查明了他过去有过哪些罪行。从此，他面临着引颈就戮的厄运。外交信使来来去去。梅里要求把他引渡归案。特别起劲的是伊丽莎白。她亟须把这人证弄到手，以备将来对付玛丽·斯图亚特。另一方面，玛丽·斯图亚特的法国亲戚也在暗中活动，不让丹麦国王交出这危险的人证。博斯韦尔的囚禁日趋严密，但也是靠了监狱他才逃过仇人的复仇。这个人在战场上面对上百名敌人毫不含糊，如今却战战兢兢地等着人家把他锁拿回国，在严刑拷打后把他定为弑君犯处死。他不断地被更换地点监禁。看管越来越严，牢房越来越低矮狭小，高墙铁窗，仿佛他是一头危险的野兽。不久他便知道唯有一死才能摆脱镣铐。这个强壮的、浑身是劲、让仇敌畏怖而让女子喜欢的人，在可怕的孤独和无聊中度过了一个星期又一个星期，一个月又一个月，一年又一年。充满活力的巨人生生地腐烂发臭。这个无法无天、恣意妄为之徒唯有精力极度旺盛、了无拘管时，才能自在舒畅。他曾经在猎队的前头一马当先，急旋风似的在田野上疾驰；曾经率领部下迎击敌人；曾经把雨露遍施各国女子；曾经领略过种种乐趣。对于这样一个人，在冰冷、寂静、阴森的高墙里面苦挨可怕的百无聊赖的孤独，在吞噬活力的无所事事中打发日子，比拷打和死亡更加难受。有一个传闻，大家都挺乐意相信，说他狂暴地猛撞牢笼的铁栅，凄惨地在疯狂中死去。在为了玛丽·斯图亚特惨遭拷打和死亡的众多的同路人中，这个

1　古希腊神话中的惩罚女神。——原注

人曾经赢得女王炽烈的爱情，但也以他受罪最为长久，最为痛苦。

但是，玛丽·斯图亚特还记得博斯韦尔吗？身处两地，他的意志对她的影响是否还起作用？也许，火圈慢慢地渐渐地消散了？关于这些，谁也无法知道，像她生活中的许多事情一样，成了永世的秘密。只有一点叫人惊奇。她产后刚刚下床，刚刚度过生育的艰辛，便已重新焕发女性的魅力，重新播种诱惑和烦恼。她重新（第三回了）把一个年轻人拖进自己的命运圈子。

我们得一再惋惜地重复：留传至今的玛丽·斯图亚特肖像，大多是平庸之作，无法从中窥视她的内心。一幅幅画面上都是一张姣好、安详、和善的脸，透出无聊的淡漠。画笔没有传达出这位奇异的女子肯定具有的媚。她当年必定有一种女性的特殊的魅力，因为她处处都能找到朋友，甚至在敌人中间。无论是当新娘时还是守寡时，无论是母仪法兰西还是君临苏格兰，无论在什么地方的监狱里，她都能在她左右营造同情的氛围，以致她周围的空气都似乎充溢着温暖和爱怜。她一来到洛赫利文，便征服了一位看守——年轻的鲁瑟文勋爵。列位勋爵不得不把他撵走。鲁瑟文刚刚离开洛赫利文堡，另一位年轻的勋爵，洛赫利文的乔治·道格拉斯，又被她征服。只消几个星期，便使她的女狱吏的儿子心甘情愿做出任何牺牲——在她的越狱中，他是她最热心、最忠实的助手。

仅仅是助手吗？在这几个月的幽居中，小道格拉斯对于她是否还有超越助手的价值？爱慕是否始终是骑士式的、柏拉图式的？我们永远不得而知。不管怎么说，玛丽·斯图亚特老实不客气地利用这个小伙子的感情，百般施展欺哄诓骗的手段。除了女人的魅力，女王还有一桩好处极为诱人：弄到她的身子，也就可以弄到政权。这一诱惑，对她命中遇合的一切人都有奇效。玛丽·斯图亚特大概（这只能猜测）允诺过同小道格拉斯结婚，用这样的前景来引诱小道格拉斯的深感荣幸的母亲，以换取她的优待。警卫日渐松懈。最后，玛丽·斯图亚特终于能够着手干她一心谋求的事情：越狱。

　　第一次尝试（3月25日），虽然准备缜密，却仍失败了。有一个洗衣妇每周随其他女仆搭船到对岸往返一次。道格拉斯负责说动洗衣妇，洗衣妇最后同意和女王换一身衣服穿。穿着女仆的粗布衣裳，厚密的面纱遮掩住她的脸，玛丽·斯图亚特顺利地通过了城堡的门卫。她正要登上一条准备驶往对岸的小船——乔治·道格拉斯已准备好马匹在那里等她；这时，一个船夫忽然动了念头，想和这个体态婀娜、头罩面纱的洗衣妇开开玩笑，硬要一睹她的真面目，试图扯下她的面纱。玛丽·斯图亚特吓得把面纱使劲拽住，露出了她的那双白嫩的纤纤素手。这双贵族式的手，秀气非凡，手指保养得极好；很难设想她是一个洗衣妇，于是暴露了她的身份。船夫们吃了一惊，虽然女王发了火，命令他们划向对岸，他们却掉转船头，把她送回监狱。

　　立即把这件事报告了当局，对女囚加强了警卫。乔治·道格拉斯不准回堡。但他在附近住下，和女王保持着经常的联系。他成了忠实的使者，在她和她的拥护者之间传递信件。说来奇怪，被宣布不受法律保护、被控谋杀而被监禁的女王，在梅里执政一年之后居然又有了拥护者。某些勋爵，首先是塞顿家族和韩特莱家族的人，部分是因为恨梅里，一直忠于玛丽·斯图亚特。但是，最叫人纳闷的是，她的不共戴天的敌人汉密尔顿家族竟成了她的最最卖力的追随者。汉密尔顿家族和斯图亚特家族自古以来便是冤家对头。汉密尔顿家族的势力仅次于斯图亚特家族，极力同后者争夺王位。如今他们有了大好机会，可以设法让族中子弟同玛丽·斯图亚特结婚，从而把他捧上苏格兰王位。出于这样的动机（政治才不管道德呢！）他们站到女王一边，而仅仅几个月之前，他们还力争以谋杀亲夫罪处死这个女人。难说玛丽·斯图亚特曾认真考虑（莫非博斯韦尔已经被她遗忘？）嫁给汉密尔顿家的子弟。明摆着，她表示同意只是为了换取自由。她也答应过乔治·道格拉斯的求婚（一个铤而走险的女子的两面游戏），而道格拉斯却正是她同汉密尔顿家族谈判的中间人；此外，他还是整个越狱行动的主脑。5月2日，一切准备就绪，玛丽·斯图亚特——每当审慎理该让位给勇气的时候，她一贯如此——毅然决然地去迎接不可知的未来。

这次越狱特别罗曼蒂克，一位罗曼蒂克的女王也正应该如此。玛丽·斯图亚特或乔治·道格拉斯在城堡里说动了一个名叫威廉·道格拉斯的孩子，得到了他的帮助。这孩子在城堡里当侍童，机灵麻利，漂漂亮亮地完成了任务。按照严格规定的制度，每天到共进晚餐时，一道道门户的钥匙统统收起来，同警备队长的随身军械放在一起，饭后由队长带走，藏在枕头底下。哪怕在吃饭时，队长也得随时看得见钥匙。这会儿，重甸甸的一串钥匙就在他眼前闪闪发光。伶俐的小淘气鬼在端菜的时候悄悄把餐巾扔到钥匙上。趁着大伙儿在席间放怀畅饮、谈笑风生，他在收拾杯盘残肴时把餐巾连钥匙一起收走，后来的一切按部就班进行。玛丽·斯图亚特换上一个女仆的衣服，侍童赶在头里，打开一道道门户，然后又严严实实地反锁起来，好把追兵阻挡一阵。出堡后他把一大串钥匙往湖里一扔。他预先已把岛上所有的船只都解开了缆绳，由他们乘坐的船牵到湖心，叫堡里的人无法追赶。然后他只消在暖洋洋的五月之夜的苍茫暮色中迅速地划桨来到湖畔。乔治·道格拉斯和塞顿带着五十名骑士等在那里。女王立即翻身上马，彻夜疾驰，赶到汉密尔顿家族的城堡。她刚一感到自己已是自由之身，顿时又满腔豪气，一如往日。

这就是著名的玛丽·斯图亚特越狱故事。她所以能够逃出波浪环绕的城堡，全靠一个真心相爱的年轻人的忠诚以及一个少年的自我牺牲精神。读者如果有便，不妨读一读沃尔特·司各特的小说。他把这故事的罗曼蒂克气氛表现得淋漓尽致。但是，史家们的态度较为清醒。据他们的说法，严厉的女狱吏道格拉斯夫人表面上装得对这次越狱毫不知情，别人也是这样帮腔，其实绝非如此。这个娓娓动听的故事是她后来编出来的，是为了解释警卫人员为什么忽然又聋又瞎，为什么这样玩忽职守。然而，人们不必去戳穿一个传奇，如果它是如此的美丽。何苦去扑灭玛丽·斯图亚特一生中最后一抹罗曼蒂克的霞光呢？天际已经乌云密布。风流韵事层见叠出的时期即将结束。这位年轻勇敢的女子是最后一次播种爱情，品尝爱情的滋味。

过了一个星期，玛丽·斯图亚特已经有了六千人马，似乎又一次雨过天晴。一瞬间，吉星似乎又在她头上高照。不仅是塞顿家族和韩特莱家族，她的老伙伴们统统回到了自己的身旁。不仅是汉密尔顿家族，说来也怪，很大一部分苏格兰贵族——八位伯爵、九位主教、十八位封地贵族和一百多位男爵，都改换了门庭，投奔到她的麾下。真正是怪。话说回来，一点也不奇怪，我们应当记得，在苏格兰谁也不能做到既独揽大权又不遭到全体贵族反对。梅里的铁腕不合列位勋爵的心意。他们情愿要一个罪孽深重而又服帖了的女王，他们不能要一个严厉的摄政。何况国外也在急急忙忙地支持重获自由的女王。法国使臣来见玛丽·斯图亚特，向这位合法的君主表忠。伊丽莎白派专使来表示她获悉玛丽·斯图亚特"幸免于难"之后的不胜欣喜。玛丽·斯图亚特入狱一年以来，处境大有改善，前景颇为光明。她时来运转；不过，仿佛有一种不祥的预感，以往那么勇敢、那么好战的苏格兰女王竟然避免一战——她宁愿和平解决。她已经阅尽沧桑，倘若她哥哥给她留下一点依稀恍惚的帝王威仪，她会心甘情愿地把大权拱手让给他。博斯韦尔钢铁般的意志在她身上激发的力量，有很大一部分崩溃了——这一点不久便得到证明。经历了那么些烦恼、忧虑和惶惶然，经历了那么疯狂的敌意，她如今向往的是自由，是和解和宁静。然而，梅里却连部分权力都不肯放弃。他的野心同玛丽·斯图亚特的野心本是同根所生，同时又有那么些军师推波助澜。当伊丽莎白祝贺玛丽·斯图亚特时，英国的宰相塞西尔却千方百计地向梅里施加压力，要他彻底搞掉玛丽·斯图亚特和苏格兰的天主教党。梅里没有多加考虑。他知道，只要玛丽·斯图亚特能够自由行动，苏格兰便不会太平。他一门心思要一劳永逸地整肃作乱的列位勋爵，给他们个教训，叫他们永志不忘。他以他历来的雷厉风行迅速集合起一支军队，人数虽然少于敌军，但管理比较得当，纪律比较严明。他不等部属来援，径向格拉斯哥挺进。5月13日在朗赛德，算总账的时刻来到；女王和摄政，哥哥和妹妹，斯图亚特家族中的一个人和同属斯图亚特家族的另一个人，在此一决胜负。

朗赛德之战为时极短，却是一锤定音。不像在卡贝里交战之前经过了长久的犹豫和谈判。玛丽·斯图亚特的骑兵猛冲敌阵。但梅里选择的阵地地形很好。女王的骑兵正要仰攻高地，攻势未及展开，便已被猛烈的火力打散，接着被敌军的反冲锋打得落花流水。在区区三刻钟的时间里全部结束。女王的最后一支军队丢下所有的大炮和三百具尸体，七零八落地溃逃。

玛丽·斯图亚特在一座高高的山冈上观战，看见大势已去，便快步下了山冈，跨上马背，由一小队人马护卫着全速逃跑。她惊恐万状，再也不想抵抗。垂头丧气，慌不择路，没命地策马驰过牧场和沼泽、田野和森林——第一天就这样整整赶了一天路，不敢休息，心里只有一个念头：只要能逃出去！她日后写信给洛林枢机主教说："我备尝一切——诽谤、辱骂、被俘、饥饿、严寒和酷热。我曾经在崎岖的道路上连续奔驰九十二英里，不得休息，没有食物，不知道逃到哪里去；曾经就地而卧，喝变质发酸的牛奶，吃燕麦充饥，看不到一块面包，曾经在野地里过了三夜，孤身一人，像只猫头鹰，没有侍女服侍。"就是这个样子，她这几天的形象，一个勇敢的女骑士、罗曼蒂克的巾帼英雄，长留在民众的记忆里。苏格兰今天已经忘掉她的一切弱点和疯狂，原谅并且洗雪了她的激情诱发的全部罪行。活在民众心里的，只是这样一幅画面——孤岛城堡中一个温顺的女囚；还有一幅，是一位勇敢的女骑手为了自己的自由，骑一匹大汗淋漓的马在夜间疾驰，宁愿死去千百回，也不愿怯懦屈辱地向敌人投降。她已经三次在夜色掩护下逃亡——第一次是同达伦雷逃出霍利鲁德，第二次是穿着男装从鲍特威克堡逃到博斯韦尔身边，第三次是同道格拉斯逃出洛赫利文。她在拼命的、疯狂的疾驰中三次保住了自己的王冠和自由。这一次她保住的只是自己的性命。

朗赛德之战后第三天，玛丽·斯图亚特到达海边的丹德连南修道院辖区。这里是她的国家的边境。她像一头被追猎的鹿，逃到了她的国土的尽头。昨日的女王，今天在全苏格兰找不到一处安全的避难所。所有的退路都已被切断。铁石心肠的约翰·诺克斯在爱丁堡等着她；她将重遭庶民的凌辱，重遭僧侣的怒骂，可能还会被钉上耻辱柱，被处以火刑。她的最后一支军队已经溃散，最后的希望成了泡影。面临艰难的抉择。后面是失去的国家，没有一条路可以让她回到那里去；前面是茫无际涯的大海，可以任她到全世界随便哪个国家去。她可以去法国，可以去英国，去西班牙。她是在法国长大的，那里有她的朋友和亲戚，还有许多对她忠心的人——曾经献诗给她的诗人，曾经把她送到苏格兰海岸的贵族。这个国家已经热情地接待过她一次，给她举行了隆重豪华的加冕典礼。但是，正因为在那里她是人们心目中享尽人间荣华的王后，至尊至贵，如今她成了破衣烂衫、名节有亏的乞丐，她不能到那里去乞求帮助。她不想看见她痛恨的那个意大利女人喀德琳·美第奇的恶毒的冷笑，不想靠别人的施舍度日或者被关在修道院里。但是，逃往西班牙去投靠冷冰冰的腓力，她也觉得有失身份。这个伪善的宫廷永远不会原谅她同博斯韦尔结合是由新教牧师主婚，不会原谅她接受了异端的祝福。因此，只有一条路可以选择，确切地说，不是选择，而是势所必然：到英国去。她在被囚的最最晦暗的日子里，岂不是听到过伊丽莎白给她打气，说什么"她任何时候都可以把英国女王当作忠实的朋友"吗？伊丽莎白岂不是曾经信誓旦旦地要恢复她的王位吗？岂不是派人给她送来了一只指环作为信物，应许她随时可以凭此信物要伊丽莎白顾念骨肉之情吗？

　　不过，谁的手一旦沾上了晦气，抓阄抽签就会失灵。玛丽·斯图亚特作重大决定时一贯轻率匆遽，在这件至关重要的大事上也是如此。她在丹德连南修道院给伊丽莎白写信，不要求任何保证，说："亲爱的姐姐，我的种种灾难大半你当然已经知悉。但是，今日驱使我写此信的厄运，发生于近日，你未必耳闻。所以我应当向你作一极其简短的报告：我倚畀甚殷且封赏非轻的一些臣子，举兵反对我，对待我的行为极为恶劣。我一度被残暴地监禁，是命运的全能的主宰把我解救了出来。然而，后来我打输了仗，我的忠心的臣下大多已在我的眼前阵亡。如今我被逐出我的王国，灾难深重，除了天主，我只能指望你的善心。因此，亲爱的姐姐，我请求你允许我来到你的面前，以便向你面陈我的不幸。

"我还祈求天主赐福给你，待我温和，给我安慰，那是我希望最为殷切而恳求得之于你的。我们之间的情谊使我能够信赖英国。为了提醒你，我派人给英国女王送去这只指环——你允诺给予友谊和帮助的信物。爱你的妹妹，玛丽女王。"

匆匆地，似乎是有意要糊里糊涂，玛丽·斯图亚特信笔写了这几行决定她一生前途的字。然后她把指环封在信里，交给了一个骑马信使。信里不仅是她的指环，还有她的命运。

总之，决心已下，5月16日，玛丽·斯图亚特登上一条渔船，穿过索尔韦海湾，在英国一个不大的港口城市卡莱尔附近上岸。在决定命运的这一天，她还不满二十五岁；不过，她的一生其实已经结束。命运能够慷慨赐予凡人的一切欢乐和苦难，她都已品尝过；碧落黄泉，她什么都经历过，什么都曾经臻于极致。在如此短暂的时间里，以极度的精神紧张为代价，她体验了人生的大喜大悲：死了两个丈夫，失去了两个王国，蹲过监狱，在犯罪的黑暗的道路上迷过路，但一再倒而复起，重新登上宝座和婚礼的圣坛，再度意气风发。这些个星期，这些年，她的生活像一把火，一把耀眼的、熊熊燃烧的、吞噬一切的烈火，它的余晖在几百年后还照耀着我们。然而，到英国的这一天，火堆烧到了头，慢慢熄灭了。她身上一切优良的东西都已付之一炬；一度令人目眩神迷的光华只剩下了灰烬。往日的玛丽·斯图亚特只剩下一个可怜巴巴的影子，凄凄惨惨地进入她的生命的黄昏。

第十七章 流亡女王的套索

1568年5月16日—6月28日

　　玛丽·斯图亚特在英国上岸的消息自然着实叫伊丽莎白惊慌了一阵。不用说，这个不速之客叫她十分为难。固然，近一年来，作为一个女王对另一个女王，她出于义气，竭力保护玛丽·斯图亚特免遭乱臣贼子的毒手。在情意绵绵的信中——信纸不值几分钱，而外交文牍中表白友谊的词语又极为丰富——她曾一再申说她的关心、她的忠诚和爱。她以火热——火热过了头啊——的辞令叫苏格兰女王相信，在任何情况下都可以指靠她，把她视为忠诚的姐姐。不过，伊丽莎白一次也没有邀请玛丽·斯图亚特去英国。相反，这几年来她一贯否定两人会晤的可能性。如今，平地一声雷，这个死乞白赖的女人突然出现在英国，出现在前不久还以王位唯一合法继承人的身份企图染指的英国。自作主张，不期而至，一开口就以伊丽莎白曾经答应支持、保证友好为借口。其实，人人都明白，那保证纯粹是隐喻。第二封信里，玛丽·斯图亚特甚至不问伊丽莎白是否愿意，要求会晤，以为这是她

256

不容置疑的权利："请您尽快帮我离开这里，因为我的处境不仅不合女王的身份，连普通贵族妇女都不堪忍受。我唯一保住的，只是我的性命：第一天我抄近路在田野上奔驰了六十英里。我深信您会体念我的至深至巨的苦难，届时您会亲眼看到我确实已失去了一切。"

伊丽莎白首先油然而生的感情确实是体念关怀之情。一个蓄意推翻她王位的女人，自个儿却被推翻了，完全是自己打倒自己，她伊丽莎白绝没有动过一个指头。这么一来，伊丽莎白的傲气自然得到了极度的满足。让全世界都看到她扶起屈膝下跪的骄傲女人，看到她居高临下地张开胳膊欢迎那个女人。所以，她最初的也是正确的冲动是宽宏大量地邀请那个女人来见面。法国公使写道，"我得到报告，说女王在御前会议上极力替苏格兰女王说话，并且明确表示打算按照玛丽·斯图亚特过去的身价和位分接待她，敬重她，而不去管她目前的处境。"伊丽莎白以她特有的历史责任感，愿意信守自己的诺言。倘若她率性而行，那么，不仅玛丽·斯图亚特能够活下来，她自己的名誉也将得以保全。

然而，伊丽莎白不是独自一人。她旁边还有个塞西尔。这个人，一双冷冰冰的眼睛泛出钢铁的光芒，是个冷静地运筹帷幄的政治家。神经质的、见风便是雨的伊丽莎白不是平白无故挑选这个冷酷、清醒、工于心计的实干家做她的股肱的。他的性子不近诗歌和浪漫，生就清教徒式的性格和气质，他鄙视玛丽·斯图亚特的冲动和情欲；作为一个信仰十分坚定的新教徒，他憎恨那个天主教的信女。此外，从他的私人笔记看来，他绝对相信她在谋杀达伦雷一案中参与同谋，是个帮凶。伊丽莎白刚刚动了感情，他立即阻拦她，不让她伸出关怀的手。作为高瞻远瞩的政治家，他懂得，这个不安分的女人，多年来到哪里都要兴风作浪，一沾上她的边，英国政府就会惹出许多麻烦。在伦敦接待玛丽·斯图亚特，待之以帝王礼仪，等于是承认她对苏格兰的统治权；结果，英国将不得不靡费国帑，发兵征讨列位勋爵和梅里。塞西尔对此毫无兴趣。因为，唆使列位勋爵作乱的正是他自己。依他看来，玛丽·斯图亚特是新教的死敌，是威胁英国的主要危险。这一点，他不难叫伊丽莎白相信。塞西尔把英国的贵族在英国的国土上如此这般恭而敬之地欢迎苏格兰女王的情况向伊丽莎白禀奏，这使伊丽莎白大为不快。信奉天主教的勋爵中势力最大的诺森伯兰邀请流亡的苏格兰女王去他的城堡；而新教勋爵中最有影响的诺福克也来觐见。明摆着，他们都被这女囚迷住了。于是，像所有的女人一样多疑而虚荣到愚蠢的伊丽莎白，不久便收起了邀她入宫的雅量，因为这个邻邦女王的个人素质会使她相形见绌，是她国内不满分子理想的王位候选人。

总之，仅仅过了几天，伊丽莎白便已抛弃了仁爱之心，坚决不让玛丽·斯图亚特入宫，同时又不让她离开英国。不过，倘若伊丽莎白在某些问题上会明确表态，采取干脆痛快的行动，那她也就不成其为伊丽莎白了。在人际关系上，在政治上，态度暧昧为害最烈，因为它会混淆视听，扰乱世界。伊丽莎白对玛丽·斯图亚特是造了孽的，这罪孽正是肇始于她的首鼠两端。上天赐给她多年来梦寐以求的胜利：她的那位以骑士精神化身驰名于世的对手，完全不是出于她伊丽莎白的努力便被钉上了耻辱柱。觊觎她的王冠，却丧失了自己的王冠。自以为有继承权而趾高气扬，骄横地同她闹对立，如今低声下气地乞求她援助。如果伊丽莎白真想认真办事，她有两种可能的办法。玛丽·斯图亚特请求避难权。她可以给，英国一向是慷慨地给各国流亡者以避难权的。这样一来，她便在道义上把玛丽·斯图亚特打翻在地。她也可以从政治上考虑，不准玛丽·斯图亚特在英国居留。或此或彼，她都会同样得到法律的尊重。只有一种做法违背人间和上天的任何律条，那便是将那个登门求援的女子一把搂到怀里，然后又强行把她扣起来。伊丽莎白的没有心肝的诡谲，她的做法——尽管她的受害者明确表示希望离开英国，她就是不准，千方百计地留住玛丽·斯图亚特，用手段和欺骗，用说话不算数的保证和秘密的暴力，通过阴险的剥夺自由，迫使那屈辱的、失败的女子走得越来越远，远远超过了本人的意愿，直至走上了绝望和罪愆的死路。伊丽莎白的这种做法，没法叫人替她辩护，没法叫人原谅。

这样明目张胆地用最最卑鄙的、装模作样的办法践踏别人的权利，永远是伊丽莎白一生中的一个污点，甚至比日后宣判玛丽·斯图亚特的死刑和执行更不容易得到人们的谅解。在当时，还没有任何理由或根据强行剥夺玛丽·斯图亚特的自由。拿破仑（后人常常引用他的遭遇作为反证）逃到贝列娄封号舰船，援引英国的法律申请避难权，英国确实把他的请求视为故作姿态的闹剧，予以驳回。英国的拒绝完全有道理。英法两国处于公开战争状态，拿破仑是敌军的统帅，而且四分之一世纪以来他一心要扼死英国。然而苏格兰绝没有同英国交战，两国之间有十分友好的睦邻关系。伊丽莎白和玛丽·斯图亚特长期互称是知己和姐妹；再说，玛丽·斯图亚特投奔伊丽莎白时，她可以拿出指环，那件出名的"纪念品"——伊丽莎白的友情的信物，她还可以援引伊丽莎白说过的话——"将比世界上任何人都更为同情而关怀地倾听她的陈诉"。她也可以援引先例——苏格兰所有的流亡者，伊丽莎白都曾经给过避难权，梅里和莫顿，那几个杀害李乔和达伦雷的凶手，尽管犯了罪，都在英国找到了栖身之所。说到最后，玛丽·斯图亚特到英国来并不是要求得到英国王位，而只有一个小小的请求：让她安安生生、太太平平地住在英国的土地上；如果伊丽莎白不愿意，那么也别阻拦她转道去法国。伊丽莎白自然完全知道她没有权利扣留玛丽·斯图亚特。这一点，塞西尔也是知道的。他在关于苏格兰女王的备忘录中的亲笔记载可以作证。他写道："势必要帮助她，因为她来此是出于自愿以及对女王的信任。"伊丽莎白和塞西尔两人心里都很清楚，他们没有半点权利如此粗暴地践踏法律。但是，天下之所以要有政治家存在，正是为了在最最棘手的情况下找到各种各样的花招儿和应变的手段，把"无"变成"有"或者把"有"变成"无"。不然又要他们干什么呢？如果没有理由扣留流亡的苏格兰女王，那就得造出一些理由来。即使玛丽·斯图亚特没有做什么对不起伊丽莎白的事，那也得给她编一些罪状。不过，必须干得十分隐蔽，世界上的人可没有打瞌睡，他们也盯着呢。你得悄悄地、蹑手蹑脚地去套住鸟，趁猎物还没有反应过来，就赶紧把绳子收紧。等它终于想起要振翅飞去的时候——可惜为时已晚——每一个急遽的动作都会导致自己灭亡。

这把戏，这圈套，是以周到之至的礼遇开始的。伊丽莎白驾前两位地位极高的贵人——斯克罗普勋爵和诺立斯勋爵，匆匆地（多体贴入微！）被派充荣誉骑士，赶赴卡莱尔去见玛丽·斯图亚特。但他们真正的使命是相当复杂而又不可告人的。他们代表伊丽莎白欢迎贵宾，向被废黜女王的不幸表示同情；他们还受命安抚那个激动的女人，让她安静下来，免得她过早惊觉而向外国宫廷求助。而他们最主要、最重大的任务却是在暗中交代的，即要严密警卫那个实际上已成为囚犯的女王，隔绝她和外界的一切联系，没收一切信件——无怪乎当天就调集了五十名刀斧手开往卡莱尔。此外，玛丽·斯图亚特的每一句话，要求斯克罗普及诺立斯立即报告伦敦。因为伦敦正伺机下手，待她稍有疏失，便给既成事实的囚禁补一个冠冕堂皇的理由。

诺立斯漂漂亮亮地完成了密探的任务。我们得感谢他的生花妙笔：对玛丽·斯图亚特性格的刻画，大概以他的最为生动，有声有色。看了他的记述，我们会相信，这女子虽然难得调动她的全部精神力量，但一旦调动起来，连聪明绝顶的男人都会赞美倾慕。弗兰西斯·诺立斯爵士给塞西尔的信中写道："没话说，是个了不起的女人，不为奉承所动，同她什么话都可以直说，她绝不生气，只要她确信你规矩正派。"他赞赏她的才智和口才，对她"罕见的刚强"和"待人诚恳"作了公正的评价。她的异乎寻常的高傲也没有瞒过他的眼睛："她最最渴望的是胜利。同这个最高目标相比，财富和尘世的其他诱惑都极为渺小而不足挂齿。"当多疑的伊丽莎白看到这几行描写她对手的文字时，她的心情如何是可想而知的。于是她很快地变得心狠手辣。

　　不过，玛丽·斯图亚特的耳朵也挺尖。她不久便察觉两位专使亲切的关怀和恭敬的奉承只是他们的幌子；他们所以百般逢迎，只是为了惑人耳目。仿佛是拿恭维作甜甜蜜蜜的糖浆，渐渐地递给她一帖苦药，告诉她，伊丽莎白不想接见她，除非她先把种种罪名都洗刷干净。这些无聊的推托之词是伦敦在这个时候想出来的。他们无情且无礼，企图把玛丽·斯图亚特拒之于远处并且幽禁起来，但是为了脸面上说得过去，用了一块道德的遮羞布打掩护。他们推托拖延的险恶用心，玛丽·斯图亚特可能没有看出来，或者是装作没有看出来。她激动地说她愿意申辩，"不过，自然是只能在我认为出身同我一样高贵的那个人面前，只能在英国女王面前"。她立时三刻就想见到伊丽莎白，越快越好，"披肝沥胆地投入她的怀抱"。她坚决要他们"别浪费时间，快把她送往伦敦，好让她申诉，保护她的名誉，免遭诬蔑诽谤的玷污"。她甘愿接受伊丽莎白的审判，不言而喻，要审判，也只能由伊丽莎白亲自进行。

　　这些话正中伊丽莎白的下怀。玛丽·斯图亚特原则上同意申辩，使伊丽莎白有了下手的借口，一步步把这个到她的国家来寻求热情接待的女人拖进一场官司。当然行事要谨慎，靠奇袭是不行的，小心别叫这惊弓之鸟过早地惊动了全世界。在采取断然行动搞臭玛丽·斯图亚特之前，先得用种种诺言麻痹她，叫她老老实实、俯首帖耳地任我宰割。于是伊丽莎白写了一封信。假若我们不知道阁议早就决定了扣留流亡女王，这封信的慷慨激昂的语调会叫我们上当。伊丽莎白拒绝同玛丽·斯图亚特面晤，但说得娓娓动听，滑得像泥鳅，她写道："夫人，勋爵向我报告，说您希望面见我，就您蒙受的罪名作一番解释。夫人啊，世界上没有人比我更高兴听您解释的了，没有人比我更乐意恭听有助于您恢复名誉的每一句话。但我不能为了您的事拿我自己的声誉去冒险。实不相瞒，我已经受到人们的责备，说我汲汲于捍卫您的清白，而不愿睁开眼睛面对您的臣民指控您的那些事情。"伊丽莎白狡猾地拒绝了面晤，接着是更加顺耳的花言巧语。她信誓旦旦地以她的"王者之言"保证（这几行字应该特别注意）："不论是您的臣下还是我的顾问，他们的劝谏都说动不了我，我绝不会要求您去做可能危害您或者败坏您名誉的事情。"信里的措辞越来越来劲，越来越动听："我避不见面，您会觉得奇怪，但我请您设身处地替我想一想。一旦您把罪名洗刷干净，我会以应有的恭谨接待您；在这之前我可不能见您。但在这之后，我向上帝起誓，您找不到一个人比我对您更有好感，同您见面是我最大的快乐。"

话说得叫人宽心，温和委婉，感人肺腑；不过，言语遮掩着的是生硬苦涩的实情。赍信的使者奉命向玛丽说清楚，根本不可能面见伊丽莎白并向她解释一切，这就意味着对苏格兰事件即将开始一场真正的法庭侦查，虽然暂时还羞答答地把它叫作"会议"。

但是，一听到讯问、侦查、宣判之类的字眼，玛丽·斯图亚特好像碰到烧红的铁，傲气勃然发作。她愤怒地声泪俱下："除了天主，我不承认其他任何法官。谁也没有权力审判我。我知道我是何等样人，也知道我的身份赋予我的种种特权。我确实曾经主动地、推心置腹地请我的姐姐英国女王在我的事情上当个法官。不过，她既然拒绝接见我，那么她又怎能当我的法官呢？"她以威胁的口吻预言（她的话后来果然应验），伊丽莎白把她扣在英国不会有什么好处。她当场拿起了笔。"唉，夫人呀！"她在激动中呼号，"哪儿听说过有谁能够指责一位君王，说他竟然倾听别人诉说横遭罗织罪名的冤屈。……别以为我到这个国家来是图个觍颜偷生。不论是苏格兰还是全世界，都还没有抛弃我。我到这里来是为了捍卫我的名誉，要求制裁那些诬陷我的恶棍，而不是来把他们当作平起平坐的人回答他们的指控。在我所有的友人中我选择了您，因为您是我最近的亲戚和最好的朋友，恳请您惩罚恶意诽谤我的小人，一心希望您以恢复一位女王的令名为自己的荣誉。"她不想逃出一座监狱又身陷"另一处差不多的地方"。她怒气冲冲地要求伊丽莎白做到的事，是明确的、干干脆脆的行事（至今尚未有人能叫伊丽莎白做到这一点），要么帮她忙，要么让她恢复自由。她愿意自愿地面见伊丽莎白申辩，但绝不在法庭上向她的臣民辩白，除非把他们捆起来押到她面前。她充分意识到她享有不可剥夺的神恩，拒绝同她的臣民平起平坐；如果这样，那还不如死。

　　在法律上，玛丽·斯图亚特的观点是无懈可击的。英国女王没有处置苏格兰女王的权力，谋杀案发生在别的国家，不是她分内该调查的事；别的国家的女王同自己的臣民的讼争，她不该插手。关于这些，伊丽莎白知道得很清楚。因此她加倍努力用甜言蜜语把玛丽·斯图亚特从她的可靠的、固若金汤的阵地引诱到审判的泥潭里。不，她不是作为法官，不，而是作为姐妹和朋友，想把这场倒霉的官司弄个水落石出——她一心一意想同这个表亲见面，替这个表亲争回王位，可是这场官司是妨碍她实现愿望的唯一绊脚石。为了把玛丽·斯图亚特诱出安全的阵地，伊丽莎白不遗余力地做出种种保证，装作从不怀疑横遭恶毒诬蔑的苏格兰女王，一贯相信她的清白；审理的不是玛丽·斯图亚特的行为，而是梅里及其他乱臣贼子的叛逆。谎话一而再，再而三。伊丽莎白发誓在讯问中绝不提及任何可能牵扯到玛丽·斯图亚特名誉的事情——这保证究竟如何，日后便知。主要的是，她向居间调停的人担保说，不管事情如何结束，都让玛丽·斯图亚特继续当她的苏格兰女王。但是，正在伊丽莎白指天誓日地作这番保证时，她的宰相塞西尔却另干一套。为了安抚梅里，让他支持这次审判，塞西尔赌咒罚发地拍了胸脯：决不把他的异母妹妹重新扶上王位。由此可见，两面三刀并不是现代政治的发明。

这一切暗中设置的骗局和圈套，没有能够瞒过玛丽·斯图亚特。伊丽莎白固然不相信她，玛丽·斯图亚特对亲爱的表亲的真实意图也不再寄予任何幻想。她抵御抗拒，不断写信去，时恭时倨，而伦敦却再也不松开套索，越拉越紧。为了加强心理压力，采取了一些相应的措施，旨在表明，倘有反抗、争执或拒绝等情事，伦敦将不惜使用强制手段。她往常享受的各种待遇渐渐被取消，苏格兰来的客人不得入觐，出门必须由一队骑兵护送。到后来，一道命令几乎把她气昏。这道命令让她离开卡莱尔——卡莱尔就在大海边上，她可以任意远眺，也可能有朝一日来艘船把她救走。她被转移到约克郡工事坚固的博尔顿堡的一座建筑里——一座非常坚固、非常美丽、非常气派的建筑。不言而喻，这颗难以下咽的药丸也涂上了一层厚厚的糖衣。利爪仍然怯懦地藏在天鹅绒手套里。伦敦叫玛丽·斯图亚特相信，伊丽莎白吩咐把她转移，是体贴入微的表现，是希望她离伦敦较近，信件来往较快。在博尔顿，她将有"更多的欢乐和自由，敌人的阴谋触动不了她"。玛丽·斯图亚特不那么幼稚，不会相信伊丽莎白对她如此厚爱，她还在挣扎抗争，虽然明知她已经输定。但她又有什么办法呢？苏格兰是回不去了，又去不了法国，而她的处境一天天越来越叫人难为情：吃着别人的饭，连衣服都是伊丽莎白从身上脱下来送给她的。孤零零一个人，与朋友们隔绝，周围全是对手的臣民，玛丽·斯图亚特挺不住了，她的反抗越来越没劲。

到最后，塞西尔果然料中，玛丽·斯图亚特犯了一个极大的错误，叫万般焦急地等候着的伊丽莎白如愿以偿：玛丽·斯图亚特在心力交瘁的时刻答应了接受法庭侦查。玛丽·斯图亚特原来的观点是伊丽莎白无权审判她，也无权剥夺她的自由，她作为女王和贵宾，不属外国的仲裁法庭管辖。如今她背离了原来的观点，这是她一生中最大最不可原谅的失策。玛丽·斯图亚特的刚强只够短时间激烈的迸发，她一贯缺乏君主必须具备的坚定和毅力。她感觉到阵脚已乱，于是竭力亡羊补牢，事后提出了一些条件，在被人骗得她的同意之后，握住那只把她推向深渊的手。6月28日她写信给伊丽莎白："只要您的一句话，没有什么我不去做；我对您的人格和您作为君主的公正抱有坚定的信心。"

但是，谁要是一心指望敌人的恩典，乞哀告怜，到头来全成了与虎谋皮。胜利者自有他们的权力。这权力一向就是失败者的任人宰割。失败者有祸了！

第十八章 套索收紧

1568年7月—1569年1月

一俟玛丽·斯图亚特轻率地答应接受"公正"的讯问之后，英国政府立刻动用它拥有的各种权力，要把讯问搞得十分的不公正。列位勋爵获准亲身出席，控告材料准备极为充分；而对待玛丽·斯图亚特，却只准她派两名代表。她只能在场外通过中间人控告造反作乱的列位勋爵；而后者既可以大喊大叫，又可以小声商量。英国政府用这样一些花招儿，马上迫使她转攻为守。伊丽莎白的保证一一落空。她曾经口口声声说她的良心不容许她在审判结束前同玛丽·斯图亚特见面，可她却毫无顾忌地接见犯上的梅里。谁也没有考虑到要照顾苏格兰女王的"荣誉"。诚然，想把她推上被告席的意图暂时还得保密（国外知道了可该怎么说呢！），表面上还维持着官方的说法——责令列位勋爵就他们的叛乱做出解释。不过，英国女王假惺惺地要求列位勋爵答复，其实只是企盼他们解释一件事：他们举兵反对他们的女王到底是为了什么。这意味着他们得把谋杀案的来龙去脉重新翻腾一遍。这样一来，就使讼争的矛头对准了玛丽·斯图亚特。如果列位勋爵的指控有分量，那么，伦敦立即找到了逮捕玛丽·斯图亚特的法律根据，毫无道理的囚禁会被全世界认为确有道理。

然而，这场名为会议的假审判（把它叫作审判委实有亵渎司法的危险）渐渐变成不合塞西尔和伊丽莎白口味的另一类闹剧。虽然安排两方围坐一张圆桌，让他们互相控告，但双方都不大愿意罗列各种各样的文书和事实来彼此攻讦。他们这样做自有原因。原告和被告其实是共同作案的（这场诉讼的可笑，也正在于此）。达伦雷被害，双方都有份，罪孽相当，所以他们都宁愿闭口不谈丑恶的内情。莫顿、梅特兰德和梅里固然可以拿出首饰箱和那些信件，振振有词地控告玛丽·斯图亚特参与同谋，至少是隐匿包庇；而玛丽·斯图亚特也能够理直气壮地揭露列位勋爵：因为他们事先完全知情，他们以默许纵容了那次谋杀。玛丽·斯图亚特肯定听博斯韦尔说过，哪些勋爵同他订过盟约，也许手上还有那份盟约呢；如果列位勋爵竟敢把那些不堪入目的信札拿出来，那就是逼她揭发事后起劲地鸣冤叫屈的勋爵，把他们的假面具撕下来。正因为这样，两方自然都害怕掐对方的脖子。正因为这样，双方有共同的利益——把这件肮脏的案子和平了结，别去惊动九泉之下可怜的达伦雷。"让死者安息"是双方虔诚的口号。

于是乎，出现了完全出乎伊丽莎白意料的怪现象：开审时，梅里只是控告了博斯韦尔——他知道，这个危险人物远在天边，不可能把当初同他有过密约的人供出来。梅里以难得的分寸感放过了他的妹妹。苏格兰的列位勋爵似乎突然忘却，仅仅一年以前，他们曾在议会的公开会议上指控她犯有同谋罪。总而言之，高贵的骑士们并不是像塞西尔所期待的那样威风凛凛地出场，没有把那些不成体统的信件甩到堂上。其次，这出别具一格的闹剧还有一个颇为重要的特点——英国的问官们也是罕见的沉默寡言，唯愿少问些问题。天主教徒诺森伯兰勋爵对玛丽·斯图亚特似乎比对他的伊丽莎白女王更亲。至于诺福克勋爵，出于后文中要提到的个人动机，也倾向于双方和解。拟议中的协议已大致有了个轮廓：玛丽·斯图亚特恢复尊号和自由，而梅里保留他唯一看重的东西——不折不扣的权力。总之，伊丽莎白原来盘算以雷轰电闪从精神上彻底消灭玛丽·斯图亚特，如今却是天朗气清，关起门来推心置腹地谈话。预计会就各种各样的文书和事实进行激烈的争论，结果却是友好和睦融洽。才过了几天——这起审理委实奇怪！——原告和被告，问官和法官，都已忘记了上头的指示，出人意料地找到了共同的语言，准备漂漂亮亮地结束这场被伊丽莎白作为对付玛丽·斯图亚特的国家大事来设计的争讼。

还是那个苏格兰国务大臣梅特兰德·列廷顿，充当了宝贵的中间人，理想的媒婆，起劲地跑来颠去，穿针引线，把事情办妥。当初在那不光彩的达伦雷事件中，他起过极其暧昧的作用，作为一个天生的权术家扮演了两面派的角色。列位勋爵在克雷格米勒觐见玛丽·斯图亚特，建议她同达伦雷离婚或者另外想个什么法子摆脱他。当时，梅特兰德代表众人发言，是他含含混混地说了一句："梅里肯定不会挑眼。"另一方面，玛丽·斯图亚特同博斯韦尔结婚也是他做的安排，那次声名狼藉的劫持，他也"偶然"在场，到最后关头才投靠列位勋爵。倘若玛丽·斯图亚特同列位勋爵非要火拼一场，他夹在中间必然会被搞得焦头烂额，所以他甘愿卖一番力气，不择手段，但求达成息事宁人的协议。

开始，他吓唬玛丽·斯图亚特，叫她相信，如果她固执到底，列位勋爵为了自卫，什么都干得出来，到那时她免不了丢人现眼。梅特兰德一心要向玛丽·斯图亚特证实他绝非妄言，说明列位勋爵确实掌握着致命的武器，足以葬送她的名誉，为此他悄悄叫他的妻子玛丽·弗莱明抄了一份主要罪证——首饰箱内的情书和十四行诗，把这个手抄件交给了玛丽·斯图亚特。

把玛丽·斯图亚特尚未知悉的控告材料偷偷交给她，当然是梅特兰德对付他同侪的一着棋，严重违犯了诉讼法。列位勋爵当即回敬，也违犯了种种规章条例，用个比喻的说法吧，在法庭的桌子底下，把"首饰箱信件"交给了诺福克和其他英国问官。这是玛丽·斯图亚特一个重大的挫折。因为，刚刚倾向双方和解的众法官，如今对她起了反感，尤以诺福克为最。潘多拉的盒子[1]突然打开，臭气熏天，叫他极度厌恶。他立即向伦敦报告（也违犯了规定，这个古怪案子全乱了套。）："显而易见，女王对博斯韦尔怀有热烈而肮脏的情欲，嫌弃后来被害的丈夫并且参与了谋杀，每个正人君子都会为之不寒而栗，对这一骇人听闻的罪行深恶痛绝。"

诺福克的报告对玛丽·斯图亚特自然是大为不妙，然而对伊丽莎白却是个特大喜讯。这么一来，她终于知道，有这么一份控告材料足以断送她对手的名誉，而且随时可以抛到桌面上；于是她再也安生不下来，非要把这材料公之于众才罢休。玛丽·斯图亚特越愿意和解，伊丽莎白便越加执拗地要叫她公开出乖露丑。诺福克的敌意以及他被那臭烘烘的首饰箱信件激起的真诚的愤怒，看来必定会使玛丽·斯图亚特黔驴技穷，陷于彻底的绝望。

但是，在政治上同在赌桌上一样，只要对方手上还有一张牌，就不能认为已经彻底绝望。梅特兰德在关键时刻又搞了个叫人伤脑筋

1　典出古希腊神话，比喻为灾难的渊薮，招来不幸的礼物。

的小动作。他找上诺福克的门，两人单独谈了好大一晌，最后（怪极了！），你看到史料准会大吃一惊，会不相信自己的眼睛：出现奇迹了，扫罗变成了保罗[1]，愤怒的、义愤填膺的诺福克——这个已对被告产生了偏见的法官，突然成了她的热忱的辩护人和同情者。本国的女王力争公开审理，他却悍然不顾，致力于保护苏格兰女王的利益：他劝她不要扔掉苏格兰的王冠，也别放弃继承英国王位的权利；他给她鼓劲，给她打气。同时他又劝阻梅里出示信件，结果（怪极了！）在诺福克同梅里谈了一番私房话之后，后者也改变了意向，变得温顺随和，同诺福克完全一致，同意把一切都诿罪于博斯韦尔，千方百计替玛丽·斯图亚特开脱。似乎一夜之间气候陡变，和煦的清风徐来，冰雪融化，再有一两天，这奇怪的法庭便会春光明媚，友情洋溢。

人们不禁要问：是什么促使诺福克转了一百八十度的弯，是什么叫伊丽莎白的法官不顾她的旨意，从玛丽·斯图亚特的敌人变成了她的贴心朋友？人们首先想到的，是梅特兰德贿买了诺福克。但是，仔细一想，这推断似乎不能成立。诺福克是英国最有钱的贵人，他的家族仅仅稍逊于都铎王族。要贿买他，不仅梅特兰德的金钱不够，贫穷的苏格兰全国都凑不起这笔款子。然而，第一个感觉往往是最正确的；在这件事上也是如此。梅特兰德确实是贿买了诺福克。他给这个年轻鳏夫的贿赂足以打动最有权势的人物，那便是——更大的权势。梅特兰德建议诺福克公爵娶玛丽·斯图亚特女王为妻，从而取得英国王位的继承权。王冠始终有一种神奇的力量，能把懦夫变得勇敢，把最淡泊的人变得野心勃勃，把最最明智的人变得愚蠢透顶。如今我们可以明白，为什么诺福克昨天还在说服玛丽·斯图亚特放弃她的王

1　据《圣经·新约》记载，使徒保罗原名扫罗，曾反对并迫害耶稣的门徒，在经历了一次耶稣所做的奇迹后，皈依耶稣并受洗，改称保罗。——原注

权，今天他却力劝她坚持她的权力。他不反对同玛丽·斯图亚特结婚——完全是出于觊觎王位的野心，希冀取代曾以叛国罪处死他的祖父和父亲的都铎王族。为人子孙者，背叛了曾屠戮自己家族的眼前当权的王族，我们能说他有罪吗？

诺福克昨天还对玛丽·斯图亚特的奸杀罪震惊万分，为她的奸情"秽迹"愤怒异常，突然之间，他居然打算要娶她为妻。这种做法在我们这些具有现代感情的人看来，自然是荒谬绝伦的。在这件事情上，卫护玛丽·斯图亚特的人当然另有一种他们的设想。据他们说，在这次单独的谈话中，梅特兰德证明信件全属伪造，说动了诺福克，使后者终于相信女王的清白。但是各种史料都没有这样的记载，而且几星期后诺福克在伊丽莎白面前申辩时，再一次说玛丽·斯图亚特是杀人犯。倘若我们把我们的道德观套用到往昔，套用到四百年前的时代，那显然是反历史主义的：人命的价值在各时代、各地域绝不是一个一成不变的概念；每个时代对它各有各的估价：道德永远是相对的。当代对政治谋杀比十九世纪宽容得多，而十六世纪在这个问题上也不太吹毛求疵。那个时代的道德基础不是《圣经》而是马基雅维里主义，本来就不讲究德行。在那个时代，谁要是一心想登上王位，是不会难为自己，心慈手软地左顾右盼的；他不会拿着放大镜去打量王座前的丹陛是否染上了鲜血。《理查三世》里有一场戏——王后嫁给了那个显系杀害了自己丈夫的凶手。那出戏可是当时的作品，观众从来没有认为那出戏不可信。为了当国王，弑父鸩兄，把成千上万无辜的牺牲品拖进战争，毫不犹豫地消灭异己。在那个时代的欧洲，未必有哪个王族不曾犯下诸如此类的罪行。看在王冠的分儿上，十四岁的孩子同五十岁的贵妇结婚，稚气未脱的黄花闺女嫁给头秃齿豁的糟老头子。没有人追求道德和容貌，追求高尚和端庄——痴呆的，有残疾的，瘫痪的，梅毒病人，精神病患者，罪犯，谁都可以成为结婚的对象。那么，我们又何必苛求于诺福克呢？诺福克虚荣心切，野心勃勃，而年轻貌美且又热情奔放的女王也不反对他当自己的丈夫，那他又何乐而不为呢？被野心弄得昏昏然的诺福克不去考虑玛丽·斯图亚特以往的所作所为，更多着眼于她将来对自己能够有些什么作为。这个鲁钝得近乎不正常的人已经想象着自己进了威斯敏斯特，坐在伊丽莎白的宝座上。于是局面陡变，梅特兰德灵巧的手松开了缠绕着玛丽·斯图亚特的套索。她本来以为会面对一位严厉的法官，结果却找到了一个未婚夫和助手。

但是，伊丽莎白并不是枉有那灵敏的耳目和警觉多疑的头脑。"君王都长着硕大的耳朵，远远近近的声音都听得见"——她有一次向法国公使这样吹过。她从百十个不起眼的迹象中感觉到，约克城里正在酝酿一场可疑的、对她没有什么好处的风波。她首先召见诺福克，讪笑着问他是不是动了结婚的念头。诺福克绝非英雄好汉。福音书中的鸡响亮清脆地叫了起来[1]：像一个正在淘气的孩子被人当场抓住一样的惊慌失措。那位再世的彼得——诺福克立即背弃昨天还在苦苦追求的玛丽·斯图亚特。全是谎话和诽谤，他决不会娶一个荡妇和杀人犯。他以矫揉造作的激昂说道："每天上床睡觉时先得摸摸枕头底下是不是有把淬毒的匕首等着我。"

伊丽莎白不露声色，心里有数。她后来得意地说，"他们把我当傻瓜，以为我什么都琢磨不出来。"这女人内心怒不可遏，随便揪住了一个趋炎附势之辈的脖子，他立刻吓得一五一十地把自己的秘密全

1　《圣经》典故：耶稣被杀前夕，门徒彼得向他表忠，耶稣说，"今夜鸡叫之前，你要三次不认我"。当晚耶稣被捕，彼得向差役起誓，说他"不认得那个人"，立时鸡就叫了。

都抖搂出来了。如今她要亲自管管了。按照她的旨意，会议在11月25日从约克城移到威斯敏斯特的画廊。这地方离她的房门才两步路。她死死盯着；在她的目光如炬的眼皮底下，梅特兰德玩花样要比在约克郡困难。约克郡距伦敦毕竟有两天的车程，远离了她的警卫和间谍。此外，由于问官们辜负了伊丽莎白的希望，她增派了些比较靠得住的人，其中首先是她的宠臣莱斯特。如今，缰绳已经牢牢地掌握在她的手里，诉讼进行极快，直奔规定的目的。她明确地、毫不含糊地训示她的老食客梅里出来"申辩"，附带了一个颇具危险性的嘱咐——在"最叫人憎厌的指控"面前也不能退缩。换句话说，别不好意思，尽管拿出"首饰箱信件"来证明玛丽·斯图亚特和博斯韦尔通奸。伊丽莎白完全忘记了她曾经郑重其事地向她亲爱的表亲起过誓，说在法庭上绝不会涉及任何"有损她名誉"的事情。列位勋爵却有些不自在。他们还在那里拖延着，犹豫不决，没有立刻痛痛快快地拿出信件，而只是做一些泛泛的暗示。因为伊丽莎白没法公开给他们下命令，除非甘冒暴露私心的危险，所以她进一步采取更加虚伪的手段。她装得十二万分地真心相信玛丽·斯图亚特的清白，认为恢复她的名誉只有一个可能，那就是把事情彻底调查清楚。俨然是一个充满爱心的姐姐，急切地要求把一切据以"诽谤中伤"的物证统统呈报给她。她竭力要让信件和爱情十四行诗出现在法庭上。

在这样的压力之下，列位勋爵终于让步。梅里到最后一分钟还演了一出闹剧。他摆出一副反抗的架势，不是亲手把信件抛到桌子上，而是拿出信件挥舞，然后急忙揣起来，让秘书"强行"从他手里把一捆信件和诗稿全部抢走。于是乎，伊丽莎白取得了辉煌的胜利，信件出现在法庭上，当众开读，先是读了一遍，次日在扩大会议上又读了一遍。虽然列位勋爵当初曾宣誓证明信件真实无误，但伊丽莎白意犹不足。仿佛预见到几百年后玛丽·斯图亚特的辩护士们会提出异议，声称这些信件纯系伪造，伊丽莎白命令当着委员会全体成员把这些信件同苏格兰女王写给她的亲笔信作极其认真细致的比较鉴别。作这番查证时，玛丽·斯图亚特的两名代表退出了会场（又一个足以证明信件确系真迹的重要论据）。他们理直气壮地声明，伊丽莎白曾经保证绝不允许发生败坏玛丽·斯图亚特名誉的事情，如今她自食其言。

但是，又怎么可能要求一切都遵守规矩呢，这场审理本身就完全不合规矩——主要的被告不准到庭，而伦诺克斯这样的原告却可以大放厥词。玛丽·斯图亚特的代表刚刚走出大门，问官们便一致做出"初步决议"，说是伊丽莎白以暂不延见玛丽·斯图亚特为宜，直至后者将各种罪名洗刷干净。伊丽莎白达到了她的目的，终于炮制成功她极端需要的借口，可以合理合法地不再理睬那流亡的女子；现在可以轻而易举地编造理由，以便把那女囚继续置于"体面的保护"——这是比令人反感的字眼"囚禁"较为委婉含蓄的说法——之下。伊丽莎白一个忠实的拥护者帕克大主教得意扬扬地大叫："我们的好女王终于逮住了狼！"

旨在折辱苏格兰女王的"初步"决议起了作用：丢人现眼的玛丽·斯图亚特只得低下头露出脖子，等着刀斧一般的判决。已经可以正式把她定为杀人犯，引渡给苏格兰，听凭约翰·诺克斯无情的摆布。但是在这一时刻，伊丽莎白高抬了贵手，阻止了致命的一击。她一贯如此，每当要做出最后的决定，不管那决定是好是坏，这个叫人不可理解的女人便失去勇气。这是她绝不缺乏的人性的宽宏大量的流露呢？还是姗姗来迟的悔意？——懊悔她不该违背照顾玛丽·斯图亚特名誉的王者之言。是玩弄权术的伎俩呢？还是各种极其矛盾的感情混乱的交织？——这类神秘性格的人物常有这样的事——这都很难说了。反正伊丽莎白再一次退缩，放弃了彻底收拾对手的机会。她没有让法庭做出严厉的判决，而是推迟决定，先同玛丽·斯图亚特谈判。伊丽莎白内心只盼这个刚愎、执拗、不安生的女子别打扰自己，她只要贬辱玛丽·斯图亚特，叫她老老实实。所以她给玛丽·斯图亚特出了个主意：让她在宣判前对物证的真实性提出异议。此外，通过第三者通知被告，如果她自愿逊位，将判她无罪，并且允许她自由居住在英国，由英国政府供养。与此同时，她又拿公开处决来吓唬她——还是那种鞭子加饼干的办法。英国宫廷的代表诺立斯报告，他已尽力而为，务期把那女囚吓得死去活来。总之，又是威胁又是利诱，这是伊丽莎白的惯技。

但是，威胁和利诱对玛丽·斯图亚特都没有奏效。像以往一样，危险的灼人气息只能激发她的勇气，她的自制力将随之增强。她不想要求重新审议物证的真伪问题。纵使为时已晚，她总算明白她上了天大的当，于是回到了原来的立场，拒绝同她的臣属举行平等的谈判。她身为女王，一句话的分量就该超过敌人的全部证词和物证。玛丽·斯图亚特断然拒绝人家向她建议的交易——用逊位的代价来换取法官的慈悲，她压根儿不承认这些法官的权力。她横下一条心，冲口而出，对中间人说了几句话，日后她以整个生命和死亡证明她所言不虚："别说了，别让我放弃我的王冠！要我同意，我宁愿死，但直到最后，我说的话都将是苏格兰女王的话。"

总之，没有能够把她吓唬住：伊丽莎白的不三不四的决定碰到了玛丽·斯图亚特不屈不挠的决心。伊丽莎白又一次动摇了。尽管被告采取了这样的立场，法庭仍不敢做出公开的判决。伊丽莎白过去和后来往往这样，这回也是这样——本人的愿望有了结果，自己却害怕了，退缩了。最后，判决不像开始打算的那样吓人，但却是极其阴险的首鼠两端，同整个审判一样的卑鄙。1月10日，法庭严肃地做出了乖谬的裁决。一方面说，未发现梅里及其拥护者的行为有悖名誉和责任的情事，这等于是彻底宣告列位勋爵掀起叛乱无罪。另一方面，恢复玛丽·斯图亚特名誉的结论则要含糊得多：列位勋爵提出的大量罪证缺乏充分的说服力，不足以改变英国女王对她妹妹的良好看法。乍看来，可以把这一结论看作是对被告的平反，是承认指控站不住脚。但，结论里埋了根很毒的钉子——"bene sufficiently"。这里的用词暗示罪证严重且形形色色，但缺乏"充分"，而只有"充分"，才足以说服像伊丽莎白这样善心的女王。如此这般，塞西尔就能够实现他的计划了，无须画蛇添足了。玛丽·斯图亚特的嫌疑仍旧没有消除，有充足的借口把这个孤苦伶仃的女子拘禁在那里。伊丽莎白胜利了。

但是，这是得不偿失的胜利。因为，只要伊丽莎白把玛丽·斯图亚特拘禁在那里，英国就好像有两个女王，除非死掉一个，否则国无宁日。法度的紊乱从来都会引起秩序的混乱；靠手腕取得的东西不会带来什么好处。伊丽莎白剥夺玛丽·斯图亚特自由之日，便是她自己失去自由之时。伊丽莎白把玛丽·斯图亚特当作敌人对待的同时，也给后者制造了放手采取敌对行动的理由；食言而肥，等于也允许后者违背誓言；自己说谎，不啻承认后者说谎正当。伊丽莎白没有顺从她最初的、自然而然的冲动，为此将在多年内不断付出代价。她很晚才认识到，在这件事情上，大度即是明智。假如伊丽莎白为玛丽·斯图亚特举行一场不花多少钱的、冷淡的接见仪式之后，放她离开英国；她的生命将在荒漠中无声无息地枯萎。确实，那个女子被人鄙夷不屑地请她开路之后，她又能到哪儿去呢？日后，任何一个审判者，任何一个诗人都绝不会替她说话。出了那么些秽闻，脑门上打上了烙印，而伊丽莎白的宽宏大量将会使她更形猥贱；她只能漫无目的地漂泊，在各国宫廷之间转悠。回苏格兰的路已给梅里切断了；法国和西班牙都不太欢迎这位不安生的客人。兴许，由于生就热情的性子，她会不断卷进情海风波；也可能，她会去丹麦追随博斯韦尔。她的名字会湮没在时间的尘封中，至多作为一个和杀害自己丈夫的凶手结婚的女王被人提及，得不到多少尊重。正是伊丽莎白那历史性的不公正救了她，使她免于这种默默无闻的、凄凉的命运。多蒙伊丽莎白的关照，玛丽·斯图亚特的星辰才得以闪射出往日的光辉。伊丽莎白竭力贬低她，结果反而抬高了她的身价，给失去王冠的她奉上一顶殉难者的桂冠。玛丽·斯图亚特之成为传奇人物，并不是靠她本人做过的什么事，而是靠人家对她的不公正。另一方面，英国女王在关键时刻失去了表现真正恢宏大度的机会，这比任何事情都更为严重地损害了自己的道义威信。

第十九章 幽 居

1569年—1584年

　　勾画空虚只能枉费力气，而摹绘单调也将徒劳无功。玛丽·斯图亚特的囚居生活正是这样的空虚单调，是没有星光的凄凄黑夜。宣判之后，她的热烈奔放的生活节奏变得消沉了。岁月像后浪推前浪的海水那样流逝，有时稍微喧闹一些，有时又慢悠悠而无精打采，但神圣的深处永远不再沸腾——这孤独者既与彻底的幸福无缘，也不去想痛苦。无所事事因而加倍地无谓，这个一度如此热烈的命运半死不活地入了蛰。这个如此渴望生活的女子心如死灰，度日似年地打发着日子。二十八岁、二十九岁、三十岁来了又去。然后又是一样凄凉无聊的十个年头，三十一岁、三十二岁、三十三岁、三十四岁、三十五岁、三十六岁、三十七岁、三十八岁、三十九岁——这些数字叫人写着都累，然而还是得一年年写在这里，好让大家充分感受到这种精神濒死状态的难挨难受，折磨人、叫人身心交瘁的难挨难受。因为一年有好几百天，一天有好多小时，而每一天每一小时都是奄奄无生气，没有真正的激动，没有欢乐。接着是四十岁。这个女人到了四十岁的关口，已经不是绮年玉貌，而是委顿多病。四十一岁、四十二岁、四十三岁也慢慢逝去。最后，即使人不开恩，死神也会体恤，把这个衰惫的灵魂接出牢笼。这些年来有过一些变化，但都是些区区小事。玛丽·斯图亚特生病啦，病好啦。有时生出了希望啦（希望与失望是一与一百之比），有时人家对她坏些啦、好些啦；伊丽莎白的来信火气大些啦，亲热些啦。反正，总的来说，始终是那种难挨难受的不折不扣的单调，始终是没完没了的惨淡灰暗、白白在指缝间流走的时光。监狱在外观上有所变化，苏格兰女王软禁的地点忽而在博尔顿，忽而在契茨沃尔德，在设菲尔德、塔特贝里、温菲尔德和福特林盖，但只是地名的不同，只是石头和堡墙的不同。对她来说，这些城堡全都一样，因为它们全都一样地剥夺她的自由。在这个小天地外面，星星、月亮和太阳以近乎恶毒的一成不变，循着广阔的、乖戾的轨迹运转，黑夜和白昼交替不息，岁月悠悠没有尽头。帝国衰而复兴，君王立而又废，妙龄少女成了花信妇人，生儿育女，转眼韶华已逝。大海彼岸，高山那边，大千世界瞬息万变。只有这个生命在阴影中凋萎，没有一线希望。被砍断了根和茎，她再也不能开花结果。无可奈何的悒郁害得玛丽·斯图亚特渐渐憔悴，红颜老去，空耗了生命。

然而，尽管听起来多么奇怪，她的没有尽头的囚禁生活中最最艰难的，却是这囚禁生活在外表上从来不显得十分艰难。因为高傲的心智会同粗暴的强力对抗，会在受辱中变得激烈；心灵会在满腔激愤中成长。可是，面对空虚，面对它的那种叫人手足无措的破坏力，心灵只好退避三舍。橡胶做的牢房，墙壁任人拳打脚踢，不会产生回响。这样的牢房比四壁全是石头的地牢更叫人受不了。对于一颗高贵的心，摧残它的自由而同时又对它卑躬屈膝，低声下气地给它戴高帽子，要比任何鞭挞或任何辱骂都更叫这颗心痛苦。一本正经、礼貌周全的嘲讽比任何一种嘲讽都更螫人。但是，正是这种假惺惺的尊敬，对位分而不是对不幸者本人的尊敬，成为玛丽·斯图亚特命中注定应得的待遇，叫她备受折磨；正是这种低声下气的保护、隐蔽的监视、体面的警卫——帽子拿在手里，低眉垂眼，一副奴才相，亦步亦趋地跟着她——成为她生活的一部分。这些年来，狱吏们须臾不曾忘记玛丽·斯图亚特是女王。各种各样的舒适应有尽有，她在各种各样的小事上也有充分的自由；缺少的只是神圣的、生活中最重要最美好的东西——真正的自由。伊丽莎白热衷于保护自己作为仁君的声誉；她相当聪明，没有在对手身上发泄宿怨。她多关心亲爱的妹妹啊！只要玛丽·斯图亚特一生病，伦敦方面立即频频探询她的病情。伊丽莎白把自己的医生举荐给她，并且要求玛丽·斯图亚特的饮食由她贴身的人来料理，免得心怀不满之徒暗中非议伊丽莎白企图毒死对手，免得人家埋怨她让天命所归的君主饱尝铁窗风味。她只是坚决地（无比坚决地）求苏格兰女王离她远一些，到远一些的风光旖旎的英国庄园去作客。当然，对于伊丽莎白来说，把这个执拗的女子关进伦敦塔，要比替她在各个城堡安排奢靡的生活简单得多，保险得多。她的大臣们也确实一再建议她采取这样粗暴的措施。然而她在微妙的政治上远比他们成熟老到。她害怕招致泄愤报仇的恶名，坚持己见：应该把玛丽·斯图亚特当作女王供起来，不过得用绫罗绸缎把她紧紧裹住，用黄金锁链把她牢牢拴住。吝啬得要命的伊丽莎白狠一狠心，在这件独一无二的事情中甘愿破财：她叹着气，咬一咬牙，每星期耗费五十二镑去招待这个不速之客。历时长达二十年。另外，玛丽·斯图亚特又从法国得到一笔颇为可观的津贴——每年一千二百镑。所以，她的日子确实不是过不下去。她住在英国的城堡里，排场极大。她可以在她的接见厅中张起王冠华盖：每个客人一眼就能看出住在这里的是女王，尽管是被囚的女王。她用一色银餐具进膳；所有的房间全都点着价格昂贵的蜡烛，烛台也是银的；地上铺着当时十分贵重的土耳其地毯。她的器具极多，每次从一座城堡搬到另一座城堡时，需要几十辆四匹马拉的大车。为了侍候玛丽·斯图亚特，配备了一大群宫内女官、侍女、女仆。极盛时，她身边至少有五十个人；麻雀虽小，宫廷职司一应俱全——侍从长、神父、侍医、秘书、司库、近侍、尚衣官、裁缝、家具匠、厨师。吝啬的英国女主人一个劲儿地拼命要精简这批随从，而她的囚犯却死死不放。

选择谁来充当长期看守她的警卫长一事，也足以说明并没有人打算把被废的女王瘐死在凄凉而富于浪漫情调的地牢里。施鲁斯贝里伯爵乔治·托尔博特，有资格跻身于贵族和绅士之列，而且一生顺利；但1569年6月，伊丽莎白选中了他，他的一帆风顺的生活从此结束。他在北方和中部各郡拥有大片领地，还有九座城堡。俨若封建诸侯，他住在自己的采邑，远离历史的喧嚣，远离功名利禄。富贵而没有政治野心，他生活在自己的天地里，在宁静平和中自得其乐。他眼见自己的胡须已经有了银丝，以为到了颐养天年的时候，哪里晓得伊丽莎白突然交给他一个棘手的任务——保护她的野心勃勃的、身受许多委屈因而变得冷酷无情的对手。前任诺立斯得知施鲁斯贝里将接替他的没意思的职位，不由得松了一口气："老实说，我宁肯受任何处分，也不愿意管这伤脑筋的事情。"因为软禁（亦即臭名昭著的荣誉警卫）是一项十分吃力而又不讨好的任务，界限和权力都非常之不明确。这类任务必然具有的两重性，要求办事特别有分寸。一方面，玛丽·斯图亚特似乎是女王；另一方面，似乎又不是。形式上她是贵宾，实质上却是囚犯。因此，施鲁斯贝里作为殷勤多礼的东道主，应当千方百计地博得她的欢心。同时，他作为伊丽莎白的代表，又要处处对她加以限制。他被置于女王之上，但是，同她谈话必须下跪，他必须严厉，但表面上必须毕恭毕敬；必须迎合客人，同时又得不懈地看守她。这项任务被他的妻子搞得越发艰巨。他的妻子曾经给三个丈夫送过终，而现在又叫第四个丈夫懊恼万分——她没完没了的飞短流长、恶意诽谤，因为她老是在搞阴谋，一会儿拥护伊丽莎白，一会儿反对她，对玛丽·斯图亚特也是忽而拥护忽而反对。这可真难为了施鲁斯贝里这个好人，他不得不在三个肝火旺盛的惹不起的女人之间周旋，其中一个是他的主上——英国女王，一个是他的妻子，另一个是被无形而又无法除去的锁链同他捆在一起的女囚。这十五年间，把可怜的施鲁斯贝里说成是看守玛丽·斯图亚特的狱吏，其实倒不如说是她的难友，是同她一样的囚犯。那神秘的诅咒也殃及了他——这女子在荆棘丛生的人生旅途上遇到的每一个人，必受她的祸害。

玛丽·斯图亚特是如何度过这十几个空虚无聊的年头的？表面上，是非常平静而逍遥。从旁边看，她的日常活动丝毫无异于那些成年累月住在自己的封建采邑、不与外界往来的贵妇。身体好的时候，她常常喜欢走马驰猎，当然，那凶神恶煞——"荣誉警卫"始终随从在侧。或者，她以打球及其他体育锻炼来调养她的已经有些疲惫的肌体，恢复活力和生气。她交游颇广，常有邻近各城堡的城主来向这个有意思的囚犯致敬，因为这个女人虽然丧失了政权，却仍具有英国王位直接继承人的资格（这一点片刻也不能忘记），一旦伊丽莎白发生什么事（我们所有的人都得听上帝的安排），接她班的可能是玛丽·斯图亚特。所以，聪明一些、眼光远一些的人，首先是长期担任她的警卫长的施鲁斯贝里，都竭力同她搞好关系。连伊丽莎白的知心朋友、面首赫顿和莱斯特，也愿意留条后路，背着他们的主子向她的狂热的仇人和竞争对手修书致意：谁知道明天是否就得下跪求她圣上开恩呢？玛丽·斯图亚特虽然被软禁在穷乡僻壤，消息倒相当灵通，朝廷的动静和天下大事她都了然于胸。又加上一个施鲁斯贝里夫人，老给她讲些她不如不知道的事情，讲了伊丽莎白生活中的许多隐私。各处都有关怀和鼓励的表示通过地下的渠道传到她那里。总之，不能把玛丽·斯图亚特的囹圄想象成低矮狭小的、不见天日的牢房，想象成彻底的孤独和与世隔绝。冬天的夜晚，堡中笙歌不绝。诚然，夏特利亚尔时代已经一去不复返，再也没有青年诗人写些柔情蜜意的颂诗献给她，一度风靡霍利鲁德的高雅的"假面剧"也已盛况不再。这颗焦灼的心再也容不下爱和激情：倾心迷恋的时代已经随着青春逝去。在热烈倾慕她的朋友中，她只保留了在洛赫利文堡救过她的小侍童威廉·道格拉斯；随从她的男性（唉，其中再也没有博斯韦尔和李乔），她见面最多的是医生。玛丽·斯图亚特如今常常生病。她有风湿；腰间还有不知什么古怪的疼痛；腿脚有时肿得站不起来，只好长时间坐在安乐椅里，而且采用热水疗法。由于缺少精神抖擞的散步，她的一度婀娜绰约、亭亭玉立的身体逐渐变得臃肿虚胖。她如今很少有精力再去搞那些她过去搞惯的大胆的胡闹；在苏格兰的田野和草地上纵马狂奔，遍游各城堡寻欢作乐——这样的时代已经一去无回。她的囚禁生活一年年过去，这囚犯越来越喜欢在户内活动中找安慰。穿一身黑，像个修女，她能够一连好几个钟头坐在绣架前，那双依旧还很美的纤纤素手不停地刺绣精美绝伦的金线绣件。我们到今天还能欣赏到其中的精品。或者，她埋头读她心爱的书籍。她几近二十年的囚禁生活没有留下任何风流韵事。她内心深处蕴藏的热情，自从无法倾注到至亲至爱的博斯韦尔之后，便另找出路，变成了比较适度而平和的另一种爱——爱那些永远不会骗人的动物。应玛丽·斯图亚特的请求，从法国弄来了几条最聪明最温顺的狗——西班牙獚犬和猎犬。她在房间里养鸣禽，在花园里喂鸽子、浇花草，关心身边的侍女。谁要是对她了解不深，只是偶尔见到她而没有深入她的内心，可能真的以为她的不可遏止而曾经震撼世界的野心已经泯灭，她的尘世的欲念已经断绝。因为这渐渐老去的妇人时常（而且逐年越来越频繁）裹着翩翩的孀妇长袍去望弥撒，越来越频繁地在她的小教堂里跪在讲经台前，而极少把诗誊在她的祷告书或者白纸上。她的诗也已经不再是热情奔放的十四行诗，而是流露出虔诚的听天由命和忧郁的出世情绪。

> 我成了什么，为什么苟延残喘？
> 我是没有灵魂的肉体，是往日的影子，
> 被凶恶的旋风驱赶着，
> 我对生活的请求——让我死去。

肤浅的旁观者越来越强烈地形成这样一种印象：这多灾多难的灵魂已经不再以世俗权力为怀，只是虔诚而平静地等待着一了百了的死亡。

但是，我们莫要自欺欺人：这一切全都是伪装，全都是假象。实际上，这颗炽烈的心，这位高傲的女王，一心一意只有一个梦想——恢复自由，东山再起。她从来不曾俯首帖耳地安于命运。这刺绣，这读书，这些消消停停的谈话和悠悠忽忽的白日梦，无非都是幌子，用来掩护每天紧张的活动——阴谋活动。从被囚的第一天到最后一天，她不停地谋划筹算。到哪里，她的书房都变成秘密政治办公室，日日夜夜起劲地工作着。关起门来，由两名秘书辅佐，玛丽·斯图亚特亲自草拟致法兰西、西班牙、教廷等各国使臣以及她在苏格兰、荷兰等地党羽的秘密求援信件。同时，出于谨慎，她给伊丽莎白写去一封封信，或祈求，或袪疑，或柔顺，或愤怒，虽然伊丽莎白早就对她的信置之不理。她的使者以许许多多不同的面貌到巴黎、马德里匆匆来去，频频变换接头暗语，编制密码（月月翻新），不啻是正规运营的货真价实的国际邮局，供她同伊丽莎白的敌人联系。她的随从成了总参谋部（塞西尔深有所知，因此才致力于缩减她的随从人数），不停地为她策划脱出图圄的行动。她的五十名亲随经常深入周围的农村交接各色人等，或做客或做东，以便传递或获取消息。附近的居民定时得到以赏赐为名的小恩小惠。靠这样的精心安排，外交专函邮递畅通无阻，直达巴黎和罗马。函件掖在内衣里，夹在书里，塞在凿空的手杖里，藏在首饰盒的盖子里甚至镜子背面的水银层里，偷偷过境。为了瞒哄施鲁斯贝里，不断发明新花样，拆开鞋底，塞进用隐显墨水写成的信函，或者制作假发，在发卷里加进纸条。玛丽·斯图亚特从巴黎订购的书籍中，按照一定的方法标出一个个字母，结果形成一篇篇连贯的文字。最最重要的信件则由她的忏悔师缝在法衣的衣襟里带过关卡。玛丽·斯图亚特在年轻的时候便搞过密码书写法，能够熟练地把信件译成密码或者把密码信件译出来。历次行动都由她亲自领导。这场引人入胜的游戏打乱了伊丽莎白的牌，也把女囚的全部精神力量都调动了起来，弥补了体力活动及其他消遣的不足。她以特有的那种热烈的冒失劲儿，沉湎于各种各样的阴谋和外交谋略。有时候，每当马德里、巴黎或罗马通过层出不穷的迂回的途径把一项项许诺和建议送到她的密室，这位备受屈辱的女王可能当真自以为是集中代表了全欧洲利益的力量呢。伊丽莎白明知存在着一种威胁，可是在这样的执着面前也无可奈何。她的女囚能够越过看守和警卫，在寂静的密室里领导这场斗争，参与决定世界的命运——一想到这儿，玛丽·斯图亚特不免自鸣得意。这也许是她在暗淡的悠悠岁月中唯一的乐趣，奇妙地支撑着她的精神。

这种百折不回的坚毅，这种在桎梏中挣扎的力量，委实值得惊奇。不过，这种坚毅和力量同时又显得徒劳无功，又叫我们心潮翻涌——不管玛丽·斯图亚特想出了哪些花样，使出了哪些法子，一切努力都付之东流。她不停地筹划的不计其数的阴谋和计策，统统事先便注定要失败。双方的力量太悬殊了。古往今来，单枪匹马反对整个组织的人，历来都是较弱的一方。玛丽·斯图亚特是孤军作战，而伊丽莎白背后却有整个国家——大臣、顾问、警官、士兵和间谍；再说，在政事厅里领导斗争自然要比牢房里容易得多。塞西尔要多少黄金都可以，国防经费归他支配，他的行动不受限制，他有千百个密探为他窥伺那个孤苦伶仃、没有经验的女子。当时的警务部门几乎把英国三百万人口的每一个人的一举一动都调查在案，连鸡毛蒜皮都不放过。每一个在英国上岸的外国人都受到监视。客栈、监狱、到岸的船舶，都安插有密探，一切可疑分子都有细作跟踪。如果这些平和的手段无效，那就采取最见效的措施——严刑拷问。集体力量的优势立刻显示了出来。为玛丽·斯图亚特鞠躬尽瘁的朋友一个个被关进了伦敦塔里不见天日的囚室；那里的拷刑架上逼出了老老实实的口供，问出了同谋者的姓名。就这样，在行刑吏的拷打下，一起起阴谋灰飞烟灭。玛丽·斯图亚特固然有时能够把她的信函和建议通过某个外国使馆送出去，但是，信件需要好几个星期才好不容易送到罗马或马德里，又过好几个星期那里的政事厅才着手答复，然后，复信送达目的地又得好几个星期。到头来，他们的援助却是那么微不足道；对于一颗热烈的、焦灼的心来说，他们的态度是那么的冷，冷得叫人感到屈辱——这颗心原是巴望着他们的海陆军星夜来援的。这样的期待也很自然：一个孤独的囚犯，日日夜夜思虑着自己的命运，以为她的朋友在遥远的充满生机的世界里也是一心只惦念着她。但是，玛丽·斯图亚特枉然把她的恢复自由竭力说成是整个反改革同盟刻不容缓的任务，说成是拯救天主教会的头等、首要的大事。她的朋友们只说不做，彼此间怎么也达不成协议。西班牙的无敌舰队并没有准备出动，玛丽·斯图亚特的主要靠山腓力二世善于祈祷而拙于决断。他不想为这个被囚的女王打一场结局难以逆料的战争，所以他和教皇敷衍应付，只是送去一些钱，以便收买两三个冒险家去策划暗杀或叛乱。但阴谋分子办事不力，沃尔辛厄姆手下那些惊觉的密探不费吹灰之力便逮住了他们。塔山刑场上几具遍体鳞伤、残缺不全的尸体时不时提醒民众：一个坚持自己是英国唯一合法君主的女子仍然被关在孤堡里，在那里受尽煎熬；同时，仍然有一些傻瓜或者英雄甘心情愿为她受苦受难。

这些阴谋终将把玛丽·斯图亚特推向灭亡。她一如既往地轻率，向全世界最强大的君王宣战，孤身一人从监狱里进行一场有输无赢的赌博——她的下场，当时人人心中有数。1572年，里道尔菲的阴谋败露后，玛丽·斯图亚特的小叔查理九世懊丧地说："这个倒霉的傻瓜除非碰得头破血流，否则她是不会安生的。她总有一天要被杀头。而原因全在她自己的愚蠢。我简直不知道怎么帮她的忙。"这个查理九世在巴托罗缪之夜只敢躲在重重设防的房间里向窗外手无寸铁的难民放冷枪，对任何英雄气概都一窍不通——这样一个人对玛丽·斯图亚特的评论是如此的严酷。当然，从明哲保身的角度看，玛丽·斯图亚特的所作所为很不明智。她摒弃虽然懦怯但比较妥当的道路——投降，而选择了显然毫无希望的做法。或许，她放弃承嗣大统的权利之后，会换得她的自由；或许，这些年间，牢房的钥匙就在她自己的手里。只要屈服，只要郑重其事地自愿放弃她对苏格兰王位和英国王位的任何要求，英国就会松一口气，把她释放出狱。伊丽莎白曾经一再试图给她搬梯子（自然不是出于大度而是出于恐惧，因为危险的女囚近在咫尺，直逼帝座，叫伊丽莎白像做噩梦似的心神不宁）：不时重开谈判，条件相当公平。但玛丽·斯图亚特宁肯当个头戴王冠的犯人，不愿当逊位的女王。囚禁之初，诺立斯给她下过一个评语，说她只要还存一线希望，便有足够的勇气进行斗争。这个评语说得对。一种真正的庄严感告诉她：逊位女王在哪个穷乡僻壤苟延残喘以换得鸡零狗碎的自由，那是何等的叫人齿冷；只有顶住打击才能名垂青史。她起过誓，说她决不逊位，她到死都将以苏格兰女王的身份说话——这誓言的力量比囚禁强大一千倍。

缺乏理智的勇敢同疯狂之间很难划清界限，因为英雄气概总是有一种狂劲。桑乔·潘萨处世的明哲胜过堂吉诃德；从理智的角度看，忒耳西忒斯比阿喀琉斯[1]高出一筹。但是，哈姆莱特说过，在荣誉遭遇危险的时候，即使为了一根稻草之微，也要慷慨力争[2]。这句话在任何时代都是衡量真正英雄气概的准绳。当然，面对力量强大许多倍的敌人，玛丽·斯图亚特的反抗未必能有什么结果。尽管如此，仅仅

1　古希腊神话中的人物。忒耳西忒斯是希腊军队的士兵；阿喀琉斯是国王珀琉斯和海中神女忒提斯的儿子，特洛亚战争中的英雄。

2　见朱生豪译《莎士比亚全集》第9卷101页。

因为这种反抗失利而把它说成毫无意义，那是不对的。这些年来（甚至与年俱增），这个看似柔弱的、孤苦伶仃的女子正是靠她义无反顾的决心一拼，才成了一股巨大的力量；正因为她抖动锁链，才震撼了整个英国，使伊丽莎白心烦意乱。我们处在后世稔悉一切的地位上回顾历史，如果评点事件时把结果考虑在内，便会歪曲历史的景象。事后说风凉话，批评一个失败者竟敢去作一番没有意义的搏斗，那是再容易不过了。实际上，这两个女子的搏斗在二十年里一直相持不下，最后的结果始终在天平上摆动。某几起旨在拥戴玛丽·斯图亚特登基的阴谋一旦得逞，伊丽莎白可能性命难保。有两三次，刀光剑影已经在她头上盘旋。先是诺森伯兰发难。他纠集起天主教的众贵族，整个北方狼烟四起。伊丽莎白好不容易才平息了动乱。后来是诺福克的更危险的阴谋。英国名门贵族的精英，其中包括伊丽莎白最亲密的朋友如莱斯特等人，支持诺福克谋娶苏格兰女王的计划。苏格兰女王激扬他的勇气，给他写过几封甜甜蜜蜜的情书（为了胜利，她什么都做得出来！），由佛罗伦萨人里道尔菲居间奔走，西班牙及法国的军队准备渡海登陆。诺福克过去已经懦怯地同她绝交过一次，表明了这个人的差劲。他的窝囊加上命运的偶然因素（风暴、气候恶劣、大海的阻隔和叛变）坏了事。不然，局面会完全不同，角色会对换，坐在威斯敏斯特宝座上的将是玛丽·斯图亚特，而伊丽莎白将在伦敦塔的地牢里受尽折磨或者一命归天。诺福克的血，诺森伯兰和历年来在断头台上身首异处的其他许多人的下场，都没有能够使最后一个竞争者望而却步。这最后一个竞争者便是奥地利王室的唐璜。他是查理五世的私生子，腓力二世的异母弟弟，列潘多之战的胜利者，理想的骑士，基督教世界首屈一指的虎将。因为是私生子，他没法染指西班牙王位，于是竭力要在突尼斯建立一个王国。这时天赐良机，他有可能攫取另外一个国家即苏格兰的王位同时又能娶得被囚的女王。他在荷兰招兵买马；女王被释得救已近在眼前了。忽然之间（玛丽·斯图亚特和她的助手们真不走运！），他得了一场倒霉的病，过早地呜呼哀哉。谁要是谋求娶玛丽·斯图亚特为妻，或者无私地为她效劳出力，历来都没有好结果。

不带成见，公平地说一句，伊丽莎白与玛丽·斯图亚特之争归根结底无非是：伊丽莎白连年福星高照，而玛丽·斯图亚特却是灾星当头。就她们的力量、她们的性格而言，两人几乎不相上下。但两人的星象不同。一败涂地，被好运抛弃的玛丽·斯图亚特，不管从她的囚所采取哪些办法，都会失败。外国派来攻打英国的舰队在风暴中粉身碎骨，她的使者在路上失踪，向她求婚的人进了棺材，朋友们在关键时刻失去了勇气，每一个竭力帮她忙的人都是自己找死。

诺福克在断头台上说的话，正确得叫人吃惊："不管她干什么，不管别人替她干什么，都事先注定要失败。"从她邂逅博斯韦尔开始，幸运之神便离她而去。爱上她的人注定死亡，她爱上的人只落得个不堪回首。谁为她好，反倒害了她；谁替她出力，结果却葬送了自己。好像童话中黑色的磁山吸引过往的船舶，她的命运吸引别人的命运而毁了他们。围绕玛丽·斯图亚特逐渐形成阴森森的传说——说她具有一种死亡的吸引力。但是，她的事业越没有希望，她的劲头越发猛烈。凄惨的长期囚禁没有能叫她屈服，反倒使她铁了心。她自己，主动地，明知一切全都白费，召唤必然的结局来临。

第二十章　最后一圈

1584年—1585年

　　岁月悠悠，一个个星期、一个个月、一个个年头，像这个焦急不安的女人头顶上的悠悠白云，不知不觉溜走了，而她却是依然故我。然而，不管是多么地难以察觉，时间总是要改变人、改变周围世界的。玛丽·斯图亚特四十岁了——这是女人的危机年龄，而她仍然是犯人，仍然在囚牢里受罪。她不知不觉已经老之将至。头发里有了银丝；苗条的躯体发胖了，臃肿了；面容平板了，透出古罗马贵妇人的那种成熟；浑身上下都带着甘心在宗教中找寄托的苦闷的烙印。用不了多久（女人体会最深），恋爱的年月，生机蓬勃的时期，就要一去不复返了。至今尚未实现的，今后也永远不会再实现；黄昏已经来临，黑夜近在眼前。许久没有出现新的求婚者，想必也不会再有了：过不了多少日子，连生命都将永远消逝。既然这样，还值不值得苦苦等待奇迹，等待被释，等待冷漠而朝三暮四的世界来帮助她？在这几个夕阳西斜的年头，我们越来越强烈地感觉到落难女王腻味了斗争，愿意放弃王位，愿意妥协和解。她越来越频繁地暗问自己：没有乐趣，没有爱情，她像阴影中的一朵小花似的凋萎，是不是有点愚蠢？是不是不如脱下白头上的王冠，用这高昂的代价去换取自由？在这四十岁的时候，她越来越厌倦抑郁无欢、毫无希望的生活，强烈的权欲逐渐离她而去，让位给温顺的、神秘的想一死了之的愿望。大概是在这样的时刻，她在一张纸上用拉丁文写下了感人肺腑的诗句，一半是怨，一半是祈祷：

> 你是我的希望，至高无上的主！
> 赐给我自由，对我温柔，
> 我在囚禁中痛苦，在病痛中衰弱，
> 日日夜夜思念你。
> 我跪在地上流泪诉说，
> 天主，求你给我自由！

既然救星们只是在那里犹豫，迟迟不来，她的目光便转向救世主。她宁愿死，但求摆脱这空虚、茫然、长期的等待，她愿意抛弃那希望、那苦恼、那必然的失望！但求有个了断，管它是喜是悲，是胜利还是失败！斗争不可阻挡地走向结局，因为玛丽·斯图亚特以她整个心灵的激情向这结局发出了召唤。

这场尔虞我诈、残酷无情、壮观而顽强的殊死斗争拖得越久，两个冤家对头——玛丽·斯图亚特和伊丽莎白——便越发僵持不下。伊丽莎白的政策为她赢得一个又一个的胜利。她同法国签订了和约。西班牙始终不敢开战。她挫败了所有的不满分子。只有一个敌人，一个极端危险的敌人，就是这一个战败的女子，还逍遥自在地住在她的国家里。唯有消灭这个最后的敌人，她才能觉得自己是真正的胜利者。至于玛丽·斯图亚特，她除了伊丽莎白而外，也再没有其他仇恨对象了。在万般绝望的时刻，她再一次写信给她的亲戚、命里给她安排的姐姐，激烈万分地要求后者讲点人道。她在光明磊落的信中哀号："我再也受不了罪了。我在临死的时候，对于那些一心害我的人，不能不提他们的名字。在您的监狱里，连怙恶不悛的恶棍都有机会说话，可以说说是谁诬陷、诽谤了他们。那么，为什么不让我说话呢？我毕竟是位女王，毕竟是您的表亲和合法的王位继承人呀。我不由得想到，我的敌人之所以至今如此残暴，正因为我是合法继承人……但是，唉！他们再也不必折磨我了，因为我拿我的荣誉起誓，我现在除了天国，不需要其他任何王国。我觉得我已做好了去天国的准备，因为我的苦闷和磨难只有在天国才能终了。"玛丽·斯图亚特以绝非做作的真挚的热烈劲儿，最后一次恳求伊丽莎白赐给她自由："我以我的荣誉，以我们的救世主死前的苦难，向您恳求，发发善心吧，准我离开这个国家，随便到哪个穷乡僻壤去隐居，让我在那里调养疲惫的、被无可排遣的悲哀耗干了的身体，再也没有任何事情妨碍我安安静静地准备去见每天召唤我的天主。……请您趁我未死之前赐给我这个恩典。到那时，既然我们的纠纷已经解决，我的灵魂就不至于在挣脱了尘世的镣铐之后向创世主告状，指控您是我在这个人世间受罪的罪魁祸首。"但是凄恻的哀号没有能够打动伊丽莎白的心。她兀自不理不睬，没有说一句鼓励的话去安慰苦难中的姐妹。玛丽·斯图亚特于是越发咬牙切齿，捏紧拳头。她从此只有一种感情——冰冷又炽烈、顽强而灼人的恨，恨那个女人；况且，自从她的其他敌人、其他对头自相残杀殆尽之后，她的仇恨更是集中到伊丽莎白一个人身上，更是激烈，更是势不两立。我们说过，玛丽·斯图亚特有一种神秘的死亡吸引力，爱她或恨她的人莫不身受其害。仿佛是为了充分显现她的这种死亡吸引力，凡是替她出过力的或者同她作过对的人，拥护过她或者反对过她的人，都先她而弃世。在约克郡出庭告过她的证人（梅里和梅特兰德）暴卒，奉诏审判她的问官（诺森伯兰和诺福克）在断头台上掉了脑袋；那些蓄意害达伦雷而后来又向博斯韦尔下手的人，彼此搞来搞去，一个个被收拾掉；寇克·奥菲尔德、卡尔贝里和朗赛德的叛徒们叛卖了自己。这帮为所欲为的苏格兰男爵和伯爵（一群疯狂的、危险的、野心勃勃的家伙）先后火并，同归于尽。战场肃清了。人世间再也没有别的她该仇恨的人了，只剩下伊丽莎白一个人。贯穿这二十年的民族大搏斗，而今归结到一对一的决斗。在这场由两个女子进行的决斗中，没有任何谈判的余地。不是鱼死，就是网破。

为了进行拼个你死我活的最后一战，玛丽·斯图亚特需要最后一次振奋。她得再一次失望，失去最后的希望。她得再一次接受打击、切中要害的打击。这样她方能鼓足力量作最后的冲刺。因为玛丽·斯图亚特那种辉煌的刚强，她的那种一往无前的勇气，历来是在一败涂地或者似乎一败涂地的时刻才迸发的。走投无路的绝境往往激发她的英雄气概。

她即将失去的最后一个希望，是希望同儿子达成协议。多少年来，抑郁苦闷，空虚无聊，一片空白，她只是等待着，倾听时钟不停地走动，仿佛砂粒从破败的塔楼上唰唰流下来。等不到头的时间使她身心交瘁，使她衰老。就在这段时间里，孩子长大了。她的亲生儿子长大了。当年，她撇下詹姆斯六世离开斯特林堡，在爱丁堡城门前遭到博斯韦尔率领骑兵拦截，被他携往毁灭的深渊。那时，詹姆斯六世还是个婴儿。这十年、十五年、十七年过去了。无知无识的生命，经过童年、幼年、少年，几乎成了人。詹姆斯六世继承了父母的不少特点，虽然是混合在一起，表现得不太明显。这个怪里怪气的孩子，笨口拙舌，身体肥硕，一颗畏葸的心灵优柔寡断，乍看来似乎理智不大健全。他不爱交际，看见刀子就发颤，害怕狗，待人接物粗暴而不得体。他身上既缺乏温文尔雅，也没有他母亲的那种天生的魅力。他不曾显露出爱好艺术的倾向，对音乐舞蹈都没有兴趣；也看不出他有进行轻松无拘束的谈话的天分。然而他有语言才能和出色的记忆力。而且，一旦涉及他的个人利益，他也表现出才智和顽强。非常不幸，他的性格流露出他父亲的卑下的小家子气。他继承了达伦雷的不坚定、不老实、不可靠。"这种言行不一的人，干得出什么好事来！"——伊丽莎白有一次在气头上这样说他。像达伦雷一样，他对任何影响都极容易接受。这个冷酷的利己主义者，他的心不知道什么叫高尚，他的一切行为全都由纯表面的虚荣心支配。他对母亲如此绝情，这样的态度只有抛开为人子者的责任、孝顺等观念才能理解。由玛丽·斯图亚特的冤家对头抚养教育，曾撰写臭名昭著的谤书《揭露》，诽谤玛丽·斯图亚特的乔治·布坎南，是他的拉丁文教师。关于自己母亲——那个在邻邦的牢狱里受罪的犯人，他大概只听说过，她曾经帮助别人杀死了自己的父亲，而如今她又和自己——一个已经加冕登基的君主作对，想谋夺他的王位。人家从小就向这个孩子灌输，说他的母亲形同路人，甚至是他实现自己野心的绊脚石、眼中钉。即使孩子内心曾经希冀见到那个给了他生命的女子，那么，英国和苏格兰的狱吏们也是虎视眈眈地监视着，不让两个犯人（伊丽莎白的犯人玛丽·斯图亚特，苏格兰列位勋爵和摄政的犯人詹姆斯六世）有一丁点儿接近的机会。许多年来，他们只有偶尔几次书信往来：玛丽·斯图亚特寄给儿子一些礼物、玩具，甚至送过一只挺好玩的猴子。但是，礼物和信件往往被退回，因为她坚决不承认儿子有权使用国王的尊号，而仅仅把詹姆斯称作王子的信件又被列位勋爵视为侮辱，拒不接受。因此，母子的来往从不越出冷漠的纯官方关系的范围。这两个人，都是权欲压倒了骨肉之情。她一心想当苏格兰唯我独尊的女王；他也是一心想当苏格兰唯我独尊的国王。

玛丽·斯图亚特后来终于容忍她的儿子被列位勋爵拥戴加冕的事实，表示愿意承认他对王位有一定的权利。这时，母子有了一定程度的接近。自然，她也不打算放弃女王的尊号。不管是死是活，她都要头戴王冠，是一个合法的君主。但是，为了换取自由，她准备同儿子分享君主的名分。她第一次想到妥协。她想，就让儿子临朝施政吧，让他称王吧，只要也让她保持女王的名号，只要她的逊位能薄薄地镀上一层金，能有些许羞答答的光辉！于是，母子之间逐渐开始了秘密谈判。不过，詹姆斯六世在列位勋爵的压力下，举行谈判时像个老谋深算的赌徒。他恬不知耻地同时和双方做交易，向伊丽莎白打玛丽·斯图亚特这张牌，向玛丽·斯图亚特打伊丽莎白这张牌；并且把宝轮流押在两个教会上，准备皈依出价较高的那一方。对于他来说，这不是名誉不名誉的问题，要紧的是保住苏格兰的王位，同时还要保证自己将来能入嗣英国的大统。他希望继承两个女人而不是一个女人的遗产。他不反对继续当新教徒，因为当新教徒有利；但他也愿意皈依天主教，如果天主教出得起更好的价钱。这还不算数，这个十七岁的小伙子为了取得英国王位，不惜做一笔很不体面的交易：他准备同陈年宿货的伊丽莎白结婚，尽管伊丽莎白比他的母亲大九岁，而且又是他母亲的前世冤家、多年对手。在小达伦雷眼里，这些谈判无非事关利害得失，然而，至今满脑子幻想、对现实生活全然隔膜的玛丽·斯图亚特，则是一腔热情，忐忑不安，为自己的最后一个希望激动不已——希望通过同儿子的协议脱出囹圄，同时继续当她的女王。

不过，伊丽莎白立刻警觉，她害怕这对母子达成协议，于是毫不迟疑，当即插手尚无头绪的谈判。她琢磨透了人的禀性，她知道该怎么抓住那个三心二意的小伙子：利用他性格上的弱点。年轻的苏格兰国王酷嗜狩猎；她给他送去了骏马和猎犬。她买通了他的几个谋臣，甚至提出给他本人每年五千镑的津贴。苏格兰宫廷历来入不敷出，这笔津贴自然成了一个决定性的因素。此外，伊丽莎白又使用了效验极灵的诱饵——英国王位继承权。金钱一贯决定一切。蒙在鼓里的玛丽·斯图亚特还在继续进行没有本钱的外交赌博，同罗马教皇和西班牙国王一起在那里做苏格兰重归天主教怀抱的清秋大梦，而詹姆斯六世却已悄悄同伊丽莎白签订了条约。条约详细规定了这桩交易给他带来哪些金钱利益和其他好处，但完全没有提到释放他的母亲，其实，条约中似乎极应该包含这一条款，却连一个字也没有提到。詹姆斯六世对那个犯人根本无所谓，反正现在从她那里已经捞不到什么好处了。儿子越过自己的母亲——仿佛世界上没有她这个人一样——同她的死对头勾结起来。那个女人虽然给了他生命，可如今已没有什么东西可以给他了，那就去她的吧！条约一签字，好儿子一拿到了钱，有了那些猎犬，立时三刻中止了他同母亲的谈判。对一个弱女子何必客气呢！于是，由苏格兰国王陛下交办，起草了一道措辞严厉之至的敕书，以十分刺耳的官腔通知，永远褫夺玛丽·斯图亚特的苏格兰女王尊号及其全部权利。伊丽莎白夺走了对头的王国、王冠、权力和自由；没有子女的她，如今又夺走了对头的最后的安慰——儿子。她终于彻底报了仇。

伊丽莎白的胜利，意味着玛丽·斯图亚特最后的幻想完全破灭。继丈夫之后，继兄长之后，继臣民之后，她的儿子，她的亲骨肉也把自己抛弃了。整个世界只剩下她自己。她不胜失望，不胜愤慨。从此她同谁也没有关系了！她再也用不着管别人了！既然儿子抛弃了她，她也要抛弃儿子。既然儿子出卖了她的权利，她也得出卖他的权利。于是她把不肖子孙、逆子、忘恩负义的坏孩子等恶名加到詹姆斯六世的头上。她诅咒他，威胁他，说她将在遗诏中不仅剥夺他的苏格兰王位，还取消他的英国王位继承权。斯图亚特家族的王位与其传给这样的叛徒和异端，不如送给外国的君主。她下定决心，要把苏格兰和英国的王位继承权让给腓力二世，只要后者保证解救她，制伏那个毁了她一切希望的伊丽莎白。如今，管他什么国家，管他什么儿子！只求多活几年，只求恢复自由，赢得胜利！从此她再也没有什么可怕的了，她不惮做出最最冒险的决定。谁已经丧失了一切，便再也没有什么可丧失的了。

多年来，这个吃尽苦头、备受屈辱的女子蓄积了满腔的怨毒和怒火。多年来，她怀着希望，讨价还价，经营谋划，寻求达成协议的机会。如今，她的耐心到头了。一直忍在心里的对虐待者、篡位者、压迫者的仇恨突然迸发，像忽地蹿起的火焰。这已经不仅仅是一个女王对付另一个女王，而是一个女人对付另一个女人。玛丽·斯图亚特扑向伊丽莎白，仿佛拼命要挖她的眼睛。导火线是一件区区小事：施鲁斯贝里伯爵夫人——一个歇斯底里、好搞阴谋的悍妇，在火头上指责玛丽·斯图亚特同她丈夫胡搞。这自然是妇道人家的胡说八道，连她自己都不相信。但是伊丽莎白不放过这个机会给玛丽·斯图亚特泼污水，她竭力让秽闻传到外国宫廷；想当初，她曾把布坎南的谤书连同"首饰箱信件"分送各国君主，两事如出一辙。玛丽·斯图亚特当下火冒三丈。她夺走了她的权力、自由、最后的希望和儿子；这还不算，还非得阴险地败坏她的名誉！她的囚禁生活活似修女，没有乐趣，没有爱情的欢娱，可是人家还要糟蹋她，把她说成是破坏神圣家室的淫妇！她的被伤害的高傲顿时勃发，要求说个明白。施鲁斯贝里伯爵夫人跪在地上收回了她的不光彩的谎言。但是，玛丽·斯图亚特心里清清楚楚，知道是谁在利用这谎言来把她搞臭；她感觉到是那个对头在阴险地做手脚暗算她，破坏她的名誉。暗箭来，明枪去。她早就急煎煎地要出气，早就想作为一个女人对付另一个女人，把赤裸裸的真相，向那个据说还是白璧无瑕的处女、一心以美德的化身自居的女王一吐为快。当下她给伊丽莎白写了一封信，说是出于友好的情谊，把施鲁斯贝里伯爵夫人关于伊丽莎白私生活散播的诽谤和谎言报告给她，其实是为了把话捅到"亲爱的姐妹"脸上，让她明白她绝不该再装出冰清玉洁的样子，诋毁别人。在这封刻骨仇恨溢于言表的信中，打击一个接着一个。各种各样残酷的实话，只要是一个女人向另一个女人说得出口的，都在这里写成白纸黑字；伊丽莎白的各种各样的毛病，被写信人明目张胆地奚落一番；她的各种各样的女性秘密被无情地捅了出来。玛丽·斯图亚特说是出于"友好的情谊"报告伊丽莎白，其实是为了狠狠地给她一个刺激，让她知道，施鲁斯贝里伯爵夫人说她酷好虚荣，自以为美得像天仙；说她一门心思巴着听好话，要求她的那些马屁精不断奉承她，把她捧到天上，而她一发脾气就把宫内女官和侍女折磨得死去活来。一个侍女被她拗断了手指，另一个女官在侍候她进膳时没有称她的心，被她一刀砍在手上。不过，玛丽·斯图亚特的这些话，同她在伊丽莎白男女关系方面的揭老底相比，只是小小不言的攻击。据玛丽·斯图亚特说，施鲁斯贝里伯爵夫人透露，伊丽莎白大腿上有一处流脓的溃疡——暗示她父亲遗传的梅毒。说她已经是老太婆了，月经都快没有了，可还贪恋男人。她跟一个男人（莱斯特伯爵）睡觉的次数数不清。但她仍不满足，不放过任何机会同别人颠鸾倒凤，绝不肯放弃同越来越多的情夫寻欢作乐的自由——半夜里，她常常光穿内衣，裹一袭斗篷，钻到男人的卧室里去。这些风流韵事叫她付出的代价不低。玛丽·斯图亚特把名字都点了出来，把过程描述得很详细。她对仇人毫不心慈手软，无情地猛击最致命的要害。她冷讽热嘲地告诉伊丽莎白（顺便说说，本·琼森也曾在大庭广众间对他的酒友们讲过），说她肯定同其他所有的女人都不一样，所以，一切装模作样期待她同安茹公爵完婚的人都是在胡说八道，因为根本不可能完婚。是的，让伊丽莎白知道，她拼命保护的秘密已成为普天下的笑柄——那便是她的女性生理缺陷，只能泄火而不能真正满足性欲，是性倒错而不是彻底的占有，永远丧失了同帝王联姻并且生儿育女的欢乐。世界上没有一个女人对这位全球君王说过这样的话，只有这个犯人从她的囚所用不加掩饰的大实话一五一十地数落她。冻结了二十年的仇恨、郁积在胸中的愤怒、被束缚的力量，突然一齐爆发，奔腾咆哮；狂怒的老虎直扑虐待者的心脏。

信是这样的疯狂大胆，根本谈不上和解了。写信的女子和收信的女子从此不共戴天，不能生活在一个国家里。像西班牙人说的，Hosta al cuchillo，拼个你死我活，白刀子进红刀子出——这是她们唯一的选择。经过二十年顽梗的敌视和持久不停地斗法，玛丽·斯图亚特和伊丽莎白之间具有世界历史意义的斗争终于到了万般炽烈的顶点，真可以说是到了捅刀子的地步。反改革派使尽了一切外交手段，但还没有使用军事手段。西班牙还在那里孜孜不倦、全力以赴地建造无敌舰队——尽管攫取了印度的珍宝，这个倒霉的西班牙宫廷照旧老是缺钱，又缺乏决心。虔诚的腓力想（同约翰·诺克斯一样）从肉体上消灭异教徒是顺应上天的善举——他想，为什么不选择一个比较省钱的办法呢？收买两三个杀手，用不着长期的准备，就可以干掉异教徒的靠山伊丽莎白。在马基雅维里及其信徒的时代，事情涉及权力，从来不讲多余的客气；而在这件事情上，发生冲突的是两种无比重要的方针大计，是两种宗教信仰之争，是南方和北方之争：朝伊丽莎白的心脏戳一刀，就能肃清世界上的异端。

政治激情一旦达到白热化的程度，道德障碍和法制障碍便会统统崩溃，最后一丁点儿正派诚实的良知也会泯没，连暗杀也被冒充成忘我的英雄功业。伊丽莎白于1570年被革出教门，奥伦治的威廉于1580年被开除教籍。此后，这两个天主教世界的头号敌人被宣布不受法律保护。自从教皇赞同屠戮两千多人，把巴托罗缪之夜吹成是一宗值得揄扬的功业之后，每个天主教徒都知道，对这两个天主教的凶恶敌人，干掉他一个就算是建立了丰功伟绩。只要勇敢地、准确地捅一刀，或者一枪射中，玛丽·斯图亚特就能步出牢狱，登上宝座，英国和苏格兰就能统一在罗马公教的怀抱里。西班牙在这上面寄予了如此多的希望，那就不能拖延犹豫，西班牙政府没有丝毫的愧疚，把歹毒地暗杀伊丽莎白作为它最重要的政治任务列入了日程。西班牙使臣曼多萨在紧急报告中把"暗杀女王"说成是十分适宜的办法。荷兰总督阿尔拔公爵完全同意这个意见。两个大陆的君主腓力二世也在建议暗杀伊丽莎白的奏章上批了"天主与我们同在！"已经不再寄望于外交计谋和军事行动，而是依靠刺客的利刃。彼此都是穷凶极恶：在马德里，枢密院同意暗杀伊丽莎白，并得到国王的批准；在伦敦，塞西尔、沃尔辛厄姆和莱斯特一致认为应该以强制手段结束玛丽·斯图亚特案件。再也不可能兜圈子，留后路了，早就过期未清的老账只能用鲜血来清算。问题无非是谁先发制人——是改革派还是反改革派，是伦敦还是马德里，是玛丽·斯图亚特消灭伊丽莎白，还是伊丽莎白消灭玛丽·斯图亚特。

第二十一章　走向结局

1585年9月—1586年8月

"该结束了！"——伊丽莎白的一位大臣在火头上脱口而出的铿锵有力的言语，表达了全国的感情。最叫一国民众或一个人苦恼的，莫过于长久的犹豫不决。宗教改革运动的第二位领袖奥伦治亲王被一个狂热的天主教徒行刺身亡（1584年6月），这向英国清楚地表明，下一个将轮到谁了。阴谋引发阴谋——该向那个女犯下手了！该收拾那个制造混乱和麻烦的危险的教唆犯了！该"把邪恶斩草除根"了！1584年9月，新教的勋爵们和高官显宦几乎全体出席，在隆重的"大会"上，"以名誉和宣誓向永恒的上帝保证，凡参与反伊丽莎白阴谋者，均将处死"，并将"罪及叛党拥戴的任何觊觎大位者"。然后，议会通过了"女王陛下人身安全法"，使大会的决定变成了法律。从此，谁只要参与谋刺女王或者（这一条尤为重要）哪怕只是原则上同意谋刺，都会死于刽子手的刀斧之下。此外还决议，"被控参与谋害女王者，将由至尊任命的二十四名会审官审判"。

总之，英国政府向玛丽·斯图亚特发出了双重的警告。第一个警告是，女王的名位今后再也不能保护她免受公开的审判；其次，即使谋刺伊丽莎白得逞，她也捞不到任何好处，只会不可避免地走向断头台。这是最后一次吹响号角，敦促顽抗的堡垒投降。倘若她继续出谋划策，那就绝不宽贷。伊丽莎白和玛丽·斯图亚特之间含糊其词和虚情假意的敷衍至此结束；一阵强劲的罡风刮来，云消雾散，一切都明朗了。

　　甜言蜜语的信件和迎合奉承的装假作伪，终于成了明日黄花；拖了几十年的斗争到了最后一个回合hosta al cuchillo，不可能再有任何宽容。这一点，玛丽·斯图亚特根据英国对她采取的断然措施，自己也能判断出来。英国宫廷眼见谋刺案越来越多，越发警惕，决心制服玛丽·斯图亚特，彻底制止她的阴谋和作乱。施鲁斯贝里本质上是个绅士和大贵人，作为狱吏过于客气，于是"立即解职"。这个"解职"，在他不啻是解放；他确实跪在地上感谢伊丽莎白在让他受了十五年的罪之后给了他自由。接任的是个狂热的新教徒埃米亚斯·波立特。从这时候起，玛丽·斯图亚特才有资格说她过的是"奴隶"生活，因为原来那位善良的警卫长把职务交给了一个残忍的看守。

　　埃米亚斯·波立特是个死硬的清教徒，是符合《圣经》要求但不合上帝心意的那一类卫道士。他绝不隐瞒他的意图，那就是要让玛丽·斯图亚特吃足苦头。有十足的责任心，甚至是得意扬扬地，他把犯人严加管束，毫不心慈手软。他写信给伊丽莎白，说："倘若她竟能搞密谋从我的手里逃出去，我决不请求陛下对我优容宽大，因为只有我姑息养奸，形同犯罪，此时才可能发生这样的事情。"作为一个忠于职守的人，他冷静、清醒而有条不紊地布置警卫，务使玛丽·斯图亚特根本无法兴风作浪，仿佛这是上帝的嘱咐，是他一生的大业。

这个矢志不移的灵魂，从此只有一个好胜的虚荣心——认认真真地履行狱吏的职责。这个"卡敦"[1]，任何诱惑都打动不了他。他的心一次也没有动摇过；有时，一阵温情的人性的冲动突然发作，却片刻也不曾融化过他那阴沉冰冷的面容。对他来说，这可怜的、心力交瘁的女子不是一位命运乖蹇从而叫人分外尊敬的君主，而是他的女王唯一凶恶的敌人，应该严密监视，因为她是公教的反基督者，她什么坏事都干得出来。她身体极坏，两条腿患关节炎以致很难站起来；他幸灾乐祸地把这看成是"看守们的好事，因为他们用不着怕她逃走"。他有板有眼、逐项逐条地履行狱吏的职责，为自己的认真负责感到无比得意，以官吏的一丝不苟，每天晚上把一天的观察所得，记入专用的记事本。世界上也许有过比这个超级信徒更残忍更凶狠更不公道的狱吏，但未必能另外找到一个人会像他那样以极大的快感把自己的职责变成公务上的享受以致如痴似醉。他办的第一件事是无情地填平了地道，那是玛丽·斯图亚特此前常常用来同外界联系的。五十名士兵日日夜夜把守着城堡周围的大道小路。她的随从人员以前可以大摇大摆地去邻近的村庄，辗转传递书面和口头的信息，如今也被剥夺了来往的自由。除非得到特准，他们才能够离开城堡，但也得有人护送。玛丽·斯图亚特定期亲自向邻近穷人发放布施，此时也被宣布禁止举行：心中有数的波立特有充分的根据，怀疑此项善行是争取穷人替乱党办事的手段。严厉的措施接二连三。内衣、书籍、任何包裹都经过严密的检查；变本加厉的监视使通信十分困难。玛丽·斯图亚特的两位秘书，瑙奥和寇尔，不得不枯坐在自己的房间里；他们再也不用写信或者译解密码信件。伦敦、苏格兰、马德里、罗马，哪儿也没有信息送来；被众人抛

1　古罗马政治家，迦太基的死敌，在元老院每次演说，结尾总是："我认为，迦太基务须摧毁。"

弃的女子在孤独中见不到一线希望。不久，波立特又夺走了她的最后的欢乐：把她的十六匹马留在设菲尔德——驰猎和骑马兜风的日子一去不返。最后一个年头，她的生活空间极其逼仄；在埃米亚斯·波立特手里，玛丽·斯图亚特的囚所越来越像单人牢房和坟墓（不祥的预感！）。

　　为伊丽莎白的名誉着想，我们必定希望她任用一个比较宽厚的警卫长来看管她的同样是女王的姐妹。但是，考虑到自己的安全，她找不到比这个冷酷的加尔文派教徒更靠得住的警卫长了（不管我们承认这一点是多么的遗憾）。这个警卫长担负着切断玛丽·斯图亚特和全世界联系的任务，而他确实是模范地完成了这个任务。一个月后，她被密封了起来，仿佛生活在玻璃罩里。没有任何消息，没有一个字从外面传到她的监狱里。伊丽莎白可以放心了，可以为她的好臣仆感到高兴。实际上，她确实动情地感谢了他的勤勉："我的好埃米亚斯，希望你知道我是多么感谢你的不懈不怠的热忱和正确无误的行动，感谢你的明智的布置和可靠的措施以完成如此危险而艰巨的任务。如果你知道了我的心情，大概能减少一些烦恼，增添一些喜悦。"

　　然而，说来奇怪，伊丽莎白的两位大臣，塞西尔和沃尔辛厄姆，对于能干的埃米亚斯·波立特（"Precise fellow"）却并不太感谢他的过分起劲。把那犯人彻底隔离不符合他们的意图，打乱了他们私底下的计划。不让玛丽·斯图亚特搞秘密活动，有什么好处呢？波立特严格的管理，其实是保护了她，使她避免了她的轻率冒失。塞西尔和沃尔辛厄姆需要的并不是一个规规矩矩的玛丽·斯图亚特，而正是她的不规矩。他们有意把那犯人当作英国人心浮动、密谋迭出的根子，要她把秘密把戏继续搞下去，彻底陷在里面。他们认为"该结束了"；

他们需要的是公开审判玛丽·斯图亚特，是判处死刑，是处决。囚禁已经不够了。在他们看来，只有从肉体上消灭苏格兰女王，此外别无其他的安全措施；而为了做到这一点，他们竭力引诱她落进他们设计的圈套，他们付出的努力绝不亚于一心防止她参与任何叛乱的波立特。他们要达到目的，就需要有人谋害伊丽莎白，需要玛丽·斯图亚特彰明较著、确凿有据地参与罪大恶极的密谋。

谋害伊丽莎白的这种密谋本来就存在。可以说，密谋活动从来没有停止过。仰仗腓力二世的鼎力，在欧洲大陆上建立了一个名副其实的反英密谋中心。巴黎有个摩根，是玛丽·斯图亚特的秘密特务和代理人，靠西班牙的金钱不断搞阴谋，想出各种各样冒险的勾当去反对英国和伊丽莎白。他在这里经常招募青年，并且通过法国和西班牙的使臣在心怀不满的英国天主教贵族与反改革同盟各国的政事厅之间建立秘密的联系。摩根只是不知道沃尔辛厄姆的秘密：沃尔辛厄姆是古往今来最能干最不择手段的警务大臣之一，他派了些间谍，装成狂热的天主教徒，混到摩根身边；另外，恰巧是摩根特别器重的那几个交通，被沃尔辛厄姆收买了过去，领取他的津贴。不管为玛丽·斯图亚特干些什么，英国必定会赶在计划实施之前知悉一切。1585年年底便是如此：英国内阁获悉（上一批阴谋分子在断头台上流的血还没有干呢！），敌人又在策划谋刺伊丽莎白。同摩根进行谈判、被他收罗到玛丽·斯图亚特一边的英国天主教贵族都是谁，叫什么名字，沃尔辛厄姆一清二楚。只要他一动手，使用刑具和火刑，就能及时揭露策划中的阴谋。

然而，这位讲究方式方法的警务大臣采取的办法要巧妙得多，他的眼光要远得多。他自然能够一挥手就立即扑灭阴谋。不过，把几个胆大妄为的贵族或雇佣的冒险家分尸，在政治上又有什么意义呢？那无休无止的叛乱像是多头蛇[1]，砍掉它五六个头，明天又会长出来，而且比原来还多一倍，那又何必去砍它呢？塞西尔和沃尔辛厄姆的座右铭是"迦太基务须摧毁"；他们想"结束"玛丽·斯图亚特的生命。要做到这一点，必须找个由头，但不能以那种幼稚的搭救玛丽·斯图亚特出狱的企图为借口，而必须是一宗盘根错节、罪大恶极、为她开路的阴谋。因此，沃尔辛厄姆对于所谓的巴宾顿阴谋，不是早早地把它扑灭在萌芽状态，反而千方百计地、人为地促成它：他暗中表示同情，给予资助，表面上假装不闻不问，用这样的办法鼓励扶植。正是靠他的巧妙的反间计，一小撮外乡贵族反对伊丽莎白的拙劣的阴谋，变成了臭名昭著的旨在除去玛丽·斯图亚特的沃尔辛厄姆阴谋。

但是，要援引议会条款合法地杀害玛丽·斯图亚特，有三个条件必须做到。第一，必须促使阴谋分子决定谋刺伊丽莎白，而且必须取得有关的充分证据。第二，必须促使阴谋分子直率明确地把他们的决定通知玛丽·斯图亚特。第三，最困难的是要取得玛丽·斯图亚特的同意，让她直率明确地表示赞成这个罪恶的计划，并且必须出之以书面的形式。没有足够的罪证，岂能处死无辜的人？否则有损伊丽莎白的名声。最好把无辜的人变成有罪的人，最好把刀子巧妙地塞到她手里，让她在自己的心口捅上一刀。

英国国家警务部门坑害玛丽·斯图亚特的圈套一开始就很卑鄙：她的囹圄生活突然有所好转。沃尔辛厄姆自是不难说服虔诚的清教徒埃米亚斯·波立特，让他相信，诱使玛丽·斯图亚特插手阴谋，要比防备她接触形形色色的引诱有利得多。波立特按照英国警察大本营拟定的计划陡地改变了策略。一天，这个向来铁面无情的刻耳柏洛

1　据古希腊神话，勒耳那水蛇有一百个头，在蛇头被砍之处，还能长出新的头来。

斯[1]来见玛丽·斯图亚特，十分殷勤地向她报告，说是业已决定将她从塔特贝里迁往查特利。不善于看破敌人阴谋的玛丽·斯图亚特，掩饰不住她的由衷的高兴。塔特贝里是座阴森森的要塞，像监狱而不像城堡。至于查特利，不仅地处一望无际、景色如画的平原，而且同若干天主教贵族的领地接壤（玛丽·斯图亚特一念及此，不禁怦然心动）。她和这些天主教贵族很友好，能够指望他们的帮助。到那里，她出门驰猎和骑马兜风比较自由；或许还可以得到海外的消息，甚至凭借她的机智勇敢争取到她如今唯一孜孜以求的自由。

一天早晨，玛丽·斯图亚特惊喜莫名，简直不相信自己的眼睛。像是魔杖一挥，埃米亚斯·波立特的凶恶的权力出了纰漏。来了一封信，一封密信，一封密码信，是封锁几个月以来的第一封。她的那些朋友多棒，多机灵多能干，终于钻空子瞒过了她的警觉的警卫长！她不曾料想会有这样的喜事：不再与世隔绝，重新感受到友人的关注、支持和同情，重新听到外界救援她的计划和准备情况。但是，仍然有一种神秘的本能叫她小心提防。她复信给她的代理人摩根，谆谆告诫：“你要注意，别卷进任何可能落下罪名的事情。你本来就够叫人疑心的了，可别招致更严重的嫌疑。”不过，后来她知悉了她的朋友们（其实却是杀害她的凶手）的发明，于是她的警惕放松了。原来她的朋友们发明了一个巧妙的办法把信件畅通无阻地送到她手里。附近的啤酒厂每星期送一桶啤酒到女王的厨房，供仆役饮用。她的朋友们敢情已同马车夫说妥，让他在装满啤酒的木桶里放进一只密封的木壶。送给女王的密信就塞在这只由整块木头剜成的木壶里。从此联络通畅，信件来来去去同邮递一样的正常。从信里可以看出，那“好

人"每星期把宝贵的酒桶送到城堡，玛丽·斯图亚特的管家取出木壶，装进新的内容后，再放入酒桶。雄赳赳的马车夫心中暗笑，他这样夹带私货可是两头落好处：那一头，玛丽·斯图亚特的朋友给他丰厚的报酬；在这一头，管家付给他的啤酒钱要比一般贵一倍。

有一件事玛丽·斯图亚特没有想到：雄赳赳的马车夫因为这不可告人的勾当还向第三方领赏——除了双方雇主，英国警方还要付给他工钱。埃米亚斯·波立特自然是备悉其中底蕴。原来，啤酒桶联络并不是玛丽·斯图亚特友人的发明，而是一个名叫吉福德的人想出来的主意。这个人是沃尔辛厄姆的间谍，在摩根和法国使臣面前冒充玛丽·斯图亚特的代表。他的主意对警务大臣大有神益：玛丽·斯图亚特阴谋作乱、定期往还的信件全在他的政敌监视之下。玛丽·斯图亚特来来往往的信函，每一封都落到被摩根视为心腹的吉福德手里。沃尔辛厄姆的秘书托马斯·费利佩斯立刻把密码信译出，抄录一份，墨迹未干便塞进信封，急递伦敦。再把原信十万火急地送给玛丽·斯图亚特或法国使馆。收信的人，谁都没有怀疑，信件继续往还不断。

这情势真古怪。双方都挺高兴，自以为骗过了敌人。玛丽·斯图亚特松了一口气。她终于战胜了冷酷的、不近人情的清教徒——那个怪物居然敢检查她的内衣，把她的鞋子拆开鞋底，亦步亦趋地监视着她，紧紧地拴住她，仿佛她当真是个罪犯。她沾沾自喜地想，尽管有他的那些哨兵，尽管有那些结实的门闩和狡猾的花样，她仍然每星期能收到罗马和马德里寄来的重要信件；她的代理人们正在辛勤地工作着，国外为了援救她正在准备军队、舰船和匕首——这些事情，真想叫他知道知道！有时她竟不想掩饰她的喜悦，顾盼之间强烈地流露了出来。埃米亚斯·波立特在他的记事本中以揶揄的口吻写道，他的囚犯自打重新被希望迷了心窍之后，健康状况和情绪明显好转了。确实是正派的埃米亚斯更应该笑。那雄赳赳的马车夫每周一次送来啤酒，忙忙碌碌的管家麻利地把酒桶滚到黑魆魆的地窖，避开众人的耳目，从酒桶里取出珍贵的木壶。每当埃米亚斯注视着这样的情景，不难想见他冷峭的嘴角浮起嘲讽的冷笑。因为玛丽·斯图亚特马上要看的信，英国警察早就看过了。沃尔辛厄姆和塞西尔远在伦敦，坐在办公室的安乐椅里研究玛丽·斯图亚特的来往信函（这些信函的一字不差的抄件就放在他们面前）。他们从信中得知，玛丽·斯图亚特提出把她的苏格兰王权和英国王位继承权遗赠给西班牙的腓力二世，条件是腓力二世必须为她的恢复自由而斗争。他们漾出得意的笑容，心想这样的信不妨交詹姆斯六世一阅，免得他为他母亲的事过于起劲。他们看到，玛丽·斯图亚特在一封发往巴黎的亲笔信中迫不及待地要求西班牙军队在英国登陆。好啊，这样的信件在审案中也用得着。但遗憾的是，在信件中没有找到他们期待的最重要最必需的东西，缺了它就绝不可能举行审判，那便是玛丽·斯图亚特表示同意暗杀伊丽莎白的计划。她还没有触犯神圣的议会条款。要开动审判机器，置她于死地，还缺少一个小小的螺丝钉，缺少一个"同意"——玛丽·斯图亚特明确表示同意对伊丽莎白行刺。为了得到这个必不可少的螺丝钉，在他这一行没有人能够望其项背的大师沃尔辛厄姆卷起袖子大干一场。于是产生了世界上最不可思议但有文件为证的反间行动——沃尔辛厄姆装神弄鬼的绝招儿，一力把玛丽·斯图亚特扯进警方炮制的罪行——亦即所谓"巴宾顿阴谋"，而这实则是沃尔辛厄姆阴谋。

沃尔辛厄姆的计划看来是个出色的计划，它的成功足以说明这一点。不过，这个计划太卑鄙，直到几百年后的今天，还叫我们感到恶心。沃尔辛厄姆为了达到欺骗的目的，利用了人类最神圣的感情——利用了青年人罗曼蒂克心灵的信任。伦敦为清算玛丽·斯图亚特而选中的工具，名叫安东尼·巴宾顿。他值得我们钦佩和同情，因为他完全是出于高尚的动机才牺牲了生命和名誉。家世清白的小土地贵族，家道小康，同妻子稚儿住在自己的领地上，日子过得挺和美。他的领地叫利奇菲尔德，就在查特利附近。这一下我们恍然大悟，为什么沃尔辛厄姆看中查特利堡安置玛丽·斯图亚特。密探早就向上司报告，说巴宾顿是个热诚的天主教徒，一心拥护玛丽·斯图亚特，屡次帮助秘密传递她的信件——对于高尚的青年，怜悯和关怀他人悲惨的命运当不正是它的神圣的权利吗？这样心地纯真的理想主义者，圣洁的傻瓜，在沃尔辛厄姆看来，要比雇佣的间谍称心得多：玛丽·斯图亚特对这样的人更容易信赖。她知道，这个正派的、可能稍稍有些古怪的贵族愿意为她效劳，不是贪图什么，也不是出于爱慕。传说巴宾顿当侍童[1]时，曾在施鲁斯贝里伯爵府上见过玛丽·斯图亚特并且爱上了她。这传说应该说是传记作家们罗曼蒂克的想象。他显然从未见过玛丽·斯图亚特。他替她效劳纯粹因为他是个毫无利己之心的骑士，是虔诚的天主教徒，对一个女子的历尽艰险无限钦佩的热心人，而这个女子又是被他当作合法的英国女王的。正处于容易冲动的青春时期，他无所顾忌、冒冒失失、多嘴多舌地在他的朋友中招兵买马；几个天主教贵族参加了他的队伍。在这些感情用事、常常聚会高谈阔论的人中间，比较出众的是一个狂热的神父波拉德和一个姓赛维治的天不怕地不怕的亡命之徒。其余都是些乳臭未干、翻不起大浪的贵族小伙子，熟读了普卢塔克的作品，朦朦胧胧地憧憬着建功立业。但是，不久在这些老老实实的幻想家中间出现了新人，远比巴宾顿和他的朋友

1　当时的贵族少年往往当一段时间的侍童以学习礼仪等。

们敢作敢为,至少表面上看起来是这样。其中首先就是那个吉福德。日后伊丽莎白给了他每年一百镑的年金以酬谢他的功劳。这些新出现的英雄好汉觉得不能仅仅搭救被囚的女王。他们异常慷慨激昂地、鲁莽草率地坚持要干危险得多的事情——暗杀伊丽莎白,干掉这个"篡位者"。

这些勇敢的、一往直前的朋友自然就是警方雇佣的奸细,是沃尔辛厄姆的特务。无耻的警务大臣让他们打进这帮年轻的理想主义者中间,不单是为了及时探悉后者的计划,更重要的是要把幻想家巴宾顿推得更远,远远超出他原来的打算。巴宾顿自己开始只是筹划举行一次勇敢的劫狱(所有的文件一致证明了这一点),同他的朋友一道利用玛丽·斯图亚特出堡驰猎或骑马兜风的机会,从利奇菲尔德果敢地出击,把她救出。这些满怀政治激情但本性善良的青年原先根本无意采取暗杀这类无人性的行动。

然而,沃尔辛厄姆并不满足于劫狱;因为,这样一来,他就没有理由援用新的议会条款。他为了实现他的阴险的目的,还需要一宗阴谋,一宗弑君的真正的阴谋。于是他叫他的那些机灵鬼,那些内奸,集中力量说动巴宾顿和他的朋友听从他们的嗾使。最后,巴宾顿决定也考虑沃尔辛厄姆求之不得的暗杀伊丽莎白行动。同密谋分子有密切联系的西班牙使臣在5月12日向腓力二世报告了喜讯:四位能够出入宫廷的天主教贵族,对着耶稣受难像起誓,愿以毒药或匕首杀死女王。我们从中可以推知,内奸干得很出色。沃尔辛厄姆一手导演的阴谋终于出笼。

但是,沃尔辛厄姆的目标至此只完成了一半。绳索只固定了一头,另一头也得系住。暗杀伊丽莎白的阴谋已经布置就绪,但下一步的任务更加复杂:得把玛丽·斯图亚特扯进去;玛丽·斯图亚特对外界围绕她经营的阴谋一无所知，得从她嘴里哄出郑重其事的"同意"。沃尔辛厄姆再度驱使他的走狗潜赴巴黎常设的天主教地下中心，面见腓力二世和玛丽·斯图亚特的总代表摩根告状，埋怨巴宾顿一伙工作不力，对暗杀不起劲。真没有见过这样游手好闲、没有出息的软骨头！不妨催催这些懒散、怯懦的家伙，促他们一把，让他们完成神圣的任务。这件事只有玛丽·斯图亚特能够办到，要靠她给他们说几句话打打气。只要巴宾顿确信他最尊敬的女王赞成暗杀，他的言语就会变成行动。据沃尔辛厄姆的那些奸细说，为了圆满完成伟大的任务，摩根得说服玛丽·斯图亚特给巴宾顿写几句热情的话。

摩根犹豫不决。想必他在豁然清醒的一刹那间意识到沃尔辛厄姆的把戏。但奸细们喋喋不休：无非是请玛丽·斯图亚特说几句无关宏旨的话嘛。摩根最后让步了，但为了防止意外，他亲自为玛丽·斯图亚特起草了给巴宾顿的信稿。对总代表一百个信任的女王，逐字逐句把信稿照抄一遍。

于是乎，玛丽·斯图亚特和密谋分子建立了正中沃尔辛厄姆下怀的联系。一度还算谨慎。那是摩根的要求——玛丽·斯图亚特给新入伙的青年党羽写去的第一封信，措辞十分亲切，但空泛而不落痕迹。沃尔辛厄姆需要的是不谨慎，是明确的表示和赤裸裸的"同意"预谋的暗杀。在他的授意下，特务又做开了密谋分子的工作。吉福德向倒霉的巴宾顿进言：既然玛丽·斯图亚特如此降恩信赖他们，那他也得回报以同样的信任，让她知悉他们的计划——这是他们分内的责任。暗杀伊丽莎白这样危险的事情，没有玛丽·斯图亚特的同意是不行的。他们可是完全有可能通气的呀。不用冒险，可以通过那个雄赳赳的马车夫同被囚禁的女王联络，谈妥一切，取得指示。飘飘然的傻瓜巴宾顿有勇无谋，昏了头，钻进了圈套。他给他的亲爱的女王送去了一封长信，洋洋洒洒，把他们的计划详详细细地告诉了她。让可怜的女王高兴高兴吧，让她及早知道她重获自由的日子快到了。他毫无顾忌，仿佛是由天使通过肉眼看不见的途径把他的话传给玛丽·斯图亚特；他没有想到警探和奸细正像豺狼一般地窥伺着，监听他的每一句话。倒霉的傻瓜在这封长信中把行动计划统统说了出来。他报告，他将亲自率领十位青年贵族和百把个家丁大胆奇袭查特利，把她接走；同时，六位忠于天主教事业的贵族（都是忠实可靠的朋友），将在伦敦暗杀"篡位者"。这封坦率得近乎疯狂的信，谈到了一片赤诚的决心，谈到密谋分子完全明白他们面临的危险——读这封信，不可能不心潮澎湃。只有冷酷的心，只有无情的灵魂，才会出于怯懦的谨慎而对这样的表白置之不理，才会不赞成。

沃尔辛厄姆正是料准了玛丽·斯图亚特那颗热烈的心、她的那种屡教不改的轻率。如果她不反对巴宾顿那流血的计划，沃尔辛厄姆就算达到了目的，玛丽·斯图亚特从此不用他操心：不必派秘密杀手去对付她，她自己给自己的脖子套上了绞索。

决定命运的信发出了。奸细吉福德立即把它送往政事厅，在那里一丝不苟地译了出来，并且抄录了一份。外表看不出被人做过手脚，信又放进啤酒桶，走老路送往囚所。7月10日，信到了玛丽·斯图亚特的手里。有两个人在伦敦焦急地等待着，激动的心情不亚于她，看她是否答复，如何答复。这两个人便是暗杀阴谋的策划者和头头塞西尔和沃尔辛厄姆。到了最最紧张的一刹那，最最提心吊胆的瞬间，鱼儿已经碰到了诱饵，会不会把诱饵吞下去？还是会滑过去？这一刻确实惊心动魄。对于塞西尔和沃尔辛厄姆的政治手段，我们可以谴责也可以赞扬。这无关紧要。不管塞西尔为了毁掉玛丽·斯图亚特而采取的手段多么卑鄙，他毕竟是个政治家，手段不一，却都是为了贯彻一种主义：对他来说，消灭新教的死对头是迫切的政治需要。至于沃尔辛厄姆，他作为警务大臣，很难要求他摈弃特务活动，而一味使用规矩正派的工作方法。

可是伊丽莎白呢？她一辈子在做出任何决定时都要再三考虑，害怕后世的唾骂；这一回她知不知道她的臣僚暗中正在制造凶恶的机器，比任何斩首机都要诡诈危险一百倍？她依赖最殷的股肱干出这样卑污的勾当，是否得到了她的同意和批准？英国女王在卑鄙地迫害对手的阴谋中起了什么样的作用？——提这样的问题是免不了的。

自然而然得出这样的结论：她起了两面派的作用。我们确实有许多证据，说明伊丽莎白是了解沃尔辛厄姆的把戏的，从一开始到最后，她对塞西尔和沃尔辛厄姆的反间计每一步每一件事都是容忍的、赞成的，说不定还鼓励过。历史的法庭永远不会原谅她，因为她一切都有数，甚至协同臣僚把她的犯人阴险地骗进圈套。然而，倘若伊丽莎白的行动一贯干脆明确，那么她就不成其为伊丽莎白了（这一点需要反复强调）。这个最最出类拔萃的女人说得出任何谎话，做得出任何背信弃义的事情，但绝不乏良心，并且从来不正面回避高尚的动机。她一贯在关键时刻流露出宽宏大量的心情。这一回她也良心发现，为采用了这样肮脏的手段而自觉愧疚。当她的股肱正在引诱玛丽·斯图亚特上当的时候，她突然走了一步怪棋，有利于那个注定灭亡的受害者。她召见法国公使——查特利的来往函件正是由他负责转手，没有料到替他递送的信使却是沃尔辛厄姆的鹰犬。伊丽莎白直截了当地对他说："公使先生，您常同苏格兰女王联系。但是，请您相信我，我的国家里发生的任何事情我都知道。当初我的姐姐在位的时候我也尝过铁窗风味。所以我很清楚囚犯们会玩些什么花样去收买仆

315

人，同外界联系。"伊丽莎白似乎想用这些话来求得自己的问心无愧。她明明白白地警告了法国公使和玛丽·斯图亚特。她在不暴露臣僚的前提下尽可能说了事情的真相。如果玛丽·斯图亚特到现在还不停止她的秘密联系，那么，伊丽莎白至少可以心安理得地撇清：我到最后一刻还警告过她呢。

然而，倘若玛丽·斯图亚特能够接受忠告，倘若她能够做到小心谨慎，深思熟虑，那她也就不成其为玛丽·斯图亚特了。诚然，她一开始收到巴宾顿的信之后，只写了一行字的答复。据塞西尔的十分失望的使者说，她还没有表明她对暗杀计划的真实态度"her very heart"。她还在游移动摇，不敢相信陌生人；并且，她的秘书瑙奥力劝她别用书面形式对这样危险的题目表态。但，这个计划前景美妙，十分诱人，以致玛丽·斯图亚特割舍不了对权术游戏和阴谋的致命的嗜好。瑙奥担心地写道："她准备表示同意。"她同两个秘书——瑙奥和寇尔，一连几天待在书房里，锁起门来，详细地逐条答复每一项建议。接到巴宾顿的信后不久，6月17日，她的复信写好，同以往一样，放在啤酒桶里发出。

但是这一回，倒霉的信没有走远，甚至没有照老路送往伦敦的政事厅（玛丽·斯图亚特的秘密函件一向是由它负责破译的）。塞西尔和沃尔辛厄姆焦急地等待着，知道结果后，派遣密码员费利佩斯直接到查特利办案，让他就地在现场见到复信。凑巧那天玛丽·斯图亚特出门乘坐马车兜风，不期遇见了死神的使者。她一眼发现了陌生人。不过，因为这个丑陋的麻子（她在一封信中是这样描写他的）微笑着朝她鞠了一躬（看来他未能掩饰住他的幸灾乐祸），被希望蒙住了眼睛的玛丽·斯图亚特以为他是朋友们派来察看地形，为她未来的越狱作准备的。实际上，费利佩斯出现在这里却是不怀好意，是为了察看别的东西。酒桶里的信件一取出来，他立刻忙不迭地一把抢过去。鱼儿落网了，得赶紧开膛破肚。他全神贯注地逐字译解。先是泛泛的开场白。玛丽·斯图亚特向巴宾顿表示感谢。关于巴宾顿计划的偷袭查特利一事，玛丽·斯图亚特提出了三项响应的建议。间谍的收获委实不小，但这还不是最主要的，不是最关键的东西。蓦地，一阵幸灾乐祸的喜悦叫费利佩斯不禁屏气敛息。他终于译到了节骨眼，白纸黑字赫然写着"同意"——沃尔辛厄姆多方搜觅并且精心炮制了几个月的"同意"、玛丽·斯图亚特对暗杀伊丽莎白计划的同意。巴宾顿报告，六位青年贵族将在宫中对伊丽莎白行刺。对此，玛丽·斯图亚特坦然作了切实的答复，她指示："可派这六位贵族办理此事。此事一了，不待我的警卫长获悉，迅即将我接出此处。"不需要别的了。玛丽·斯图亚特这几句话已经表明了"her very heart"——她的真实态度。她赞成弑君，沃尔辛厄姆的警察阴谋于是得逞。头头和部下、主和仆，兴奋得互相握手，握他们的肮脏而不久即将沾满鲜血的手。沃尔辛厄姆的亲信费利佩斯写信给主子，得意扬扬地说："这么一来，她的书面证据够您用了。"埃米亚斯·波立特也预见到犯人将被处死，从此他得以卸脱狱吏的责任，不由得举起双手感谢神恩，他写道："上帝保佑了我的劳动。他这样奖励了我的忠心耿耿的工作，我真是不胜欣喜。"

如今，极乐鸟已经被赶进了网，沃尔辛厄姆似乎不必再磨蹭。他的计划实现了，他的下流的勾当搞成了。不过，他胜券在握，居然不忙收网，拖它一两天，以便享受一下卑鄙的乐趣，先把他的牺牲品戏弄一番。他听凭玛丽·斯图亚特的信递送到巴宾顿手里（顺便说一句，信已录了副本）。沃尔辛厄姆心想，不妨把巴宾顿的回音也弄到手，卷宗会更充实一些。然而，巴宾顿不知根据什么迹象，猜到他的秘密已经被哪个恶人发现。这勇士突然陷入极度的恐惧，因为即使是最刚强的汉子，一旦感觉到自己被一种神秘莫测的力量所摆布，神经也会吃不消的。仿佛一只吃了毒药的耗子，他到处乱窜。先是租了一匹马去内地，企图一逃了之，后来忽然回到伦敦，去见一个人（我们不禁想起陀思妥耶夫斯基），那个人正是拿他的命运玩弄于股掌之上的沃尔辛厄姆——失去了理智，尽管无法解释却又完全解释得通，他逃入死对头的怀抱。明摆着，他是想打听清楚，人家是否怀疑他。冷冰冰、不动声色的警务大臣不露一丝口风，泰然让逃犯离去：叫这傻瓜再去犯点什么事吧。可是，巴宾顿已经感觉到暗中有人搞他。他匆匆给朋友写了张字条，为了壮胆，用了一句豪言壮语："考验我们信仰的炉火已生起。"同时他在最后一封信中安慰玛丽·斯图亚特，请她不要丧失勇气。但是，警务大臣已经有了足够的罪证，于是断然收网。一名密谋分子被捕。巴宾顿一听说，便明白全盘皆输。他要他的朋友赛维治走疯狂的最后一步——立即进宫刺死伊丽莎白。但为时已晚，沃尔辛厄姆的密探已跟踪而至。逃犯只是靠了他们拼死的决心，才在警探追来逮捕他们的紧要关头逃脱。逃吧，不过，逃到哪里去呢？大道小路都有人把守，所有港口都被严密监视。他们身无分文，又没有食物，在圣约翰树林（如今这树林在伦敦市中心，当年可在郊外）里躲了十天。这十天可真惨，真是走投无路。饥饿无情地折磨他们。到头来虚弱不堪，不得不去找一个朋友。朋友给了他们面包，那是他们的最后的晚餐。警察赶来把他们抓走，戴上了手铐脚镣穿过全城。勇敢的青年志士在黑魆魆的伦敦塔牢房里等着受刑，等着判决，庆祝胜利的钟声在他们头顶上响起，响彻整个伦敦。焰火、礼炮、盛大的游行，伦敦市民热烈庆贺伊丽莎白的得救，庆贺阴谋的败露和玛丽·斯图亚特的灭亡。

　　这时，这个一无所知的查特利堡的囚徒在多年悒郁不能自拔之后，重新又体验到欢欣鼓舞的兴奋。她紧绷着每一根神经。随时都可能有骑士飞驰而来，报告那个"计划已施行"——一两天内，她这个犯人就会被送往伦敦，住进壮丽的城堡。她在心驰神往中仿佛看到全体贵族和市民盛装打扮，在城门口迎接她的御驾，听到喜洋洋的钟声沸天震地（不幸的女子想不到伦敦城内各钟楼为了庆祝伊丽莎白的得救倒真是敲响了钟）。再过一两天，便将大功告成。英国和苏格兰将统一在她的权杖下，天主教将再度君临全世界。

　　对于疲惫的肉体，对于沮丧的心灵，任何医生都拿不出比希望更有效的兴奋剂。玛丽·斯图亚特同过去一样轻信，一样容易忘乎所以。自从她自以为稳操胜券之后，她完全变了个样。她突然焕发出新的朝气，焕发出第二次青春。近几年来经常虚弱无力，散步半小时后便会诉说腰疼、疲乏、关节痛；如今又能轻巧地纵上马背。她自己也为这突兀的恢复元气感到惊奇，写信给摩根（谁知道死神之镰这时已经对准了他们的密谋）说："感谢天主，他还没有让我过于不幸，我现在还能弯弓射死麋鹿，还能策马紧紧赶上猎狗。"

　　所以，一向不太客气的埃米亚斯·波立特邀请她于8月8日去毗邻的蒂克索尔堡狩猎时，她喜出望外（她想，这傻乎乎的清教徒压根儿没有料到他的专事迫害的前程即将告终）。去了一大帮：她的宫内大臣、两位秘书、御医，全都上了马。埃米亚斯·波立特（今天他异常和颜悦色、平易近人）也带了几名警卫的军官加入欢天喜地的队伍。早晨天朗气清，风和日暖；遍地是绿油油的早苗。玛丽·斯图亚特催动了坐骑。骑马和耳际风的啸声使她心旷神怡，感受到生活和自由的美好。好几个星期、好几个月来，她从来不曾像今天这样年轻过；在忧郁的岁月中，她从来没有像这个美好的早晨那样快活过，心情从来没有这样畅快过。她觉得一切都绚丽而明快。谁要是被希望鼓舞了他的心，谁一定会感到幸福。

大队人马将到蒂克索尔林苑的大门，疾驰减速成缓辔的小跑。玛丽·斯图亚特突然一阵心跳：有许多骑士等在城堡便门前。难道？——叫人心花怒放的早晨呵！——难道真是巴宾顿和他的伙伴？难道信里那些秘密的诺言提前实践了？可也奇怪：守候在这里的骑士中，只有一个人出列，慢吞吞地、异常庄重地策马来到她跟前，脱帽，鞠躬，自我介绍：托马斯·乔治爵士。刹那间，玛丽·斯图亚特刚刚提到嗓子眼的心猛地下坠，空荡荡的没有着落。原来，托马斯·乔治爵士三言两语向她通报，巴宾顿阴谋败露，他奉命逮捕她的两名秘书。

玛丽·斯图亚特开不了口：她没法回答。"行"也好，"不行"也好，提问题也好，发牢骚也好，都会使自己暴露。她对危险或许还没有充分的估计，但看到埃米亚斯·波立特根本不打算送她回查特利，不由得疑惧万分。这时她才明白这次邀请她打猎是什么用意：他们决定诱她出门，以便恣意搜查她的住处。所有文稿当然已翻检一遍，全部外交信函肯定已被没收。外交联系原来是公然由她亲自负责，满怀至尊的安全感，仿佛她仍是一国君主，而不是身在异邦的囚犯。她如今有充裕的时间，太多的时间，去考虑自己的种种错误和疏失，因为她在蒂克索尔被扣留了十七天，既不能写信，也收不到任何讯息。她知道，她的全部秘密都已暴露，全部希望都已落空。她又下降了一级——不单是被囚，而且被押上了被告席。

玛丽·斯图亚特回到查特利时已容貌全非，认不出她就是十七天前那个手执短矛、胯下坐骑大汗淋漓、后面紧紧跟着臣仆的女子。她失去了任何希望，垂头丧气，一脸倦容，老了许多；她被严厉的警卫和敌人团团围着，慢慢地、默默地进了城堡的大门。她见到她的箱笼橱柜都被打开，文稿信件不知去向；此时她是否惊惶不安？仆役已散去不少，剩下的仆役们流着绝望的眼泪，迎接她的归来；此时她是否感到惊奇？不。她知道一切都已过去，一切都已成了过眼云烟。突然发生了一件小事，点缀了头几个钟头的麻木的绝望。一楼的下房里，传出一个产妇痛苦的呻吟。那是玛丽·斯图亚特忠实的秘书寇尔的妻子。如今寇尔已被押往伦敦，要他作证害自己的君主，置她于死地。可怜的产妇孤苦伶仃，得不到医生和神父的帮助。女王出于对一个女人和落难者的同病相怜，奔下楼梯去帮助痛苦的产妇。因为神父不在场，她亲自为婴儿施洗，在他甫降人世之初，给了他第一次的基督徒祝福。

　　玛丽·斯图亚特在她痛恨的城堡里又住了几天。然后来了一纸命令，将她移往另一座城堡，把她更牢靠更严密地关起来。城堡名叫福特林盖。玛丽·斯图亚特转悠过英国的许多城堡，既是那里的贵宾，又是那里的犯人，既享有君王的尊严，又备尝奴隶的屈辱，而福特林盖堡是她最后停留的地方。她的漂泊到了尽头，不安生的女子即将安生下来。

　　那些为了玛丽·斯图亚特出生入死的倒霉的青年贵族，这几天内的遭遇奇惨。相形之下，我们觉得玛丽·斯图亚特的莫大悲剧还是不幸中的大幸。世界史历来不是站在公正的立场而是站在社会的立场上写成的——这已经成了风气。世界史只表现大人先生们的苦难，只表现人间强者的盛衰，而对默默无闻的小人物一向漠不关心，仿佛不同的肉体对拷打和折磨的感觉也自不同——今天还有谁记得巴宾顿和他的九位伙伴，有谁知道他们的名字呢？而苏格兰女王的命运却在无数的舞台和画面上，在书本中永垂不朽！巴宾顿他们在三个小时内身受的酷刑，其惨毒远远超过玛丽·斯图亚特在二十年苦难中挨受的肉体痛苦。按照法律，他们只该处以绞刑。但是，阴谋的策划者以为这样处置太轻，便宜了这些阴谋的受骗者。于是，伊丽莎白会同塞西尔和沃尔辛厄姆，亲自决定（这是她良心上的又一个污点）处决巴宾顿一伙时，得通过精心的设计，叫他们一再死去活来。在这些信仰极坚的青年志士中，有六人（其中两人是未成年的少年，罪状仅仅是——他们的朋友巴宾顿逃亡时像要饭的乞丐一般敲开了他们的门，而他们给了他两三片面包）先是被绞一分钟，以维护法制的尊严，趁他们还没有断气，解开绞索；然后，这个野蛮时代的极度的残忍，全部倾注到他们的抽搐的、痛苦透顶的肉体上。几名刽子手以骇人听闻的细致，干开了叫人恶心的脏活，不慌不忙地、灭绝人性地千刀万剐，凌迟颤抖的牺牲品。这情景惨不忍睹，连伦敦市井无赖的神经都吃不消，以致当局在第二天不得不压缩刑罚的精彩节目。恐怖和鲜血再一次在刑场上漫溢，仍然是为了那个女子——她具有致命的魔力，能拖几条年轻的生命陪葬。这又是一次，不过这已经是最后一次了！从夏特利亚尔开始的伟大的死神之舞结束了。再也没有人会为她追求权力和威仪的渴望而献出生命。如今她自己也即将倒下去。

第二十二章　伊丽莎白的矛盾心理

1586年8月—1587年2月

　　总之，目的达到了：玛丽·斯图亚特落入了陷阱，表示了"同意"，违犯了法律。实际上，伊丽莎白再也不必费心，自有司法机关替她决定，替她行动。延续了四分之一世纪的斗争终于结束。伊丽莎白胜利了，可以与民同乐。她的子民欢天喜地，在大街小巷高声呼号，欢庆他们的女王幸免于难，欢庆新教的得胜。但是，欢乐之杯中一贯掺有不足为外人道的苦汁。正在这个时刻，伊丽莎白只需要等待结局完成的时候，她的手颤抖了。把一个轻率的牺牲品诱进陷阱比较容易，而把一个迷惘的、无招架之力的女子杀死，却要困难得多，要难上不知多少倍。假若伊丽莎白想用暴力干掉这个眼中钉，那么她早就有无数次的机会，可以悄悄地这样做。议会在十五年前就曾要求用刀斧来给玛丽·斯图亚特上最后一课。约翰·诺克斯在弥留之际恳求伊丽莎白："砍树得齐根，不然会重新发芽，而且要比我们的预想快得多。"她始终回答，她"不能杀死到她这里来寻求保护免遭老鹰毒手的小鸟"。如今，她在赦免和处死以外再也没有其他的选择；长期搁置而最终无法避免的决定摆到了她的面前。伊丽莎白忧心忡忡；她知道，她一旦宣布处以极刑，今后将会有非同小可的后果。我们今天大概想象不到这个决定的革命意义。这个决定猛烈地动摇了当时世界上仍然根深蒂固的等级制度。把奉天承运的女王送上断头台，等于向当时仍然俯首帖耳的欧洲各国人民表明，对君主也能审判，也能处死。君主人身不可侵犯的神话从此烟消火灭。与其说伊丽莎白决定了一个人的命运，倒不如说她决定了一种思想的命运。她为后世几百年创立了一个先例，警告人世间的一切君王：戴王冠的头，已经有过一个掉在断头台上。没有这个先例，斯图亚特家族的后裔查理一世是不可能被处死的；而没有查理一世的被处死，路易十六和玛丽·安托瓦内特也不可能落个身首异处。伊丽莎白以她对世情的明见万里，以她深切的责任感，明白自己一旦做出决定，便无可挽回。她踌躇，她担心，她徘徊，她拖延，一天天拖下去。她心中的理智和情感再度交战（比过去激烈得多）——伊丽莎白同自己交战。人同自己良心交战的情景历来触目惊心。

伊丽莎白苦于进退维谷，充满了内心的矛盾，企图最后一次回避做出无法避免的决定。她曾经回避过不止一次，可问题一再回到她手里。她在最后关头，又想推卸责任，推给对手。她给囚犯写了一封信（没有保存下来），要后者真心认罪，作为一个女王向另一个女王坦诚承认参与了阴谋，如今听凭她亲自裁夺而不愿接受公开审判的判决。

伊丽莎白的建议确实是一条唯一行得通的出路。只有这样，玛丽·斯图亚特才能逃脱屈辱的公开审讯，逃脱宣判和处决。对伊丽莎白来说，这是她能够得到的最可靠的保证。手上有了对手亲笔书写的坦白信，她可以在道义上把她讨厌的对手置于死地。玛丽·斯图亚特坦白认罪之后，再也无能为力，有生之年只能无声无息、老老实实地过日子；而伊丽莎白的不朽的光荣将达到巅峰，光焰万丈。角色的分配就此有了定论，伊丽莎白和玛丽·斯图亚特在历史上再也不是平起平坐的同侪，也不是斗来斗去的对手——罪人跪倒在恩人面前，被赦免一死的囚徒向救她一命的再生父母屈膝。

但是，玛丽·斯图亚特已经不需要幸免一死了。高傲从来是她最可靠的支柱。她宁肯在刽子手面前跪下，而不愿向恩人低头；她宁肯说谎，不愿认罪；她宁肯慷慨赴死，不愿低三下四。玛丽·斯图亚特高傲地对这个既想救她命又想叫她出丑的建议不理不睬。她知道，作为君主，她已经输定；世上只有一件事她还做得了主——证明她的对手伊丽莎白的不是。既然她在生前已经无可奈何，没法叫她的敌人难受一番，那么只好抓住最后一个机会，让全世界都认为伊丽莎白是个铁石心肠的暴君。她要用她的光荣的死亡来羞辱伊丽莎白。

玛丽·斯图亚特推开了伊丽莎白伸过来的手。英国女王被塞西尔和沃尔辛厄姆纠缠不休，只得走上了她其实满心厌恶的路。为了给未来的审判造成合法的假象，她先召集王室的法律顾问开会商议。王室法律顾问们的决定，几乎一贯有利于执政的君王。他们起劲地在历史上寻找先例，看看往昔是否有过这样的事（王者在普通法庭上受审），免得起诉过于明显地违背了传统以致出了格。好不容易凑了区区几个例子：其中有恺撒时代一个小小的地方长官卡耶坦斯，同样无籍籍名的里齐尼斯（君士坦丁的小舅子），康拉定·封·霍亨施陶芬和那不勒斯的约翰娜。根据传世的资料，被法庭判决处死的王公仅止于这些人。卖足力气献媚巴结的法律顾问们做得更绝——他们说，玛丽·斯图亚特案件没有必要惊动最高贵族法院，因为苏格兰女王"犯罪现场"在斯塔福德郡；根据他们的权威意见，被告交一般的郡民裁决会审判即可。但是，伊丽莎白对于这种把君王混同于平民百姓的做法很不满意。她把门面看得极重，希望都铎家族的外曾孙女兼斯图亚特家族的女儿被处决时仍保有至尊的身份，享有一切特权和尊荣，有适当的排场和气派，壮观而叫人肃然起敬，而不是按照贩夫走卒的意思办事。她火冒三丈，责备卖力过了头的各位法律顾问："让这样的法庭来审判一位公主，想得真好！不行，这一类奇谈怪论（诸如由十三名平民对女王做出判决等）必须立即停止。我认为，如此重大的案件得交给我们王国最显贵的贵族和法官，人数要相当多，由他们去审理。因为我们两个女王是在世界舞台上活动，全世界都看着我们。"她替玛丽·斯图亚特要求王者的审判、王者的死刑和王者的葬礼；她召集了由本国最著名最显贵的人物组成的高级法庭。

但是，玛丽·斯图亚特根本不愿意出庭接受她女王姐姐的臣下对她的诘问或审判，虽然那些人的血管里流着英国最高贵的血。她准许特使走进她的房间，自己却端坐不动，不肯朝前走一步，而是劈头盖脑地责问一通："怎么回事？难道你的主子不知道我生下来就是女王？莫非她以为我会同意这个建议，辱没我的身份、我的国家、我的荣耀的家世和继承我王位的儿子？莫非她以为我会辱没历代国王和外国的君主，我会忍气吞声以致损害他们的权利？不！绝不！我宁肯遭殃，我的心决不屈服，它忍受不了屈辱。"

话是这么说，然而，幸福和患难都不会使人的性格发生重大的改变。这是一条规律。玛丽·斯图亚特的傲骨一如既往，她的错误也一如既往。她在关键时刻，一贯表现出她的精神的庄严，但又过于心浮气躁，保持不了始初的坚定，抗拒不了持久的压力。就像在那次约克郡诉讼中一样，最后她在压力下从主权国家君主的立场上后退了，放弃了她的对手唯一害怕的武器。经过长时间的顽强的斗争，她终于同意向伊丽莎白委派的问官做出解释。

8月14日，福特林盖堡的礼堂里气象肃穆。礼堂尽头的丹陛上张着御用的华盖；华盖底下是金碧辉煌的宝座。在这个悲惨的日子里，宝座始终空着。无人落座的宝座仿佛是不出声的见证，似乎表示英国女王伊丽莎白隐身主持着这个法庭，意味着判决将按照她的意志、以她的名义做出。众多的法庭成员按照各自的官秩在丹陛左右两侧就座。礼堂中央放一张长桌，供总检察长、预审法官、几个法庭职员和录事使用。

玛丽·斯图亚特由宫内大臣搀扶着进了礼堂。这些年她一直穿一身黑，今天也是这样。进来后，她朝会场扫了一眼，鄙夷不屑地说："那么多精通法律的专家，可没有一个替我说话的！"然后向指定给她的座位走去。她的椅子距华盖约有五步，比空着的御座低几个台阶。这微妙的安排，是想强调英国主张而苏格兰一贯反对的所谓宗主权overlordship。玛丽·斯图亚特死在眼前还对这种贬抑她尊严的做法提出了抗议。她大声说，让大家都能听到，都能记在心里："我是女王，还曾经是法国的王后，理该坐得更高一些。"

审判开始。同约克审判和威斯敏斯特审判一模一样，无非是做戏，把法制的最基本的概念践踏一番。故伎重演，不等开庭便把主要人证（那回是博斯韦尔的仆人，这次是巴宾顿和他的伙伴）匆匆处死，叫人们不胜惊愕；如今，只有他们屈打成招的供词放在审判席上。当局还违反了诉讼法，连那些据以起诉玛丽·斯图亚特的文字罪证，不知为什么，也没有拿出原件来，只拿来了抄件。玛丽·斯图亚特理直气壮地质问沃尔辛厄姆："我怎么能相信我的信件没有被你们做过手脚以制造处死我的口实呢？"从法律上说，这确实是控方的一个弱点；如果玛丽·斯图亚特有辩护律师，见到法庭如此明目张胆地践踏她的权利，满可以提出抗议。但是，玛丽·斯图亚特是单枪匹马，既不了解英国的法律，也不清楚控罪的材料，不幸重蹈约克和威斯敏斯特的覆辙。她不是限于驳斥个别确实有问题的罪状，而是整个en bloc否定，连最最不成问题的情节她也矢口否认。起初，她声称她从来没有听说过有巴宾顿这样一个人；第二天，面对铁证又承认了原先否认过的东西。她就这样自己破坏了自己的信誉。到最后关头，她又回过头来说她是女王，有权要求庭上相信她的王者之言。这时，可已经没有人再相信她了。她徒然地大声疾呼："我是相信了英国女王的友谊和诺言才到这个国家来的。诸位爵爷，你们瞧，"她从手上褪下戒指，亮给法官们看，"这是你们女王给我的，作为亲善和保护的信物。"然而，法官们并不是着眼于保护永恒的、绝对的权利，而只是要捍卫他们的君主。他们希望国内太平。判决书早就在事先拟妥。10月28日，法官们在威斯敏斯特的星法庭举行会议。其中只有一人（苏奇勋爵）有勇气说他决不相信玛丽·斯图亚特蓄意谋害英国女王。他这一表示，法庭的判决便丧失了一致通过的美丽的门面。不过，其他人倒还是老老实实地认定被告有罪。于是，书记员就座，用一丝不苟的花体字在羊皮纸上写道："该玛丽·斯图亚特，谋夺吾英国之王冠，屡次亲自拟定或赞同他人拟定之计划以推翻或弑害吾人之至尊君主英国女王。"犯这样的罪，该受哪样的罚，议会先前已经动过脑筋，那就是处死。

行使审判权并做出判决，是出席会议的众贵族的事。他们认定被告有罪，要求把她处死。但伊丽莎白作为女王，拥有另一项高踞于芸芸众生之上的权力——崇高神圣、合乎人性、宽大为怀的赦免权，可以赦免法庭认定的罪行。撤销死刑完全由她一人说了算。于是，她重新面临她所厌恶的由自己作决定、由她独自承担责任的决定；她躲不开，跑不掉。伊丽莎白又一次陷入自我交战。一如古希腊悲剧中受良心折磨的角色，两组歌咏队在他左右两边轮唱针锋相对的诗句，伊丽莎白的耳际响起外来的和发自内心的两个声音，一个要求无情，一个要求仁慈。而在这两个声音之上，是我们人间事业的审判官——历史，它对生者一贯保持缄默，只是在生者的人间道路结束之后向后世评说死者的事业。

　　右面的声音，无情而清晰，翻来覆去地要求：处死，处死，处死。宰相、御前会议、亲密的朋友、众勋爵和市民，举国上下一致认为只有一个办法能够获致国家的太平和女王的安宁，那就是把玛丽·斯图亚特斩首。议会递交了一份请愿书，慷慨陈词："为了我们信奉的宗教，为了至尊女王的安全和国家的利益，恭请陛下立即下旨，宣布法庭对苏格兰女王做出的判决，并要求从速对该女王执行正义的死刑，因为这是我们所知道的唯一能够保证陛下安全的办法。"

　　这样的要求正合伊丽莎白的心意。她正急于向全世界证明，不是她要杀害玛丽·斯图亚特，而是英国人民坚持要执行死刑。这阵喧嚣越是震耳，传得越远，越张狂，对她越加有利。她如今有机会在"世界舞台"上唱一段能叫人们喝彩的善与人性的咏叹调；作为一个高明的演员，她充分利用了这个机会。她怀着激动的心情聆听议会的语重心长的劝告，谦卑地感谢上帝赐福给她，让她得救。然后她提高声音，目光射向远处，仿佛是对全世界对历史说话，推卸她在玛丽·斯图亚特的命运上所负的责任。"虽然我的生命遭到极大的危险，但我得承认，我最痛苦的事，莫过于眼见一个和我同为女子、位分与出身同我相埒而且是我近亲的人犯下如此严重的罪行。我心中没有任何仇恨。所以，谋害我的罪恶阴谋败露后我立即悄悄写信给她，说，如果她来信坦诚相告，真诚认罪，一切都可以私底下不声不响地秘密解决。我信上这样说，绝不是为了套她的话——当时我已知悉全部案情，她即便认罪也说不出什么新东西来。甚至到现在，尽管已经走得太远，我仍愿意原谅她，只要她彻底认罪，只要从此再也没有人以她的名义向我提出任何非分的要求，不仅我的生命，连我的国家的安全和幸福也系于此。因为，我珍惜生命只是为了诸君和我的人民。"她坦率承认，对历史的审判的恐惧，叫她煞费踌躇。"我们当君主的，仿佛站在一无遮挡的舞台上，吸引着全世界的视线和好奇。我们的衣服上略有污点便很显眼，我们的事情略有纰漏便立即会被察觉。我们需要特别小心，务使我们的行为一贯正大光明。"所以，如果她迟迟不作答复，请议会少安毋躁，"因为我的脾气就是如此——一些事情远远不如这重要，尚且要考虑多时，然后才能做出最后决定。"

这通讲话是不是老实话？又是又不是。伊丽莎白内心有两个愿望在交战。她乐于除掉对手，同时又想在世界上博得宽容的美誉。十二天后，她再次询问宰相，是否有可能给玛丽·斯图亚特留条命同时又保证她伊丽莎白的人身安全。御前会议和议会再一次申说别无他法，坚持原来的要求。伊丽莎白又得说话。这一回的表白倒有几分真，表露了她内心的想法，相当实在，相当诚恳。"我从来没有像今天这样为难过，因为我不知道该不该说话。说话，埋怨一通，那将是我的虚伪；不说话，那意味着我无视你们的努力。我的不满自然会使你们惊奇，但是，说实话，我原先希望另外找到一种办法来保证你们的安全和我的康宁。……现在断定只能以她的生命为代价来保证我的平安，我感到万分的难过，因为我曾经开恩宽宥许多乱党，对许多叛国行为置之不问，而对如此伟大的君王却不得不铁面无情。……"我们感觉得到她已经倾向于俯从廷议，只要她的臣僚坚持下去。不过，她以她特有的聪明和模棱两可，没有用任何"是"或者"不"来束缚自己；她的谕旨以这样一番话结束："请诸君这次满足于这个没有答复的答复。我并不是驳回你们的意见，我明白你们有道理，我只是请求你们：接受我的感谢，原谅我心底的疑虑，别为这个没有答复的答复生气。"

右边的声音响起来了，响亮而清晰：杀死她，杀死她，杀死她。但左边的声音，心那边的声音，也越来越高昂。法国国王派了个特遣使团渡海来英游说，以各国君王的共同利益为说辞。法国国王提醒伊丽莎白，保护玛丽·斯图亚特的人身不可侵犯权，等于是保护她自己的人身不可侵犯权；明智而顺遂的治国当以不流血为金科玉律。他提起各国民族都有好客的神圣的责任，伊丽莎白可别得罪天主，杀害天主祝福的君王。伊丽莎白一如既往的狡黠，拿半心半意的保证和含含糊糊的遁词来敷衍应付。于是，外国使臣的语气日益激烈。开始只是请求，后来却变成强硬的警告、公开的威胁。但是，伊丽莎白熟谙人情世故，临朝二十五年来通晓了各种政治诡计，因而听觉极好。她竭力在那些慷慨激昂的言词中捕捉一个信息：外国使臣此行是否有断交宣战的全权？不久她便深信，他们虽然调门挺高，话说得很刺耳，但听不出有刀剑铿锵的声音；如果刽子手的刀斧砍掉了玛丽·斯图亚特的头，亨利三世和腓力二世都不会当真拔剑相向。

对于法国和西班牙的外交恫吓，她只是冷漠地耸耸肩。而应付另外一些非难即苏格兰方面的非难，自然需要比较高明的艺术。不管别人怎么样，按说詹姆斯六世可是必定会反对外国处死苏格兰女王的。这是他的神圣的义务：将要流在断头台上的鲜血，是同他一样的血；将要处死的女人，是给了他生命的母亲。但是，在詹姆斯六世的心中，为人子者对母亲的感情相当淡薄。自从他成了伊丽莎白的食客和盟友之后，母亲拒绝给他国王的尊号，郑重其事地同他脱离关系，甚至把他的继承权奉送给外国国王。这样的母亲只能挡他的道，碍他的事。他一听说英国破获巴宾顿阴谋，便急忙向伊丽莎白道贺。他喜欢打猎，法国使臣在他打猎时喋喋不休地要求他运用他的全部影响去营救母亲；他恼火地对法国使臣说："她自己造的孽，叫她自食其果吧！"他直言不讳，"她关在哪里，她手下那些卑鄙的仆人被绞死多少"，他全不在乎，"她早该安静下来忏悔她的罪孽"。去它的吧，这一切同他全没有关系。铁石心肠的儿子起初甚至拒绝派使团到英国去。但是，英国竟做出了伤害苏格兰民族感情的判决，一个外国婆娘竟痴心妄想要害死苏格兰的女王，于是，苏格兰各地掀起了愤怒的浪潮。只是到了这时候，詹姆斯六世才回过味来，明白他扮演的角色太不漂亮，再不说话就不成体统了，即使是为了做做样子，也得采取些措施。苏格兰议会要求，一旦苏格兰女王被害，应立即废除同盟条约甚至宣战。詹姆斯六世自然不像他的议会那样走得远，但也坐下来给沃尔辛厄姆写了一封措辞尖锐、怒气冲冲、带有威胁性的信，并且派出了一个使团。

这件事的爆发，自然是在伊丽莎白意料之中。伊丽莎白这一回仍然侧耳倾听那些暧昧隐晦的声音。詹姆斯六世的代表团一分为二；一是明面上的，大声地、毫不含糊地要求撤销死刑判决，威胁着要废除盟约，挥舞着武器。这些在伦敦辞词激烈的苏格兰贵族，不能否认他们确有真诚的、发自内心的激情。可是他们没有想到，正在他们气势汹汹地在接见厅里大喊大叫的当口，另一位团员，詹姆斯六世的私人代表，却蹑手蹑脚地从后门进入伊丽莎白的内宫，在那里悄悄提出另外一个要求。在苏格兰国王看来，这个要求比她母亲的生命重要得多，那便是要求伊丽莎白承认他对英国王位的继承权。据消息灵通的法国公使说，那个密使的使命是要叫伊丽莎白相信，如果詹姆斯六世如此这般激烈地威胁她，那只是为了他的名誉和面子才这样做的，务请她不要介意他的装模作样，不要把这视为不友好的行动。詹姆斯六世的心思，伊丽莎白当然早就看透，密使的这番话无非是证实了她的看法——詹姆斯六世会默默地把他母亲的被处死忍下去，只要保证（或者含含糊糊地保证）将来给他英国的王冠。一宗肮脏的幕后交易于是开始。玛丽·斯图亚特的儿子和她的敌人促膝密谈，推心置腹地说私房话，第一次找到了共同的语言，为共同的不可告人的利益携起手来。两人在内心深处都希望同样的结果。两人都想掩人耳目。两人都觉得玛丽·斯图亚特碍手碍脚，但两人都不得不装出似乎他们最重视最关切最神圣的任务便是援救和保护这个可怜的囚犯。伊丽莎白对于命里安排给她的妹妹，詹姆斯六世对于他的生身母亲，都绝不会出力救她的命。两人都无非是着眼于维护他们在"世界舞台"上的形象。事实上，詹姆斯六世早就明明白白地暗示，即使发生最叫人伤心的情况，他也决不提出任何要求。这话等于是事先原宥伊丽莎白杀害他的母亲。外国的敌人要宰割囚犯，囚犯的儿子不等敌人动手，先把她献了出来。

总之，伊丽莎白一万个放心；一旦她决定动手，法国、西班牙和苏格兰都不会干涉。似乎只有一个人还能救玛丽·斯图亚特，那便是玛丽·斯图亚特自己。倘若她去乞求赦免，伊丽莎白可能就此罢休。伊丽莎白内心深处正期待玛丽·斯图亚特来求她，因为这可以使她避免良心的责备。在这一段日子里，为了打掉苏格兰女王的傲气，她使出了百般手段。法庭刚宣判，伊丽莎白便把判决书全文送到犯人手里。冷酷且工于心计、浑身道学气而刻薄寡恩，因此特别令人憎厌的埃米亚斯·波立特，趁此机会把死刑犯羞辱一番——在他眼里，她已经是"行尸走肉"。他第一次忘了在她面前脱帽——这做法卑鄙下流，活脱一副小人嘴脸，对待别人的苦难不是同情而是幸灾乐祸。他吩咐她的侍仆撤掉缀有苏格兰国徽的御座华盖。但，忠心耿耿的侍仆拒不听命。于是波立特命令他的部下把华盖拽掉。这当口，玛丽·斯图亚特在原先缀饰苏格兰国徽的地方挂上了耶稣受难像，表示她得到神的佑护，那可是比苏格兰更加强大。敌人对她稍有不逊，她都有豪壮的发抒。她写信给朋友们说："他们妄想用威胁来叫我哀求饶命，但我告诉他们，既然她要杀我，那就让她把错事干到底吧。"如果伊丽莎白杀她，那对伊丽莎白更加不利！宁肯用自己的死来叫敌人在历史的审判面前抬不起头，也别让她以温文尔雅的面目出现，戴上宽宏大量的桂冠。玛丽·斯图亚特既没有对判决提出抗议，也没有请求赦免，她以基督徒的温顺感谢创世主的关怀。对伊丽莎白，她则以女王的傲气说了这样一番话：

"夫人，我衷心感谢创世主，因为他通过您的手腕降恩给我，让我得以摆脱生活的重负——生活于我已经成了一场疲惫不堪的长途跋涉。因此，我也就不求您延长我的生命了，我已经尝够了生的苦辛。我只是求您（求您而不求别人，因为我了解您的列位大臣，了解这些在英国位极人臣的显贵，深知我不必指望他们发善心）——求您答应我以下的请求：首先，我的敌人喝够了我的清白的血之后，请您允许我的忠仆将我的遗体运往任何一处我视为神圣的土地，葬在那里——最好是在法国，因为那里安息着我挚爱的母后的骸骨，在那里，我的可怜的、到处不得安宁的、至今被结实的绳索同灵魂捆绑在一起的肉体终将得到解脱，终将获致宁静。其次，您把我交给了您的臣下，听凭他们摆布，而他们的狰狞叫我产生了担心。因此，我求您陛下下旨别把我的死刑安排在偏僻的地方，而要让我的臣仆和其他见证在场，以便他们能够证明我始终忠于真正的教会，从而可以保护我，免得我的敌人在我死后造谣诽谤，糟践我的赴死、我的最后的气息。第三，我的那些在许多考验和患难中忠心耿耿服侍过我的仆人，请您允许他们根据自己的意愿到任何地方去，让他们靠手头拮据的我所能赏给他们的区区几个钱自由地在那里生活。

"夫人，看在我们共同的祖先亨利七世的分上，也看在我身后仍将保有的女王尊号分上，恳求您别让我的正当的愿望落空，并请您亲笔写句话向我保证。一贯对您怀有好感的妹妹和您的犯人玛丽女王。"

我们看到，说来奇怪而不可思议，为时长达几十年的斗争，到最后的时日却对换了角色。玛丽·斯图亚特自从拿到了死刑判决书，反而生出新的信心和力量。伊丽莎白在签署死刑判决书的时候，手却颤抖不已；而玛丽·斯图亚特看死刑判决书的时候，心的颤抖倒并没有那么厉害。伊丽莎白惧怕杀她，而玛丽·斯图亚特倒并没有那么惧怕被杀。

或许，她内心深信伊丽莎白不敢命令刽子手下手杀害加过冕的女王；也可能，她的处之泰然只是一种伪装。但是，连埃米亚斯·波立特那样一肚子心眼的观察者都看不出她有一丝一毫的惊恐。她不闻不问，不怨天尤人，不求看守们给她什么小小的优待。她也不谋求同她的外国朋友秘密联系。她的抵抗、她的自卫和自我肯定到此为止。她自觉地听天由命，把自己交给了创世主：让创世主去决定吧。

如今她忙于准备，准备得很认真。她写遗嘱，把她在尘世的全部财产事先分赠给仆人；写信给世界各国的君王和诸侯，但不再是催他们发兵和索要战争的装备，而是告诉他们，她已经准备好视死如归，心怀天主教，身殉天主教。终于，这颗不宁静的心臻于伟大的宁静的境界：恐惧和希望，照歌德的说法，"人类两个最凶恶的敌人"，再也不能宰制这个坚定了起来的灵魂。一如后世同病相怜的玛丽·安托瓦内特，面对死神，才认识到她真正的使命。领悟了她对历史所负的责任，顿时辉煌地战胜了她身上一贯的轻率。支撑着她的，不是恳求赦免的念头，而是一种令人振奋的追求——希望她最后一刻将完成她功德圆满的正果。她知道，只有视死如归的戏剧效果才能在世人的心目中弥补她的悲惨的罪孽，知道这一生最后只有一个机会获取光荣，那便是英勇赴死。

福特林盖堡里被判死刑的囚徒沉着坚定，因为泰然自若而显得崇高。与此形成鲜明对照的，却是伦敦城内伊丽莎白的犹豫动摇、极度的神经质和愤怒的茫然失措。玛丽·斯图亚特已经做出了决定，而伊丽莎白还在为做决定而同自己交战。如今，她的对手可以由她一手摆布，然而正是在这一段时间里，她的对手给她带来的苦恼比以往任何时候都更为强烈。这几个星期，伊丽莎白夜不成寐，成天阴沉着脸，默不作声。感觉得出她是在苦苦思索，反复考虑那个叫她憎恶的决定——签还是不签死刑判决书？命令还是不命令执行那判决？她像西西弗斯推石头那样翻来覆去地为这个问题绞尽脑汁，但这问题一次又一次地叫她伤透脑筋。她的列位大臣的劝谏只是白费了口舌——良心的声音更加高亢。良心摒弃了大臣们的各项建议，要求他们提出新的设想。塞西尔发现她"像天气一样多变"：忽而要处死，忽而想赦免，不断要她的谋士"另行设法"，虽然她明知不可能有什么别的办法。唉！但愿事情能够绕过她，听任自流，不用她过问，用不着她发布明确的命令（不用由她发出，但却是为了她），那该多好呢！她越来越抑制不住她对责任的恐惧，反复掂量这旷古未有的举措，斟酌它的利弊，并且恶狠狠气呼呼以模棱两可的、说不清道不明的借口把决定一天天推下去，推到渺茫的遥遥无期，叫她的大臣们十分烦恼。

"陛下谈这个问题谈累了，把它拖延到说不准什么时候，"塞西尔这样埋怨。他的冷酷的城府极深的心智，理解不了这颗激动的心。因为，虽然伊丽莎白派了个残酷无情的狱卒去看管玛丽·斯图亚特，可她自己也是日日夜夜处在监视之下，而且监视她的狱卒更加刚直更加无情，那便是她自己的良心。

三个月、四个月、五个月，伊丽莎白默默的自我交战几乎持续了半年，反复思考着是听从理性的声音还是听从人性的声音。神经过度的紧张，结果自然是突如其来的、出人意料的宣泄。

1587年2月1日，星期三，海军上将霍华德在格林威治林苑找到了国务第二大臣戴维逊（沃尔辛厄姆不知是病了还是装病），命令他立即入觐女王。女王要在玛丽·斯图亚特的死刑判决书上签字。戴维逊拿来了塞西尔亲自草拟的判决书，连同其他公文一起呈上女王御案。但是，说也奇怪，伟大的演员伊丽莎白此时又不着忙了，装得若无其事，同戴维逊闲扯了一通，还眺望窗外，欣赏晶莹的雪景。过了一会儿，她仿佛无意中问戴维逊（莫非她已经忘了是她命令他来的？），他进宫觐见到底是为了什么。戴维逊说他带来几件公文请她批阅，其中包括霍华德勋爵特别交代的那一件。伊丽莎白拿起公文，不过，真是天晓得，她连看都不看，飞快地一一签字，那份玛丽·斯图亚特的判决书当然也在其内。敢情她是想装装样子，似乎她是不自觉地签署了那份夹在其他公文中间的叫人掉脑袋的文件。签过了字，这位像天气一样变幻无常的女子又变了一番心情，马上可以看出刚才的一幕纯粹是装腔作势，纯粹是做戏。她向戴维逊直言不讳：她之所以迟迟不做决定，无非是要叫大家看看她是多么为难。好吧，现在把签了字的判决书拿去给宰相盖国玺吧（不过可别跟任何人多嘴），再把命令交给指定执行的人。伊丽莎白的指示十分明确，戴维逊没有任何理由怀疑女王主意已定。可以看出女王已经顺应了不愉快的意念，认真冷静地对所有细节都做了安排。最好在福特林盖堡的大厅内行刑，外院和内院都不相宜。她一再提醒戴维逊，命令务必保密。一个人经过长久的犹豫，一旦做出了决定，心情会立刻轻松下来。伊丽莎白也是如此。她有了信心，情绪大为好转。她明显地高兴起来，甚至开玩笑说：她担心这噩耗会叫可怜的沃尔辛厄姆咽气。

戴维逊以为（任何一个人处在他的位置上都会这样以为）问题已经解决。他鞠了一躬，退向门口。但是，伊丽莎白真是优柔寡断，虎头蛇尾。戴维逊刚到门口，伊丽莎白就叫他回来。她的快活，她的真正的或者装出来的决心都已经无影无踪。她忧心忡忡地在房间里踱来踱去。到底还有没有什么别的办法？大会的成员可是起过誓的，要杀死每一个插手谋刺伊丽莎白的人。那个笨蛋埃米亚斯·波立特和他的助手在福特林盖是怎么想的呢，他们也是大会的成员呀，难道他们不能把一切都兜起来，让她这个女王脱身，免得公开的死刑给她抹黑。难道这不是他们的直接的责任吗？不管怎么样，叫沃尔辛厄姆写封信给那两个人，给他们开导开导。

可怜的戴维逊很不自在。正确无误的感觉告诉他，女王刚做罢便慌着撇清。刚才这样重要的谈话没有人在场做见证，他自然懊悔不迭，但也无可奈何。他接受的任务很明确，所以他首先去政事厅，要求在判决书上盖印，然后去见沃尔辛厄姆。沃尔辛厄姆当即按照伊丽莎白表示的愿望给埃米亚斯·波立特写了一封信。沃尔辛厄姆在信上说，很遗憾，女王认为她这个心腹臣仆的服务缺乏热忱，殊堪惋惜：由于玛丽·斯图亚特威胁到陛下的安全，他早该考虑如何"自作主张，不待明白的命令"，自行除去那犯人。他可以一力担当而问心无愧，因为他向大会宣过誓。这样一来，他替女王卸掉了沉重的包袱，因为大家都知道她是多么讨厌流血。

此信或许还没有送到，当然更谈不上等复信回来，格林威治已经又一次变了主意。第二天，即星期四的上午，女王派人给戴维逊送去一字条：如果他还没有把判决书交宰相盖印，那么，暂时先别忙，等女王同他再谈一次。戴维逊赶紧觐见女王，说明她交办的任务昨天当即完成，死刑判决书已经盖印。伊丽莎白似乎颇为不悦。但她默不作声，没有责备戴维逊。这个心口不一的女子一字不提她希望他交还那份麻烦的盖了印的文件。她只是向戴维逊抱怨，说那包袱一次又一次地落到她肩上。她心事重重地踱来踱去。戴维逊一直等着她做出决定，下个命令，明确地、不含糊其词地说出她的愿望。但伊丽莎白始终不发一言，突然走出了房间。

展现在我们眼前的又是一场莎士比亚风格的戏。不过，观看伊丽莎白演戏的只有一个人。我们再一次想起了理查三世。理查三世向白金汉抱怨，说他的敌人还在人世。然而，他并不给个明确的命令，却要白金汉自告奋勇去杀死他的敌人。白金汉明白他的意思却一味装聋作哑，理查三世因此而极为不满。伊丽莎白同那会儿的理查三世一模一样，她那恼怒的目光简直叫倒霉的戴维逊无地自容。这可怜的笔杆子觉得天崩地裂，慌忙攀扯别人：在这件具有世界历史意义的大事上，可别独自一人兜揽责任。他赶去见女王的宠臣赫顿，把自己的走投无路向赫顿数说了一番：伊丽莎白命令依法执行判决，但从种种情状看来，她将来准会否认她的隐约闪烁的指示。赫顿对伊丽莎白十分了解，自能看透她的两面游戏，但他也不愿意对戴维逊说个明确的"是"或者"不"。他们把皮球踢来踢去，竭力推卸责任：伊丽莎白想推给戴维逊，戴维逊想推给赫顿，赫顿急忙通报给宰相塞西尔。塞西尔也不想揽起来。他在第二天召开了一个会，类似秘密的国务会议。应邀赴会的，全是女王的密友和顾问：莱斯特、赫顿和其他七位贵族。人人都有亲身体验，知道伊丽莎白这个人靠不住。在这个会上，问题第一次明确地提了出来。他们全都同意这样的看法：伊丽莎白为了挽救自己的道德声誉，打算置身事外，以便把自己洗刷得一干二净。她希望把事情说成这样：处决成了既成事实之后臣下才向她报告，"叫她措手不及"。因此，他们既然是她的忠臣，就应该在这出喜剧中配合她；这死刑本来是她孜孜以求的，如今却要说成是违逆她的意旨执行的。不言而喻，这种表面上是自作主张而实则是她要求的越权，可能要负重大的责任。所以，伊丽莎白一旦爆发真正的或者假装的愤怒，不能由某一个人独自承受。塞西尔提出，由他们共同下令执行死刑，共同承担全部责任。届时由肯特勋爵和施鲁斯贝里勋爵监刑。事先派秘书比尔赶往福特林盖，授以全权，布置一切。这么一来，虚幻的罪责由国务会议的十名成员分担，国务会议终于通过虚幻的"越权"卸掉了女王的包袱。

340

伊丽莎白一向好奇得要命，这几乎成了她的主要性格特点。在她的城堡范围内的乃至全国范围内发生的一切事情，她都想知道（而且得立刻知道）。但是，奇怪不奇怪，这次她既不问戴维逊，也不问塞西尔或其他任何人，压根儿不打听她签署的死刑判决书有什么下文。整整三天，她一次也没有提到这件非同小可的事情，把它抛到九霄云外，虽然好几个月来她全力措置的正是此案。似乎她喝了忘川[1]之水，把这件事忘得干干净净。甚至到第二天即星期日的上午，当臣下把埃米亚斯·波立特致沃尔辛厄姆的复信呈交给她的时候，她都没有想起她签署的判决书。

埃米亚斯·波立特的答复叫女王颇为不悦。这位忠心的警卫长马上猜到人家要他扮演一个吃力不讨好的角色。他预感到人家会怎么样报答他，如果他把玛丽·斯图亚特干掉的话：女王会公开宣布他是杀人犯，交付法庭审判。不行，埃米亚斯·波立特既不指望都铎王室感恩戴德，也不想当替罪羊。不过，他不敢公然违旨。这聪明的清教徒拿上帝（比君王更高一级）做他的挡箭牌。他拿满嘴的道德来掩饰他的拒绝。"我的心充满了痛苦，"他在复信中慷慨激昂地说，"我过去就预见到有朝一日会有人借口我仁慈的君主的愿望，要我做上帝及法律不容的事情，因此十分苦恼。我在尘世的财富、我的功名和我的生命，一切都属陛下所有，我甘愿立刻全部放弃，只要她有这样的意思，因为我的一切都是她的赐予，完全归功于她的仁慈和宽厚。但是，如果没有法律和正式命令作为依据，我擅自批准杀人，那么，上帝会叫我身败名裂，叫我整个家族蒙受洗不清的耻辱。希望陛下以一贯的仁慈，不吝厚爱，接受我诚惶诚恐的答复。"

这个可怜的埃米亚斯前不久由于孜孜不倦的勤勉和正确无误的行

1　古希腊神话，地狱有条忘川，喝一口忘川之水就会忘却人间和世事。

动博得女王的赞扬。但是这一回，伊丽莎白对他的答复绝不愿意给予厚爱。伊丽莎白怒气冲冲地在房间里盘旋，大骂那些"假正经、假道学的家伙"。这帮家伙全是光说不练。她气呼呼地指责波立特背誓。他在"盟约"上签过字，起誓要为女王效力，即使去死也在所不辞。为了她能够赴汤蹈火的人还少吗，有个名叫温格菲尔德的，就是一个！她在似真似假的火头上骂了一通可怜的戴维逊（沃尔辛厄姆这个滑头算是运气，装了病），这怪物居然还劝她通过合法的途径。女王申斥戴维逊，说，凡是比他聪明的人，看法都和他不同；这个案子早该了结了，他们老是拖着不办，是他们全体的耻辱。

戴维逊不吭气。他本来可以吹一通，说他们早就着手办了。但他觉得，如果他老老实实地把事情告诉女王，只会惹她恼火——这事情大概她自己也知道，无非是不想老老实实地说出来。那就是一名专使负责送达盖有国玺的死刑判决书，已动身去福特林盖；与专使同行的还有一个粗壮敦实的汉子，将由他把言语变成行动，把命令变成鲜血。这个汉子是伦敦城的刽子手。

第二十三章 我的终结便是我的开始

1587年2月8日

"我的终结便是我的开始"——玛丽·斯图亚特曾经在一袭缎子外套上绣过这样一句格言。当时她对这句格言的含义还不甚明了。如今，她隐隐约约的预感应验了。只有悲壮的死，才能奠定她的光荣。只有这样的死，才能在后人眼中补赎她的青年时代的罪孽，才能改变她的错误。许多星期以来，被判了刑的她，坚定地、深思熟虑地准备接受她最大的考验。少小时，身为法国王后，她曾经两次目睹贵族死在刽子手的刀斧之下。她很早就懂得，这种极度的残酷，只有坚贞不屈的自制力才能应付。全世界及后世（玛丽·斯图亚特心里清楚）都将吹毛求疵地评论她的定力和仪态——加冕的君王中，她是俯伏在断头台上的第一人。些微的战栗，些微的动摇，不由自主的面无人色，在这样的关头不啻是亵渎她的帝王的尊严。于是，在这几个星期等候的时间里，她暗暗蓄积精神力量。这位倔强的、火热性子的女子，准备赴死是那样的平静，是她一生中对待任何事情都不曾有过的。

正因为这样，2月7日星期二当仆人向她通报施鲁斯贝里和肯特两位勋爵带了市政厅的几名委员来到的时候，谁也看不出她有丝毫的惊骇。出于先见之明，她把她的贴身女官及多数下人都叫来，在忠诚的臣仆簇拥之下她才接见来使。她让臣仆时刻待在她身边——将来让他们告诉世人，詹姆斯五世和洛林的玛丽的女儿，斯图亚特王室和都铎王室的血胤，是有勇气坚强刚毅地面对艰巨的考验的。容留玛丽·斯图亚特几乎二十年之久的施鲁斯贝里，在她面前低下了白发苍苍的头，屈膝跪下。他的声音微微颤抖，宣布伊丽莎白不得不依从臣民的坚决的要求，下旨执行死刑。听到这个噩耗，玛丽·斯图亚特仿佛毫不惊奇，知道她的每一个姿势都将载入史册，没有丝毫惶恐的表示。听完了判决书，平静地画了个十字，说："赞美天主，让你给我带来了这个消息！再没有比这个消息更叫我欣慰的了，因为它表示我的尘世的苦难即将结束，意味着天主的恩典，是他成全我为了弘扬天主的荣名和他眷爱的罗马天主教而死难。"她对判决没有提出一句异议。她已经不想作为女王同另一位女王对待她的不公正行为做斗争，只想作为基督徒背起她的十字架。或许，她把她的牺牲看成是她一生中最后一次的胜利而心向往之。她只有两个请求：一、让天主教神父给她做临终祝福；二、死刑不要放在次日上午，因为她希望认真考虑一下她最后的安排。这两个请求都被拒绝了。狂热的新教徒肯特伯爵回答，伪教的教士对她没有什么用处，他挺乐意给她派位改革派牧师来，让牧师给她宣讲真正的宗教。玛丽·斯图亚特正准备在整个天主教世界的面前以身殉教，在这样的伟大的时刻，当然拒绝聆听异教教士关于真正的信仰的说教。肯特伯爵的建议太荒唐，同它一比，拒绝推迟执行死刑的决定，对这注定一死的牺牲品来说还算不得忒煞残酷。她只剩一夜的工夫可以用来做各种准备。她拥有的时间十分紧张，没有恐惧和惊惶的余地。历来（这可是上帝对人的恩赐），垂死者的时间都是紧巴巴的。

理智和深思熟虑，这是她过去十分缺乏的品质（唉！），如今她在利用最后的时间上却表现了出来。伟大的女王，她想她的死也得做到真正的伟大。充分运用她的无懈可击的审美情趣、她的得之于遗传的表演艺术、她在最危急的关头也不背弃她的勇气，玛丽·斯图亚特精心准备着她的走——仿佛她的走是个节日，是喜庆，是个盛大的典礼。任何事情她都不是听之任之，听任偶然性、时间和情绪的摆布，一切都拿效果来检验，一切都赋予王者的高贵和庄严。每一个细节都经过再三斟酌推敲，像是为杀身成仁的史诗构思激动人心的或者令人肃然起敬的诗句。她吩咐提前开晚饭，以便饭后安安静静地写几封必要的信。这顿晚餐，她象征性地搞成最后的晚餐。饭后，她把下人召集拢来，并叫人给她酌了一杯酒。郑重其事而又安详愉快地举起满满的酒杯俯视跪在她面前的臣仆，一饮而尽，祝他们诸事顺遂，又说了一通话，叮嘱他们永远忠于天主教，彼此和睦相处。她请求每一个人原谅她（听起来像是使徒行传中的场景），不要计较她历年来有意无意使他们遭受的委屈。然后她把精心挑选的礼物送给各人。礼物是指环和宝石、金项链和花边，一些曾经点缀过、丰富过她昔日生活的精品。臣仆们跪着接受她的礼物，有的默默无语，有的泣不成声。女王不由得被她的臣仆的悲悲切切的爱心所感动。

最后她站了起来，走进自己的房间。房中的书桌上已经点上了蜡烛。今晚到明晨，她还有许多事要做：再看一遍遗嘱，安排准备明天艰难的赴刑，写最后几封信。第一封信最为恳挚，是写给她的忏悔神父的，嘱他今夜别睡，为她通宵祈祷。其实这忏悔神父也在堡内，离她只有两三个房间，但肯特伯爵（狂热竟是这样的残忍）斩钉截铁地禁止专门安慰人的忏悔师出来给犯人举行最后的"天主教圣餐仪式"。女王接着又写信给她的亲戚——亨利三世和德·吉斯公爵。在最后的时辰,她一味关心(这使她显得特别高尚):法国前王后的津贴停发后,她的下人生活将没有着落。她请求法国国王承诺按照她的遗言付清余款,并且下旨做弥撒悼念"至诚笃信天主的女王,她始终忠于天主教而被剥夺了尘世的全部产业,慷慨就义"。她先前已经写信给腓力二世和教皇。在这个世界的各位君主中,要写信的只剩伊丽莎白一个人了。但玛丽·斯图亚特一字未写。她对伊丽莎白再也没有什么要求,也没有什么要感谢的了。只有用高傲的沉默以及死的庄严,她还能羞辱她的老对头。

午夜过后好久,玛丽·斯图亚特才上床就寝。她在生前应该做的一切,都已经做了。她的灵魂总共只剩几个小时还能寄附于疲惫的肉体。侍女们跪在角落里不出声地祷告:她们不愿意打扰女王的睡眠。但玛丽·斯图亚特无法入睡。她睁大眼睛看着茫茫黑夜。她只是让她的肢体休息,以便到早晨能以一颗大无畏的心和坚强的灵魂面对万能的死亡。

玛丽·斯图亚特曾为多次喜庆梳妆打扮——为加冕,为施洗,为大婚,为骑士的游艺,为散步,为战争和狩猎,为坐朝,为舞会和比武,到哪里都是服饰华丽,知道美在尘世具有何等的威力。但她在自己的命运最伟大的一刻,为了死亡,她对衣着用尽心思,超过以往任何一次。她想必在许多天许多星期之前便已考虑好得体的死难仪式,认真地斟酌了每一个细节。一件件衣裳挑来挑去,兴许挑遍了她所有的衣箱,要为这空前未有的场合选一套最最合意的服装。作为一个女人,她很可能在最后一阵卖俏的冲动中,想给后世千秋万代开创一个例子，叫子孙后代看看一个女王应该以一个多么完美的形象去迎接死刑。从6时到8时，花了两个钟头，侍女们侍候她更衣。她不愿意像一个可怜的罪犯，穿着可怜巴巴的破衣烂衫登上断头台。她为最后一次远行选了一套华美的盛装，最端庄最雅致的深褐色丝绒衫，镶一圈貂皮，白色的立领，多褶的衣袖。一件黑缎斗篷裹住高贵华丽的衣裳。沉甸甸的拖地后襟极长，由她的侍从长梅尔维尔恭恭敬敬地捧在手里。从头到脚，罩一袭寡妇白纱。精工制作的披肩和贵重的念珠代替了世俗的饰物。白色的羊皮鞋着地极轻，后来走向断头台时，死一般的寂静竟没有被她的脚步打破。女王亲手从一只珍藏的箱子里取出一方手帕，后来她的眼睛就是用这方手帕蒙住的。那是一块薄若蝉翼、如烟似云的麻纱，镶着金花边，想必是她本人的作品。她衣服上每一个扣襻的选择都寓有深意，每一个细枝末节都配合着总的音乐效果。她预见到她在断头台前得在陌生男子众目睽睽之下抛开这神秘的辉煌。预见到鲜血淋漓的最后一刻，玛丽·斯图亚特贴身穿了一件大红绸衬裙，还吩咐下人给她准备一副长过胳膊肘的火红色手套，以便斧子迸起的鲜血溅到她的衣裳上不太刺目。自古以来，没有一个死囚赴死时如此精心构思过自己的死亡，如此意识到自己的不凡。

上午8时，来使敲门。玛丽·斯图亚特没有应声。她正跪在读经台前念临终经文。念完才站起来。第二次敲门她才去开。门开处，进来的是郡长，手持白色的权杖（马上就得把它折断），深深地鞠了一躬，恭恭敬敬地说："夫人，勋爵大人派我来请，他们等着您。""走吧。"玛丽·斯图亚特说，向门口走去。

最后一次出行开始了。左右都有仆役扶持，艰难地挪动患有关节炎的双腿。她为了抵御一阵阵突然发作的恐惧，动用了三种宗教手段来保护自己：颈挂一具金质十字架，腰垂一串宝石念珠，手持善男信女的宝剑——一具象牙的耶稣受难像：让世人瞧瞧，女王至死心怀天主教，以身殉教。世人会忘记她的青春有多少罪孽和疯狂，忘记她是作为蓄意杀人的同谋犯登上断头台的。她希望千秋万代都以为她是为了天主教事业而受苦受难的，是身受异端敌人之害的牺牲品。

她的忠心耿耿的臣仆送她搀扶她到门口为止——原来就是这样设计这样决定的。因为不能让人觉得他们参与了可耻的杀害，以为他们主动把自己的女主人送往刑场。他们只愿意在她的居处侍奉她，但不愿在她惨死的时刻做刽子手的帮凶。从门口到梯子跟前，由埃米亚斯·波立特的两名部下陪同。只有她最凶恶的对头才做得出这样的事——在弥天大罪中充当帮凶，把加过冕的女王押往断头台。断头台脚下，行刑的大厅门口，她的侍从长安德鲁·梅尔维尔跪在梯子最底下一级前等她。他作为苏格兰贵族，有责任把死刑经过奏报詹姆斯六世。女王扶起他，拥抱了他。这位可以信赖的见证人到场，使她大为宽心，增加了她起誓要保持的内心的宁静。梅尔维尔说："我负起我一生中最沉痛的责任——把我至尊的女主人的去世报告给国内。"她回答："恰恰相反，你应该为我的考验即将结束而高兴。只是要你报告：我至死忠于我的宗教，始终是真正的天主教徒，苏格兰的真正的女儿，历代国王的真正的子孙。让天主原谅那些盼我死的人吧。还请你告诉我的儿子，我从来没有做过任何可能伤害他的事情，从来没有损害过我们的统治权。"

说罢，她转身向施鲁斯贝里伯爵和肯特伯爵请求准许她的贴身女侍在场观刑。肯特伯爵反对。他说，这些女人的号叫和哭泣会把刑场搅乱，引起不满，因为她们准要拿她们的手帕蘸女王的鲜血。玛丽·斯图亚特坚持她最后的愿望。她说："我保证她们绝不会这样。

我想不出你们的女主人会拒绝一个身份同她相等的人的请求，不让我的侍女侍候我到最后一刻。我不信她会给你们这样无情的命令。即使我没有这样崇高的位分，她也会答应我的请求，何况我还是她的近亲，是亨利七世的外曾孙女，是法国的前王后，加冕登基的苏格兰女王。"

两位伯爵商量了一下，最后准许她随带四名男仆和两名侍女。玛丽·斯图亚特同意了。她挑选的忠心耿耿的仆役侍女簇拥着她，梅尔维尔捧着后襟，郡长、施鲁斯贝里和肯特殿后，她终于步入福特林盖堡的正厅。

在这里，磨斧声曾彻夜不绝。桌椅板凳都搬了出去。尽里头搭了一座台子，蒙着黑色的粗麻布，活像一座灵柩台。一个包着黑布的墩子前面放了一张小板凳，凳上有个黑色的坐垫，让女王跪在垫子上引颈受戮。台子左右各有一张圈椅，算是贵宾席，供伊丽莎白的专使施鲁斯贝里伯爵和肯特伯爵入座。墙根站着两个人，一动也不动，仿佛两尊青铜雕像，都穿一身黑天鹅绒，戴着黑面罩，看不到他们的真面目。那是刽子手和他的助手。这座极度简单而庄严的台子，只有牺牲者和行刑者才能上去。观众拥挤在正厅那头。这里设了一道栅栏，由波立特和他的士兵把守着，栅栏外面聚集了两百来个贵族，是附近一带各地赶来看热闹的——这热闹可是从来没有听说过，从来不曾有过，一个女王居然被砍头。在紧闭的城门外面，人头攒动，那是成百上千被这个消息招引来的普通老百姓。他们不得入城。具有贵族的血统，才能观看君王如何流血。

玛丽·斯图亚特泰然自若地进了正厅。生而为女王，她在孩提时代便学会了王者风度，在最艰难的时刻也没有把它抛弃。高傲地昂起头，她登上断头台的两级梯子。十五岁时，她就是这样登上法国的宝座的，这样登上了雷姆斯大教堂的圣坛踏级。倘若主宰她命运的是别的星辰，她还会这样登上英国的大位。当初，她既温顺而又高傲地挨着法国国王、挨着苏格兰国王下跪，领受神父的祝福；如今，她同样温顺而又高傲地下跪，领受死神的祝福。她漠然地听秘书再一次宣读判决书。她的脸庞流露出和蔼的神情，几乎是喜形于色——温格菲尔德虽然对她恨之入骨，但他在给塞西尔的报告中却也不能不说玛丽·斯图亚特把判决词不啻当作福音。

　　但是，残酷的考验还在后面。玛丽·斯图亚特力求她的最后一刻带上纯洁和庄严的色彩。她想作为殉教的圣徒，高举宗教的光辉灿烂的火炬，普照全世界。至于新教的勋爵，他们要紧的是不让她临刑的姿态成为一个狂热的天主教徒的炽烈的"表忠"。他们直到最后一刻都在竭力用恶毒的小动作贬抑她的君王的尊严。从内室到刑场的短短几步路，她不止一次地左顾右盼，在人群中寻找她的忏悔神父，希望神父至少用手势表示赦免她的罪孽，为她祈福。但她失望了。她的忏悔神父被禁止离开他的房间。现在，她已经准备好临死没有忏悔师到场为她祈福，这当口，断头台上却出现了一个改革派的牧师，彼得斯波罗的傅莱彻博士——两大宗教之间无情的斗争戕害了她的青春，戕害了她的一生，摧残她直至她的最后一口气。两位勋爵明知虔诚的天主教徒玛丽·斯图亚特曾三次声明：她宁可死时得不到临终的安慰，也不愿由一个异端牧师来安慰她。但是，正如玛丽·斯图亚特站在断头台上还要赞美自己的信仰，新教徒同样也想显扬他们的宗教，他们也向他们的上帝求助。装出百般关心她的灵魂的得救，改革派牧师开始发表一篇平淡无奇的布道；可是玛丽·斯图亚特等死等得不耐烦，不时打断他的布道。她有三四回要傅莱彻博士别自找麻烦，她笃信罗马天主教，蒙天主的荣宠，她应为天主教受苦受难。但是那牧师出于渺小的虚荣心，根本不理会将死者的意愿。他一本正经、一字不漏地背诵他的布道词，他可是难得有机会面对如此不寻常的听众。他一个劲儿地唠叨；玛丽·斯图亚特没法制止他的讨人嫌的连篇空话，只得使出最后一招：仿佛紧握武器一般，她一手握住耶稣受难像，另一只手拿起祷告书，跪了下来，用拉丁文大声祈祷，想拿神圣的祷文压倒假惺惺的胡话。总之，向同一个造物主祷告，为同一个在劫难逃者的灵魂祈福，两大宗教在距刀砧两步路的地方展开了斗争——仇恨历来比尊重他人苦难的感情强烈。施鲁斯贝里、肯特和大部分在场者是用英语祈祷；而玛丽·斯图亚特和她的仆侍则念拉丁祈祷文。牧师祷告完毕，全场肃然无哗，此时玛丽·斯图亚特才用英语祷告，捍卫基督的受迫害的教会。她感谢天主，因为她的苦难已经到了头，她把耶稣受难像贴在胸口，大声宣告她指望得到救世主用他的血为世人赎罪的功德，因此她手持救世主的十字架，心甘情愿为他献出自己的鲜血。狂热的新教徒肯特勋爵再一次打断她的祷告，要她停止这"popish trumperies"教廷的鬼把戏。但是，将死的人对尘世的纠纷已经漠然。她对肯特不瞅一眼，不说一字，只是向全场宣称，她的敌人早就一味要喝她的鲜血，而她衷心原谅他们，请求天主给她指点正果。

全场再次寂然。玛丽·斯图亚特知道随之而来的将是什么。她又一次亲吻耶稣受难像，在胸前画了个十字，说道："仁慈的耶稣啊！你伸开在这十字架上的双手，拥抱着万物，也请你用你仁爱的手保护我，赦免我的罪孽。阿门。"

中世纪充斥着残酷和暴力，但不能说它没有心肝。它的某些风俗习惯反映出它深知自己残忍，它的这种感觉是我们的时代所缺乏的。

每一次死刑，不管多么凶残，在种种惨状之中偶或也闪现出人性的庄严。例如，在杀死或者折磨牺牲品之前，刽子手必须请求牺牲品原谅他对后者肉体所犯的罪孽。现在，戴面具的刽子手和他的助手，在玛丽·斯图亚特面前跪下，求她原谅他们不得不给她制造死亡。玛丽·斯图亚特答道："衷心原谅你们，因为我把死亡看成我尘世种种苦难的解脱。"然后，刽子手和助手开始准备。

两名贴身侍女替玛丽·斯图亚特卸装。她亲手帮她们摘下脖子上的有"神的羊羔"的项链。她的手不曾发抖；据她的最凶恶的对头塞西尔的使者说，她"匆匆忙忙，仿佛她迫不及待地想离开这个世界"。她一脱下黑斗篷和深色的衣服，赫然映入眼帘的是一袭大红衬裙。她的侍女给她戴上火红色的手套之后，观众眼前仿佛升起一团血红的火焰——真是壮观的、令人难忘的景象。接着是诀别。女王拥抱侍女，请她们别哭泣更别号啕痛哭。然后女王才跪到垫子上，大声朗诵赞美诗："耶和华啊，我投靠你，求你叫我永不羞愧。"

这时她已不需再做什么，只需把头搁到木砧上。她双手抱住木砧，仿佛它是她倾心相爱的死去的未婚夫。直至最后一刻，玛丽·斯图亚特始终保持帝王气度。没有一个动作，没有一个字透出她的恐惧。都铎、斯图亚特和吉斯家族的女儿准备尊严地死去。但是，人的尊严也罢，继承得来的和自身养成的定力也罢，面对任何一桩杀害必然具有的凶残，又有什么意思呢！处死一条人命，绝不可能是什么罗曼蒂克的纯洁而崇高的事情（所有的书籍和报道在这方面全是说谎）。被刽子手的刀斧杀死，在任何情况下都是可怕的、叫人恶心的景象，是丑恶的屠宰。刽子手起先失了手，第一下没有砍中脖子，而是闷声闷气地剁在后脑勺上——受难者发出低沉的呼哧呼哧声和瓮声瓮气的呻吟。第二下深深地砍进脖子，鲜血喷了出来。第三下才把头砍掉。还有一个瘆人的细节：刽子手抓起头发，想把头颅叫全场过目，但他抓住的却是假发，头颅掉了下来，血肉模糊，像一个地滚球，骨碌碌地在木板上滚。刽子手又弯下腰，把它高高举起，全场观众不禁目瞪口呆，仿佛见到了鬼魅——他们看到的是一个老妪的头颅，一头花白的短发。观众一时间毛骨悚然，屏息敛气，谁也说不出话。只有彼得斯波罗来的那个牧师最后终于回过神来，嘶哑地喊："女王万岁！"

陌生的蜡黄的头颅睁着混浊的眼睛定定地瞪着众贵族；如果是另外一种命运，这些贵族会是她最恭顺的僚属和模范臣仆。众人的嘴唇又抽搐了刻把钟，以非人的力量抑制住凡人的恐惧；咬紧了牙关，但牙齿仍嗒嗒地响。照顾到观众的感受，刽子手匆匆用一块黑色的呢子盖住无头尸体和墨杜萨[1]的头。在死一般的沉寂中，仆人急忙要把阴森森的尸体抬走，但这当口，一件意想不到的事情驱走了众人心头迷信的恐怖。刽子手抬起鲜血淋漓的尸体，想把它搬到隔壁房间，在那里给它涂上防腐剂，这时发觉衣褶底下有什么东西在蠕动。原来是女王的爱犬，鬼不知神不觉地跟着她，仿佛是被女主人的命运吓怕了，紧紧地偎依在她身边。这会儿它跳了出来，沾了一身湿漉漉的血。它又吠又咬，尖叫个不停，谁撵它咬谁，不愿离开尸体。刽子手企图强行把它赶跑，但只是白费了力气。它不叫人抓住，也不听呵斥，疯狂地扑向巨大的黑色的坏蛋，正是这些坏蛋用它爱戴的女主人的鲜血叫它那么伤心。这渺小的生物为它的女主人进行的搏斗，比亲生的儿子，比成千上万宣誓效忠的臣仆更为激烈。

1　古希腊神话中，女妖戈耳。

独幕喜剧

1587年—1603年

在古希腊剧场，凄恻而庄严的悲剧之后，要安排一出滑稽的短剧，别具一格的独幕喜剧。玛丽·斯图亚特一剧也有类似的尾声。2月8日上午她被斩首，第二天上午全伦敦都知道了死刑业已执行。消息传来，举国欢腾。那位听觉素来灵敏的伊丽莎白女王倘若不是突然成了聋子，那她自然肯定会问，日历上并没有标明节日，她的臣民那么热烈庆祝是为了哪一桩？但她明智地闭口不问，严严实实地裹在神奇的一无所知的外衣里。关于对手已被处死，她希望得到正式的报告，希望"被迫面对既成事实"。

打破女王一无所知的假象，向她报告她"亲爱的妹妹"已被处决——这样一个可悲的责任落到塞西尔肩上。塞西尔心情沉重地办理这件事。出仕二十年来，这位老成练达的股肱屡次遭遇风暴，有的是君王震怒激起的真正的风暴，有的是出于国事政治的考虑而装出来的风暴。这一回，严肃沉着的宰相极其冷静，步入女王的接见厅，准备正式向她报告死刑业已执行。但是，后来演出的戏完全是他始料不及的。怎么回事？是谁胆敢不奏闻女王，不奉女王的直接命令便擅自把玛丽·斯图亚特斩首？不可能！简直不可思议！她从来没有立意要采取如此骇人听闻的措施——除非敌军入侵英国。她的谋臣们欺骗了她，出卖了她，对待她的态度简直像一帮老奸巨猾的骗子手。怎么着，想让她在全世界面前出丑？想用背信弃义、阴险毒辣的暴行玷污她的名声、她的尊严？可怜的、不幸的妹妹啊，竟成了如此可耻的疏失、如此卑鄙的欺诈的牺牲品！伊丽莎白大声嚷嚷，痛哭流涕，疯也似的向白发苍苍的大臣捶胸顿足。一桶桶污水泼到大臣头上——他，他和御前会议其他成员，怎么敢不请旨便执行她签了字的死刑判决？

伊丽莎白对于她自己授意的"不法行为"，会竭力推卸责任，会把这"不法行为"说成是臣下的"越权"。对于这一点，塞西尔和他的朋友从来没有怀疑过。但是，他们明白，上头期待的也就是他们的这种"自作主张"，所以他们磋商后决定让女王卸脱仔肩。他们估计，伊丽莎白需要这样的借口只是为了障人耳目；她在小接见厅Sub Tosa里，甚至会感谢他们的机灵。然而，伊丽莎白演戏过了火，结果事与愿违，或者不如说是不由自主，她的佯装的愤怒变成了真心的愤怒。塞西尔耷拉着脑袋，女王向他劈头盖脑爆发的雷霆绝不是音响效果，而是绝不做作的愤怒的震耳欲聋的霹雳，是狂暴的侮辱，铺天盖地的辱骂和揶揄。最后几乎要动手打人。伊丽莎白拿粗野的话谩骂年迈的大臣，要他赶紧辞职。确实，后来一度不准塞西尔入宫觐见，以惩罚他的所谓的专擅。

真正的主谋沃尔辛厄姆在关键的时刻生病或者装病，这一招到如今才看出是多么的明智、多么的有先见之明。不过，他的副手——可怜的戴维逊却吃足了苦头，至尊的怒火统统倾泻到他头上。他注定成为替罪羊，成为说明伊丽莎白无辜的显证。伊丽莎白发誓，没有人叫他把死刑判决书拿去给塞西尔加盖国玺。他是自作主张，违背了她的心愿和意向；他的胆大妄为的擅自行动引发了无穷无尽的灾难。她命令法庭正式审理戴维逊违旨（其实却是唯命是从）案；法庭的判决必须能郑重其事地向欧洲证明，玛丽·斯图亚特的身首异处完全是这个坏蛋的罪过，而伊丽莎白则毫不知情。那些曾经指天誓日要同戴维逊情逾手足、有难共当的达官显宦自然抛弃了落难的伙伴。他们只顾自己躲过至尊女王的雷霆万钧的震怒，挽救他们的大臣职位和俸禄。戴维逊的辩解一无佐证，只有几垛不吭气的墙壁见到过伊丽莎白交给他任务。结果他被判处罚款一万金镑；这样一笔巨款是他有生以来不曾见过的。罚款之外，他还被判入狱。后来悄悄给过他一些生活费，但伊丽莎白在世时，他毫无重返朝廷的希望，只落得个身败名裂。作为一个朝臣，不去揣摩主子隐秘的心思是危险的；但有时候，把主子的心思猜得太透更要危险得多。

说伊丽莎白清白无辜、毫不知情的传奇固然言之凿凿，却是粗制滥造，不足以叫当时的人置信。或许只有一个人事后对这个离奇的说法深信不疑。说来奇怪，这个人就是伊丽莎白本人。歇斯底里的或者有歇斯底里倾向的人，最突出的品性之一便是不仅能够巧妙地欺人，而且还能自欺。他们的希望往往被他们当作现实；他们的证言有时是最认真的因而是最危险的欺骗。明摆着，伊丽莎白信口发誓她的行动和意图都同处死玛丽·斯图亚特没有牵连时，她是相信自己的真诚的。她的内心一半真是不希望处死玛丽·斯图亚特。如今，以这个不希望为依据，她的记忆逐渐挤走了处死玛丽·斯图亚特的参与感，尽管实际上她当初毕竟还是暗暗希望死刑执行的。她暗自企盼着执行死刑的消息，但并不愿意听到，一旦消息传来，她的发怒，不仅是作为演戏事先设计好的，同时也是发自内心，是真挚的（这女人什么都有两面性）。她的真挚的愤怒首先是针对自己——为什么没有把美好的意愿坚持下来？其次是生塞西尔的气——为什么他要把她扯进这桩暴行而又没有设法让她摆脱责任？她拼命叫自己相信，执行死刑不是她的主意；她的言词听起来似乎有一种神圣的信念，很难不相信她穿着丧服接见法国使臣时说的话，"感觉自己是个可怜的弱女子，被敌人包围着"，这种感觉"比父亲的死，比姐姐的死都更叫她痛心"。国务会议的全体成员同她玩这套可耻的把戏，倘若不是为她效劳多年的臣仆，全都难逃一死。她本人签署判决书只是为了安抚百姓，但是，除非敌军在英国海岸登陆，否则她是不会让它执行的。

伊丽莎白在致詹姆斯六世的亲笔信中，也坚持这种半真半假的说法，否认她希望处死玛丽·斯图亚特。她又一次说，她毫不知情并且没有得到她同意的"悲惨的错误"，叫她万般痛心疾首。她请上帝作证，证明她"在这件事上是无辜的"，她从来不曾想过要把玛丽·斯图亚特处死，虽然她的谋臣们老在她耳边这样叨叨。预料到人们自然而然会责难她，说戴维逊只是她的挡箭牌，她高傲地声称，尘世没有任何力量能迫使她把她的处置推到执行者头上。

不过，詹姆斯六世并不汲汲于知悉真相。他关心的只是洗刷他自己的嫌疑，生怕人家说他对保全他母亲的性命满不在乎。同伊丽莎白一样，自然不宜马上高唱"阿门"和"哈利路亚"，而应当装出惊奇和愤怒的样子。他甚至鼓起勇气做出反应强烈的姿态，郑重宣布：如此重大的不法行为，不能不报复。伊丽莎白的使者被拒之于苏格兰国门之外。詹姆斯六世派了一名骑士到国境线上的贝里克去取她的信——让全世界都瞧瞧，詹姆斯六世对杀害他母亲的凶手发脾气了。

但是，英国内阁早就配好了仙丹甘露，能叫儿子默默"吞下"母亲被处死的消息。伊丽莎白那封信是供她在"世界舞台"演出用的。除了这封信，同时还有一件外交信函送到了爱丁堡。沃尔辛厄姆在后一封信中通知苏格兰宰相，保证詹姆斯六世将来入嗣英国大统。这笔肮脏的交易，至此银货两讫。英国的甘露对悲痛欲绝的孤哀子确实有神奇的功效。詹姆斯六世从此只字不提废除盟约。他母亲的遗体尚未安葬，至今躺在某个教堂的角落里，连这件事他都不放在心上。玛丽·斯图亚特最后的愿望（安息在法国土地上），被粗暴地践踏了。对此，詹姆斯六世并没有提出抗议。仿佛是魔杖一挥，他立即相信了伊丽莎白的无辜，甘心情愿上钩，认可伊丽莎白的说法——是个"悲惨的错误"。"从而您洗刷了自己，证明您在这个不幸事件中是无辜的"——他在致伊丽莎白的信中如是说，并且以一个恭顺的寄人篱下者的口吻祝愿英国女王的"高风亮节世世代代普天传颂"。伊丽莎白的诺言似乎具有一种魔力，使他的强烈的不满情绪顿时平息了下去。从今以后，他和签署他母亲死刑判决书的女人之间建立了持久的和睦融洽的关系。

道德和政治大异其趣。对同一件事的评价可能不同，全看我们对它是从人性的观点还是从政治利益的观点去评论的。从道德上说，处死玛丽·斯图亚特一事是无法原谅无法辩解的：违反了任何国际法，在和平时期把邻邦的女王关起来，然后悄悄地炮制一个圈套，阴险地诱她上当受骗。……然而，毕竟不能否认，从国家政治的观点看，搞掉玛丽·斯图亚特对英国有利。因为，政治上的标准不是法制而是成败（唉！）。在玛丽·斯图亚特这件事上，后来的成功说明处死她是对的，因为把她处死后，英国和它的女王没有遭遇麻烦而是得到了太平。塞西尔和沃尔辛厄姆正确地估计了实际情势。他们知道别的国家是不敢呵责一个真正强大的政府的，对这样一个政府的暴力行为甚至罪行只能怯懦地眼开眼闭。他们所料不差：全世界不会因为这次死刑而发生动荡。确实，法国和苏格兰国内复仇的号角突然沉寂。亨利三世原来威胁要同英国断绝外交关系，其实绝不这样做。想当初，玛丽·斯图亚特生前，亨利三世并没有认真考虑派出一兵一卒渡海去救她；如今他更没有这样的打算。他倒是吩咐在圣母院做了个盛大的追悼弥撒；他驾前的各位诗人写了几首悼诗纪念殉难的前王后。法国对于玛丽·斯图亚特，这样就算了事，从此把她抛到脑后。苏格兰的议会稍稍有些举动；詹姆斯六世服了孝。但过了一段时间，他又骑上伊丽莎白送给他的骏马，牵上伊丽莎白送给他的猎犬，出宫行猎。他依旧是英国历来最随和的邻居。只有迟钝的西班牙腓力终于回过神来，装备他的无敌舰队。但他是单枪匹马，同他作对的却是伊丽莎白的幸运——古往今来，一切光荣的君主莫不如此，幸运和威势并存。无敌舰队还没有进入战斗便在风暴中粉身碎骨；与此同时，反改革派早就酝酿的攻打英国的计划也流产了。伊丽莎白赢得了彻底的胜利；玛丽·斯图亚特一死，英国消除了最大的威胁。防御的时代过去了；从此，它的舰队将横行海上，去征服远方的土地，建立一个全球大帝国。英国的财富不断增长，伊丽莎白王朝的晚期出现了艺术的新繁荣。女王在她这次最可耻的行径之后博得的赞颂、爱戴和崇拜比以往任何时候都更为热烈。国家大政的丰碑是用残酷和不正义的花岗岩建造的，丰碑的基础都是用鲜血浇灌的。政治中，错的都是那些战败者，历史无情地踩着他们的尸体前进。

然而，玛丽·斯图亚特的儿子还得通过非同小可的考验。他一门心思想一跃登上英国王位；他指望迅速得到卖身投靠的报酬。但希望一时实现不了，他还得等待，等待，再等待（这对野心家是最大的折磨）。他不得不在爱丁堡无所事事，等待，等待，再等待十五年，几乎同他的母亲被伊丽莎白囚禁的时间同样的漫长。十五年后，老妪才松开冰冷的手，权杖掉了下来。暂时，他还只能泡在苏格兰的城堡里，唠唠叨叨，牢骚满腹，常常打猎，撰写宗教和政治题目的论文，但是，说来说去无非是等待——没完没了地、白白地、气呼呼恶狠狠地等待伦敦传来一个消息。消息始终不来。伊丽莎白仿佛是被对手的鲜血注入了新生命。玛丽·斯图亚特死后，伊丽莎白越来越扎实，越来越有信心，身体越来越好。在犹豫不决的岁月中叫她备受煎熬的失眠之夜、良心的谴责，都已成了往事；上天赐给她的国家、她的朝廷的安定，消弭了一切，洗刷得干干净净。没有一个活着的人再敢争夺她的王冠，连死神都遭到这个死不放手的女人的激烈反抗；面对死神，她都不肯把王冠交出来。七十岁的老妪顽固而执拗地不想死去，成天在宫中转悠，从一个房间转到另一个房间，到处不得安宁。她高傲地拼命反抗：她的王位来之不易，她曾经为它进行过顽强而无情的斗争，如今不想把它让给世界上的任何一个人。

然而，大限终于来临；死神在残酷的搏斗中终于战胜了执拗的女人。不过，肺部还有啰音，衰老而倔强的心还在跳动，虽然越来越弱。窗下，急不可耐的苏格兰继承人的使者牵着一匹备鞍的马，在那里等待约定的信号。一位宫廷命妇答应，女王一死，她就从窗子里把一枚戒指扔给他。好多好多小时过去了。使者白白地朝楼上看了又看；年迈的童贞女王一生拒绝了多少求婚者，如今仍然不让死神挨边。到3月24日，窗子总算有了响声，一只女人的手伸了出来，扔下一枚戒指。使者立刻翻身上马，疾驰了两天半，一口气赶到爱丁堡。这番疾驰，后人永世难忘。三十七年前，梅尔维尔勋爵一路疾驰，从爱丁堡赶到伦敦，急着报告伊丽莎白，说是玛丽·斯图亚特生了个儿子；三十七年后，另一个使者走回头路，赶到儿子那里，向他报告伊丽莎白的死给他带来了第二顶王冠。苏格兰的詹姆斯六世在这一刻兼任了英格兰的国王——终于成了詹姆斯一世。在玛丽·斯图亚特的儿子身上，两顶王冠永远地结合在一起，多少代悲惨的斗争到此结束。历史有时选择阴暗的、曲折的道路，但它的合理的目的必定实现，历史的必然性一定会胜利。

詹姆斯住进了他的母亲一心想占有的白厅，把白厅布置得颇为风雅。他终于摆脱了永世的贫困，他的野心终于得到了满足。如今他一心要过安乐日子，而不是考虑不朽。他常常出宫打猎，热心看戏，在戏院子里捧一个名叫莎士比亚的人和别的优秀的诗人（这是他唯一的功绩）。体质孱弱，才具平庸，禀性疏懒，缺乏伊丽莎白的精神力量，也没有他罗曼蒂克母亲的英勇和激情，他无精打采地管理着两个彼此敌对的女人的联成一体的遗产。那两个女人以她们心灵和激情的全部热烈劲儿追求的东西，被善于耐心等待的他弄到了手，没有斗争，仿佛天上掉下来似的。如今，英格兰和苏格兰已经合并成一个国家，应该忘记苏格兰女王和英格兰女王曾经彼此仇恨，互相作对，败坏了对方的生活。没有必要说一个人对而另一个人错，死神使这两位对手崇高的位分相等。一生彼此对抗的她们，如今可以长眠在一起。詹姆斯一世命令重葬他母亲的遗骸（仿佛一个被打入另册的人，孤零零地躺在彼得斯波罗教堂的墓地上）；在通明的火炬照耀下，隆重地迁入威斯敏斯特大教堂英国列代国王陵园。墓上有玛丽·斯图亚特石雕像。伊丽莎白石雕像近在咫尺。往日的敌意已经永远消逝，从此再不互相争夺权力和属地。这两个人生前如此顽梗地躲来躲去，一次也没有见过面，如今却像两姊妹，在神圣的、使一切都平等的永生的睡梦中比邻安息。

Ⓒ 斯蒂芬·茨威格 侯焕闳 2019

图书在版编目（CIP）数据

玛丽·斯图亚特传 /（奥）斯蒂芬·茨威格著；侯焕闳译 . —沈阳：万卷出版公司，2019.4

ISBN 978-7-5470-5088-0

Ⅰ.①玛… Ⅱ.①斯… ②侯… Ⅲ.①斯图亚特（1542—1587）–传记 Ⅳ.①K835.617=4

中国版本图书馆 CIP 数据核字（2018）第 258089 号

出 品 人：刘一秀
出版发行：北方联合出版传媒（集团）股份有限公司
　　　　　万卷出版公司
　　　　　（地址：沈阳市和平区十一纬路25号　邮编：110003）
印 刷 者：辽宁新华印务有限公司
经 销 者：全国新华书店
幅面尺寸：145mm×210mm
字　　数：320千字
印　　张：12
出版时间：2019年4月第1版
印刷时间：2019年4月第1次印刷
责任编辑：高　爽
责任校对：张希茹
封面设计：范　娇
版式设计：范　娇
ISBN 978-7-5470-5088-0
定　　价：49.80元
联系电话：024-23284442
传　　真：024-23284448